WERNER KRUM

Schleswig-Holstein

WERNER KRUM

Schleswig-Holstein

Ein Reisebegleiter

PRESTEL-VERLAG

Für Josefine,
Stefanie, Christian und Michaela,
denen sich gleich mir
die stille Schönheit des Nordens
erschloß.

Frontispiz:
Großsteingrab aus der
germanischen Frühgeschichte
Holsteins

CIP-Titelaufnahme der Deutschen Bibliothek
Krum, Werner:
Schleswig-Holstein / Werner Krum.
München : Prestel, 1989
(Landschaftsbücher)

Farblithographie: Karl Dörfel GmbH, München
Lithographie der Schwarzweißabbildungen:
Brend'amour, Simhart GmbH & Co, München
Satz, Druck und Bindung: Passavia Druckerei GmbH Passau
Papier: Schleipen GmbH, Bad Dürkheim

ISBN 3-7913-0958-7

Inhalt

Einführung

Ein Versuch,
den Charakter von Menschen
und Landschaft aus
der geologischen und geschichtlichen
Entwicklung zu verstehen

Die Formung des Landes

Wer mit dem Wagen durch Schleswig-Holstein reist, wird ganz unwillkürlich der Scheidung des Landes in einen westlichen, der Nordsee nahen und flachen Teil und einen östlichen, der Ostsee zugewandten und hügeligen Teil gewahr werden. Die zur Nordsee offenen Küstenmarschen und die vorgelagerten Nordfriesischen Inseln mit ihren unendlich weiten Horizonten, den jagenden Winden und Wolken, dem Wechsel der Gezeiten gehen nach Osten fast unmerklich in ein leicht welliges, dann hügeliges Land über, dessen Charakter ein ganz anderer ist. Es ist ein bukolisches Land, geprägt von in Endmoränen gebetteten lieblichen Seen, großräumiger Landwirtschaft und heiteren Buchenwäldern.

Beide Landesteile, West und Ost, sind geschieden durch die Geest, eine ansteigende Geländeschwelle, die ganz Jütland von Norden nach Süden, dann Schleswig und letztlich Holstein durchzieht, dabei dem Urstromtal der Elbe in Holstein und im Lauenburgischen weit nach Osten ausweichend. Die Ostseeküste Schleswig-Holsteins ist darum an vielen Stellen eine Steilküste, mit der das Hügelland zum Meeresniveau abfällt. Die geringen Gezeitenunterschiede von Ebbe und Flut an der Ostsee haben diese Küste über Jahrhunderte relativ unverändert gelassen und geben ihren Stränden einen weit friedlicheren Charakter als im Westen.

Die Geest und das unterschiedliche Höhenniveau Schleswig-Holsteins sind das Erbe zweier geologischer Ereignisse. Das heutige Becken der südlichen Nordsee ist im Erdzeitalter des Perm, im Zuge des auseinanderdriftenden Urkontinents Pangäa, abgesunken. Dabei ist die einstige Landverbindung zwischen England, der Deutschen Bucht und Dänemark untergegangen. Das entstandene Becken füllte sich in Jahrmillionen mit den Meeresablagerungen von Trias, Jura, Kreide und Tertiär. Gewaltige Schichten aus den Kalkteilen von Meeresbewohnern, verdichtetem Sand und Salzstöcken entstanden. In neuen Auffaltungen der unruhigen Erdkruste durchstießen schräg ansteigende

Schichten die Oberfläche. Wir sehen sie noch heute an den schrägen Streifungen des Sandsteinfelsens Helgolands oder dem Segeberger Gipsberg.

In einer zweiten Phase führte die beginnende Abkühlung in den Eiszeiten zu einer gewaltigen Bindung von Wasser an den polaren Eiskappen, und der Wasserspiegel der Weltmeere sank. Dabei fiel das weitgehend durch Sedimente bereits wieder aufgefüllte Nordseebecken erneut trocken, und England konnte von nomadisierenden frühzeitlichen Stämmen zu Fuß erreicht werden. Doch der wieder ansteigende Wasserspiegel der letzten Zwischeneiszeit, in der wir leben, ausgelöst durch die neuerliche Erwärmung der eisigen Polkappen, brachte die neugebildete deutsche Küstenlinie zwischen Emden und der Elbmündung, entlang den Ostfriesischen Inseln, dann die Küste zwischen Hamburg und Sylt, entlang den Nordfriesischen Inseln, in eine nur um wenige Meter über das Tidenhochwasser aufragende ›feuchte‹ Lage. Selbst in unseren Tagen ist die Diskussion erneut aufgeflammt, inwieweit durch langsames Absinken des Landes und klimatisch bedingte Veränderungen der Polkappen das relative Meeresniveau steigt oder fällt.

Viel folgenschwerer waren und sind die zahlreichen Stürme und Springfluten, die vom Mittelalter bis in die Neuzeit hinein an diesen Küsten genagt haben, unterbrochen von den Versuchen des Menschen, den Blanken Hans zurückzudrängen, ihm durch Eindeichungen in den Krögen wieder Land abzutrotzen. Dabei haben diese Stürme und einst gefürchteten Mandränken das Gebiet der Nordfriesischen Inseln mehr getroffen als die fetten Marschen der Dithmarscher Bauern. Ganz unmittelbar hat sich dies den Lebensgewohnheiten mitgeteilt. Blieben die Dithmarscher bei Ackerbau, so wandten sich die Friesen nach den großen Verlusten an fruchtbarem Boden dem Meer zu und forderten von ihrem Peiniger Ersatz. Er sollte ihnen in Form von Fischfang bis hin zum ergiebigen Walfang gewährt werden, wozu ihren Schiffen die vielen Inseln und Fahrrinnen günstige Gelegenheiten boten.

Wurde der Westteil der alten Herzogtümer von den Eiszeiten nur mittelbar durch den veränderten Meeresspiegel betroffen, so prägten diese in unmittelbarer Weise den Ostteil des Landes. Die starke wiederholte Abkühlung des Erdklimas im Pleistozän oder

Diluvium während fast einer Million Jahre führte nicht nur zu der erwähnten Verstärkung der polaren Eiskappe, sondern auch zu einer starken Vereisung Skandinaviens, des baltischen Küstensockels, Dänemarks und großer Teile Norddeutschlands, wobei die Elbe die westliche Grenze der letzten, der Weichseleiszeit darstellt. Diese Vereisungen kamen und gingen wiederholte Male. Sie haben allesamt gewaltige Mengen an Schutt und Geröll aus dem fernen Skandinavien herbeigewälzt, einige frühere Vereisungen drangen sogar in den Raum zwischen Elbe und Weser vor. Entscheidend für das Landschaftsbild wurden die Zeugen der letzten Eiszeit, die ihren Geröllschutt, aber auch fruchtbaren Lehm beim Rückzug der Gletscher als flächige Endmoränen liegenließ. Wir sehen diese Grenze in Form jener ansteigenden Geest, die sich von Jütland bis Holstein zieht. Am besten erkennt man den vertikalen Schnitt der Landschaft von der Rendsburger Brücke herab oder bei einer Fahrt durch den Nord-Ostsee-Kanal, der von Kiel bis zur Elbmündung als buchstäblicher Schnitt von Menschenhand, von der Kieler Förde durch die östlichen Jungmoränen, die Abbruchkante, die westlichen Altmoränen bis in die Niederungen der Küstenmarsch bei Brunsbüttelkoog verläuft. Da Ostsee und Nordsee, ohnehin im Skagerrak verbunden, zu unterschiedlichen Zeiten und in unterschiedlicher Höhe Ebbe und Flut folgen, muß der Schiffsverkehr im Kanal mit Hilfe von Schleusen dem Auf und Ab der Höhenunterschiede von Meer und Land entsprechen.

Die schönste Hinterlassenschaft der Moränen und des schiebenden Eises ist wohl die *Holsteinische Schweiz* mit ihrem reichen landschaftlichen Wechsel an Erhebungen und stehengebliebenen Gletscherseen. Sie ist gewissermaßen das norddeutsche Gegenstück zur Moränenseenlandschaft der Voralpen: Ammersee, Starnberger See und Chiemsee, ihrerseits gebildet beim Aushobeln der vordringenden Alpengletscher und mit Wasser gefüllt zurückgeblieben, wobei der Abfluß bis auf unsere Tage durch das Stauwehr der Moränenwälle behindert ist, die von den sich zurückziehenden Gletschern hinterlassen wurden. Den gleichermaßen schrämmenden Kräften der Gletscher Skandinaviens verdanken wir die v-förmig ausgehobelten Förden der schleswig-holsteinischen Ostseeküste: die Flensburger und die Kieler Förde, die Eckernförde und die Lübecker Bucht.

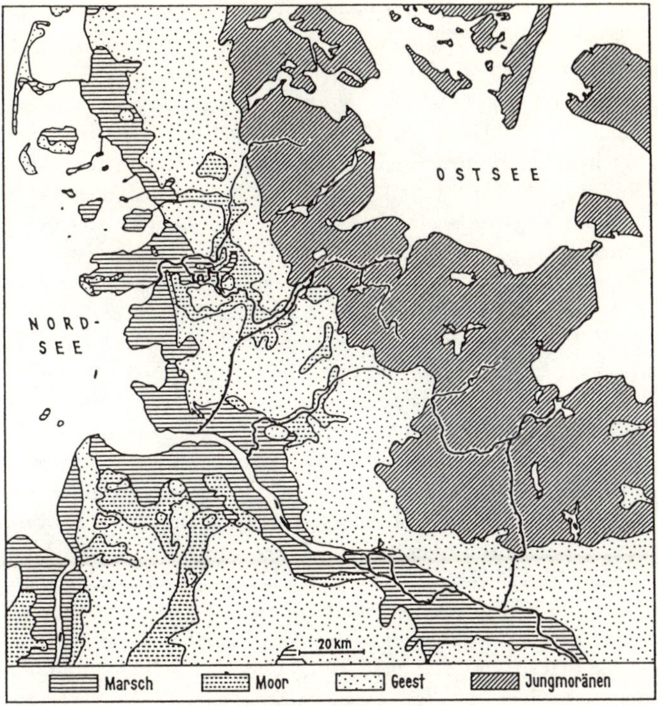

Geologischer Aufbau des Landes

Das Eis hat in seiner millimeterweisen Fortbewegung über die Jahrzehntausende hinweg gewaltige *Granitbrocken* aus den Gebirgen Schwedens herbeigeführt, verschliffen und abgerundet und sie der Landschaft als Findlinge zum Geschenk gemacht. Vor allem im Ostholsteinischen sind sie Charaktermarken in Wald und Feld, und die frühen germanischen Siedler, die den weichenden Gletschern folgten, fanden Anlaß, diese unschieren, wie vom Götterhimmel gefallenen Findlinge in ihren Kult einzubeziehen. Ob als Thingwall, ob als Begräbnisstätte eines Fürsten in Form von gedeckten Hünengräbern oder sogenannten Riesenbetten, hier berührt sich erstmals das Wesen der Landschaft mit dem Wesen seiner Bewohner. Auch wir berühren die Granite

Skandinaviens, wenn wir bloßen Fußes am Strand der Ostsee entlangwandern. Hunderte von im flachen Uferwasser farbenprächtig glänzenden, abgerundeten Granitsteinen begleiten uns, und schließlich ist der feine Sand nichts anderes als Quarz aus jenem im Mahlwerk der Gletscher zerriebenen Granit, dessen weichere Bestandteile wie Feldspat und Glimmer von der großen Sortier- und Sedimentiermaschine des Meeres als feiner Lehm und Ton in dem fruchtbaren Boden des Festlandes abgelagert wurden.

Das abschmelzende Eis floß durch sich bildende Urstromtäler zunächst nach Süden, dann nach Norden und Nordwesten ab. Diese Täler benannte man später nach Städten. So führte der Breslau-Magdeburger Urstrom seine Wasser in die Deutsche Bucht; er nennt sich heute, viel bescheidener, Elbe, aber selbst diese zeigt an ihrem Ostufer noch eine deutliche Aufkantung und Überhöhung, die von Geesthacht im Lauenburgischen bis zum malerischen Hochufer bei Blankenese den Versuch der abfließenden Wasser markiert, vor der zurückweichenden Gletscherfront das Meeresbecken zu erreichen. Weiter östlich führten der Warschau-Berliner Urstrom und der Eberswalder Strom – heute Oder und Weichsel – ihre Wasser in die sich bildende Ostsee.

Das dritte, gern übersehene Erbe der Eiszeiten ist der *fruchtbare Boden,* den sie im Osten des Landes hinterlassen haben und von dem wir schon sprachen. Wieder drängt sich der Vergleich des bayerischen Voralpenlandes und der sanften Wellenlandschaft Ostschleswigs und Ostholsteins auf. Beide sind fruchtbare uralte Bauernlandschaften, großflächig, bewohnt von einem bäuerlichen Schlag eigensten Wesens, bodenständig und über die Jahrhunderte diese Wesensart gegen alle Veränderungen der Neuzeit verteidigend. Wieder spüren wir die Verbindung geologischer Entstehung und geschichtlichen Wachsens, die ungeheure Dimension der Zeit, die wenig gemein hat mit unserer modernen Unrast und ihrem ständigen Veränderungswillen. Den Lehmböden des östlichen Schleswig-Holstein stehen in den Marschen des Westens angeschwemmte Tonböden als Weideland gegenüber, weiter landeinwärts gefolgt von einer schwarzmoorigen Zone, in der die berühmten Rhododendrongärtner des Landes tätig sind. Noch weiter gegen Osten folgt hinter der Geest eine ausgewaschene Sandzone geringer Fruchtbarkeit, in der sich das größte

Waldgebiet des Landes, der Sachsenwald mit seinen Hünengräbern, gerahmt von Bille und Schwarzer Au, erhalten konnte.

Die Fruchtbarkeit im östlichen Landesteil und das mildere Klima an der Ostsee haben die Entstehung größerer Städte gefördert, denen sich im Gegensatz zu den von Ebbe und Flut behinderten, von steter Versandung bedrohten Häfen der Westküste der interessante Handelsraum des Baltischen Meeres öffnete. Fruchtbarkeit und Klima haben aber auch zur Entwicklung einer bodensässigen Adelskultur geführt, die in kaum einem anderen deutschen Land so unversehrt und lebendig auf uns gekommen ist. Den stürmischen Westen des Landes mied der Adel weitgehend. Der Zehnte vom Fischfang war nicht nutzbringend zu vermarkten – auch der stolze und freie Bauernsinn der Dithmarscher und Friesen, geübt im Kampf mit den Elementen, mochte den Adelsfamilien zu dickschädelig sein.

Helgoländer Sandsteinfelsen

Die geschichtlichen Kräfte

Zeigt die geologische Geschichte der Herzogtümer eine von Nordwest nach Südost verlaufende Scheidung in die nordseenahe Marschlandschaft des Westens und eine ostseenahe Hügellandschaft – die geschichtliche Trennungslinie der beiden Herzogtümer verläuft hierzu quer, widersetzt sich der geologischen Ordnung, zeigt auch sonst einige Züge von Verquerem in der an Sonderbarem nicht eben armen deutschen Geschichte.

Schleswig-Holstein stand als Ganzes oder in Teilen selten im Brennpunkt der Geschichte, es war eher Ausgangsland von Völkerwanderungen oder Durchzugsland des Handels. Schleswig-Holstein war nie eine Schmiede der großen Politik, eher eine Brücke zwischen ohnehin einander nahestehenden Völkern, nehmend und gebend, dabei auch in geschichtlichen Zeiten stark geprägt, wie wir sahen, von den topographischen Gegebenheiten.

Wir betrachten im folgenden die geschichtlichen Zeiträume unter drei Aspekten, deren Auswirkungen bis in unsere Tage spürbar sind:

- Bildung einer germanischen Urbevölkerung und ihr teilweiser Abzug in der Völkerwanderung,
- Reichspolitik Karls des Großen und Ostkolonisation unter Heinrich dem Löwen,
- Beziehungen zwischen Deutschen und Dänen, die sich hier über Jahrhunderte aneinander geformt haben.

Ausgangsland der Völkerwanderung

Beginnen wir mit der urgermanischen Landschaft der ausgehenden Steinzeit. Natürlich ist es eine kühne Behauptung: hier stand eine der Wiegen germanischer Stämme. Wer weiß, ob diese Stämme sich hier gebildet haben, von denen der Grieche Pytheas von Massilia (Marseille) erstmals in seinem Reisebericht ›Vom Ozean‹ gegen 330 vor Christus berichtet. In des Cornelius Tacitus' bekannter Schrift ›De origine et situ Germanorum‹ (gegen 110 nach Christus) oder des Claudius Ptolomäus' berühmter

Karte, gegen 150 nach Christus in Alexandrien entstanden, werden germanische Stämme hier zuerst gesehen und benannt. Die Forschung nimmt heute weitgehend an, daß die Urheimat der sich am Ende der Trichterbecher- und Megalithkultur bildenden Germanenstämme Schleswig-Holstein, Südschweden, Dänemark und Ostniedersachsen war. Ptolomäus nennt mit ihren latinisierten Namen die *Cimbri* an der Nordspitze Jütlands, die *Saxones* am Nordufer der Elbe, die *Teutonoari et Teutones* etwa im Lauenburgischen, die *Burguntes* in Mecklenburg und im Westen, östlich des Rheins die *Svebi* und *Langobardi*. Doch spiegelt diese Karte einen Zeitpunkt, an dem sich die ursprüngliche Keimzelle Germaniens erheblich vergrößert hatte. Für das kaiserliche Rom waren die längs der Elbe bis nach Böhmen und Mähren siedelnden Stämme der Elbgermanen – Langobarden, Hermunduren, Markomannen und Quaden – ein steter Beunruhigungsfaktor. Nach der Gewinnung Britanniens durch Julius Caesar hat die Katastrophe des Varus im Teutoburger Wald im Jahre 9 nach Christus die weiteren Versuche Roms, den wilden Norden Europas zu erobern, zunichte gemacht. Die Elblinie wurde von römischen Legionären nie überschritten.

In der kaum von Geschichtsquellen erhellten prähistorischen Bronzezeit spalten sich die nordgermanischen Stämme weiter auf und beginnen aus Landmangel ab der Zeitenwende ihre unruhigen Züge, die in den ersten nachchristlichen Jahrhunderten zur Völkerwanderung anschwellen – ein Umbruch, der Europa bis in den Süden Italiens erschüttert und den Zusammenbruch des Römischen Reiches einleitet. Zu den letzten Abwanderern gehören die Angeln und Teile der Sachsen, die unter Führung der sagenumwobenen Heerkönige Hengist und Horsa in der Mitte des 5. Jahrhunderts aufbrechen, um die Britische Insel zu erobern. In die von der Völkerwanderung evakuierten Gebiete drängen von Norden skandinavische und von Osten slawische Stämme. Am Ende des großen Exodus und der Neubesiedlung ergibt sich gegen 700 nach Christus für Schleswig-Holstein folgendes Bild: die *Jüten* an der heutigen Nordgrenze, Reste der *Angeln* an der Schlei, im westlichen Schleswig und auf den Inseln des Watts die *Friesen*. Holstein wird von *Sachsen* bewohnt: im Westen die *Dithmarscher*, im Osten die *Holsten* und am Limes Saxoniae die *Stormaren*. Östlich schließen sich die slawischen *Wag-*

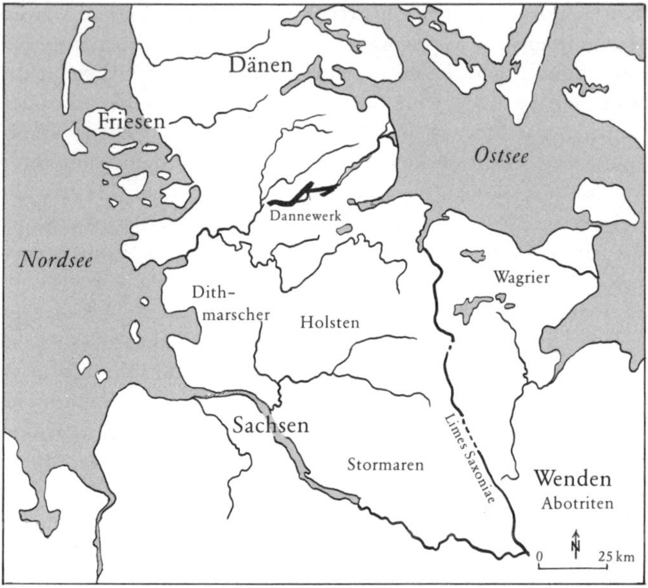

Völker und Stämme im Mittelalter

rier und *Polaben* an, deren Vorhut bereits die ostholsteinische Küste erreicht hat. Vieles bleibt im dunkeln, etwa die Herkunft der Friesen aus dem Westen, zu Teilen aber auch aus dem Norden, auch die schwer einzuordnenden nomadisierenden *Wikinger,* die sich gegen 800 in Haithabu ansiedeln, einem Ort der Überschneidung skandinavischer und deutscher Frühgeschichte.

Karolingische Reichspolitik am Limes Saxoniae

Als Karl der Große im Jahr 800 in Rom zum Imperator eines wiedererstanden geglaubten Römischen Reiches gekrönt wurde, hatten die Franken ihr Rollenverständnis als einer unter mehreren mächtigen Stämmen am Ende der Völkerwanderungszeit aufgegeben. Ihre Rivalen, die Sachsen im heutigen Niedersachsen und am Unterlauf der Elbe, galten ihnen nun nicht länger als lästige Verwandte und Konkurrenten, sondern als Störenfriede einer höheren Ordnung, deren Erbe sie glaubten angetreten zu haben. Man könnte etwas überspitzt sagen, mit Karls des Großen Sachsenkriegen waren die Kämpfe des zur Elbe drängenden Kaisers Augustus und seines Feldherrn Publius Quinctilius Varus wieder aufgeflammt.

Karl der Große, der ›Sachsenschlächter‹, wie ihn die Geschichte nach dem Massaker von Verden an der Aller (782) nannte, bediente sich der slawischen Abotriten als Bundesgenossen gegen die nordalbingischen Sachsen, denen er 798 eine vernichtende Niederlage bei Bornhöved beibrachte. Karl verleibte das Gebiet der Sachsen seinem fränkischen Imperium ein und schob so die Nordgrenze des Reiches bis zur Eider vor. Das Ganze vollzog sich freilich in einem Land, das nach dem weitgehenden Abzug der germanischen Stämme in der Völkerwanderung menschenarm geworden war. In dieses Vakuum waren aus dem Osten slawische oder wendische Stämme eingedrungen, deren westlichstes Vordringen in einer relativ scharfen Linie von Ortsnamen slawischen Ursprungs erkennbar ist.

Karl der Große, dieser Dinge gewahr, vollzog darum sehr bald eine kühle Kehrtwendung gegenüber seinen slawischen Waffenbrüdern und begann die immer stärker nachdringenden Slawen hinter eine als *Limes Saxoniae* fixierte und von Flußläufen und Sümpfen gebildete Grenzlinie, hier und da durch Erdburgen und Palisaden geschützt, zurückzudrängen. Wer die Idee hatte, als neuer Imperator die Welt zu beherrschen, der mußte wahrscheinlich die divergierenden und zentrifugalen Kräfte Europas gegeneinander ausspielen.

Die Nordmark des Reiches sollte sich im Laufe der karolingischen Zeit festigen. Die *Hammaburg* als Keimzelle des heutigen Hamburg entsteht, die *Ertheneburg* bei Lauenburg, und mit dem Bau des von König Göttrik zwischen Eider und Schlei errichteten *Dannewerk* wird bereits in Umrissen ein gespanntes Verhältnis zwischen Dänen und Franken sichtbar. Das karolingische Reich macht noch wenig Unterschied zwischen den ›Nordliudi‹, den gefürchteten Nordleuten, mochten es Dänen oder Wikinger sein. Beide stehen außerhalb des ein römisch geprägtes kulturelles Erbe antretenden Frankenreiches. Wir erblicken hinter der rauhen Schale dieses Reiches und seinem mächtigen Anspruch aber auch die zunehmende Verflechtung eines bis dahin in seinen Stammeslandschaften amorphen Europa mit den geistigen und politischen Errungenschaften der Antike, das Wachsen von Wurzeln, aus denen Europa noch heute Kraft saugt.

Dagegen stand der nicht minder zimperliche Anspruch der Nordmänner, der Normannen und Wikinger, deren Sitze höchst unbestimmt in Norwegen, Schweden und Norddänemark zu vermuten sind, die 845 Hamburg zerstörten und im gleichen Jahr Paris plünderten, 856 Orléans, 841 Rouen und noch 994 Stade überfielen. Weiträumige Ambitionen also auch hier, unverbrämt von missionarischen Motiven, ganz einfach der Philosophie folgend: Was ich mir nehme, das gehört mir.

Mit dem Verblassen der karolingischen Reichsidee und unter den sächsischen Kaisern begannen im 10. Jahrhundert erneute Auseinandersetzungen der Sachsen mit den Abotriten, die aus dem Landhunger der wieder zahlreicher gewordenen Menschen erklärbar sind. Daraus auf eine ständige Feindschaft zwischen Holsten und Stormaren, deren Name mit Holz und Sturm zu tun hat, und den Slawen zu schließen, ist abwegig; es war mehr ein allmähliches Durchdringen als ein Verdrängen, langsam in die zunächst friedliche Rekolonisation der in der Völkerwanderung verlassenen germanischen Gebiete einmündend. In diese Zeit fallen bedeutende slawische Burggründungen: Oldenburg, Ratzeburg und schließlich Liubice oder Alt-Lübeck, die freilich auf einen zunehmenden Widerstand der Slawen schließen lassen. Das slawische Heiligtum des Gottes Prove lag unweit der Oldenburg, und der Name Prove erinnert an das polnische und russische Wort für Wahrheit: Prawda – welch seltsamer Bezug.

Zur weltlichen Geschichte fügen sich die geistlichen Kräfte, die in jener Zeit auch das geistig-kulturelle Potential darstellen. Henning von Rumohr, dem wir ein Stück folgen wollen, erzählt uns eine alte Legende von Papst Gregor dem Großen, der mit seinem Gefolge um das Jahr 600 den römischen Sklavenmarkt betritt. Sein Auge fällt auf drei hochgewachsene und blonde Männer, und er fragt seine Begleiter, woher diese ungewöhnlichen Sklaven kämen. Die Antwort: »Sunt angli, es sind Angeln«, worauf Gregor nachdenklich antwortet: »Sint Angeli, würden sie doch Engel!« Das sind sie allerdings nicht geworden, sondern der Jahrhunderte anhaltende Schrecken einer zu Ende gehenden römischen Kultur.

Die mit diesem Erlebnis Gregors gern in Verbindung gebrachte christliche Missionierung unter dem Utrechter Bischof Willibrord hatte angesichts der tief verwurzelten germanischen Glaubensvorstellungen wenig Chancen. Erst mit *Ansgar,* um 800 in der Picardie geboren, beginnen Spuren des Erfolgs sichtbar zu werden. Man nennt ihn zu Recht den ›Apostel des Nordens‹, und doch ist auch bei seinem Werk auf jeden Fortschritt wieder ein Rückschlag gefolgt, muß er seinen Sitz als erster Erzbischof von Hamburg räumen und nach Bremen flüchten. Die Schwäche der letzten Karolinger läßt das Missionswerk wieder versinken. Erst unter Otto I., dem Großen, kehrt der Bischofssitz nach Hamburg zurück, und 948 erscheint der Erzbischof mit den drei Bischöfen von Schleswig, Ripen und Aarhus in der kaiserlichen Pfalz zu Ingelheim.

Um die Jahrtausendwende deutet sich ein erstarkendes dänisches Volksbewußtsein an. 980 setzt König Harald Blauzahn bei Jelling in Jütland einen Runenstein mit einer umrißhaft eingeritzten Christusfigur, der ältesten im Norden. Auf dem Stein lesen wir: »König Harald befahl dieses Denkmal zu setzen zum Gedächtnis seines Vaters Gorm und seiner Mutter Thyrwi – Harald, der sich ganz Dänemark und Norwegen erwarb und die Dänen zu Christen machte.« Historisch ist dieser Anspruch schlicht und einfach falsch, doch hatten die rauhbeinigen germanischen Volkskönige bald erkannt, daß Christianisierung sich geschickt mit Politik verbinden ließ – eine Erkenntnis, die den fränkischen Hausmeiern einige Jahrhunderte früher auch nicht unbekannt gewesen war.

Dann zerstört der Wendenaufstand erneut das Werk in Holstein. Erst mit dem kraftvollen Erzbischof Adalbert von Bremen (ca. 1000-1072), König Heinrich III. verwandtschaftlich verbunden, wendet sich das Blatt zugunsten einer Kirche, die sich zunehmend als geistlicher Arm des Reiches versteht und damit, nach dem Tode Adalberts, in die bereits in Jelling sichtbar gewordenen Gegenströmungen nordischen Selbstbewußtseins gerät. 1104 wird das Erzbistum Lund auf päpstliches wie königlich-dänisches Betreiben gegründet; es ist die Zeit des Investiturstreits, einer aus einem neuen Selbstverständnis gegen kaiserliche Ansprüche aufbegehrenden Kirche. Da lag es nahe, im Norden des Reiches durch Abtrennung des Erzbistums Lund vom Erzbistum Hamburg die kaiserliche Gewalt zu schwächen. Dem neuen Erzbistum Lund gehörte auch Schleswig an, dessen Bischof in Ripen saß. Damit wurde die Eider endgültig für achthundert Jahre zu einer vielseitigen Interessengrenze: ›Romani terminus imperii‹, Grenze des Heiligen Römischen Reiches Deutscher Nation.

Neubesiedlung Holsteins und Ostkolonisation Heinrichs des Löwen

Das 11. Jahrhundert wird ein großes Jahrhundert der Wandlungen. Reiche werden gegründet und wieder verloren, die Dänenkönige gewinnen (und verlieren) England, die Normannen Apulien und Sizilien. Mit Heinrich I. und den Sachsenkaisern hat eine eigene Deutsche Geschichte des Regnum Teutonicum innerhalb des Imperium Romanum Sanctum begonnen. Frankreich konsolidiert sich in Umrissen, und in der gewaltigen Bewegung aller Kräfte formiert sich – zunächst unscheinbar – in der Folge der Ermordung Brunos von Querfurt 1009 die Mission der slawischen Preußen. Sehr bald gewinnt eine ursprünglich bekenntnishafte Bewegung auch politisches Gewicht, wird der 1190 vor Akkon im Heiligen Land von Bremer und Lübecker Bürgern gestiftete Hospitalsorden 1198 zum Deutschen Ritterorden verwandelt und erblickt seine Aufgabe gemäß der 1235 in Rimini erlassenen Bulle Friedrichs II. von Hohenstaufen in den Gebieten östlich des Reiches.

Bevor es zur eigentlichen Ostkolonisation kam, war im 9. und 10. Jahrhundert die Rückgewinnung alten germanischen Siedlungslandes vorausgegangen, wovon wir bereits sprachen. Mögen damit auch Missionierungsabsichten verbunden gewesen sein, der eigentliche Grund war die steigende Bevölkerung nach dem Aderlaß der Völkerwanderung. Diese Rückgewinnung ist oft genug aus zeitgeschichtlichen und durchsichtigen Gründen als roher Gewaltakt hingestellt worden. In Wahrheit war es ein Durchdringungsprozeß, in dem die Slawen aufgingen und die überlegene, weil ihrerseits von der römischen Kultur durchdrungene Zivilisation des Westens aufnahmen.

Mit dem Rückzug der slawischen Abotritenfürsten kommt das Land Wagrien zu Holstein, und Vizelin beginnt mit seiner

Missionierung. In der Mitte des 12. Jahrhunderts hebt die Ostkolonisation unter Heinrich dem Löwen und Albrecht dem Bären an, verstärkt durch die Tätigkeit des Deutschen Ritterordens und weit nach dem Osten ausgreifend. Schon unter den salischen Kaisern Heinrich IV. und V. hatte die Einwanderung aus West- und Ostfriesland, von Flamen und Brabantern begonnen; Westfalen und Niedersachsen kommen hinzu und drängen in die weiten Räume östlich des Limes Saxoniae. Das flämische Uitwykelingslied des 12. Jahrhunderts gibt dieser Stimmung Ausdruck:

Naer Oostland willen wy riden,
naer Oostland willen wy mee,
al over die groene heiden
frisch over die heiden
daer isser een bettere stee ...

Das Motiv ist klar: ›Een bettere stee ...‹, ein besseres Auskommen. Doch waren noch viele andere Ursachen für den Exodus aus den bereits überfüllten Gebieten Nordwesteuropas maßgebend. Zumal Flandern stand in jener Zeit, im ersten Morgentau der Gotik, in hoher handwerklicher und kultureller Blüte. Die Stadtordnungen und das Zunftwesen der Städte an Rhein, Schelde und in Westfalen lassen eine Zivilisation erkennen, der im Osten nichts entgegenstand, und dies erklärt auch, warum häufig slawische Fürsten den Zuzug begünstigten in der Hoffnung, teilzuhaben an Wissen und Macht, aber auch der Lebensart des Westens.

Religiöses Eiferertum, das Feuer der Kreuzzüge ins Heilige Land hatten 1147 mit dem großen Auftritt Bernhards von Clairvaux auf dem Reichstag in Frankfurt König Konrad III. und viele europäische Fürsten zu einem Kreuzzug der Superlative hingerissen. Deutlicher wurde nun die Verquickung religiöser Motive mit Vorstellungen von weltlicher Größe. Drei Heere wurden aufgestellt: Das erste zog unter Konrad III. und dem französischen König Ludwig VI. ins Morgenland; ein zweites Heer machte den Muselmanen in Spanien den Krieg, und ein drittes sammelte sich unter Erzbischof Adalbert von Bremen und dem Sachsenherzog Heinrich dem Löwen in Magdeburg, um das Land der Abotriten und Liutizen dem Reich zu gewinnen. Dieser sogenannte *Wendenkreuzzug* zeigte wie zu erwarten ein grausames Gesicht. Schließlich fand er aber doch ein versöhnliches Ende mit der Hochzeit von Mathilde, einer Tochter Heinrichs des Löwen, mit Borwin I., dem Sohn des Slawenfürsten Pribislaw. Wenigen ist bekannt, daß das Geschlecht der Abotriten infolge dieser Hochzeit bis 1918 in Mecklenburg geherrscht hat.

Den Heeren der Kreuzritter folgten alsbald die Bauern aus dem Westen des Reiches. Die großen Rodungen des 12. und 13. Jahrhunderts, teils im Umfeld von Klostergründungen, wiederholten einen Vorgang, der sich in spätrömischer und karolingischer Zeit an Rhein, Mosel und Donau, in Hessen, Schwaben und Westfalen ereignet hatte. Die Siedler, wir dürfen ruhig von Kolonisten sprechen, brachten ihre Art der Dreifelderwirtschaft mit, die erst im 19. Jahrhundert durch Liebigs Erkenntnisse über den Bedarf der Pflanzen an Stickstoff, Kalium und Phosphor abgelöst wurde. Sie bauten ihre Dörfer in heimischer Weise als Runddörfer oder Straßendörfer, und deren Namen, auf ...rade oder ...hagen endend, lassen sie unschwer als Rodungsdörfer erkennen.

Auch die Städte kamen zu neuem Leben oder wurden nach den Brandschatzungen wieder aufgebaut. Graf Adolf III. gründete 1188 Hamburg neu, schon in den ersten Ursprüngen ein kaufmännisches Unternehmen der Fernhändler, denn eben hatte der Graf durch den kaiserlichen Schutzbrief seine Rechte in Lübeck verloren. Er lieh darum sein williges Ohr der Idee, den Bischof in der bischöflichen Stadt Hamburg säuberlich von der gräflichen zu trennen. 1216 mußte er unter dem Druck der dänischen Bedrohung doch den Schulterschluß suchen, und man erbaute gemeinsam das erste Rathaus an der Trostbrücke, das zusammen mit der alten Börse für Jahrhunderte ein großes und malerisches städtisches Forum darstellte.

Überschattet wird dies Geschehen von dem Sturz Heinrichs des Löwen, der sich geweigert hatte, Kaiser Friedrich Barbarossa bei seinen italienischen Abenteuern bedingungslos zu unterstützen und daraufhin die Herzogsgewalt in Sachsen und Bayern 1180 verlor. Der Kaiser teilte wohlweislich das starke sächsische Erbe in einen westlichen, dem Erzstift Köln zugeschlagenen Teil und das östliche Land an der Elbe, das er an die Askanier verlieh. Die Schauenburger Grafen in Holstein, die sich bereits vorher von ihrem Herzog distanziert hatten, wurden dadurch nur noch gestärkt. Auch in Lauenburg sollten sich wenig später die Askanier etablieren. Heinrichs Domgründungen: Lübeck, Ratzeburg, Schwerin und Braunschweig, dort auch die Burg Dankwarderode und das stolze Löwendenkmal, das Heinrich sich selbst hat errichten lassen, sie alle haben den Streit und den Sturz überlebt, sind Zeugen der Ostkolonisation und Herzog Heinrichs als ihrer treibenden Kraft.

Es ist heute nicht mehr nachvollziehbar, inwieweit sich Heinrich der Löwe den Interessen des Reiches entzog oder inwieweit er realistischer als der Kaiser sah, wohin der caesarische Höhenflug der Hohenstaufer führen würde. 1188 erschien die kaiserliche Majestät in der Person Friedrich Barbarossas vor Lübeck, um zur Ordnung zu rufen. Kaufleute erkennen rasch ihre Stunde, sie öffneten dem Kaiser ihre Tore, der ihre Rechte erneuerte, und 1226 gab des Kaisers Enkel, Friedrich II., Lübeck das Recht auf ewige Zeiten als Freie Reichsstadt nur dem Oberhaupt des Reiches untertan zu sein. Um 1200 war die Phase der Rückgewinnung des Landes östlich vom Limes Saxoniae abgeschlossen. Ein Netz von prosperierenden Städten, starken Burgen und meist zisterziensischen Klöstern überzog das Land, und die Versuchung, das erfolgreich Begonnene fortzusetzen, war groß. In weniger als fünfzig Jahren erfolgte die Kolonisation des Ostens: Rostock 1218, Wismar 1224, Spandau 1232, Frankfurt an der Oder 1253, Berlin 1244, Marienwerder 1237, Memel 1252, Königsberg 1255 und 1288 die Marienburg. Den Ausgangspunkt zu all diesem dürfen wir in Holstein suchen; ununterbrochen kamen die Trecks mit den Siedlern aus Thüringen, Flandern und Sachsen, von der unteren Elbe und vom Rhein, aus Westfalen zumal. Innerhalb von fünfzig Jahren war ein neuer Teil des Reiches erstanden, der zwei Fünftel des gesamten Reichsgebiets und ein Drittel seiner Bewohner umfaßte. Ein alter Vers beschreibt dies anschaulich:

Hinrik de Leuw und Albrecht de Boor,
dorto Frederik mit dat rode Hoor,
dat weren dree Herren,
de kunden de Welt verkehren.

Diese Kolonisation hatte keineswegs nur politische und dynastische Gründe, wie später behauptet wurde. Der Hauptantrieb war der zunehmende Bevölkerungsdruck im Westen des Reiches – und dazu gehörten damals Holland und Belgien, die sprunghaft gewachsene Industrialität der Bewohner, ihre technische und administrative Überlegenheit, die Klarheit des lübischen Städterechts, das binnen kurzem im ganzen Ostseeraum Gültigkeit errang, und eine kluge Leitung seitens der beteiligten Fürsten. Das slawische Element wurde weit weniger verdrängt als aufgesogen, und der slawische Adel, es sei nochmals betont, 1188 mit dem Fürstenhaus der Abotriten in den Reichsfürstenstand erhoben.

Lübeck und die Hanse

Sieht man die Weltgeschichte unter dem Aspekt der sie bewegenden Kräfte, so wechseln Phasen der Bewegung von Völkern mit Phasen der Bewegung von Gütern. Die Völkerwanderung, ausgelöst durch zunehmende Verknappung von Ackerbauland und vielleicht eine Klimaverschlechterung, hinterließ auf ihren mit dem Schwert freigekämpften Wegen verwüstete und verarmte Landschaften. Die gewaltige Bewegung von Gütern durch die Hanse brachte dem Ostseeraum und vielen binnenländischen Hansestädten von Brügge über Köln bis Magdeburg Wohlstand, man möchte von einem Wirtschaftsboom des 13. und 14. Jahrhunderts sprechen. Vordergründig berührt diese Entwicklung im Rahmen dieses Buches allerdings nur Städte wie Lübeck und Hamburg, doch ist die Bedeutung der von diesen Orten ausgehenden kulturellen Entwicklung an vielerlei Orten des Landes Schleswig-Holstein sichtbar, hat die geistige Landschaft mitgeprägt. Dem herzoglichen Schleswig und Holstein hat die Hanse wenig gebracht, es blieb Bauernland, entwickelte am Ausgang des Mittelalters eine bemerkenswerte Adelskultur. Wir wollen darum die Hanse in Zusammenhang mit der ehemaligen Freien und Hansestadt Lübeck betrachten und hier nur der großflächigen territorialen Geschichte folgen.

Gemeinsamkeiten: Deutsche und Dänen

Die Geschichte Schleswigs und Holsteins ist weit weniger ein Teil der allgemeinen deutschen Geschichte als die anderer Regionen des Reiches. Sie ist vielmehr geprägt von Jahrhunderten enger Beziehungen zu Dänemark, und dies nicht erst seit der Reformation. Insbesondere das 16. Jahrhundert, das ›Rantzausche‹, und das 18. Jahrhundert, das ›Gesamtstaatliche‹, verdienen Höhepunkte in der Landesgeschichte genannt zu werden. Niemand kann beim Reisen im Lande diese Beziehungen übersehen, und manches vermag zumal den Besucher aus dem Süden Deutschlands zu erstaunen. Warum wohnte der dänische Minister Graf Bernstorff im lauenburgischen Herrenhaus Wotersen, wieso ist der Königspesel auf der Hallig Hooge nach dem Dänenkönig Friedrich VI. benannt, und warum finden wir bis vor die Tore Hamburgs Herrenhäuser dänischer Ministerialen, aber auch in vielen seeländischen und jütländischen Schloßkapellen und Kirchen statt des Dänischen Luthers Deutsch in umlaufenden Wandsprüchen?

Bis 1864 war das Herzogtum Schleswig im Besitz der dänischen Krone und das Herzogtum Holstein zwar nominell Teil des Deutschen Reiches, dann des Deutschen Bundes, aber der Herzog von Holstein war in Personalunion König von Dänemark. Wie es dazu kam, soll im folgenden skizziert werden – die Stammtafeln im Anhang dieses Buches mögen dem Leser das Verständnis der komplizierten Zusammenhänge erleichtern. Dem Einwand, das sei Staub doch von gestern, nicht der Mühe wert, sei hier ausdrücklich widersprochen: Die Vergangenheit holt uns in Schleswig-Holstein auf Schritt und Tritt ein, sie ist Teil von uns selbst. Der Leser aus Süddeutschland, der Schweiz und Österreich wird überrascht sein, wie sein bisheriges Geschichtsbild, geprägt von der dynastischen Bedeutung der Salier und Hohenstaufen, der Wittelsbacher und Habsburger einer perspektivischen Veränderung unterliegt, sobald er die Geschichte von Schleswig-Holstein aus betrachtet.

Die besondere Lage der Herzogtümer im Grenzbereich zwischen Deutschland und Dänemark auf der Basis des alten Lehnsrechts, das bis zum Untergang des Reiches, in manchen Auswirkungen bis 1918 Gültigkeit besaß, führte zu verwickelten Verhältnissen, die zu allen Zeiten, verstärkt im nationalistischen

19. Jahrhundert, die Kronjuristen beschäftigt haben. War doch der König von Dänemark seit 1460 in Personalunion Herzog von Schleswig und Holstein, das heißt Oberlehnsherr von Schleswig als dänisches Lehen und Lehnsmann des Kaisers für Holstein. Nach der Teilung Schleswig-Holsteins in einen königlichen und einen herzoglichen Anteil (Gottorfer Linie) gestaltete sich die Lage noch weitaus komplizierter.

Die Dänen in Schleswig

Das deutsche Reichsinteresse hatte sich um die Jahrtausendwende aus dem Norden zurückgezogen; Kaiser Konrad II. verzichtet ausdrücklich auf seine Rechte in ›Südjütland‹, so daß die Eider als Grenzlinie zwischen Deutschland und Dänemark festgeschrieben wird: Ein Erfolg für die Dänen, die gleichzeitig unter ihrem König Knud dem Großen (1018-1035) den angelsächsischen Thron Alfreds des Großen erobern und in einem Großreich rings um die Nordsee herrschen, bis ihnen ein anderer Nor(d)manne, Wilhelm der Eroberer aus der Normandie, 1066 das Gewonnene wieder abnimmt. Es ist ein Schicksalsjahr für die nordischen Länder, denn der Sturz Erzbischof Adalberts von Bremen hat neue Einfälle der Slawen zur Folge, die Hamburg bedrängen und Haithabu auslöschen (dessen Nachfolge tritt nun Schleswig am Nordufer der Schlei an). Die Slawenbedrohung bedingt, daß der dänische König in seinem Land nördlich der Eider einen Statthalter (Jarl) einsetzt. Knud Laward, Sohn König Erichs I., führt seit 1115 die Reihe der Herzöge von Schleswig an, das seither ganz der dänischen Krone verbunden ist.

Die Schauenburger Grafen von Holstein

Parallel zur Entstehung des Herzogtums Schleswig im dänischen Machtbereich kommt es in Holstein, das nach wie vor zum Reich gehört, zur Konsolidierung der politischen Kräfte, indem 1110 der nachmalige Kaiser Lothar von Supplinburg als Herzog von Sachsen den Schaumburger Grafen Adolf von der Weser mit dem Grafenamt in Holstein und Stormarn belehnt. Dieses Geschlecht bestimmt nun für dreihundertfünfzig Jahre die Geschicke Holsteins, später auch Schleswigs, im Ringen mit Dänemark.

Steht das 12. Jahrhundert in Holstein im Zeichen der Slawenbekämpfung und Missionierung, wobei der Bremer Domherr Vizelin als ›Apostel der Wenden‹ eine tragende Rolle spielt, so müssen die Schauenburger sich seit der Jahrhundertwende der dänischen Machtgelüste erwehren, als König Knud IV. im Verein mit seinem Bruder Waldemar, Herzog von Schleswig, im Zuge der dänischen Großmachtpolitik im Ostseeraum Holstein, Stormarn, Hamburg, Lübeck und Ratzeburg erobert. Den deutschen Thronstreit zwischen Welfen und Staufern geschickt nutzend, erreicht König Waldemar II. ›der Sieger‹ (1202-1241) von dem jungen Friedrich II. von Hohenstaufen die Bestätigung seiner Eroberungen. Damit ist der Dänenkönig als Herr von Holstein staatsrechtlich Lehnsmann des deutschen Königs, de facto aber weitaus mehr in seine eigenen Auseinandersetzungen mit den schwedischen Nachbarn verstrickt als in die Reichspolitik. Das dänische Intermezzo in Holstein bedeutet ein politisches Vorspiel der späteren personellen Union mit der dänischen Krone. Doch noch ist es nicht soweit; in der Folgezeit bahnt sich unter den Schauenburger Grafen eine Rückentwicklung an. Diese beginnt 1227 auf dem Schlachtfeld von Bornhöved, wo Graf Adolf IV. im Verein mit dem Grafen von Schwerin und Mannschaften aus Hamburg und Lübeck den ›Sieger‹ aus Dänemark entscheidend schlägt. Die Schauenburger Ostkolonisation ist damit gesichert, Lübeck erlebt als freie Reichsstadt einen ungeheuren Aufschwung, Kiel wird gegründet.

Annäherung und Vereinigung Schleswigs und Holsteins

Was Schleswig betrifft, so stellt seit 1232 mit Herzog Abel eine Nebenlinie des dänischen Königshauses die Herzöge, und diese betreiben nun ihrerseits eine zunehmende Verselbständigung gegenüber Kopenhagen. Das konnte den Schauenburgern in Holstein nur recht sein. Die Heirat Herzog Abels mit einer Tochter Graf Adolfs IV. bringt die Annäherung beider Länder, und Graf Gerhard III. aus der Rendsburger Linie der Schauenburger Grafen vereinigt 1326 erstmals Schleswig und Holstein und läßt in der *Constitutio Valdemariana* festlegen, daß der Herzogstitel nie mit der dänischen Krone verbunden sein dürfe – genau dies aber sollte die historische Entwicklung bringen. 1386 erreicht Graf

Gerhard VI. als nächsten Schritt die erbliche Belehnung mit dem Herzogtum Schleswig durch Königin Margarete I., deren Lehnsmann er damit ist – ungeachtet seines Lehnsverhältnisses zum deutschen Kaiser für Holstein. Als Graf Gerhard 1404 im Kampf gegen die Dithmarscher fällt, greifen die Dänen erneut ein, das Tauziehen um Schleswig geht weiter.

Mit dem Tode Adolf VIII. erlischt 1459 das Geschlecht der Schauenburger Grafen von Holstein und Herzöge von Schleswig. Die drohende erneute Teilung beider Länder verhindert die schleswig-holsteinische Ritterschaft, die inzwischen nach Sprache, Kultur und politischen Interessen zu einer Einheit verschmolzen ist und das mittelalterliche Lehnsrecht in ein adeliges Standesrecht verwandelt hat. 1460 wählen die Stände in Ripen den designierten Erben der Schauenburger, Christian I., zum Landesherrn von Schleswig und Holstein. Der Sohn der Heilwig von Schauenburg und des Grafen Dietrich von Oldenburg war bereits 1448 zum König von Dänemark gewählt worden. Die damit geschaffene Personalunion Schleswig-Holsteins mit Dänemark macht die Constitutio Valdemariana zur Makulatur, doch muß der König im *Ripener Privileg* ausdrücklich die Autonomie beider Länder bestätigen. Der Status Schleswigs als dänisches, Holsteins als deutsches Lehen bleibt bestehen, wenngleich die Rechte des Kaisers bei der Wahl längst nicht mehr gefragt sind.

Christian I. aus dem deutschen Hause Oldenburg eröffnet eine lange und ruhmreiche Reihe dänischer Herrscher, und auf ihn gehen die kompliziert sich entfaltenden fürstlichen Linien des Hauses Oldenburg-Holstein zurück (vgl. Stammtafel). König Christian und seinen Nachfolgern wird in den ›Erbherzogtümern‹ (auch Holstein war 1474 vom Kaiser zum Herzogtum erhoben worden) nur als Herzog gehuldigt und nicht als König von Dänemark. Dafür sollten Schleswig und Holstein nun in Realunion *›up ewig ungedeeld‹* sein – eine hübsche Theorie, wie sich bald zeigen sollte.

Das Rantzausche Jahrhundert

Mit der Thronbesteigung seines Sohnes Friedrich I. in Kopenhagen beginnt 1523 eine besonders intensive Verbindung Jütlands und Seelands mit Schleswig und Holstein. Doch zunächst mußte

Heinrich Rantzau
Stich von Hendrik Goltzius,
1580

Friedrich seinen Brudersohn Christian II. aus dem Felde und vom Thron manövrieren; das war nur mit Hilfe des holsteinischen Adels unter Anführung eines *Johann Rantzau* möglich, und man ließ sich solche guten Dienste 1524 mit erweiterten Privilegien entlohnen. Rasch gewinnt in der Folge *Heinrich Rantzau* als königlicher Vikar Macht und Ansehen und wird zum Repräsentanten eines fürstengleichen Geschlechts der Renaissance, das für die holsteinische Geschichte im sogenannten ›Rantzauschen‹ Jahrhundert große Bedeutung erlangt. Diese Epoche geht mit dem Tode Heinrich Rantzaus in der Sylvesternacht 1599 geradezu symbolhaft zu Ende.

Man hat das Rantzausche 16. Jahrhundert das ›glückliche‹ genannt; denn es hat mit der feudalen Blüte die kulturelle Landschaft Holsteins geprägt und allgemeinen Wohlstand verbreitet. Die Einbindung der Aftervasallen, der Ritterschaft, die nur ihrem unmittelbaren Fürsten Treue schuldete, hat zu einer tiefen und komplizierten Durchdringung aller Lebensformen zwischen Dänemark und den Herzogtümern geführt. Gleichzeitig splittete sich das Haus Oldenburg in eine königliche und eine gottorfsche Linie auf, wobei die letztere bald in weitere Linien zerfiel, die das Land mit einem bunten Flickenteppich getrennter, aber auch manchmal einvernehmlich regierter Herrschaftsbereiche überzogen. Noch 1864 ist dann nach dem Aussterben der direkten dänisch-oldenburgischen Linie ein Glücksburger als Christian IX. König von Dänemark geworden, Ahnherr der heutigen Königin Margarete II. Die sich ständig abwechselnden dänischen Königsnamen Christian oder Friedrich trugen die Oldenburger alle – auch solche Einheitlichkeit kann verwirren.

Das Hin und Her der folgenden Jahrhunderte ist derart unübersichtlich, daß Queen Victorias Kanzler Lord Palmerston den berüchtigten Ausspruch tat, die schleswig-holsteinische Frage sei so kompliziert, daß nur drei Menschen sie durchschauten: einer davon sei gestorben, einer darüber wahnsinnig geworden, und er selbst habe sie schnell wieder vergessen. Es wäre nun ein arger Irrtum anzunehmen, das Land hätte unter diesen Verhältnissen gelitten. In einer Zeit, die in feudalen und nicht in nationalen Bezügen dachte, bedeutete die weitgehende Durchlässigkeit der Grenzen einen in ganz Europa einzigartigen Austausch, wobei das dänische Interesse dem Kommerziellen galt, das Deutsche sich vornehmlich in Sprache und Kultur kundtat und der dänische Hof keine Probleme sah, seine Kabinettsordres in Deutsch zu verfassen. Es war im ganzen eine glückliche Zeit, das ›Rantzausche Jahrhundert‹, das der Entwicklung der dänischen wie der deutschen Kultur gleichermaßen förderlich war. Wir werden seinen Zeugnissen in reichem Maße auf unseren Fahrten begegnen.

Das Gesamtstaatliche Jahrhundert

Erst Ende des 18. Jahrhunderts rückten die Herzogtümer mit der Gottorfer Frage wieder ins größere politische Blickfeld. Die durch Erbteilungen zahlreich aufgeblühten Kleinherzogtümer lösten sich auf: Sonderburg machte Konkurs, Plön und die alte Glücksburger Linie erloschen ohne Erben – ihre Schlösser aber erfreuen uns noch heute. Währenddessen pflegte der inzwischen nach Kiel übergesiedelte Gottorfer Herzog einen aufwendigen Hofstaat, auch wenn sein Besitz in Schleswig infolge der gottorfischen Par-

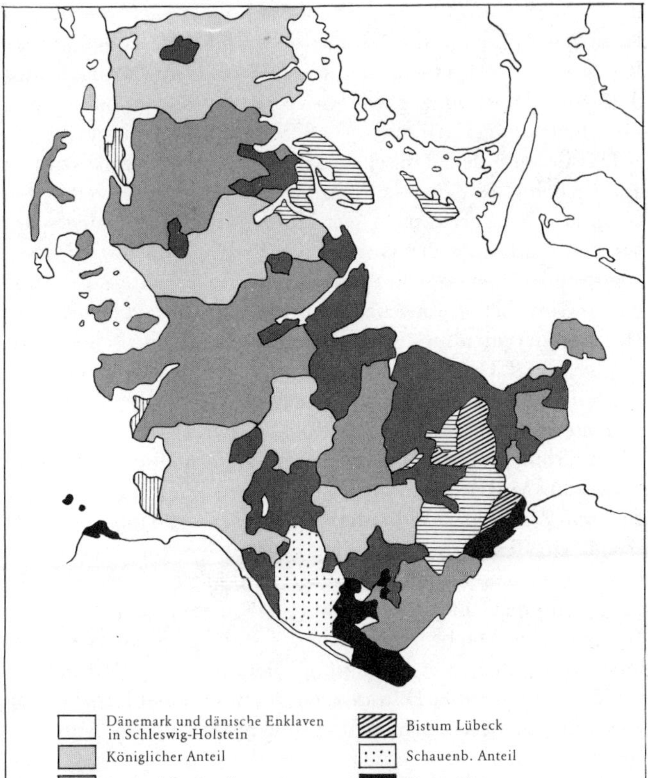

Politische Gliederung Schleswig-Holsteins im 16. Jahrhundert

teinahme für Schweden im Nordischen Krieg 1713 ganz vom dänischen König eingezogen wurde und er in Wahrheit mehr ein privater Grundbesitzer ohne staatsrechtliche Funktionen war. Um so vielversprechender gestaltete sich die dynastische Entwicklung infolge der Eheschließung mit Anna Petrowna, der Tochter Zar Peters des Großen. Tatsächlich wurde der Sohn aus der russisch-gottorfischen Verbindung, der freilich umnachtete Karl Peter Ulrich, zum Kronprinzen und 1762 zum Zar aller Reussen gekürt. Im Glanz der neuen Würde – die Krone Schwedens wurde noch hinzugeworfen – konnten die Gottorfer gegenüber Kopenhagen triumphieren: ›Tu felix Gottorpia nube …‹

Das brachte den dänischen Minister Graf Johann Bernstorff auf die Beine. In einem komplizierten Tauschhandel verzichtete Großfürst Paul als Herzog von Holstein und im Namen seiner Mutter, Katharina der Großen, im Vertrag von Zarskoje Selo zugunsten Dänemarks auf Holstein. Dafür erhielten die ›russischen‹ Gottorfer als Entschädigung ein eilends geschaffenes neues Herzogtum Oldenburg. Caspar von Saldern als russischer Beauftragter und J. H. E. Graf Bernstorff führten die Verhandlungen 1773 in Kiel zu einem glücklichen Abschluß, der lokale Geschichte und Weltgeschichte vereinte, indem Holstein vom russischen Kronbesitz getrennt wurde, was andernfalls weitreichende Folgen für Mitteleuropa gehabt hätte. Lokal sah sich Kopenhagen am Ziel seiner Wünsche: Schleswig und Holstein waren erneut ein Teil Dänemarks, der Ripener Vertrag, wonach die Herzogtümer nie geteilt werden dürften, hatte eine neue Auslegung gefunden, und der Habsburger Kaiser besaß ohnehin im Norden keine Macht mehr. Ganz am Rande verschenkte Großfürst Paul sein neues Herzogtum Oldenburg an die Lübecker Linie seines Gottorfer Hauses, die protestantischen Fürstbischöfe von Lübeck, deren Schloß in Eutin als nordischer Musenhof Geschichte machte.

Wer darum das Land Schleswig-Holstein verstehen will, der muß die wechselseitige Beziehung zwischen beiden Ländern und Dänemark zu verstehen suchen. Dies ist nicht einfach abzutun mit einer nationalstaatlichen Betrachtung, wie es im vergangenen Jahrhundert und im Dritten Reich Mode war. In den großen Zeiten Dänemarks hatte Schleswig und teilweise auch Holstein einen bedeutenden Anteil am Aufschwung Kopenhagens, war die Verflechtung der führenden Adelsfamilien eine fast durchgehende, war die Orientierung des Handels und vor allem der Schiffahrt an der Westküste und in den Sunden zwischen Holstein und den dänischen Inseln und schließlich der bedeutende Walfang von Nordfriesland aus ganz auf Kopenhagen ausgerichtet. Andererseits lebte Dänemark ebenso wie Schweden kulturell in hohem Maße von der geistigen Ausstrahlung der deutschen Mitte Europas, die über die Herzogtümer vermittelt wurde. Das religiöse Leben war lutherisch; noch heute werden wir in den deutschen Kirchen Kopenhagens und Stockholms überrascht wahrnehmen, wie dieses Erbe selbst den Zweiten Weltkrieg überdauert hat. Bildung wurde auf Universitäten im Reich erworben, und die Kunst war über Lübeck hinaus von Flandern beeinflußt.

Entfremdung

Dieses Bild einer lebhaften geistigen, politischen und wirtschaftlichen Durchdringung, dem wenig anhaftete von einem inferioren Status oder einer Beherrschung durch Landfremde, geriet erst mit dem Niedergang Dänemarks im 19. Jahrhundert ins Wanken. Das Gorgonenhaupt diffuser und nationaler Gefühle im Verein mit einem aus Schwäche geborenen dänischen Trotz und der schon in den Befreiungskriegen artikulierten Sehnsucht nach einem geeinten Deutschland führten zu Spannungen. Harsche Danisierungsbestrebungen gab es ebenso wie törichte preußische Bekehrungsversuche nach 1864. Wie überall hat der Nationalismus gewachsene und gedeihliche Beziehungen zerstört und wurde zum Quell des Unheils im 20. Jahrhundert.

Erst im Vorfeld der Gründung des Zweiten Deutschen Reiches kam neue Bewegung in die Politik, nicht immer vorteilhaft. War in den kleinräumigen Handelsbeziehungen, die Schleswig und Holstein zwischen Lübeck und Kopenhagen für Jahrhunderte einbanden, Hamburg nur ein relativ bescheidener Platz am Austritt der Elbe ins Meer, so erstarkte die Hansestadt Hamburg mit dem Absterben ihrer Schwester Lübeck. Eine Zeitlang konnte Hamburg mit dem Stalhof in London den Blick auf den Atlantik richten, doch dann verdrängte das aufblühende England der nachelisabethanischen Zeit die Rivalin. Hamburg war zudem behindert durch die dänische Oberhoheit am Unterlauf der Elbe. Mit dem Deutschen Zollverein 1834, dem Deutschen Bund und dem Norddeutschen Bund unter Führung Preußens trat eine Wende ein.

Ihr sichtbarer Ausdruck war der Preußisch-Österreichische Krieg gegen Dänemark von 1864, in dessen Folge die Herzogtümer als preußische Provinzen ihre Identität verloren und 1871 ein Teil des Deutschen Reiches wurden. Doch bis es dazu kommen sollte, gab es blutige Kriege und endlose europäische Kabinettsrangeleien, bei denen es zumindest vordergründig immer wieder um die Ordnung der dänischen Thronfolge, die Gottorfer Frage und ihre Anwendung auf die Herzogtümer ging. König Christian VIII. hatte 1846 mit seinem Offenen Brief die Gültigkeit des Königsgesetzes aus dem Jahre 1665 bestätigt, das bei fehlender männlicher Thronfolge die agnatische oder weibliche Thronfolge im dänischen Gesamtbereich zuließ. Das widersprach der Auffassung in Schleswig und Holstein, aber nach den Auseinandersetzungen von 1848 anerkannte das Londoner Protokoll die agnatische Thronfolge und sorgte so für einen Sturm der Entrüstung in Deutschland. Der Thron fiel letztendlich der Glücksburger Linie zu, die heute noch auf Schloß Glücksburg sitzt, aber auch in Kopenhagen regiert.

Obwohl es um eine zunehmend nationalistisch gefärbte Frage ging, waren die sogenannten Eiderdänen und unter ihnen viele deutschsprachige Friesen gut dänisch gesonnen. Südlich der Eider dominierte ein großdeutsches Gefühl, das die Spannungen innerhalb der Paulskirchenversammlung widerspiegelt: Während ein Teil eine großdeutsche Lösung unter Einschluß Österreichs forderte, strebte der andere Teil eine kleindeutsche Lösung unter preußischer Führung an. Der Preußisch-Österreichische Krieg gegen Dänemark von 1864, der das Londoner Protokoll zunichtemachte, führte zum Verlust der Herzogtümer für Dänemark. Diese wurden einer gemischten preußisch-österreichischen Verwaltung unterstellt und nach dem Preußisch-Österreichischen Krieg von 1866 Preußen zugeschlagen. Letztlich zerbrach zwischen 1864 und 1866 unter dem energischen Drängen Bismarcks die großdeutsche Lösung an der Schleswig-Holsteinischen Frage. Diese Phase der Geschichte Schleswigs und Holsteins, immer wieder tief in den so schwierigen Einigungsprozeß Deutschlands hineinspielend, wollen wir später vor Ort kennenlernen, da sie den Rahmen einer Einführung sprengt (siehe Seite 301 ff.).

Von dem Dritten im Bunde, dem *Herzogtum Lauenburg*, haben wir noch gar nicht gesprochen, es ging ein wenig sang- und klanglos in all dem Streit unter. Das jahrhundertelang von den Askaniern, dann von dem welfischen Haus Hannover regierte deutsche Herzogtum kam 1815 an Dänemark und 1865 an

Preußen; sein letzter Herzog war Otto von Bismarck, und es nennt sich noch heute als Landkreis des Bundeslandes Schleswig-Holstein ein wenig nostalgisch ›Herzogtum Lauenburg‹. An Ort und Stelle – in Ratzeburg, Lauenburg und im Sachsenwald – wollen wir mehr hören.

Gefragt hat bei all diesen Veränderungen die Bewohner des Landes niemand. Der stille Protest ging freilich unter in den patriotischen Aufwallungen des Kaiserreiches. Dänemark sah sich nach der Erstürmung der Düppeler Schanzen gedemütigt, den dänischsprechenden Teil Nordschleswigs herauszugeben, und suchte nach dem Ersten Weltkrieg, in dem Dänemark bekanntlich neutral blieb, im Versailler Frieden eine Volksabstimmung zu seinen Gunsten durchzusetzen. Trotz oder wegen mancher Manipulationen im Zuschnitt der Wahlkreise fiel ein Teil Nordschleswigs 1920 an Dänemark. Erneut kam es zu schulmeisterlichen Sprachkämpfen und Schikanen. Erstaunlicherweise hat aber selbst das Dritte Reich an diesen Tatbeständen nach der Besetzung Dänemarks 1940 nicht mehr gerüttelt. Nach dem Zweiten Weltkrieg gab es in Dänemark starke Kräfte, die auch Südschleswig an sich ziehen wollten und sich auf Grund der deutschen Okkupation dazu legitimiert fühlten. Es waren aber wohl nur bestimmte Kreise in Dänemark, und die englische Besatzungsmacht tat ihnen nicht den Gefallen, die zahllosen deutschgesonnenen Flüchtlinge aus den Ostgebieten von einer Wahl auszuschließen. Diese Wahl war die erste gesetzgebende im neuen Bundesland Schleswig-Holstein und keine Nationalitätenwahl, dennoch gewann sie diesen Charakter, und Dänemark gab sich mit dem Status quo zufrieden. So kam Schleswig-Holstein zu dem, von dem es so lange geträumt hatte: zur Eigenständigkeit. War es nun auch kein Doppelherzogtum mehr, so wurde es doch ein selbständiges Bundesland. Mögen wir hoffen – *dat se bliven ewich tosamende ungedelt* …

Landkarte der Herzogtümer von 1650. J. Mejer, Husum

Newe Landtcarte
Von denbeiden
Hertzogthümbern
SCHLESWIG
Und
HOLSTEIN
zusamen.
FIONIÆ
PARS
ALSEN
Ins. ARROE.
LALAND.
MARE
BALTHICVM
Ins. FEMERN.
COSBERGER
HEYDE
Vulgo
Die Ost
See
MECKLEN BORG
Serenißimo et Potentißimo Principi
ac Domino.
Dño. FRIDERICO III.
Daniæ. Norwegiæ. Vandalorum & Gothorumq.
Regi. V. Duci Slesvici Holsatiæ, Stormariæ
& Dithmarsiæ, Comiti in Oldenborg et Del-
menhorst.
&
Serenißimo. Cellißimoq. Principi ac
Domino.
Dño. FRIDERICO IV.
Iohannes Mejerus.

Heutige Verwaltungsgliederung Schleswig-Holsteins

Reisen in Schleswig-Holstein

Am Unterlauf der Elbe

Vom Strom der Güter und Gedanken

Unsere Reise durch Schleswig-Holstein nimmt von Hamburg ihren Ausgang und führt zunächst elbabwärts an die holsteinische Westküste. Es ist ein uralter und besonders schöner Weg, denn schon wenige Autominuten unterhalb Hamburgs gewinnt der Elbstrom seinen ländlichen Charakter zurück. Kaum hat man auf der berühmten ELBCHAUSSEE die Christianskirche in Ottensen passiert, 1738 unter Christian VI. von Dänemark am Rande des sandigen Fuhrwegs nach Glückstadt gebaut, umgibt uns die Parklandschaft angenehmen Wohnens, erreicht man **Blankenese,** wo es sich empfiehlt, an den Strand mit seinen Gartenlokalen hinabzufahren. Wenige sommerliche Sonnenanbeter liegen in ihren Strandkörben im Halbschatten der Uferweiden. Eine erstaunliche Stille herrscht in solcher Stadtnähe, hinter uns am steilen Geesthang rauscht der Wind in den Bäumen, Segler kreuzen zwischen den Sandbänken und Elbinseln, die Werften und Hafenanlagen des Gegenufers und die ferneren Harburger Berge sind diesig verblaut und unwirklich weit weg. Ob nun hier oder am OEVELGÖNNER ELBWEG: Die großen Frachter, Containerschiffe und Tanker und manchmal ein schmuckes weißes Passagierschiff ziehen mit leiser Fahrt langsam vorbei, fast streifen sie das Land, so will es scheinen, da das Fahrwasser zwischen den Tonnen ganz am Blankeneser Ufer verläuft. Die seewärts gehenden Schiffe, meist mit dem Ebbstrom auslaufend, sind oft ohne Ladung und ragen turmhoch über den Wasserspiegel, kaum daß das Wasser Schraube und Ruder bedeckt; träge schiebt der tropfenförmig vorgebaute Unterwasserbug die Strömung beiseite.

1860 saß man in Blankenese noch im Dänischen, 1880 dann im Preußischen, es gehörte nicht zu Hamburg, war als Teil Holsteins zusammen mit Altona erst nach dem Dänisch-Deutschen Krieg von 1864 an Preußen gekommen. Die Einengung des Hamburger Hafens nach dem Verfall der Hanse, die ständige dänische Präsenz am Unterlauf der Elbe, rigoros ausgeübte Passageüberwachungen waren seit dem 18. Jahrhundert eine stete Behinderung. Gar nicht zu reden von den harten Auswirkungen der Kontinentalsperre zu Napoleons Zeiten. So geriet Hamburg vor der Gründung des Norddeutschen Bundes schon einmal in eine politische und wirtschaftliche Randlage in einer Zeit, in der London, Amsterdam und Liverpool aufblühten, die europäischen Kolonialmächte mit großen Flotten die Meere zu beherrschen lernten. Wenn wir uns im Altonaer Museum, dem NORDDEUTSCHEN LANDESMUSEUM, die berühmte Sammlung der Kapitänsbilder ansehen, so zeigt sich, daß bis 1848 auf der Unterelbe der Danebrog vorherrschte, die rote dänische Flagge mit dem weißen Kreuz, die von den Schiffen aus Holstein geführt wurde. Allmählich taucht dann die rotweiß gestreifte Flagge des Norddeutschen Bundes mit dem doppelten Adler auf. Das Hintergrundmotiv der Seestücke ist oft beherrscht von den dänischen Schlössern Kronborg und Helsingör oder von Helgoland, das damals noch britischer Besitz war.

Ein Bild von 1820 zeigt die hamburgische ›Theodor‹, die Brigg führt noch immer den Danebrog und die blaue Westindienflagge. Erst die 1845 am Strand von Blankenese vom Stapel laufende ›Ernst Lorenz‹ hat neben dem Danebrog die hamburgische Flagge gehißt; weit ragt das Bugspriet über die noch heute vorhandenen kleinen Uferhäuschen bis in die nahen Bäume, unter denen wir gerade sitzen – vielleicht sind es noch die alten. Die Kaufherren Hamburgs konnten aus der dänischen Sperre nur mit Hilfe von allerlei Phantasieflaggen und gekauften russischen, sächsischen und österreichischen Pässen heraus, und böse Zungen behaupten, daß auch die Preußen in Altona den Hamburgern ein Dorn im Auge gewesen seien, weshalb sie noch 1880 nicht bereit waren, die entstehende Straßenbahn bis ins ›feindliche Ausland‹ zu verlängern.

Im und am nahen JENISCHPARK an der Elbchaussee ist das Landhaus des Senators Jenisch, gegen 1830 nach Plänen von Schinkel und Forsmann in reinen und kühlen klassizistischen Formen erbaut, besuchenswert. Es liegt auf dem Gutsgelände des Barons Voght im Tal der Flottbek, das sich hier malerisch zur Elbe absenkt. Das alte Gutshaus jenseits der Voghtstraße mit seiner umlaufenden, an die amerikanischen Südstaaten erinnernden Veranda und die prachtvolle Aussicht aus den Gartensälen des Jenischhauses geben uns einen Vorgeschmack auf die Herrenhäuser Schleswig-Holsteins. Wenn sich am Ende unserer Reise – und des Buches – der Kreis hier wieder schließt, wollen wir rückblickend diese Eindrücke vertiefen.

Kurz vor **Schulau** mit seinem die Seeschiffe begrüßenden WILLKOMMHÖFT queren wir mit dem Wagen die heutige Grenze zwischen Hamburg und Schleswig-Holstein. Wer Zeit hat, kann dies auf dem schönen *Elbwanderweg* tun, der von Övelgönne, Teufelsbrück und dem Jenischpark durch den wildbestandenen Hirschpark zur Blankeneser Strandpromenade führt, um wieder ansteigend die rhododendronschönen Römischen Gärten von Falkenstein zu erreichen, dann weiter nach Schulau und Wedel. Von den Höhen gewinnt man einen weiten Blick auf das ›Dreiländereck‹ zwischen Hamburg, Holstein und dem jenseits der Elbe liegenden Niedersachsen mit dem Alten Land. Die breit dahinströmende Elbe, immer wieder von Sandbänken geteilt und ein schwieriges Fahrwasser, wird noch fast hundert Kilometer dahinströmen, bevor sie bei Cuxhaven die Deutsche Bucht erreicht.

In der Haseldorfer Marsch

Bevor wir nördlich von Hamburg durch die Elbmarschen die Westküste Holsteins gewinnen, kann ich dem Leser und Reisenden, dem einige Zeit zur Verfügung steht, nur empfehlen, elbnah zu fahren. Die größeren elbfernen Städte bieten neben viel Verkehr vergleichsweise weniger als die stillen dörflichen Zentren der Marschen. Glückstadt sollte man nicht auslassen, es liegt ohnehin am Strom.

In **Wedel,** dem ersten größeren Ort in Holstein, begrüßt uns starren Blicks auf dem Marktplatz der ungeschlachte geharnischte *Roland* von 1558, Symbol der vom Kaiser gebotenen Marktfreiheit am Zusammentreffen der beiden jütischen Ochsenwege, der Geesttrift von Bramstedt und der Marschtrift von Itzehoe. Diese Handelswege führten bei Wedel über die Elbfähre. Doch bevor die brüllenden Rinder auf die schaukelnde Fähre geleitet wurden, galt es, sie zu verhandeln. Bis zu dreißigtausend sollen es im Jahr gewesen sein, und manchen Streit werden die Schauenburger Vögte, die Ritter von Wedel, damit zu schlichten gehabt haben. – Wedel ist der Geburtsort von Ernst Barlach; ein kleines Museum erinnert an ihn.

Wedel:
der Roland am Markt

Dann erreichen wir über die Bundesstraße 431 die Abzweigung der nach **Gut Haseldorf** führenden Elbuferstraße in die Haseldorfer Marsch. Gegen 1200 Sitz des gleichnamigen Rittergeschlechts, das sich den Eroberungen des Deutschen Ritterordens in Litauen anschloß und mit dem Bischof von Dorpat ausstarb, kam das reiche Land in vielen Fehden an die Ritter von Ahlefeldt, die es bis 1739 hielten, später an die Schönaich-Carolath-Schilden, die das Gut noch immer bewohnen.

Das heutige HERRENHAUS wurde 1804 von dem großen dänischen Architekten des Klassizismus, Christian Frederik Hansen, neben Resten älterer, bis 1187 zurückreichender Anlagen erbaut. Der breitgelagerte, einstöckige weißgeschlämmte Backsteinbau, von Gutsgebäuden flankiert, erinnert an die großen Häuser an der Altonaer Palmaille und der Elbchaussee. Schönes, von vier antiken Säulen unterteiltes Vestibül mit anschließendem lichten Gartensaal; die Supraporten geschmückt mit stuckierten Musikinstrumenten und in der Porträtsammlung ein Bild des Landesherrn Herzog Adolf von Schleswig-Holstein aus dem Jahr 1586.

Der Saal dient gelegentlich für abendliche Konzerte. Gut Haseldorf war und ist eine den Musen verpflichtete Stätte: Klopstock soll unter den ›Klopstocklinden‹, die im Park auf den Wällen der alten Burg stehen, Teile seines ›Messias‹ gedichtet haben. Rilke und Liliencron waren längere Zeit Gäste des Hausherrn Emil Prinz zu Schönaich-Carolath, der sich als Dichter einen Namen gemacht hat.

Am Rande des stillen Gutsparks, durchzogen von algengrünen Wassergräben voller schnatternder Enten, liegt jenseits einer kleinen Brücke die einschiffige, spätromanische KIRCHE von Haseldorf, 1230 erbaut, deren Doppelrundbogenfries trotz der unterschiedlichen Größenordnung an den Ratzeburger Dom erinnert. Der Renaissance-Chor von 1599 ist nach Osten durch die Ahlefeldtsche Grabkapelle verlängert und mit einem aus demselben Jahr stammenden Sandstein-Epitaph mit dem Ahlefeldtschen Wappen an der Stirnwand geschmückt. Im Inneren Kanzel von 1643 und Haseldorfer Gutsloge von 1731. Es ist das Gesamtbild einer wohlhabenden, von bäuerlicher wie adliger Kultur gleichermaßen geprägten Marschenkirche, einer der schönsten und ältesten im Lande.

Der eigentliche Eindruck der Marsch ist das fruchtbare, von vielen Kanälen und Prielen durchzogene Land, das durch den Deichbau von 1978 hochwassergesichert wurde, aber, wie manche meinen, dadurch auch von seinem einstigen Reiz verloren hat. Vor dem Deich die Haseldorfer Binnenelbe, ein kleiner versandender Nebenarm unweit der Elbinsel Pagensand. Geschützt von diesem Nebenarm hatten die dänischen Könige, allen voran Christian V., 1672 bei Hetlingen eine Kanonenschanze gebaut und mit Garnison versehen. Ihre Aufgabe war es – unschwer zu erkennen –, die Elbe unterhalb Hamburgs zu sperren und den Schiffsverkehr nach Belieben zu regeln. Drüben im feindlichen Stade saßen zu allem Überfluß die Schweden mit ähnlich finsteren Absichten. Die alte Kirche im nahen **Haselau** ist leider im 19. Jahrhundert äußerlich verbaut worden, doch enthält sie noch eine qualitätvolle Ausstattung des 17. Jahrhunderts. Fährt man am mächtigen Deich entlang und über die schmale Brücke, die das Flüßchen Pinnau quert, so zieht sich die Straße durch das Reihendorf **Seestermühe.** Reizvoll schmiegen sich die bauernbunten kleinen Reethäuser unter die windschützende Deichkrone. Ein Feldweg führt zur alten, sechshundert Meter langen vierfachen Lindenallee des einstigen Graf von Kielmannseggschen Herrenhauses, 1681 von einem der Herren von Ahlefeldt prächtig errichtet und 1713 abgebrannt; heute erfreut nur noch der PAVILLON als point de vue, 1760 wahrscheinlich von Ernst Georg Sonnin erbaut, eine hübsche Anlage achteckigen Grundrisses mit Attika und geschweiftem Dach. Am anderen Ende der ungemein perspektivischen Allee liegt das noch immer Kielmannseggsche Wirtschaftsgut inmitten alter Wassergräben. Der nahe KIRCHHOF VON SEESTER, umgeben von einem Lindenkranz, ist im Juni ob seiner Rosenblüte bekannt, vor allem der alten großen Bauernrosen der Sorte Alba maxima.

Die Eindeichung der Haseldorfer und anderer Marschen führte zu einer Kollision der Interessen am Unterlauf der Unterelbe. Das riesige Ballungsgebiet Hamburgs stellt trotz aller Klärwerke für den Strom unterhalb der Stadt eine große Belastung dar, die allenfalls durch den Tidenhub ein wenig gebessert wird. Hafen, Schiffsbetrieb und Industrie tun ein übriges – wobei man sehen muß, daß der größte Teil der Schadstoffe bereits bei Lauenburg, aus der DDR und CSSR kommend, den Fluß belastet. Die verheerenden Hochwasserkatastrophen, vor allem die des Jahres 1962, haben den Ruf nach wirksamerem Deichschutz laut werden lassen. Weite Teile im Hamburger Umland waren damals überflutet worden, und viele Menschen ertranken – die Erinnerung an die nicht mehr für möglich gehaltenen ›groten Mandränken‹ des Mittelalters waren wieder wachgeworden.

Die höhere Eindeichung, die Elbe enger in der Taille schnürend, fand statt – aber um den Preis der Trockenlegung biologisch wichtigen Feuchtlandes in den Elbmarschen. Die Störche blieben weg, die Aalfischer standen vor leeren Reusen, die berühmten Bandreißer, die aus Weidenrinden Körbe flochten, sahen sich eingeengt, und schließlich hatte die Eindeichung eine ganz einfache technische Folgerung: Konnte einst das weite, uneingedeichte Gebiet der Marschen bei auflaufender Flut, gar bei einer ungewöhnlich hohen Springflut in ihrer Breite große Wassermengen auffangen, verstärkt durch den nicht stillstehenden Wasserzustrom der Elbe, so engten nun die Deiche den Querschnitt dieses Wasserreservoirs ein; seine Kapazität sank, und erneut mußten die Deiche erhöht werden. Ein wahrer Circulus vitiosus.

Die Städte Pinneberg, Uetersen und Elmshorn liegen landeinwärts auf der langsam ansteigenden Geest. **Pinneberg** ist der Mittelpunkt der alten gleichnamigen Grafschaft, deren Renaissance-Schloß, 1627 von Tilly erobert, 1720 völlig abgetragen wurde. Nur noch die DROSTEI, als Sitz des dänischen Landdrosten Hans von Ahlefeldt 1765 erbaut, ist als zwischen Barock und Klassizismus stehender neunachsiger und zweigeschossiger Bau mit Mansarddach und als Risalit vorspringendem Mittelteil erhalten. Pinneberg, am Zusammenfluß von Pinnau und Rellau gelegen, ist zusammen mit **Rellingen** eines der Zentren des Gartenbaus in Holstein, berühmt für seine Rosenzucht – so wie die Oldenburger schwarzmoorigen Böden für die Anzucht von Rhododendren. Die 1754 von Caj Dose erbaute Rellinger KIRCHE ist ein ungewöhnlicher achteckiger Zentralbau, der sich an den Westturm des romanischen Vorgängerbaus anschließt.

Das nördlichere **Uetersen** erwuchs aus einem Straßendorf an dem aus dem Norden heranziehenden Heerweg. Die alte Burg der holsteinischen Grafen ist verschwunden; sie war Zeuge der großen Entscheidungsschlacht zwischen den Bauern und dem Adel, die 1306 die Machtverhältnisse für lange Zeit bestimmte, während sich die Dithmarscher noch runde zweihundert Jahre länger ihre Unabhängigkeit bewahren konnten. Erhalten hat sich in dem ansonsten eher modernen Städtchen das evangelische adlige DAMENSTIFT der Ritterschaft des Landes, eine Einrichtung, die wir noch heute weitverbreitet im Schleswig-Holsteinischen und Niedersächsischen finden. Das 1235 von dem Ritter von Barmstede gegründete Zisterzienserinnenkloster ist 1555 ohne viel Aufhebens reformiert worden – sein Daseinszweck hat sich dadurch nicht geändert. Nahe dem Komplex der barock ausgestatteten Kirche, auf alten Fundamenten 1748 als Saalkirche mit umlaufender Fräulein-Empore neu erbaut, liegen Reste des vermauerten Kreuzgangs, das Fachwerkhaus der Priorin von 1664 mit einer schönen Rokoko-Tür und das Propstenhaus mit dem markanten Konterfei des Bendix Ahlefeldt von 1747. Wie Propst und Priorin miteinander umgingen, ist nicht überliefert, sicher nicht ohne Spannungen. Das Deckenfresko der Kirche schuf Giovanni Battista Colombo aus Lugano, der mit einer

Krempe, Rathaus

Schauspielertruppe nach dem Norden gekommen war und ›hängenblieb‹. Der Einfluß italienischer Künstler in Schleswig-Holstein ist generell ein bedeutender, und die Reformation hat den Adel wie das reiche Bürgertum des Landes nie gehindert, den neuen expressiven Schwung des gegenreformatorischen Barock künstlerisch zu akzeptieren. Uetersen ist bekannt durch das 1935 von dem Rosenzüchter Mathias Tantau an einem Teich eingerichtete Rosarium.

Kremper Marsch und Breitenburg

Elmshorn bietet kaum ältere Kunst und leitet über zur Kremper Marsch, dem Einzugsgebiet des wasserreichen Stör. Zentrum dieses von zahllosen Wasserläufen und Kanälen durchzogenen

Krempe. Aus Braun–Hogenberg, ›Civitates orbis terrarum‹, 1588

tiefliegenden Marschlandes ist die kleine Stadt **Krempe,** mitten im Dreieck zwischen Glückstadt, Elmshorn und Itzehoe gelegen. Damit ist ihr Schicksal im Spannungsfeld dänischer und hamburgischer Eifersucht umrissen, gehörte doch Krempe noch im 17. Jahrhundert zu den seefahrenden Städten, deren freilich kleine Schiffe über die damals schiffbare Au bis zur Stadt kamen, bis ihr das dänische Glückstadt den Rang ablief. Sehenswert ist das Kremper RATHAUS, 1570 an den Marktplatz verlegt und trotz vieler Umbauten mit seiner repräsentativen Backsteinfassade und vielfältigen Ziegelmustern im Fachwerk noch immer eines der stattlichsten Renaissance-Rathäuser des Landes. In der Rathausstraße 18 ein weiterer schöner Fachwerkbau, der Königshof, 1543 als das ›Nye huß‹ vom dänischen König erworben. 1627 wütete Wallenstein in den Marschen, und hätte man noch ein paar Tage im belagerten Krempe unter den Ahlefeldt ausgehalten, so hätte die Allerheiligenflut des Jahres 1628 die Belagerer zur eiligsten Flucht, bei Strafe der Ersäufnis, veranlaßt.

Die **Kremper Marsch** liegt fast eineinhalb Meter unter Normalnull, ist darum extrem hochwassergefährdet. Erst die Ende der

sechziger Jahre gebauten Elbdeiche und deren Fortsetzung in den Stördeichen, die sich weit landeinwärts ziehen, konnten die von zahllosen Prielen durchlaufene Landschaft sichern. Das Grund- und Regenwasser würde aber langsam wieder zu einer Auffüllung der Geländewanne führen, wenn man es nicht seit alten Zeiten ständig in die höher gelegene Elbe abpumpte. Diese Pumpwerke, einst als Wasserschöpfräder oder archimedische Spiralen geformt, wurden von Windmühlen angetrieben, von denen einzelne überlebt haben, meist aber nur ihre Kegelstümpfe. In dieser Kunst waren die Holländer groß, und der häufig angetroffene Name ›Wettern‹ für ein solches Priel ist eine Verballhornung des holländischen ›Wateringe‹. Manche der Straßendörfer, oft nur die eine Straßenseite besetzend, haben ihren alten Charakter und die Reetbedachung erhalten, während fern über dem weiten Ackerland, das hier die Viehweiden der Haseldorfer Marsch verdrängt, die modernen Umrisse von **Itzehoe** sichtbar werden, der größten Industriestadt an der Westküste.

Immer wieder von Kriegen zerstört, hat Itzehoe gemessen an seiner heutigen Bedeutung nur wenig alte Substanz erhalten können. Der Ort ist aber sehr alt, war Knotenpunkt der aus Jütland, Dithmarschen und Ostholstein zusammenlaufenden Landstraßen und wurde wahrscheinlich 810 als karolingisches Castellum Esesfeld durch Graf Egbert als fränkischer Brückenkopf nördlich der Elbe gegründet. Die fränkischen Annalen sagen uns: »Est autem locus super ripam Sturiae fluminis, vocabulo Esefelth – Jenseits des Flusses Sturiae [Stör] gibt es noch einen Ort mit Namen Esefelth.« Wir dürfen dies in Verbindung bringen mit den Bemühungen Karls des Großen, sich gegen die Dänen an der Störlinie zu sichern und das Sachsengebiet seinem Reich einzugliedern.

An Baulichkeiten haben die Feldzüge Wallensteins und die Schwedenkriege nur wenige Häuser in der am Kreuzungspunkt mehrerer Handels- und Heerstraßen gelegenen ALTSTADT, dem heutigen Geschäftszentrum von Itzehoe, überleben lassen. Am Klosterhof, im Schatten des dominierenden Turms von *Sankt Laurentii*, gibt es schöne Fachwerkbauten des 18. Jahrhunderts. Laurentii aus dem 12. Jahrhundert, 1718 gänzlich erneuert, zeigt noch die Äbtissinnenempore des adligen Damenstifts, das nach der Reformation aus dem mittelalterlichen Zisterzienserinnenkloster hervorgegangen war; ein Kreuzgangflügel hat sich erhalten. Im barocken *Prinzeßhof*, im 19. Jahrhundert Äbtissinnenhaus, hat sich nach Restaurierung das Museum zur Geschichte und Kulturgeschichte des Kreises Steinburg eingerichtet.

Die von einer Störschleife fast zur Insel gemachte, 1238 gegründete NEUSTADT, die wir als eigentliche Altstadt empfinden, mit Marktplatz und barockem *Rathaus* von 1695, zeigt noch schöne *Bürgerhäuser* des 18. Jahrhunderts und ein fast rechtwinkeliges Straßenraster. Die alte Burg der Schauenburger Grafen von 1180 ist längst unter der Wallstraße verschwunden. In Itzehoe war Johann G. Müller als Privatgelehrter ansässig, den Schiller nicht leiden mochte. Im ›Wallenstein‹ hat er ihn – wie menschlich können auch große Dichter sein – mit den Worten karikiert: »Und er ist wohl gar, Musjö / der lange Peter von Itzehö?« Doch sollten wir Schiller mißtrauen, Itzehoe spricht sich mit getrennten Vokalen aus.

Störaufwärts liegt an dem von Laubwald gesäumten Fluß inmitten eines wuchernden Parks die alte **Breitenburg,** eines der berühmten Rantzauschen Schlösser des Landes. 1526 hat Johann

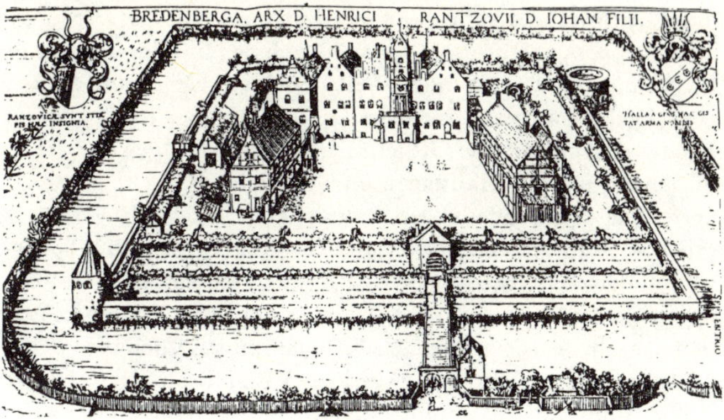

Breitenburg, 1590.
Aus Henninges, ›Genealogiae‹ (Ausschnitt)

Rantzau den Besitz vom Kloster Bordesholm erworben und 1530 aus vier Parallelhäusern einen Herrensitz errichtet, von Heinrich Rantzau erweitert – wie der Stich von 1590 prächtig vorführt. Wallenstein hat das Schloß 1627 zerstört. Christian Rantzau hat es gegen 1640 wiederaufgebaut. Später ist es in Teilen verfallen, wurde abgerissen und im 19. Jahrhundert stark verändert.

Ältester erhaltener Teil ist die *Schloßkapelle*, 1580 unter Heinrich Rantzau erbaut, einem der Archetypen dieser Landschaft. Sein prächtiges Silberrelief von 1577 nennt ihn »Henricus Rantzovi, Regis Danis Vicarum« – »Statthalter des dänischen Königs«. Leider nur selten zugänglich, enthält die Kapelle Teile der ehemaligen Rantzau-Grablege aus Itzehoes Sankt Laurentii, darunter den Sarkophag Heinrich Rantzaus von 1612, eine ernsteindringliche Büste des Johann Rantzau von 1565 und ein gemaltes Porträt des Heinrich Rantzau von J. v. Lunden (1598).

Der Schloßhof wird uns einnehmen. 1592 errichtete man den von einer kunstvollen Eisenlaterne bekrönten *Ziehbrunnen* mit einer Darstellung der Wilden Jagd. Ihn umgeben Mitteltrakt und Nordflügel, die zum Teil auf älteren Fundamenten erst im 19. Jahrhundert errichtet wurden. Das Obergeschoß des Nordflügels enthält die Thorwaldsen-Galerie mit Erstabgüssen, die Thorwaldsen Conrad Graf zu Rantzau geschenkt hat. Der Mittelbau des 19. Jahrhunderts birgt auf den Fundamenten der Dreihausanlage von 1530 Rittersaal, Gemäldegalerie mit Bildern von Jan Ovens und Bibliothek, die in Teilen noch auf Heinrich Rantzau zurückgeht, von dem die Sage berichtet, er sei reich wie die Fugger und gelehrt wie Ottheinrich von der Pfalz gewesen. Hier dürfen wir uns den Hausherrn im Gespräch mit Tycho de Brahe vorstellen, dem großen Astronomen. Leider hat Wallenstein den größten Teil der Bibliothek entführt, ähnlich wie Tilly die berühmte Heidelberger Biblioteca Palatina. Wissen der Protestanten galt aus päpstlicher Sicht als ungesund. Vom Hof aus zeigen sich das schöne Turmportal der Kapelle von 1634 und die beiden die Brücke flankierenden Torhäuser des 18. Jahrhunderts. Leider ist die Anlage ohne Voranmeldung nicht zugänglich.

So bleibt uns nur die Vorstellung eines nördlichen Hofes der Renaissance, in den Dresdner Einflüsse, die Anregungen der Reisen Heinrich Rantzaus nach Flandern und Frankreich eingegangen sind. Das Innere des Schlosses muß den Zeitgenossen in seiner verschwenderischen Pracht einen fast verwirrenden Eindruck hinterlassen haben; die Gemächer, die Apotheke, in der sich Heinrich den alchimistischen Neigungen der Zeit widmete, die intim geschmückte Winterstube und das nahe Bad mit Estrichboden und Holzpaneelen an der Wand boten einen im Norden damals kaum gekannten Komfort. Der Rittersaal mit Darstellungen des Hoflebens nach Lukian, die Pinakothek, die dem dänischen König bei seinen Besuchen als Schlafgemach diente, die Spielsäle der Kinder im Obergeschoß – alles läßt neben Reichtum Geschmack erkennen, einen Lebensstil, der mit Abwandlungen bis in unsere Tage Gültigkeit hat. Manches Detail der Breitenburg, vor Ort nicht mehr sichtbar, hat sich im Reinbeker Schloß südöstlich von Hamburg, das wir noch besuchen werden, besser erhalten.

Die Grafschaft Rantzau wurde 1728 vom dänischen König eingezogen, die großen Tage waren vorbei. Man verkaufte die Breitenburg an die Familie Castell-Rüdenhausen, doch Amors unausrottbar humanistische Neigungen führte sie durch Heirat nochmals an die Rantzau zurück. So sitzt noch immer ein Rantzau auf Breitenburg.

Das königliche Glückstadt

Glückstadt: eigentümliche und interessante Stadt fremder Einflüsse am Unterlauf der Elbe. Gegründet 1615 von König Christian IV. von Dänemark und von dem niederländischen Wallmeister de la Haye als polygonale Stadt mit radialen Straßen zwischen den Flüssen Rhin und Stör im Bastionssystem befestigt, war ihre erklärte Aufgabe, Hamburg zu bedrängen und von den Meeren abzuschneiden, jenes Hamburg, das sich dem dänischen Hoheitsanspruch entzog. 1628 haben sich Tilly und Wallenstein vergeblich die Zähne an den von Marquard Rantzau verteidigten Wällen ausgebissen. Ihnen ging es freilich nicht um den hamburgischen Handel, wohl aber um die Eindämmung nordisch-protestantischer Mächte gegenüber einem aus kaiserlicher Sicht immer noch katholischen Reich. Wie sehen wir dies heute: konfessionell als Durchsetzungsanspruch der katholischen Kirche, politisch als Versuch, dem Heiligen Römischen Reich Deutscher Nation, inzwischen freilich zum Habsburger Imperium geworden, unangemessene Ansprüche nichtdeutscher Fürsten fernzuhalten?

Die Menschen in Glückstadt sahen es sicher anders. Es waren unter ihnen protestantische Flüchtlinge, Mennoniten und Remonstranten aus den Spanischen Niederlanden. Eben noch, 1568, hatte der schreckliche Alba mit Folter und dem Henkersschwert regiert, waren Egmont und Hoorn auf Befehl Philipps II. auf dem Marktplatz in Brüssel hingerichtet worden. Was also sollten sie sich – einige Jahrzehnte später – von der allerkatholischsten Majestät, dem Kaiser, versprechen? Und die vielen portugiesischen Juden, geflohen, um nicht einem blutigen Autodafé in Lissabon zum Opfer zu fallen, in welchem Geruch standen ihnen Tilly und Wallenstein und ihre spanischen Söldner?

Die dänischen Majestäten waren vielleicht auch keine größeren Menschenfreunde, aber sie sahen ihre Chance, gewerbefleißige Ansiedler seßhaft zu machen, ihnen Privilegien und religiöse Toleranz zu gewähren, die sich zugunsten der Staatsschatulle wie der Interessen der Kaufleute auswirkten. Glückstadt nahm seine Chance wahr und wurde ein wichtiger Stützpunkt im dänischen Handel mit Westindien und in der Island- und Grönlandfahrt, die dem Walfang diente.

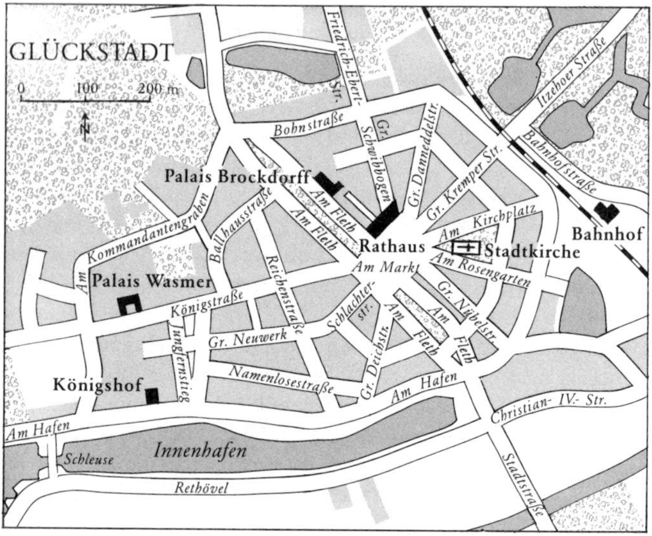

Im Jahr 1672 nahm die dänische Galeone ›Goldene Krone‹ von Glückstadt aus den späteren Hafen von Charlotte Amalie auf den Jungferninseln in der Karibik in Besitz, eine höchst malerische tropische Bucht, in der man das Fort Christian errichtete und an dessen Flaggenmast die dänische Flagge erst 1917 niederging, als man die dänischen Jungferninseln an die Vereinigten Staaten verkaufte. Der Große Kurfürst von Brandenburg war den Dänen arg auf den Fersen. Das Kapital, das es beiden Fürsten zu vermarkten galt, waren die schwarzen Sklaven von der Goldküste, die in einem geschickten, aber ruchlosen Dreieckshandel von Afrika nach Westindien und seinen sklavenverschlingenden Plantagen gebracht wurden. Rum und andere Güter kamen zurück. Flensburg zehrt, honi soit qui mal y pense, noch heute davon. Und mit einem Teil der Erlöse kaufte man billigen Glasschmuck und Eisenwaren und segelte erneut nach Afrikas Westküste. Während der Große Kurfürst sein Handelskontor in Emden aufschlug, wo es 1944 unterging, geruhte der volkstümliche Christian IV. aus dem Hause Oldenburg, Glückstadt zum

Kontor seines westindischen Glücks zu machen. Noch immer sieht man auf einer bemalten Scheintür im Treppenhaus des Palais Wasmer in der Königstraße den Mohren, der vielleicht seinen nach Saint Thomas verreisten Herrn erwartet.

Wir beginnen den Stadtrundgang auf dem polygonalen MARKTPLATZ, auf dem wir hoffentlich einen Parkplatz finden. Die STADTKIRCHE am Markt ist der erste nachreformatorische protestantische Kirchenneubau in Holstein (1618) und trägt auf der Turmspitze die eigentlich ganz unchristliche Glücksgöttin Fortuna mit der dänischen Königskrone als Wetterfahne. Rechts vom Portal zeigen sich Hochwassermarken von 1756 und 1962, als Glückstadt wie der überflutete Markusplatz in Venedig aussah. Links am Turm sehen wir einen Admiralsanker, den Christian IV. 1630 bei einem Seegefecht auf der Elbe vom hamburgischen Admiralsschiff erbeutet hatte.

Nüchtern, aber mit originellem Turm, in einem patinagrünen Spitzhelm sich verjüngend, zeigt die Kirche in ihrem einschiffigen Inneren eine reiche und sehr einheitlich wirkende Barock-Ausstattung, an der viele Künstler aus ganz Norddeutschland und Holland mitgewirkt haben. Der Farbeindruck ist von einem vornehm-kühlen Grau und Weiß geprägt, akzentuiert von Schwarz und sparsamem Gold. Hier – wie in ganz Schleswig-Holstein, aber auch in Dänemark und Schweden – lernen wir einen dem Süddeutschen fremden Kirchentypus kennen: Er meidet barokken Überschwang, bevorzugt den Formenschmuck der Renaissance und läßt stets den nahenden kühleren Klassizismus ahnen.

Der *Altaraufbau* in geschwärztem Sandstein als Imitation von Ebenholz, wie es die nordischen Kirchen liebten, mit roten Marmorsäulen und Alabasterfiguren ist von dem Hamburger Hinrich Röhlke 1695 gefertigt. Hübsch sind die *Holzkanzel* von 1640, die aus einer schweren Weintraube, die Wurzel Jesse verkörpernd, zu wachsen scheint, und die hölzerne *Taufe* von 1641 mit einem entzückenden kindlichen Engelskopf auf dem Deckel. Prunkvolle *Epitaphien* und die reichen, im Licht schimmernden *Messingleuchter* vor den das Schiff begleitenden Holzemporen geben einen prächtigen Rahmen, zeigen den dekorationsfreudigen Einfluß Hollands und die Unbekümmertheit, mit der alte ›katholische‹ Formen – wenn auch zurückhaltend – mit einer neuen Konfession in Einklang gebracht wurden.

Eines der Epitaphien nennt »Henrici Pohlmannii«, der 1685 als hamburgischer Legatus, also als Gesandter im dänischen Glückstadt lebte und ob seiner diplomatischen Kunststücke gerühmt wird. Nahe dem Epitaph des Hinrich Meyer hängt die kerzenbestückte Messingkrone der Isländischen Kompanie von 1652.

Das RATHAUS an der Westseite zeigt den Stil der niederländischen Renaissance. 1642 erbaut, wurde es 1872 nach den alten Plänen neu errichtet. Die rote Backsteinfassade mit Ziergiebeln und gelben Sandsteinfassungen der Fenster ist zum charakteristischen Stil der Ära Christians IV. geworden und erinnert an die Börse in Kopenhagen.

AM FLETH, so hieß die zugeschüttete Kanalverbindung zum Hafen, auf dem einst die Barken Fische, Obst und Gemüse bis auf den Markt brachten. In den achtziger Jahren hat man dieses Fleth, diese Gracht, wieder ausgegraben, in hübschem grauen Granit gefaßt und mit zahlreichen kleinen Brücken überspannt. Für eine so kleine Stadt eine bemerkenswerte finanzielle Leistung und Rückbesinnung!

Am Fleth Nr. 43 liegt das ehemalige PALAIS BROCKDORFF, 1631 von Steenwinkel und Bolten für den dänischen Statthalter, Graf Christian von Pentz, Schwiegersohn Christians IV., errichtet und von 1802 bis 1877 im Brockdorffschen Besitz (heute als Detlefsen-Museum zugänglich). Im Erdgeschoß mit schönen Blumenranken bemalte Holzdecken von 1695 und solche mit Stuckdekor des 18. Jahrhunderts; im Obergeschoß eine stadtgeschichtliche Sammlung mit Relikten der Walfangzeit.

Wir gehen Am Fleth zurück bis zur Königstraße und finden hier unter der Nr. 36 das PALAIS WASMER, 1710 für den Konferenzrat von Wasmer erbaut. Ab 1752 waren hier die Holsteinische Kanzlei und das Obergericht für Holstein untergebracht. Von diesem Gebäude aus erklärte Dänemark 1807 England den Krieg, nachdem die britische Flotte Kopenhagen in Brand geschossen hatte und die Regierung nach Holstein geflüchtet war. Es war die unruhige Napoleonische Zeit, in Hamburg saßen die Franzosen, Gneisenau verteidigte Kolberg gegen die Grande Armée, und Thomas Paine schrieb sein Traktat ›Das Zeitalter der Vernunft‹. Doch wie immer war es schwer, sich darauf zu verständigen, was denn Vernunft sei.

Glückstadt, Am Hafen

Die dreiflügelige Anlage bildet zur Straße hin einen kleinen Cour d'honneur. Wir betreten das Palais (heute Volkshochschule) durch ein schönes Sandsteinportal und kommen in ein prächtiges *Treppenhaus*, an dessen oberem Absatz uns der bereits bekannte westindische Mohr begrüßt. Anschließend gelangen wir in den stuckierten kamingeschmückten *Festsaal*, 1728 von dem Luganer Andrea Maini, der im Kloster Ottobeuren gearbeitet hatte, im Louis-quatorze-Stil mit Pilastern, Girlanden und Kaminrisaliten in stuccolustro gestaltet.

Wir nehmen die *Königstraße* bis zum Provianthaus, dem letzten Rest des 1708 abgetragenen Königsschlosses, und folgen der Straße AM HAFEN, die dem Denkmalschutz untersteht und als eine der bedeutendsten Uferstraßen Norddeutschlands gilt. Am westlichen Beginn liegt der Fähranleger nach Wischhafen jenseits der Elbe, und mächtige Schleusentore sperren den Glückstädter Hafen und den Fähranleger ›uitendeik‹.

Die Hafenstraße ist zumal bei streifendem spätnachmittäglichen Licht im abwechslungsreichen Spiel der Fassaden, im Wechsel von schlichten Kapitänshäusern, reicheren Kaufmannskontoren und kleineren Palais' sehr reizvoll. Unter ihnen verdienen das 1697 erbaute Haus Nr. 46 mit seiner schönen Kolossalpilaster-Gliederung Beachtung. ›Quasi non possidentes‹ hat sein Erbauer, der gewiß geschäftstüchtige Proviantkommissar Jessen, es genannt – aber er besaß es doch gerne. Haus Nr. 23 zeigt einen eingezogenen klassizistischen Portikus. Das heute leider verdorbene Haus Nr. 40 barg einst den dänischen KÖNIGSHOF und wurde gegen 1620 von Christian IV. als provisorisches königliches Wohnhaus errichtet. 1638 schenkte er es seiner Geliebten Wiebke Kruse – auch ein König braucht schließlich ein Privatleben, ein Haus und liebevolle Arme. Nur der achteckige Treppenturm im Hof mit seiner geschweiften Doppelhaube, Reichsapfel, Krone und Reiter an der Wetterfahne zeugt noch von einstiger Pracht.

Jene Wiebke muß nicht nur schön gewesen sein, sondern auch ein unternehmend Frauenzimmer. Nahe Bad Bramstedt geboren, bekam sie vom König auch dort 1633 ein Gut geschenkt, das nach ihrem Tod 1648 ihre Tochter Wiebke erbte, die den dänischen Generalmajor Claus von Ahlefeldt heiratete; schließlich gelangte das Gut an die Grafen Stolberg, die Jugendfreunde Goethes.

Gegenüber dem Königshof findet sich das alte Brückenhaus, ein windschiefes Fachwerkhaus, in dem einst der Wächter der Hafenbrücke saß. Ein kleines Kapitänsbild schmückt seine bescheidene Tür und zeigt eine Brigg mit wehendem Danebrog auf großer Fahrt.

Der nach dem Krieg neugeordnete JÜDISCHE FRIEDHOF in der Pentzstraße ist die letzte Erinnerung an die wohlhabende portugiesisch-jüdische Gemeinde, die eine Münze betrieb sowie Ölmühlen und Zuckerkochereien für aus Übersee importierte Ölfrüchte und Rohzucker aus Westindien. Im Umfeld dieser Privilegien siedelte sich 1632 die älteste Druckerei Norddeutschlands an, noch immer existent und weltweit berühmt, da sie hebräisch, arabisch, chinesisch und was es sonst noch gibt drukken kann. Die ›Glückstädtische Fortuna‹ erscheint hier als Zeitung, gemäß dem alten Gründungsspruch: »Dat schall glücken und dat mut glücken und desshalb schall se ok Glückstadt heten«, mit der nackten, lächelnden Fortuna im Wappen.

Das Ende der dänischen Herrschaft 1864 und die Einvernahme durch Preußen beendete Glückstadts landespolitische Rolle. Schon 1630 hatten die ›Pfeffersäcke‹ in Hamburg im Handstreich versucht, die lästige Konkurrenz auszumerzen. Ganze zwei Jahre nach der Tillyschen Belagerung im Dänisch-Schwedischen Krieg 1643 sahen sich die Schweden am Zug und wurden vom Grafen Pentz tapfer abgewiesen. Als 1658 der Große Kurfürst in Holstein einfiel, versuchte man, ihm Glückstadt als Hafen schmackhaft zu machen. Er lehnte ab und wählte Emden, als Hafen entschieden die bessere Wahl gegenüber dem versandenden Glückstadt. 1813 war die Kraft der Stadt erschöpft. Die verbündeten Franzosen, Schweden, Preußen und Russen bombardierten sie und nahmen sie ein, hinterließen ein wieder auf sich und das kleinere Umfeld der Elbe zurückfallendes Glückstadt. Vielleicht ist auch dies ein Werk Fortunas, von der wir uns dankend verabschieden.

Palais Wasmer, Treppenhaus

Dithmarschen – Land der Freien

Von sächsischem Eigensinn und einer Confoederatio

Als der kaiserliche Stern zu sinken begann und die Macht der Feudalherren zunahm – es mag gegen 1200 gewesen sein –, da nahm auch jener Prozeß seinen Anfang, an dessen Ende der Untergang des freien Bauernstandes und die Leibeigenschaft standen. Noch hatten die großen Territorialherren, die Fürsten und Bischöfe, nicht das volle Regiment, aber unaufhaltsam entwickelte sich, teils aus ökonomischen Zwängen, teils aus Machtstreben, ihre Herrschaft. Im übrigen Reichsgebiet hatte dieser Prozeß schon früher eingesetzt, nun ereilte er auch Holstein und Schleswig.

Einige Landschaften widerstanden dieser historischen Entwicklung und bildeten eigene, bäuerliche Herrschaftsformen von bemerkenswert demokratischem Zuschnitt aus. Dithmarschen steht im Norden als Beispiel – so wie im Alpenraum die allmähliche Ausgrenzung der schweizerischen Urkantone aus dem Habsburger Reich. Später erst sollten die nördlichen Niederlande aus einer bürgerlich-protestantisch-kommerziellen Gesinnung heraus den herrschenden feudalen Rahmen verlassen. Freilich, bei allen drei Ausnahmen war die Gunst der geographischen Lage ausschlaggebend. Dithmarschen und Holland sind dem Meer nahe; durchschnitten von zahllosen Wasserläufen und mit schützenden, aber auch den Feind bedrohenden Deichen boten diese Landschaften den Ritterheeren ebensowenig Entfaltungsmöglichkeit wie die bergigen Urkantone der Schweiz.

Dithmarschen war ursprünglich ein Gau des ostelbischen Sachsen gewesen, bis Karl der Große das Land in seinen berühmt-berüchtigten Sachsenkriegen unterwarf. Doch war diese Unterwerfung nur eine gewaltsame Einbringung undeutlich konturierter Stämme in die karolingische Reichsidee; im Gesellschaftlichen blieb alles beim alten. Seltsamerweise hatte die Missionsarbeit dennoch Erfolg: Dithmarschen wurde ein christliches Land, und das mag den Bremer Erzbischof wie einige der umwohnenden Grafengeschlechter zu Fehlerwartungen verleitet haben. In den Weiten Dithmarschens hatte sich die alte germanische Lebensform freier Bauern, die ihr Schicksal in Thingbezirken, dann in Kirchspielen selbst entscheiden wollten, erhalten. 1144 erschlugen die Bauern den Grafen Rudolf II. von Stade. 1319 brachten sie bei Wöhrden dem holsteinischen Grafen Gerhard III. eine vernichtende Niederlage bei. Die betonte Eigenwilligkeit der Dithmarscher, deren einzige berechenbare Komponente ihr Unabhängigkeitsdrang war, gab dem Bremer Erzbischof, der sich als Oberherr wähnte, manche harte Nuß zu knacken. Nicht minder den östlichen Nachbarn, denn die Dithmarscher dachten nicht daran, sich an die mit den Schauenburgern getroffenen Vereinbarungen zu halten, so daß diese 1403 zum Gegenschlag ausholten. Aber schon im Folgejahr bereiteten ihnen die Bauern in einem blutigen Überfall in der Süderhamme bei Stade eine vernichtende Niederlage, bei der Gerhard VI., Schauenburger Herzog von Schleswig, fiel.

Gegen 1250 hatte sich Dithmarschen weitgehend vom Stader Grafen und dem Bremer Erzbischof gelöst und war eine Bauernrepublik geworden, freilich zunächst ohne deutliche rechtliche Konturen, wie dies alter germanischer Art entsprach. Gegen Mitte des 15. Jahrhunderts hatten sich die neunzehn Kirchspiele des Landes Dithmarschen zu einer losen Confoederatio zusammengeschlossen, der eine ›Meynheit des Landes‹ als Thing ohne exekutive Befugnisse übergeordnet war. Diese Stammesbezogenheit ist vergleichbar den Verhältnissen bei den Ostfriesen, denen ein Häuptling nur in Kriegszeiten vorstand, im größeren Rahmen ein Herzog freier Bauern, der ›vor dem Heer zog‹. Dies erinnert, da von Häuptlingen die Rede ist, unwillkürlich an die Gewohnheiten der freien Indianer Nordamerikas, bei denen die Häuptlinge auch nur bei ausgegrabenem Kriegsbeil Gewalt hatten. Mit zunehmender Erschließung von Handel und Gewerbe, mit großräumigeren Entwicklungen wurde aber eine politische und ständige Landesgewalt notwendig. So wandelte sich auch in Dithmarschen seit 1447, dem Jahr der Kodifizierung des Landrechts, das Appellationsgericht in Heide zur Regierung der achtundvierzig Regenten, ein hochinteressanter Prozeß demokratisch-republikanischer Machtfindung und Ausübung. Am südlichen Horizont des Reiches gab Kaiser Friedrich III., das ›kaiserliche Faultier‹, wie ihn die Chronisten nennen, König

Christian I. von Dänemark Dithmarschen zu Lehen, und am nördlichen Horizont tauchte prompt das Heer von Christians Nachfolger, König Johann, mit zwölftausend wohlgerüsteten Rittern und Söldnern auf, eroberte Meldorf, um am 17. Februar 1500 bei Hemmingstedt von den weit unterlegenen Bauern unter Wulf Hildebrand vernichtend geschlagen zu werden. »Wahr die Gaard, de Bur de kummt!« hieß der Schlachtruf, mit dem die berüchtigte Schwarze Garde, der schwergepanzerte Kern des dänischen Heeres zusammengehauen wurde. Die historische Parallele mit der ebenso berühmten Schlacht von Murten, in der ein schweizerisches Volksheer 1476 das glanzschimmernde Ritterheer Karls des Kühnen von Burgund in den Sumpf getrieben und besiegt hatte, ist unübersehbar. Unübersehbar ist aber auch, daß mit der Einführung der Reformation 1532 und einer neuen Interpretation des Begriffs Herrschaft eine Entrechtung der alten Geschlechter einherging, so daß wenige Jahrzehnte später die stolze Confoederatio ihren Gegnern erlag. Freiheit und Macht, einander bedingend und einander ausschließend, waren stets instabile politische Größen.

1 *Vorfrühling in Tönning (Eiderstedt)*

2 *Am Hafen von Husum*

3 *Haus und Garten von Emil Nolde in Seebüll*

SCHWERMER

Restaurant HOTEL Restaurant
HOTEL
Zur grauen Stadt am Meer

Von Brunsbüttel zu den Marner Kögen

Wir haben inzwischen bei Brunsbüttelkoog den **Nord-Ostsee-Kanal** auf der Bundesstraße 5 überschritten, sahen die roten und grünen Lichtsignale, mit denen die Einfahrt der großen Seeschiffe in den Kanal geregelt wird, hatten schon vorher jenes höchst unwirkliche Erlebnis, daß ein gewaltiger Tanker mit seinen vierzigtausend Tonnen und ragender Brücke seelenruhig mitten durch die Schafe auf der Weide zu fahren schien; denn vom Kanal sieht man binnendeichs nichts, alles scheint pastorale Idylle – eine Bühne, über die ein verfremdungssüchtiger Regisseur ein Requisit ziehen läßt. Über den Kanal wollen wir dann bei Rendsburg und Kiel mehr hören.

Der kleine Ort **Brunsbüttel** ist mit dem Kanalbau und der Industrieansiedlung nach dem Zweiten Weltkrieg im Ansturm der großen Welt fast untergegangen. Bahn, Autos und Schiffe drängen sich, um uns wenige Minuten später wieder in die Stille der **Marner Köge** zu entlassen, den südlichsten Teil von Dithmarschen, der im Südosten vom Nord-Ostsee-Kanal und im Norden von der Eider begrenzt wird, andere rechnen noch die Halbinsel Eiderstedt dazu, was historisch unrichtig ist. Blickt man auf die Karte, so erkennt man den meernahen Charakter des Landes, durchzogen von unzähligen Prielen und Kanälen und gegen Osten zum Geesthang ansteigend.

Der Hauptort **Marne** in Süderdithmarschen ist modern, und seine Kirche hat man wiederholt, zuletzt 1904, erneuert. Wir wenden uns den Kögen zu, deren Namen – Kaiser-Wilhelm- und Kronprinzenkoog – uns als Entstehungszeit das Ende des letzten Jahrhunderts anzeigen. Dem Mündungstrichter der Elbe durch immer neue Eindeichungen abgerungen, ist dieses Land mit seinem Buhnenwerk in die Wattenzone der Norder Gründe hinausgewachsen, bei jeder Flut mit neuem Schlick gefüllt und langsam verlandend. Es ist die Rache des Menschen am zehrenden und landfressenden Blanken Hans; aber diese Art der Landgewinnung ist nicht überall möglich, zu unterschiedlich ist die Topographie des Meeresbodens, zu stark an manchen Stellen der Austritt von Grundwasserströmen aus dem Festland.

Mit den siebziger Jahren sind weitere ehrgeizige Projekte in Gang gekommen, neue Köge anzulegen und das Meer zurückzudrängen. Der Ehrgeiz ist nicht unwidersprochen. Das Gleichgewicht zwischen dem Meer anheimfallendem und dem Meer entrungenem Land mag zwar auf diese Weise gehalten werden, aber es ist nur ein Gleichgewicht der Fläche. Qualitativ geht vor allem das landschaftlich wertvolle Land etwa an den Sylter Küsten verloren; gewonnen wird Koogland, landwirtschaftlich gewiß nutzbar, doch was bedeutet dies in einer Überschuß-EG. Daß das Wattenmeer und damit ein einzigartiger Naturraum den Eindeichungen zum Opfer fällt, ist ein weiteres Gegenargument. Vor Meldorf, das einst ein Seehafen war, heute weit im Binnenland liegt, entsteht gerade wieder ein neuer Speicherkoog, heftig befehdet von Naturliebhabern. Der neue Meldorfer Hafen am Speicherkoog liegt bereits gute zwanzig Kilometer von der Stadt entfernt, die immer mehr zur stillen Landstadt wird. Ungeachtet ihrer Jugend erfreuen die Köge mit schöner BAUERNHAUSARCHITEKTUR, in der sich seit der Jahrhundertwende das Bestreben zur Erhaltung alter, wohlproportionierter und im Grunde auch rationaler Formen durchgesetzt hat. Die alten Bauerngeschlechter hatten ein untrügliches Geschick, das Baumaterial der Landschaft, die ebene oder hügelige Lage, die Art der Landwirtschaft, Stall- und Wohnbedürfnisse, die Tenne zum Dreschen, aber auch zum Feiern, den erhöhten Heuboden so zusammenzufügen, daß es wie alles Einfache auch schön war. Am besten erhalten haben sich diese Häuser mit dem tief herabgezogenen Dach und seitlich angebauter Scheune, manche noch reetgedeckt, im Dieksanderkoog. Im Dritten Reich erbaut, wollte er nach dem Krieg nicht mehr nach Adolf Hitler heißen. Der Name könnte auch sehr täuschen, denn das Dritte Reich hat solche Neugründungen aus allzu durchsichtigen Gründen gefördert und verfälschend zur eigenen Tat stilisiert; geblieben aber ist die Rückbesinnung auf alte Bauformen, an der hervorragende Fachleute mitgewirkt haben.

Ob wir nun von Marne kommend oder bereits von Brunsbüttel über Neufeld die Köge erreichen: An der Westseite des Friedrichskooges liegt der bedeutende KUTTERHAFEN einer Fischfangflotte, deren Ankunft kurz vor Hochwasserstand einen Besuch lohnt. Der Hafen ist heute eingekesselt vom alten Deich des Friedrichskooges von 1854 und dem neuen Deich von 1935 und wird von einer Seeschleuse bedient.

Meldorf. Aus Braun – Hogenberg, ›Civitates orbis terrarum‹, 1588 (Ausschnitt)

Rings um den Meldorfer Dom

Das alte **Meldorf,** das der nahen Bucht den Namen gibt, ist die älteste und geschichtsträchtigste Stadt Dithmarschens. Ihr Herz ist der MELDORFER DOM, der freilich trotz aller Anläufe nie eine Bischofskirche wurde, aber den Dithmarschern als eine solche gilt. Nach Verlust der Stadtrechte, 1598 und schon vorher, beim Wegzug des Rates der Achtundvierzig nach Heide, fiel das Städtchen in die Stille zurück. Noch heute stehen wir etwas erstaunt vor der lindenumkränzten großen Backsteinkirche inmitten des weitflächigen Marktplatzes, umgeben von niedrigen, bescheidenen Bürgerhäusern. Der Vorgängerbau, schon gegen 814 – vor Ansgar – entstanden, war eine der vier karolingischen Urkirchen in Nordelbien, ›Ecclesiae Mater Thetmarsiae‹. Von hier aus hat Erzbischof Adalbert von Bremen 1127 den Wendenapostel Vizelin zur Missionierung Ostholsteins ausgesandt. Die Grundmauern der ursprünglichen Feldsteinkirche des 9. Jahrhunderts hat man unter dem heutigen gotischen Schiff ergraben.

Als Frühwerk der nordischen Gotik ist der Dom trotz mancher Veränderung recht stilrein auf uns gekommen. Er verrät Beziehungen zur niedersächsischen und westfälischen Gotik und behauptet nach dem unsinnigen Abriß des Hamburger Doms (1804) ein wenig dessen Stellung in der Kunstgeschichte. Freilich ist der Bau, wie er heute vor uns steht, das Ergebnis einer durchgreifenden Restaurierung der Jahre 1879-1882, der Jahrhunderte des Verfalls und schließlich ein Brand von 1866, der den alten Turm vernichtete, vorausgegangen waren. Das Ergebnis ist beeindruckend.

Es ist eine kreuzförmige, gewölbte Backsteinbasilika im gebundenen System, die wir betreten; ihre gemessenen Proportionen wirken im zweifarbigen Mauerwerk feierlich und lebendig zugleich. Hoch wölben sich die Kuppeln über spitzbogigen Jochen, getragen von mächtigen vielgliedrigen Pfeilern. Entstanden zwischen 1250 und 1300, zeigt diese Kirche im flach abschließenden Chor zierliche Formen rheinischer Hausteingotik. Die Umsetzung des beliebig behaubaren Natursteins in die sprödere Linearität des Backsteins ist ein großes Thema im nordischen Kirchenbau, hier wie in Lübecks Marienkirche besonders augenfällig.

Das Querschiff bewahrt Fragmente alter *Gewölbemalereien* von 1300, später recht frei ergänzt. Sehr schön ist das *Chorgitter* aus Eichenholz, 1603 von einem Rendsburger Künstler ausgeführt. In den prachtliebenden Formen der niederländischen Spätrenaissance trennt diese Schranke das Laienschiff von der Geistlichkeit – man war zur Zeit seiner Entstehung offenbar noch katholischen Vorstellungen verhaftet. Das herzoglich-schleswigsche Wappen macht deutlich, daß die Tage der bäuerischen Confoederatio längst vorbei waren. Die Ausstattung wird ergänzt durch die *Renaissance-Kanzel*, den *Passionsaltar* von 1520 mit figurenreich geschnitztem Mittelschrein, eine *Messingtaufe* aus dem 13. Jahrhundert mit schönem hölzernen Taufdeckel der Barockzeit und viele Epitaphien sowie Gemälde von Landschreibern. Der Landschreiber war, mit schlichtem Titel, der Statthalter des Herzogs in Dithmarschen.

Meist sind die Seitenschiffe von warmem Kunstlicht erhellt, so daß Schönheit und Tiefe des Raumes zur Geltung kommen und eine wärmende Geborgenheit von dieser bedeutendsten Kirche zwischen Hamburg und Ripen ausgeht.

Meldorf, Dom

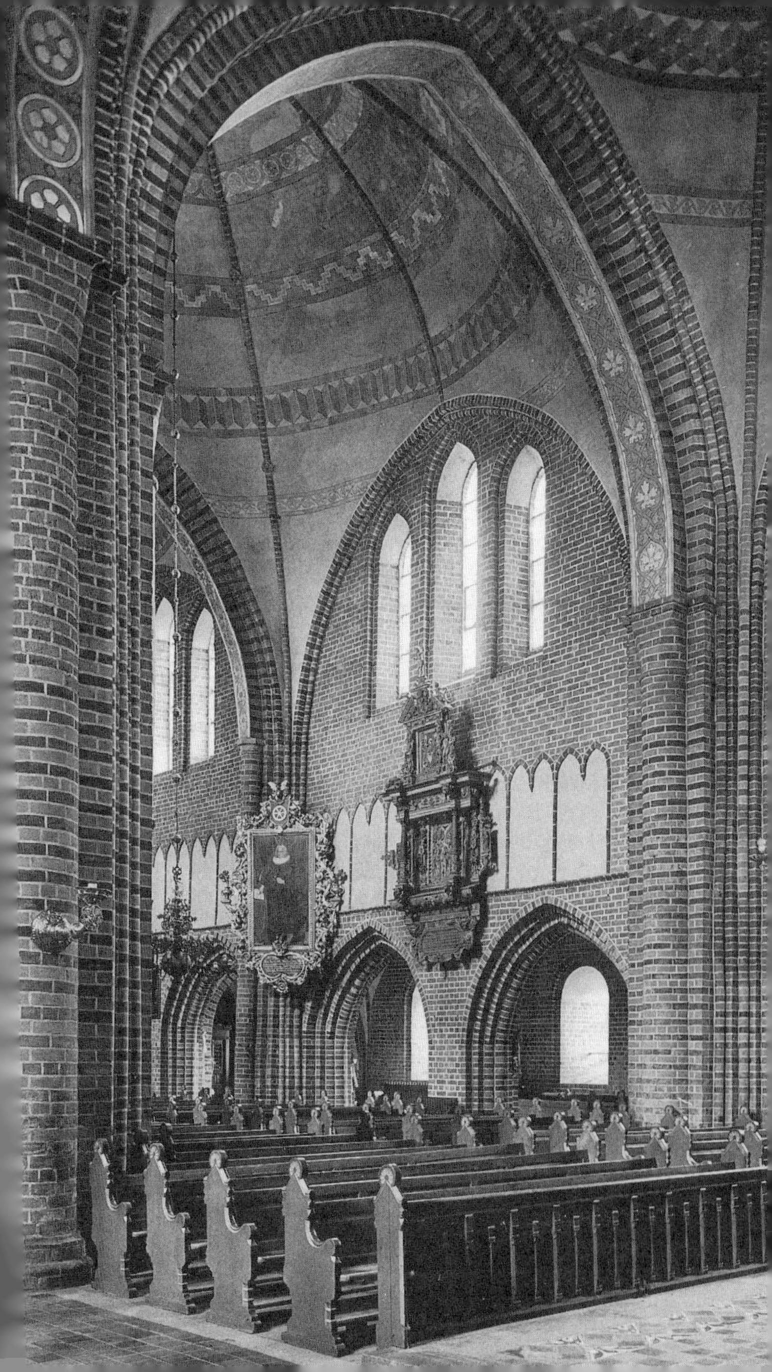

Rings um den ›Dom der Dithmarscher‹ die freundlich bescheidenen Traufenhäuser am *Nordermarkt* und *Südermarkt,* wie die beiden Hälften des Domplatzes heißen, weiß gekalkt und mit grüngerahmten Fenstern, beschaulich und von biedermeierlichem Zuschnitt. Das alte Pastorat in der Papenstraße 2, der Mönchshof in der Süderstraße mit seiner Schnitzerei von 1537, manche guten Bürgerhäuser mit Perückengiebel und Krüppelwalmdach in der Papen-, Süder- und Zingelstraße erinnern noch an ein Meldorf zu Beginn der Neuzeit, unbedeutend zwar, aber behaglich. Leider ist neben anderen Häusern auch das Wohnhaus von Heinrich Christian Boie der Spitzhacke einer neuerungssüchtigen Nachkriegszeit zum Opfer gefallen, doch steht am Nordermarkt Nr. 9 noch das NIEBUHR-HAUS.

In der Stille Meldorfs mag der irrige Eindruck entstehen, diese Stadt träume seit Jahrhunderten, und die Wirklichkeit der Welt sei an ihr spurlos vorbeigezogen. Daß dem nicht so ist, beweisen drei Männer, die lange Zeit mit Meldorf verbunden waren. *Barthold Niebuhr,* in Kopenhagen 1776 geboren, wuchs in dieser Stille auf, nahm eine hohe Stellung in der dänischen Finanzverwaltung unter Heinrich Graf Schimmelmann ein und trat 1806 auf Bitte des Freiherrn vom Stein als Direktor der Seehandlung in preußische Dienste. Als Stein stürzte, hatte der Schüler der Meldorfer Lateinschule keine Probleme, an der Berliner Universität römische Geschichte zu lehren und die historische Quellenkritik zu begründen.

Auch der jüngere *Carsten Niebuhr,* 1815 in Meldorf gestorben, war bedeutend und bereiste als Forscher in dänischen Diensten Arabien. Seine Grabplatte sehen wir im Dom. Beide Niebuhrs waren befreundet mit *Heinrich Christian Boie.* Aus einer altansässigen Pastorenfamilie stammend, wurde Boie nach Jahren des Studiums und Reisens, die ihn in Kontakt brachten zu Lessing und Klopstock, den Brüderpaaren der Grafen Stolberg und Reventlow, Sophia von La Roche und Goethe, der ihm seinen Urfaust vorlas, endlich 1781 zum Landvogt in Meldorf bestellt. In dem unbefangenen Umgang mit den Größen seiner Zeit, denen des Geistes wie des Standes, zeigt sich der Geist des Umbruchs vor der Französischen Revolution. Im Juli 1780 schreibt Niebuhr seiner Braut Luise aus Kopenhagen: *»Wie ganz anders ist der dänische Adel als der unsrige! Ich muß mich ordentlich selbst daran erinnern, daß ich kein vornehmer Mann bin, so ganz auf dem Fuß der Gleichheit nimmt mich alles …«* Mit dem dänischen Adel ist freilich der schleswig-holsteinische Adel gemeint, der in Kopenhagen ein Stadtpalais besaß wie die Reventlow, Bernstorff und Schimmelmann, in deren Leben es keinen Unterschied zwischen Dänemark und Schleswig-Holstein gab.

Außer dem DITHMARSCHER LANDESMUSEUM unweit des Domes (Bütjestraße 4) sollte auf der Durchreise wenigstens das hierher verpflanzte DITHMARSCHER BAUERNHAUS aus Osterrade neben dem Landwirtschaftsmuseum (Jungfernstieg 4) an der Stelle der abgebrannten berühmten ›Holländerei‹, einst eine gastronomische Landmarke, besucht werden. Unter den Zeugnissen dithmarscher Bauernkultur im Museum beeindruckt besonders die prächtige Wohn- und Schlafstube des Marcus Svyn, gegen 1552 getischlert, auch ›Swinscher Pesel‹ genannt.

Die Svyns waren dithmarsche Bauern und gehörten zu den achtundvierzig Regenten. Der Vater, Peter Svyn, fuhr 1522, noch kurz vor der Reformation, auf eigenem Schiff zur Wallfahrt nach Santiago de Compostela. Er fiel den Kopenhagener Höflingen auf, weil er ein Ritterwams und bäuerliche weite Leinenhosen trug und den feinen Herren die Antwort nicht schuldig blieb: Das Wams trage er als einer der Landesherren, die Hosen als freier Bauer. Sohn Marcus und Frau können wir im Museum auf einem Ölbild bewundern: ihn im Kostüm eines spanischen Granden mit Barett und Spitzenhandschuhen. Wie sagte doch die dänische Königschronik: »Ditmarser, dat schölen Buren sin? Et mögen wol wesen Herren.« Die offenbar nüchternere Frau dieses Granden blieb bei der altvertrauten Dithmarscher Tracht.

Zwischen Heide und Büsum

Das norderdithmarsche Heide ist weit jünger als Meldorf. 1437 trafen sich hier ›Up de Heyde tho Rusdorp‹ die anrainenden Kirchspielvorsteher, und 1447 zog das dithmarsche – manche sagen das dithmarische – Appellationsgericht, von dem wir schon hörten, nach dem jungen Städtchen, das rasch wuchs und seine Schwester in den Schatten stellte. Der Weg nach Heide führt über **Hemmingstedt,** dessen turmlose Kirche schöne Gestühlswangen der Renaissance enthält. Gegen 1580 entstanden, führen sie uns die Namen und Wappen der alten Bauernfamilien vor Augen. Östlich, auf dem Weg nach Braaken, steht noch ein gut erhaltener WINDHOLLÄNDER von 1858 mit seinen großen vier

Flügeln und dem kleinen Steuerwindrad der Windrose, deren Funktion darin bestand, den Windmühlenturm automatisch in die beste Windrichtung zu drehen. So uralt ist diese Technik, daß uns kaum mehr auffällt, wie unsere Hubschrauber mit ihrem Steuerrotor dieses Prinzip aktiv nachahmen. Manche Mühlen hatten auch einen Steert, einen Sterz oder rückseitigen Anbau, der dem Ausbalancieren der Gewichte diente.

Nahebei, etwa einen Kilometer südwestlich von Hemmingstedt an der alten Landstraße von Meldorf, findet sich auf einem schwachen Höhenrücken aus Kleie der durch Grabungen erschlossene Ort der berühmten *Schlacht von Hemmingstedt.* Das Heer der Ritter kam von Meldorf, die Bauern von Norden, und wir haben einige Schwierigkeiten, am Straßenrand in dieser windverblasenen Landschaft stehend, zu verstehen, warum die Bauern mit ihren knapp sechstausend Mann das mehr als doppelt so große Heer König Johanns und seines herzoglichen Bruders Friedrich schlagen konnten. Diese Schwächung des Ansehens kostete den König von Dänemark, der mit knapper Not entkam, die Kronen Schwedens und Norwegens.

Wie so oft an Stätten kriegerischer Auseinandersetzungen geben auch hier der vom Pflug aufgebrochene Boden, die jagenden Wolken, keinen Rahmen für ein weitreichendes Ereignis der Geschichte. Die Bauern, die das Land am besten kannten, bestimmten das Schlachtfeld, indem sie den alten Heerweg mit einer Schanze sperrten. Unter den Verteidigern war auch eine dithmarische Jeanne d'Arc, die Jungfrau Telsche, als Fahnenträgerin. Im nassen Februar 1500 waren die angrenzenden Weiden und Äcker im aufkommenden Schneesturm, moorig und voll zähen Lehms, kaum passierbar. Teile des Landes westlich der Straße hatte man überflutet, und das schwerfällige Ritterheer stak in einer Art Tieflandpaß, den die Schwarze Garde der Fürsten auf dem klebrigen Kleieboden des Hügels nicht umreiten konnte, so daß die behenden Bauern den langen Tatzelwurm des Heeres unter wildem Feldgeschrei stückweise entzweischlugen. Etwa viertausend Mann blieben auf der Walstatt, die man früher auf der Epenwöhrden nahen Dusendüwelswarf vermutete, wo noch heute ein Denkmal steht.

Nach Passieren der Schanze (wir haben uns gehütet, in dem Lehm herumzustapfen) dringen wir endlich nach **Heide** vor, dessen riesiger Marktplatz von 1447 bis 1559 der alte Thingplatz

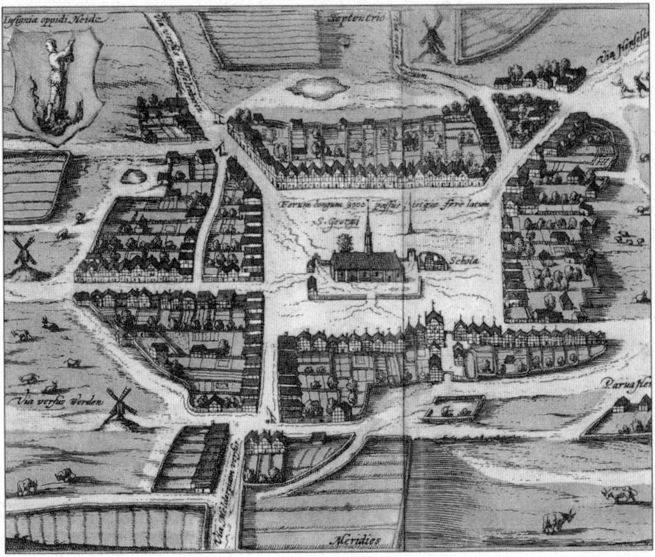

Heide. Aus Braun–Hogenberg, ›Civitates orbis terrarum‹, 1588 (Ausschnitt)

der Dithmarscher war. Die KIRCHE SANKT JÜRGEN – so nennt sich im Norddeutschen Sankt Georg, im Schwedischen Sankt Göran – ist ein langgestreckter Backsteinbau auf spätgotischem Feldsteinfundament, der in seinem saalartigen Inneren mit niedriger Kassettendecke einen um 1515 geschnitzten *Altar* aus oberdeutscher oder niederländischer Schule birgt. Die zeichnerischen Vorlagen der Passion gehören zum Kreis um Dürer und Cranach. Die *Kanzel* dagegen gleicht dem eiderstedtischen Typus. Gegen 1580 entstanden, ist sie als vierseitiger Korb mit seitlichem Zugang ausgebildet, geprägt von Doppelsäulchen, Evangelistenreliefs und erzener Schlange, während der Schalldeckel die Tugenden preist, die von Engeln an den Ecken bewacht werden. Das war auch in Dithmarschen nötig.

Vor der Kirche hat man 1524 den aus dem Augustinerorden stammenden Reformator Heinrich von Zütphen lebendig verbrannt. Noch meinte der Rat der achtundvierzig Regenten, sich nicht auch noch die Reformation aufladen zu sollen, 1533 war es dann doch so weit, und Hochwürden Johann Sneck wurde

Pastor, heiratete auch gleich. Das heutige Pastorat ist erst 1739 entstanden, ein breitgelagerter, zweigeschossiger Bau mit gebrochenem Walmdach und breitem Korbbogen über der Einfahrt.

Büsumer Krabben

Ist ja alles dummer Schnack, werden die Büsumer sagen, bei uns gibt es gar keine Krabben, allenfalls solche der Sorte Dwarslöper, also Querläufer, die am Strand herumlaufen und die Kinder in die Zehen zwicken.

Wir besuchen ungeachtet biologischer und philologischer Querelen einen Krabbenstand, an dem eine rotbäckige resolute Fischersfrau den frisch gekochten Granat aus dem Sud seiht, worauf sich Scharen von Käufern darüber hermachen und direkt am Kai ›auspuhlen‹. Hier gelten nicht Stand noch Einkommen, sondern Geschick und flinke Finger. Der Chitinpanzer der von Graurot über Hellrot bis leicht Violettrot schillernden Garnelen fliegt ins Wasser, und mit sichtlichem und manchmal schmatzendem Behagen wird der Inhalt verspeist. Solches Tun macht durstig, auch schmecken die Garnelen noch leicht salzig, so daß manches Bier das verdienstliche Geschäft begleitet.

Was wir Binnenländer als Krabben einkaufen und genußvoll im Restaurant verspeisen, sind Garnelen oder Granat, die kleineren Verwandten der mittelmeerischen Langusten. In der Nordsee kommt die zehnfüßige Sandgarnele (Crangon vulg.) unter den Namen Granat oder Nordseegarnele vor. Sie unterscheidet sich von der etwas größeren und hellrosa kochenden Steingarnele des Atlantik, den echten Shrimps oder Crevetten. Der Granat lebt im von der Flut überspülten Wattenmeer auf dem Sand. Mit Schleppnetzen fängt man ihn ein, doch haben auch andere Spezies ihre Fangmethoden entwickelt. Die Möwen werden den sich nicht rasch genug eingrabenden Garnelen zum Verhängnis, und die so zutraulich die Sandbänke bevölkernden Seehunde haben im Granat schon lange ihre Leibspeise entdeckt, was wiederum den Fischern nicht paßt. Der echte Hummer der Nordsee lebt an den deutschen Küsten nur noch um Helgoland, ansonsten stammt er aus Norwegen oder Kanada. Er hat einen kleineren Verwandten, den Schlankhummer oder Kaisergranat, der von Norwegen bis Sizilien vorkommt und den wir meist im Plural als Scampi auf dem Teller finden. Beide Hummer tragen Scheren im Gegensatz zu Langusten, Crevetten und Granat.

Das alte Bauerndorf **Büsum** war einst nur eines von drei Inseldörfern an der Meldorfer Bucht. Zwei gingen in Sturmfluten verloren, das überlebende Dorf wurde landfest und mit der Zeit Fischerdorf und Kurort am Meer. Die alte KIRCHE SANKT CLEMENS aus dem 15. Jahrhundert mit ihrem spitzen Dachreiter ist innen eine der landestypischen Saalkirchen mit Emporen, geschmückt mit Votivschiffen, geschnitzten Gestühlswangen, an deren einer von 1564 man Luthers Kopf erkennen will, und kuriosen schmiedeeisernen Huthaltern an den Bänken. Der 1938 bis 1941 ausgebaute FISCHER- UND SPORTBOOTHAFEN ist fast schon wieder zu klein für die große Flotte der Granat- und Hochseekutter, und in der ›Alten Post‹ können wir die Spezialitäten der Granatzubereitung kundig studieren. Wenig Meeresgetier ist solch einer vielfältigen Verwandlung fähig, verfeinert vieles und bleibt doch immer – eben ›Krabben‹. Wir verstehen gar nicht mehr, daß man diese Gabe Gottes früher als Hühnerfutter nahm und ›Arme-Leute-Hummer‹ nannte.

Die neuen hohen Sperrdämme zur Nordsee im Verein mit einer gewissen Überbetriebsamkeit der Kurverwaltung haben in Büsum zu einer Entwicklung geführt, die man den deutschen Nordseeküsten nicht wünschen möchte. Der hohe Damm sperrt am Hafen das Meer von der Sicht völlig aus. Der Strom der Besucher wälzt sich, Kurtaxe und Eintrittsgebühren zahlend, auf den Deich, und man fragt sich, ob wir schon so weit sind, daß der Anblick des freien Meeres verwaltet werden muß. Die Unsitte der Kurtaxen greift freilich nicht nur in Büsum fleißig um sich. Verwaltungen bedienen sich und bieten dafür Meeresschwimmbäder oder ›Häuser des Kurgastes‹. Weil man von wenigen Saisonmonaten das ganze Jahr leben möchte, werden die Preise so hochgetrieben, daß man sich nicht zu wundern braucht, wenn sich das Publikum anderen Gestaden zuwendet. Der Charme der alten Seebäder – auf Amrum, Föhr, Jütland und Seeland hat er sich noch erhalten. Das stimmt nachdenklich ...

Hebbel in Wesselburen

Nordöstlich von Büsum und westlich von Heide, schon sehr küstennah gelegen, fällt in Wesselburen die spätbarocke KIRCHE ins Auge. Erbaut auf dem alten Fundament einer bereits gegen 1150 errichteten romanischen Feldsteinkirche unter Einbeziehung des erhalten gebliebenen mittelalterlichen Chores und eines Turmstumpfes im Westen wirkt das Ensemble mit dem so unbarock aussehenden Kubus des Kirchenraumes unter steilem Ziegeldach, bekrönt von einem Zwiebeltürmchen, seltsam, aber malerisch. Das fast quadratische Schiff mit seinen umlaufenden Emporen wird von einer originellen hölzernen Muldendecke überfangen; deutlich setzt sich der niedrigere, tonnengewölbte Chorraum ab. Die Nahtstelle wird gleichsam überspielt von der übereck geführten Loge, hier *Blauer Königstuhl* genannt, dem rechts die hölzerne *Kanzel* apodiktisch gegenübersteht. Unterhalb der Loge an der Ostwand stehen viel bescheidener, aber bedeutend, die fast lebensgroßen *Holzfiguren von Maria und Johannes*, gegen 1520 im Zusammenhang einer Triumphkreuzgruppe von einem Meister aus dem Umkreis des Hans Brüggemann geschnitzt.

Wesselburen liegt auf einer Wurt, einem mitunter künstlich erhöhten Landrücken im hochwassergefährdeten Marschengebiet der Nordsee. Bereits 47 nach Christus hat Plinius der Ältere, der als römischer Offizier Germanien bereist hat, aber sicher vieles nur aus Erzählungen kannte, geschrieben: »Da wohnen die bedauernswerten Menschen auf hohen Erdhügeln, auf denen sie dann ihre Hütten gesetzt, Schiffsfahrenden gleich, wenn das Wasser alles bedeckt ... Schiffbrüchigen gleich, wenn das Wasser sich wieder verlaufen hat ... Und solche Völker vermögen noch, wenn sie heute von Römern besiegt werden, von Knechtschaft zu sprechen.« Der ganze Abstand des stolzen römischen Stadtpatriziers zu den Barbaren des Nordens tut sich kund, manchmal kann man solches noch im Blick der heutigen Römer sehen, wenn sie germanische Touristen in Rom beobachten.

Der berühmte Sohn Wesselburens, *Friedrich Hebbel* (1813-1863), empfand sich hier nicht in der Knechtschaft, obwohl ihn sehr ärmliche Verhältnisse zwangen, als Schreiberlehrling jeden Kreuzer zweimal umzudrehen, bevor er ihn für Talgkerzen ausgab, bei deren Licht er sich in langen Nächten eine umfassende Bildung aneignete. Das heutige MUSEUM in der Kirchspielvogtei, deren Laufjunge er war, erweckt freilich ganz falsche Vorstellungen wohnlichen Biedermeiers. Erst in Wien gelang dem Dichter der ›Agnes Bernauer‹ und der ›Maria Magdalena‹ spät die Begründung gesicherter Lebensverhältnisse. Die Büßerinnen seiner

Kirche in Wesselburen

Werke mögen das Spiegelbild dessen sein, was Frauen für ihn taten und er ihnen nicht lohnen konnte.

Von Wesselburen führt eine Nebenstraße zur Eidermündung mit dem 1973 in Betrieb genommenen, acht Meter über NN (Normalnull oder normative Meereshöhe) ragenden **Eiderdamm.** Das Sperrwerk im Purrenstrom der Eider hat eine dreifache Funktion. Es schützt die früher hochwasserbedrohten Marschen stromaufwärts. Um aber die zunehmende Verlandung und Versandung der Eider zu verhindern, sind auch Schleusentore vorgesehen, die den Fluß mutwillig aufstauen, um das Wasser dann in einem großen Schwall, allen Sand mitreißend, wieder zu entlassen. Schließlich ermöglicht das Sperrwerk eine geordnete Nutzung der Eider für kleinen Schiffsverkehr. Von hier aus kann man über die Straße durch den Karolinenkoog in einer halben Stunde nach Friedrichstadt, unserem nächsten Ziel, gelangen.

Dithmarscher Truhe, um 1560.
Meldorf, Dithmarscher Landesmuseum

Von Friedrichstadt zu den Haubargen Eiderstedts

Das herzogliche Friedrichstadt

Bevor wir von Dithmarschen ins eiderstedtische Friesland weiterreisen, sollten wir noch einen Abstecher zum eideraufwärts gelegenen Friedrichstadt machen, der herzoglichen Konkurrentin Glückstadts. Beide Städte, das königliche Glückstadt wie das herzogliche Friedrichstadt, sind aus dem absolutistischen Wollen zweier Fürsten entstanden, haben einen ganz eigenen Charakter, beide nahmen ihren Gründungsimpuls aus dem Behauptungswillen von Glaubensflüchtlingen, die in hohem Maße Gewerbefleiß, handwerkliches und kaufmännisches Können einbrachten. Dabei mag es überraschen, daß die südlichere Neugründung, Glückstadt, königlich-dänischen und die nördlichere, Friedrichstadt, herzoglich-holsteinischen Ursprungs ist.

In der ersten Hälfte des 17. Jahrhunderts begann bei zunehmender Erlahmung des kaiserlichen Einflusses die finanzielle Macht der großen Adelsherren wie etwa der Rantzau in Holstein zu steigen. Die Hansestädte Hamburg und Lübeck hatten sich territorial arrondiert, und trotz des Vertrages von Ripen, ›up ewich ungedelt‹, kam es zu einer Aufteilung der beiden Herzogtümer in einen königlich-dänischen und einen herzoglich-gottorfschen Teil. Wie ein bunter Flickenteppich wechselten von Norden nach Süden königliches und herzogliches Gebiet einander ab, und manche Regionen wurden einverständlich und gemeinsam regiert.

So erklärt sich, daß der königlichen Gründung Glückstadt (1615) die herzogliche Gründung Friedrichstadt (1621) auf dem Fuß folgte. Doch war Friedrichstadt nie eine Festung; seine Gründung – der Namensgeber ist Friedrich III. von Gottorf – verfolgte rein wirtschaftliche Ziele. König wie Herzog fanden lebhaftes Echo bei den ins Land strömenden niederländischen Remonstranten, die wir uns nicht als arme Flüchtlinge vorstellen dürfen; sie kamen per Schiff und brachten ihre großen Vermögen samt anspruchsvollem Hausrat und Dienstboten mit. Andere Religionsgemeinschaften folgten, und bald hatte Friedrichstadt sieben Konfessionen in seinen Mauern aufzuweisen. Der Platz an der Einmündung der Treene in die Eider war geschickt gewählt, denn er sicherte die Verbindung zwischen Nord- und Ostsee, und dies gleich auf zwei Wegen: über den alten Wikinger-Handelsweg nach Schleswig sowie über die Eider nach Rendsburg, wobei sich die Idee des Nord-Ostsee-Kanals bereits andeutet.

Wo so viele Bekenntnisse nebeneinander auskommen wollten und der Grundsatz der Zeit ›cuius regio, eius religio‹ nicht galt, mußte eine liberale, aber straffe Verfassung Rechte und Pflichten sichern. Man schuf eine aristokratisch regierte Republik nach dem Vorbild Amsterdams. Adolf van Wael van Moersbergen, erster herzoglicher Statthalter, kehrte aber bereits 1622 auf sein Schloß bei Utrecht zurück; nicht der Herzog machte Schwierigkeiten, sondern die eifersüchtigen Prediger mit ihrer Rechthaberei. An seine Stelle traten nun zwei vom Herzog bestätigte und von der Vroedschap, dem Rat der Weisen, gewählte Bürgermeister. Amtssprache war bis ins frühe 18. Jahrhundert Holländisch, und das von Markus Gualtherus geschaffene, in Amsterdam 1635 gedruckte Stadtrecht gilt als eines der fortschrittlichsten der Zeit.

Betritt man die rechtwinklig angelegte Stadt zwischen Treene und Eider, durchzogen und begrenzt von Grachten und kleinen Hafenbecken, so wähnt man sich in der Tat in alten holländischen Städten. Bäume säumen die Grachten; die roten oder gelben Ziegelhäuser, leider oft gekalkt, mit ihren typischen niederländisch getreppten Giebeln und Sandsteinlaibungen an Fenstern und Türen, die fast durchlaufende Frontmauer der in den Obergeschossen leicht vorgeneigten schmalbrüstigen Häuser erinnern an Amsterdam. Das in Glückstadt deutlich wahrnehmbare dänische Element, der Einfluß einer auf Kopenhagen ausgerichteten Beamtenschaft mit einem betont klassizistischen Geschmack fehlt hier völlig, auch ist die Stadt bescheidener. Vieles ist zerstört worden, zuletzt bei der Belagerung der dänischen Besatzung durch schleswig-holsteinische Truppen 1850.

Wir beginnen wie in Glückstadt unseren Stadtrundgang auf dem MARKTPLATZ: das Rathaus von 1910 wird kaum unser Interesse erwecken, wohl aber an seiner Westseite, am Mittelburgwall und am vorderen Burgwall die einheitliche Reihe der

Friedrichstadt, ›Alte Münze‹ am Mittelburgwall, 1626

KAUFMANNSHÄUSER im holländischen Stil mit malerischen Treppengiebeln. Schön ist auch die alte Apotheke mit Rokoko-Portal. Am Mittelburgwall – wie Glückstadt ist Friedrichstadt von einem Fleet zur Beschickung des Marktes durchzogen – liegt die ALTE MÜNZE (Nr. 21/23), eine durch und durch holländische Baugruppe von 1626 mit charakteristischem Mauerverband, dem

Oranierlöwen und im rückseitigen Querbau dem Betsaal der Mennoniten. Das PALUDANUSHAUS von 1637 (Prinzenstr. 28) erinnert an Godefridus Paludanus, Remonstrantenprediger und Weinhändler (das schloß sich nicht aus). Hat die LUTHERISCHE KIRCHE aus dem 17. Jahrhundert etwas von der Erdverbundenheit der Landschaft, so will die erst 1852 erbaute REMONSTRANTISCH-REFORMIERTE KIRCHE mit ihrem feinen klassizistischen Saalraum hoch hinaus. All diese Kirchen stehen nicht am Marktplatz. Um des religiösen Friedens willen hielt man sie diesem fern, so daß die Kirchen zum Zentrum des jeweiligen Réfugié-Viertels wurden. Am Haus Mittelburgwall 15 findet sich noch das Amsterdamer Stadtwappen, und wenn wir umherstreifen, werden wir zahlreiche Inschriften, Wappen, Eigentümlichkeiten sehen, die von der buntscheckigen europäischen Vergangenheit, ihren Irrtümern und Unduldsamkeiten berichten. Ein besonders schönes Bild der Stadt gewinnt man von einem Schiff auf der Treene. Irgendetwas erinnert an alte flämische oder niederländische Landschaften, deren Stadtsilhouetten über zugleich spiegelnden und dunstigen Wasserflächen in warmem Erdbraun auftauchen.

Große Bauernarchitektur jenseits der Eider

In dem Bestreben, der gewachsenen bäuerlichen Landschaft zu folgen, ist uns Friedrichstadt etwas in die Quere gekommen. Das scheint auch die Verwaltung so zu empfinden, hat sie doch Friedrichstadt dem entfernten Landkreis Schleswig zugeordnet. Die Dithmarscher einer- und die Eiderstedter andererseits haben sicher befriedigt festgestellt: Wir bleiben unter uns. Auf Distanz war stets das Verhältnis zwischen Dithmarschen und Eiderstedt, das sich als Halbinsel weit in die Nordsee vorschiebt und neben dem Seebad St. Peter-Ording vor allem durch seine monumentalen bäuerlichen Höfe – Haubarge genannt – berühmt ist. Wir kehren darum in Gedanken zum Eiderdamm (vgl. Seite 81 f.) zurück und queren die hier breite Eider, die ähnlich der Mainlinie gelegentlich zu politischen Abgrenzungen gedient hat. Vielleicht ist daran ein wenig schuld, daß die Dithmarscher sächsischen Ursprungs sind, wohingegen die Eiderstedter dem von Westen zugewanderten Stamm der Friesen angehören, der bekanntlich vom holländischen Westfriesland über das niedersächsische Ostfriesland bis Nordfriesland an der dänischen Grenze ansässig ist.

Ist dem Dithmarscher neben einem harten Schädel auch ein gewisser Anteil Schlauheit eigen, so hat der Friese ein ganz eigenes Profil, und wo ein Profil ist, da gibt es Kanten. Von Nordfriesland gilt der Spruch – das Lateinische wird hier besser in Ehren gehalten als in manchen südlichen Gegenden – ›Deus mare, frisia litora fecit‹. Wo der Herr das Meer gemacht hat, da haben also die Friesen die Küste geschaffen und dem Meer abgerungen – oder doch wenigstens dem Meer gewehrt, sie zu verschlingen, manchmal allerdings ohne Erfolg... Böse Zungen behaupten, jeder Friese möchte seine eigene Insel haben, doch da dies schwer zu realisieren ist, doch wenigstens ein eigenes Schiff, denn die Friesen sind im Gegensatz zu den landbebauenden Dithmarschern mehr auf das Meer ausgerichtet, obwohl sie ursprünglich ein Bauernvolk waren. Mit den als urbaner geltenden Holsten im Ostteil Schleswig-Holsteins wollen beide nichts zu tun haben, mit den dänischen Jüten aber auch nicht. Die frühere Gemeinsamkeit im dänischen Gesamtstaat bezog sich stets mehr auf die Oberschicht: Adel, Klerus und Kaufleute. Das letzte Aufbäumen bäuerlichen Freiheitsdranges im 16. Jahrhundert zeigt durchaus individuelle Züge. Haben die süddeutschen Bauern in erster Linie aus sozialen Gründen gekämpft, so die Dithmarscher aus einem klugen politischen Konzept und die Friesen ganz einfach, weil hier jeder seine eigene Freiheit verteidigt.

Die Eider, die wir bei soviel Gedankenballast gerade queren, trennt Schleswig von Holstein. Der Westen des Landes Schleswig, von Friesen bewohnt, der Weidewirtschaft und dem Fischfang zugewandt, und der Osten, das hügelige Endmoränenland an der Ostsee, Ackerland und früh in den Besitz der zahlreichen Adelsgeschlechter gekommen, deren Herrenhäuser wir allenthalben sehen, sind ungemein verschieden. Wir werden dies deutlicher erkennen, sobald wir nach Flensburg hinübergefahren sind und der Ostküste wieder südwärts folgen.

Nördlich der Eider liegt **Tönning** bereits in Schleswig. Sein im 16. Jahrhundert von den Gottorfer Herzögen erbautes Schloß ist abgebrochen, und viele Gebäude der Stadt gingen in den ständigen dynastischen Auseinandersetzungen verloren. Die KIR-

CHE SANKT LAURENTIUS aus dem 12. Jahrhundert mit ihrem mehrstöckigen, stadtbeherrschenden Turm enthält ein bedeutendes Gemäldeepitaph des von hier stammenden Malers Jürgen Ovens, dem wir noch häufiger begegnen werden: Zwei ovale Brustbilder zeigen den Künstler und seine Frau mit einer prachtvoll gerahmten Heiligen Familie, alle Werke von Ovens' Hand.

Der Brunnen am MARKT, von 1613, ist dem der Breitenburg ähnlich, so wie das ganze Ensemble an das nahe Friedrichstadt mit den behäbigen niedrigen Bürgerhäusern holländischen Charakters erinnert. Am malerischen HAFEN das Packhaus Christians VII. von 1783 als Umschlaggebäude für den Eiderverkehr.

Es ist zu bedauern, daß die Halbinsel Eiderstedt meist nur auf der Fahrt durch die Landschaft Utholm nach St. Peter-Ording besucht wird. Da ist es ein Glück, daß der berühmte **Rote Haubarg,** zwischen Witzwort und Simonsberg gelegen, auf dem Weg von Friedrichstadt nach Husum mit kurzem Abstecher erreichbar ist. Hinter einem Viereck hoher Bäume an der Straße leuchtet das Weiß des unvermutet gewaltigen Haubargs auf; tief ziehen sich die reetgedeckten Dächer nach allen Seiten vom kurzen First herab. Bei aller bäuerlichen Nutzung ist etwas Fürstliches in seinem Aufsteilen aus der Ebene. Die reichen Bauern dieser Landschaft wußten zu leben; ihre stolzen Häuser mit der oft kunstsinnigen Einrichtung lassen sie als nahe Verwandte alpenländischer Großbauern erscheinen. Ist doch jenen Berghöfen ebenso wie den Haubargen ein Lebensgefühl eigen, das sich weit heraushebt aus bäuerlicher Enge und Dumpfheit. Hier wurde im Grunde aristokratisch gelebt und gewirtschaftet, und das heißt

Witzwort, Roter Haubarg
Längsschnitt und Grundriß

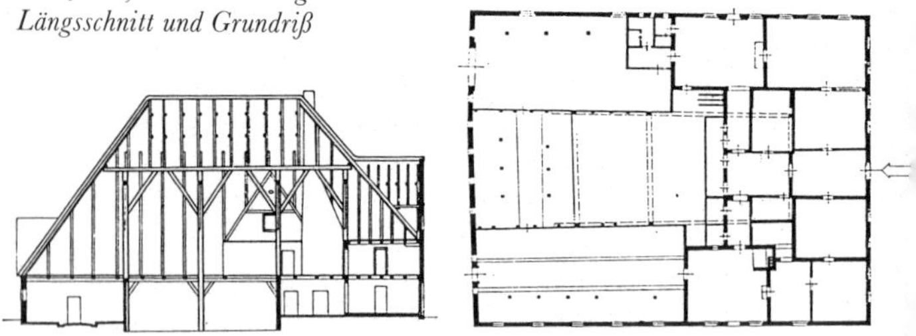

einfach: Man hat jenseits der Notdurft des Daseins Mittel zu gewinnen und zur Verfeinerung des Lebens zu nutzen gewußt. Das schuf innerlich unabhängige Menschen, die ihre Freiheit verteidigten und wie in den Ansitzen Südtirols Ebenbürtigkeit zum Adel beanspruchten. So verwundert auch nicht, daß dieser die Haubarge Eiderstedts zu schätzen wußte und gern dort wohnte. Der Rote Haubarg diente zu Beginn des 17. Jahrhunderts der Herzoginwitwe Augusta, Schwester Christians IV. von Dänemark, als Wohnsitz. Leider sind von den zu Beginn unseres Jahrhunderts sechshundert Haubargen auf Eiderstedt ganze fünfzig übriggeblieben. Eine veränderte Landwirtschaft benötigt die aufwendigen Dach- und Vorratsräume für Heu und Korn nicht mehr; auch hier geht eine große Zeit zu Ende und mit ihr Stolz und Unabhängigkeit.

So ein gebieterisch aus der Ebene ragender Haubarg hat viele Eingänge, Wohnbezirke, Küchen, Ställe und Wirtschaftsteile, auch hübsch abgesetzte Zwerchgiebel. Der Pesel des Roten Haubargs ist erst 1960 aus dem Kleihof bei St. Peter überführt worden; er stammt von 1780. Dort steht auch noch der Haubarg Mathiessen in Wittendün, und in Tating der ›Rote Lau‹, als ältester Haubarg gegen 1600 entstanden. Um ein solches Haus zu begreifen, muß man eine Schnittzeichnung sehen. Nahezu dreiviertel des Volumens entfallen auf den riesigen Dachstuhl. Das Ganze war ein sogenannter Achtständerbau, eine im Grunde höchst moderne Architektur, bei der die senkrechten Ständer oder Pfosten mit den Querriegeln ein tragendes Gerüst bilden, im einfachsten Fall einen Vierkant aus vier Ständern, umgeben von leichten auswechselbaren Wänden und einem ohnehin häufiger erneuerungsbedürftigen Dach aus Reet. Moderne Gebäude mit tragendem Skelett aus Stahlbeton und vorgehängten ›Schürzen‹ aus Glas, Metall oder Keramik sind nur eine Wiederholung dieses Prinzips. Im hinteren Teil liegen die großen Ställe, während der vordere Teil mit dem von Engeln getragenen Wappenrelief über der Tür dem Wohnen diente (heute als Restaurant zugänglich).

Vom nahen Deich bei Simonsberg kann man über den schmalen Heverstrom hinübersehen auf die große Insel NORDSTRAND, links davon die winzige unbewohnte HALLIG SÜDFALL und in der Ferne dahinter PELLWORM. Die Weite der Wattlandschaft, der hohe Himmel und die rätselhaften Formen des Haubargs verschmelzen in der beginnenden Dämmerung zu einem großen Eindruck. Indem wir an der verlandenden und mit zahlreichen Buhnen versehenen Küste ostwärts nach dem nahen Husum fahren, kommt uns Theodor Storm in den Sinn:

Ans Haff nun fliegt die Möwe,
und Dämmrung bricht herein;
über die feuchten Watten
spiegelt der Abendschein.

Graues Geflügel huschet
neben dem Wasser her;
wie Träume liegen die Inseln
im Nebel auf dem Meer.

Ich höre des gärenden Schlammes
geheimnisvollen Ton,
einsames Vogelrufen –
So war es immer schon.

Noch einmal schauert leise
und schweiget dann der Wind;
vernehmlich werden die Stimmen,
die über der Tiefe sind.

Deichvorland und Leuchtturm in Eiderstedt

Von Theodor Storms Husum nach Emil Noldes Seebüll

Die graue Stadt am Meer

Daß Husum die ›graue Stadt am grauen Meer‹ sei, ist glücklicherweise nicht immer wahr, an manchen Frühlingstagen möchte man sie lieber die ›lila Stadt am Meer‹ nennen, wenn die Krokusse, und nur die der lila Sorte, einen verzaubernden Teppich unter den Bäumen des Schloßgartens ausbreiten, in solcher farbigen Dichte nirgends sonst gesehen.

Am grauen Strand, am grauen Meer
und seitab liegt die Stadt;
der Nebel drückt die Dächer schwer
und durch die Stille braust das Meer
eintönig um die Stadt.

Mit dieser nordischen Grisaillemalerei hat Theodor Storm (1817-1888) weniger das Bild der Stadt gemeint als eine gewisse düstere Stimmung unter niederem winterlichen Himmel, wenn das Meer graue Mähnen hat, die Menschen mit hochgeschlagenem Kragen gegen den Wind ankämpfen und unweigerlich auch die Gemüter von der Neigung zum Grübeln, zum grauen Gespenstersehen ergriffen werden. Fontane neckte Storm mit dem Wort von der ›Husumerei‹. Die winterlich-langen Nächte des Nordens, der Hang zum Übersinnlichen, den auch ein wiederholter Grog nicht aufklaren, eher noch vertiefen kann, das Lauschen nach »den Stimmen, die über der Tiefe sind«, sie eignen nicht nur den Husumern, sondern allen Menschen nördlich von Hamburg, noch stärker entwickelt in Skandinavien, wie uns Ibsen, Hamsun und Kierkegaard lehren. Der ein wenig steifkragige Thomas Mann, dem Norden ja sehr vertraut, hat angemerkt, daß Storms »Heimweh durch keine Realität zu stillen ist, denn sie richtet sich durchaus aufs Vergangene, Versunkene und Verlorene ...«.

Dieses Geheimnisvolle eines im Dunkeln nur schemenhaft erkennbaren Nordfriesland hat auf andere Menschen immer einen

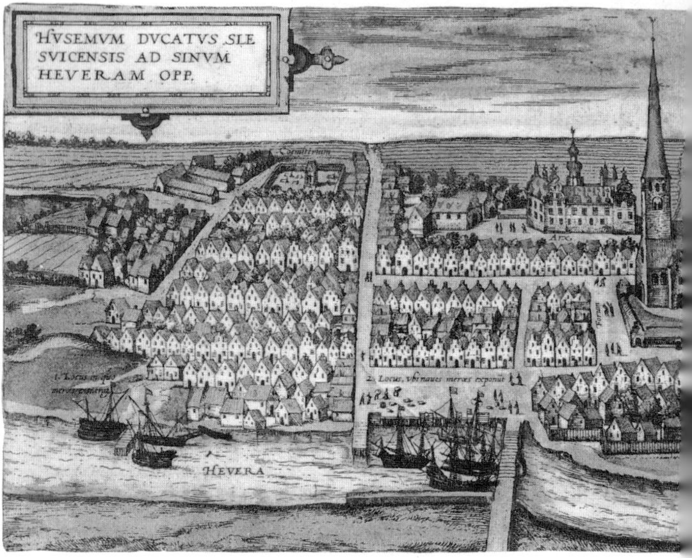

Husum. Aus Braun–Hogenberg, ›Civitates orbis terrarum‹, 1588

großen Reiz ausgeübt. Der warme Kammerton seiner um alles Flüchtige und Verlierbare des Lebens kreisenden Verse, die leicht sentimentale, an Eichendorff geschulte Schilderung nordischer Marschlandschaften sind dem älter gewordenen Storm nach harten Jahren der Landflucht nach 1848 und Wiederkehr als Landvogt in Husum umgeschlagen in eine wirklichkeitsnahe, von tragischen männlichen Zügen gezeichnete Darstellung. ›Aquis submersus‹ und sein Spätwerk ›Der Schimmelreiter‹ haben ihn zum Dichter Nordfrieslands gemacht, seiner Menschen, die das Gefühl der Einsamkeit und der Nichtigkeit des Seins kannten, die dunklen Vögel über den gleißenden, tückischen Wassern des Watts. Hauke Haien, der Deichgraf im ›Schimmelreiter‹, drückt es aus: *»Der Allmächtige gibt den Menschen keine Antwort – vielleicht, weil wir sie nicht begreifen würden.«*

Husum ist an einem hellen Sommertag wie an einem diesigen Herbstmorgen eine schöne Stadt, aus einst weiter landeinwärts gelegenen Dörfern erwachsen. Die Fluten des 14. Jahrhunderts

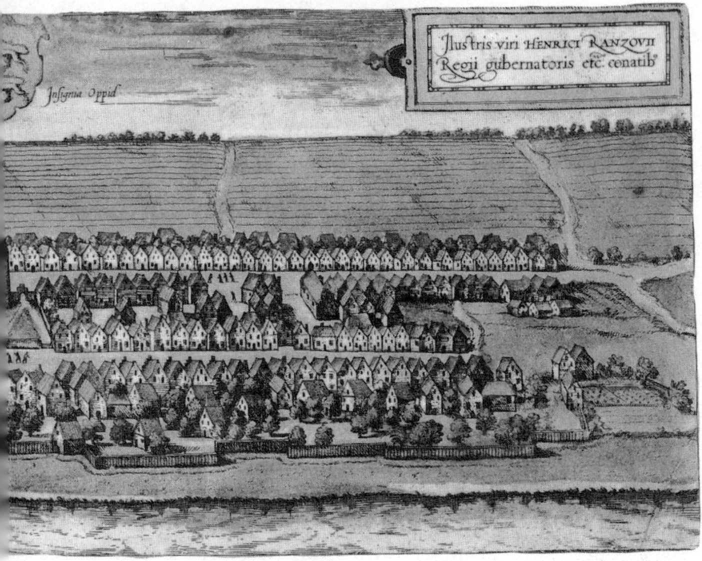

gruben eine Verbindung zur See, den Heverstrom, den wir vom Roten Haubarg aus bereits sahen. Vom modernen Hafen durch die Eisenbahn mit einer Drehbrücke etwas unglücklich abgetrennt, hat das alte Städtchen am Nordufer des Binnenhafens viel schöne Form und Kolorit bewahrt, liegen immer noch zahlreiche kleine Schiffe direkt vor den Häusern, herrscht Geschäftigkeit, nicht museale Stille. Vom Ende des Hafens, ›Schiffbrücke‹ genannt, führt ein erstaunlich schmaler Durchgang, die Krämerstraße, auf den Markt mit der sich allmählich verjüngenden Großstraße. Kirche, Markttreiben, Rathaus, Brunnen und die Reihe der schmalen und niedrigen Traufhäuser verbreiten ein Gefühl von Wärme und Behaglichkeit, freilich einer nordischen Wärme, die nicht jedem gleich um den Hals fällt.

Auch die Husumer haben es leider für nötig erachtet, ihre spätgotische Marienkirche in der Napoleonischen Zeit niederzulegen. So müssen sie jetzt mit einer etwas steifen klassizistischen MARKTKIRCHE leben, 1829 von Christian Frederik Hansen er-

Das Schloß vor Husum. Aus ›Danske Vitruvius‹, 1749

baut, der in der Herrenhausarchitektur und in Hamburg Bedeutenderes geleistet hat. Seine Eltern stammten aus Husum, während er selbst in Kopenhagen geboren wurde. Von der alten Ausstattung gibt noch die prächtige *Bronzetaufe* von 1643 Kunde. Das Becken hat die Form einer umgedrehten Glocke, die von hochmittelalterlich wirkenden Evangelisten getragen wird. Der Rest der Ausstattung wurde 1807 verschleudert, wobei – wie stets bei Auktionen – Gewitzte dabeiwaren. Den Altar von 1515 hat sich die Gemeinde von Schwabstedt gesichert, die prachtvolle, monumental geschnitzte Sankt-Georg-Gruppe des einige Jahre in Husum ansässigen Hans Brüggemann wanderte ins Nationalmuseum Kopenhagen.

Der Schloßgang, noch schmaler als der Verbindungsgang zum Hafen, führt zum SCHLOSS VOR HUSUM, 1577 an der Stelle eines aufgehobenen Franziskanerklosters von Herzog Adolf I. von Gottorf errichtet. Leider hat man 1752 beim Umbau zum Amtshaus, heute Kreisverwaltung, die schöne Anlage der späten Renaissance »traurig vernüchtert«, wie R. Haupt anmerkt. Ein alter Stich von 1749 in de Thurahs ›Den Danske Vitruvius‹ hat uns eben noch das schöne alte Bild festgehalten. Geblieben ist die breitgelagerte, zweigeschossige Dreiflügelanlage im holländischen Stil der Zeit, also aus rotem Backstein mit gliedernden hellen Sandsteinbändern, überragt vom dominierenden Mittelturm. Die seitlichen polygonalen Treppentürme und die prächtigen Schweifgiebel hat man abgetragen. (Was hier verlorenging, kann uns das Reinbeker Schloß südöstlich von Hamburg aus derselben Zeit veranschaulichen.) Da mutet es wie späte Rache an, daß der Herr Landrat in seinem Kaminzimmer mit dem Fortuna-Kamin von 1615 immer noch dem Porträtmedaillon des herzoglichen Erbauers mit den dänischen und holsteinischen Wappen ins Auge blicken muß. Auch im Treppenhaus des Schlosses, das unter anderem für Konzerte und Sonderausstellungen genutzt wird, hängen interessante Porträts der königlichen und herzoglichen Familien.

Abgesetzt vom Schloßhof hat sich das alte TORHAUS erhalten, das sogenannte Cornilssche Haus von 1612: ein rechteckiger, weißgeschlämmter Bau mit hohem Satteldach, das an allen vier Seiten mit dreigeschossigen, besonders schön geschweiften Dreiecksgiebeln malerisch gestaltet ist. Das rundgewölbte Renaissance-Portal, reich geschmückt und rustiziert, trägt auf dem Gebälk zwei vom Giebel des Hauses von den Schweden herabgestürzte Göttinnen: Athena und Venus. Damit sind wir am SCHLOSSPARK, von dessen lila Frühlingspracht wir eingangs sprachen und der an dunklen nordischen Tagen besonders geheimnisvoll leuchtet. Den alten Mönchen des nahen Klosters dienten die gelben Blütennarben der Krokusse zur Gewinnung des Safran, der bekanntlich »den Kuchen geel« macht und manchem Magenbitter innewohnt. Wer ahnt auch schon, daß das in den Staubgefäßen des Krokus enthaltene Crocetin den Safran bildet und ein naher Verwandter des Hummer, Krebse und Garnelen nach dem Kochen so schön rot und rosa färbenden Astaxanthins ist. Das Schöne und Gute steht in der Natur oft unerkannt nah beieinander, wie die Krabben von Büsum und die Krokusse von Husum.

Wir kehren zurück zum MARKTPLATZ. Auch das RATHAUS mit unsymmetrischer Backsteinfassade, 1601 von Peter von Maastricht erbaut und 1892 nach unglücklichen gotisierenden Umbauten im Stil der Neurenaissance wiederhergestellt, verbirgt nicht seinen flandrischen Charakter. Es ist umgeben von steilgiebeligen Bürgerhäusern, deren gestufte oder gestaffelte Giebel allerlei Sandsteinornamente, Köpfe und Rollwerkkartuschen verzieren, wie sie auch an STORMS GEBURTSHAUS Am Markt 9 zu sehen sind. So spielt auch Storms Novelle ›Der Amtschirurgus‹

Husum, Torhaus des Schlosses

im nahen Rathaus, dessen Schandglocke der junge Storm öfter hat läuten hören, wenn ein Todesurteil erging oder ein Konkurs verkündet wurde – offenbar hat man das Todesurteil als eine Art moralischen Konkurs betrachtet. Vis-à-vis liegt das nach Kriegszerstörung neuerbaute AQUIS-SUBMERSUS-HAUS, an dem eine Tafel einen typischen Stormvers festhält: »Gelick a so Rock und Stof verswindt, a so sint ock de Minschenkind – so wie Rauch und Stoff verschwinden, so auch die Menschenkinder.« Der

BRUNNEN, von Adolf Brütt 1902 errichtet, zeigt eine junge Friesin, die ›Tine‹, energisch ein Ruder handhabend.

Nun könnte man noch das FREILICHTMUSEUM OSTENFELDER BAUERNHAUS, ein schon 1899 hierher überführtes altsächsisches Fachhallenhaus des 16. Jahrhunderts im Nordteil der Stadt, besuchen oder das NORDFRIESISCHE MUSEUM im architektonisch interessanten NISSENHAUS aus den dreißiger Jahren an der Herzog-Adolf-Straße. Der 1855 in Husum geborene Ludwig Nissen wanderte nach Amerika aus und starb nach reichen Stiftungen als Diamantenhändler in New York; er ist nicht zu verwechseln mit Sönke Nissen, der sein in Afrika erworbenes Vermögen in den nach ihm benannten Koog gesteckt hat. Unweit des Hafens finden wir das THEODOR-STORM-HAUS, in dem der Dichter von 1866 bis 1880 gewohnt und viele seiner Novellen geschrieben hat. Eine andere authentische Stätte – ganz Husum ist ein Storm-Museum –, das sogenannte GASTHAUS ZUM RITTER SANKT JÜRGEN (Osterende 18), war nie ein Gasthaus, sondern ein mittelalterliches Stift und dient noch heute als Seniorenheim. Die sehenswerte Inneneinrichtung, der Predigtsaal und die weitgehend niederländische Ausstattung sind leider nicht immer zu besichtigen. Theodor Storms Novelle ›In Sankt Jürgen‹ spielt in diesem langgestreckten Haus mit den steilen Giebeln.

Leuchtende Blumen: Nolde in Seebüll

Nördlich von Husum beginnen an der jütischen Westküste die auf ›büll‹ endenden seltsamen Namen, denen in Angeln die Orte mit ›by‹ gegenüberstehen. Von Schobüll über Niebüll, Klixbüll und Klanxbüll bis zu unserem Ziel Seebüll lassen sie uns eine Welt ahnen, die anderen deutschen Landschaften weit entrückt ist. Auch das Friesenplatt werden wir kaum verstehen, und wenn wir an einem dunstigen Tag mit tiefhängenden Wolken auf einem der Seedeiche entlangfahren, dann holt uns Theodor Storm ein letztes Mal ein:

»Es war im dritten Jahrzehnt unseres Jahrhunderts, als ich bei starkem Unwetter auf einem nordfriesischen Deich entlangritt. Zur Linken … die öde bereits von Vieh geleerte Marsch, zur Rechten, und zwar in unbehaglichster Nähe, das Wattenmeer der Nordsee; zwar sollte man vom Deiche aus Halligen und Inseln sehen können; aber ich sah nichts als die

gelbgrauen Wellen, die unaufhörlich wie mit Wutgebrüll an den Deich hinaufschlugen ... dahinter wüste Dämmerung, die Himmel und Erde nicht unterscheiden ließ ...« Man hatte den Deichgrafen gewarnt, allein in der Nacht und in Gesellschaft der Geister am Meer zu reiten, aber er hatte sich nicht abhalten lassen. *»Und wirklich ... als eine Wolkenschicht es pechfinster um mich machte und die heulenden Böen mich samt meiner Stute vom Deich herabzudrängen suchten, fuhr es mir durch den Kopf: ›Sei kein Narr!‹ Jetzt aber kam auf dem Deich etwas gegen mich heran; ich hörte nichts; aber immer deutlicher, wenn der halbe Mond sein karges Licht herabließ, glaubte ich eine dunkle Gestalt zu erkennen, und bald ... sah ich es, sie saß auf einem Pferde, einem hochbeinigen hageren Schimmel; ein dunkler Mantel flatterte um ihre Schultern, und im Vorbeifliegen sahen mich zwei brennende Augen aus einem bleichen Antlitz an.«*

Es empfiehlt sich, um solchen unheimlichen Begegnungen zu entgehen, der küstenfernen Bundesstraße 5 und gut beschilderten Nebenstraßen nach Seebüll zu folgen.

Zwischen 1927 und 1939 hat sich hier der Maler Emil Nolde unweit eines kleinen Sees ein Klinkerhaus erbauen lassen, Wohnung, Atelier und Galerie zugleich. Das kompliziert aufgeteilte Haus im Stil der Neuen Sachlichkeit zeigt noch die ursprüngliche lebhafte Farbigkeit, die ja auch den Werken Noldes eigen ist. Die aus diesen Bildern sprechende elementare Leuchtkraft der Zinnien, Geranien und Lilien inmitten von satten Grüns und Blaus hat ihre Wurzeln in der stillen, so ganz in sich ruhenden Landschaft. Der weite blaue Himmel, die jagenden weißen Wolken und Noldes berühmter Blumengarten an der Südseite, den wir immer noch bewundern können, genügten dem Maler als Anregung. Er hat Großes aus dem scheinbar Wenigen geschöpft. Dem Strom der Besucher, den diese entlegene Nolde-Kultstätte alljährlich anzieht, hat man inzwischen auch mit gastronomischen Einrichtungen entsprochen. Die Kunst braucht – und hat – ihr Publikum.

Es war 1920 nach der Volksabstimmung, als der expressionistische Maler Emil Hansen (1867-1956) nach Seebüll zog und sich nach seinem dänisch gewordenen Heimatort Nolde nannte. Er wollte also Deutscher sein und bleiben. Aber mit dem Dritten Reich verband er so gar nicht die Vorstellung des Deutschseins, und so wurde Seebüll zum Ort der Inneren Emigration, als man Nolde 1938 zum entarteten Künstler erklärte. Alfred Kamphausen hat über ihn gesagt: »... wer sich in Noldes Landschaften vertieft, wird mit neuen Augen die große Ballade des Geschehens in der Weite der Marsch und des stürmischen Himmels darüber erleben.« Diese Jahre Noldes sind in Siegfried Lenz' ›Deutschstunde‹ eingeflossen.

Jenseits der Grenze, bei Höjer, dem alten Hafen von Tondern, ist das Ende der Wattenmeerzone erreicht, die in einem Bogen von mehr als fünfhundert Kilometern von den Westfriesischen Inseln Hollands herüberzieht. Das Watt ist eine sehr ungewöhnliche Landschaft, nicht Meer und nicht Land, ein Biotop höchsten Ranges, mit dem wir uns im nächsten Kapitel eingehender beschäftigen wollen. Wenn fern im Westen die Sonne über dem Meer untergeht, nur noch als heller Streifen am Horizont erkennbar, das Watt feucht, bleigrau und schlickig, mit schmatzenden vielfältigen Geräuschen zur Ruhe kommt, dann leuchten im streifenden Licht Tausende von Prielen und kleinen Mulden wie mit flüssigem Gold gefüllt auf.

Die anschließende jütische Westküste ist weit weniger von Stürmen und Strömungen zerzaust als der Bereich der Nordfriesischen Inseln. Die von der atlantischen Ebbe und Flut ausgelösten Zirkularströmungen im Kessel der Nordsee, das hineingepreßte und wieder herausgesaugte Wasser und die sich im Trichter der Deutschen Bucht, aber auch in der Husumer Bucht stauenden Wasser entwickeln eine starke erosive Kraft. Der Tidenhub, der Höhenunterschied zwischen Ebbe und Flut, beträgt zum Beispiel bei Sylt nur eineinhalb Meter, auf der Höhe von Nordstrand bereits drei Meter und erreichte in der Sturmflut vom Februar 1962 sogar sechseinhalb Meter. Hinzu kommt, daß Nordfriesland im wesentlichen ein alluviales Schwemmland der letzten Eiszeit darstellt, während Jütland weitgehend aus härterer Kreide besteht.

Wenn man bis Seebüll vorgedrungen ist, empfiehlt sich ein Ausflug über die Grenze nach **Ripen,** dänische Ribe, der ältesten Stadt Dänemarks mit ihrem bedeutenden Dom. Wir müssen uns jedoch beschränken und ›im Lande bleiben‹. Außerdem zieht es uns nun mächtig auf die Inseln ...

Die Halligen im Wattenmeer

Von Ebbe und Flut, Biotopen und Seehunden

Der Westküste Schleswigs und Holsteins ist eine breite Zone des Wattenmeeres vorgelagert, die eine ungewöhnliche, sonst auf der Erde nur selten anzutreffende Form maritimen Lebens darstellt. Während an den Küsten der Weltmeere das Schelf, der Küstensockel, der sich unter Wasser noch eine Strecke seewärts zieht, meist nach wenigen hundert Metern oder ein paar Kilometern abrupt und steil in erhebliche Tiefen abstürzt, hat die Nordsee in Nord- und Ostfriesland einen sehr flachen Küstensockel, kaum daß man ihn so nennen möchte. Das Land, ohnehin nur wenige Meter über Meereshöhe hinausragend, verläuft im schwachen Winkel in jene flache Mulde der südlichen Nordsee, die gegen 5000 vor Christus noch eine landfeste Verbindung zwischen England, Deutschland und Jütland darstellte. Die labile Gewichtsverteilung des auf der Erdrinde lastenden Wassers während der verschiedenen Eiszeiten ist ein auch heute noch nicht abgeschlossener Vorgang. An den Polen angesammelte Eismassen entziehen dem Meer Wasser und lassen seinen Spiegel sinken. Schmilzt das Eis, so schwillt das Meer wieder an. Die Belastung der dünnen und nachgebenden Erdkruste durch Wasser und Eis änderte sich und drückte das südliche Nordseebecken zusätzlich hoch.

Neben dem flachen Übergang vom Land zum Meer ist es die mineralische Zusammensetzung, die dem Watt im Vergleich zu dem an vielen Stellen ebenfalls flachen Ostseestrand seinen eigenen Charakter gibt. Die Ostseeküste ist Sandküste, die Westfriesische Küste besteht im Watt aus angeschwemmter Kleie, aus liegengebliebenen Resten einstigen Festlands, generell aus feinst verriebenem mineralienreichen Schlick, in dem viele Organismen leben können und der, einmal verlandet, in den Anlahnfeldern und Kögen sehr fruchtbar wird. Dabei sortiert das Meer unablässig. Sind die Strömungen mächtig, wie im Bereich der Elbmündung, so wird feiner Schlick weitergetragen, während grobe, schwere Sande, die oft gefürchteten Treibsande, liegenbleiben. Ständig in Bewegung, nie ortsfest, treiben sie vagabundierend umher, verändern die Schiffahrtswege, die laufend neu betonnt und befeuert werden müssen, und selbst manches große Schiff unserer Zeit kam in den Elbsanden auf Grund, konnte nicht mehr freigeschleppt werden und wurde die Beute gieriger Sandbänke, die es mitnahmen und in Jahrzehnten mal hierhin, mal dahin schleppten. Auf dem Weg nach Helgoland können wir solches Beutegut des Meeres von Deck aus beobachten.

Sind die Strömungen gering und folgen Ebbe und Flut in regelmäßigen Intervallen, so dominiert die Ablagerung von Schlickteilchen, die sich von selbst oder in den von Menschen gestellten ›Fallen‹, den Buhnen, setzen. Dem Schlick verdankt das Wattenmeer seine fettig glänzende Oberfläche, und in diesem Sediment finden kleine Muscheln, Schnecken, Würmer und Krebse rasch ein Habitat – nicht zu reden von dem Millionenheer der Kleinstlebewesen. Geht die Flut nicht mehr regelmäßig über den Schlick, so stellen sich die ersten Salzpflanzen ein, die Halophyten, deren Stoffwechsel mit dem sonst tödlichen Kochsalz fertig wird. Es ist ein hübsches Bild, im Gegenlicht Tausende von blaugrünen Quellern (Salicornia herbacaea) und Strandsoden (Suaeda maritima) sich tapfer im Schlick behaupten zu sehen, immer wieder losgerissen, aber dann doch die Oberhand gewinnend und dem Watt ein erstes grünes Kleid gebend. Nun kommt der Mensch, schlägt Holzpfähle in langen Reihen in den weichen Grund, verbindet sie mit Reisig; die ersten Buhnen sind gesetzt, die das langsame Ansteigen des Schlickbodens unterstützen. Sind die Watten vom unregelmäßigen Geäder der Priele durchzogen, so schreibt der Mensch in der strengen Kalligraphie geometrisch regelmäßiger Lahnungsfelder die fernere Geschichte der Verlandung.

In diesem Watt gibt es eine Fülle von Organismen; im Grunde lebt einer vom anderen, und alle wiederum von der Beute, die von der Flut aus dem weiten Meer herbeigeschafft wird. Aus dem Sand und Schlick ragen kleine Häufchen hervor: der Erdausschub des Fischerwurms oder Sandpiers, etwa zwanzig Zentimeter lang, der sich wie ein Regenwurm im Schlick ernährt und gern zum Hochseeangeln des Schellfisches genommen wird. Winzige Garnelen, glasartige Krebse, Käfer und Dwarslöper verbergen sich im angeschwemmten Tang, im hellgrünen Meersalat, Seegras und dem rötlichen Blattang. Gelegentlich eilt eine dicke

Strandkrabbe darüber, um sich unter Tang wieder einzugraben. Sie haben allen Grund, vorsichtig zu sein, denn ständig sind die kreisenden Möwen über ihnen, und der rotfüßige und rotschnäblige Austernfischer, schwarzweiß im Gefieder, vernascht sie mit einem typischen Knicks. Es ist ein wahres Vogelparadies der Brandseeschwalben, der Eiderenten, die von Miesmuscheln leben, und der Brandenten mit dunkelgrünem Kopf, die den Kaninchen ihre Bauten in den Dünen zum Brüten streitig machen, der Regenpfeifer, der kuriosen Säbelschnäbler und jener weitgereisten Gäste, der Wildgänse, die im Herbst auf ihrem Flug nach dem Süden hier Station machen. Ein wenig problematisch sind die vielen Möwen, streitsüchtig und andere Vögel bedrängend: die große Silbermöwe, die kleinere Sturmmöwe und die im Grunde im Binnenland lebende, heute die Küsten heimsuchende Lachmöwe.

Gelegentlich stößt der Wattwanderer auf Miesmuschelbänke, meist in einen Priel hineinragend, wo die festsitzenden Tiere sich durchströmen lassen. Die gelbe fleischige Sorte dient zu beliebten Gerichten, meist mit Selleriestauden und Zwiebeln gekocht und in einem dampfenden Topf von Flandern bis Friesland serviert. Die einst reichlich vorkommende Auster starb durch Überfischung aus, lange bevor es zu Umweltschäden kam. In der Blidselbucht Sylts hat man in den siebziger Jahren erfolgreich mit der Neuzucht begonnen, der ›Sylter Royal‹, denn als königlich galten Austern schon immer, und 1587 hatte sie König Frederik II. unter seinen Schutz genommen und seinem Gaumen reserviert.

Die Existenzbasis all diesen Lebens im Meer sind die oft einzelligen Geißeltierchen, das Plankton (griechisch: das Schwebende), zu dem meist auch die winzigen Eier und Larven, kurz alles Winzige und im Wasser frei Schwebende, gezählt werden. Das nächste Glied in der Nahrungskette ist die Gruppe der Kleinkrebse und Muscheln, gefolgt von den größeren Krebsen und Garnelen, den Hummern und Fischen, schließlich den zahlreichen Vögeln des Watts. Die Seehunde und der Mensch beschließen dieses für ökologische Störungen anfällige System, das sich in Jahrmillionen herausgebildet hat. Der Seehund dieser Küsten, geruhsam auf den Sandbänken das Eintreffen der Flut erwartend, war dank mancher Schutzmaßnahmen wieder zahlreicher geworden. Die Fischer lieben ihn nicht, wie wir schon hörten, um so mehr die Wattwanderer, die den possierlichen Burschen mit seinen warmbraunen Augen mögen. Manchmal taucht er mitten unter den Badenden auf, hat schon manche bikinibunte Nixe erschreckt, wenn sein runder Kopf neugierig und zutraulich zugleich über den Wellen erscheint. Seine Barthaare haben etwas unbestimmt Wilhelminisches, was manchem Schnauzbartträger den Spitznamen ›Seehund‹ eingetragen hat.

Das Seehundsterben an der Nordsee 1988 hat viele Fragen aufgeworfen. Sicher ist die Verschmutzung der Nordsee durch unser aller Abwässer aus den Flüssen und die Belastung durch die vielen Bohrtürme zwischen Schottland und Norwegen für die geminderte gesundheitliche Konstitution der Tiere verantwortlich, wenn auch die Ursache letztlich in einer Virusinfektion gelegen zu haben scheint. Andererseits ist bei diesem großen Robbensterben 1988 deutlich geworden, daß die in den Vorjahren gemeldeten Bestandszahlen der Seehunde von der Wirklichkeit weit übertroffen wurden. Der Deichgraf von Husum, einer der Nachfolger des berühmten Hauke Haien, hat dazu angemerkt, es wundere ihn diese Epidemie nicht; er habe immer ein ungutes Gefühl gehabt, wenn er gesehen habe, daß sich bis zu siebenhundert Seehunde auf einer Sandbank drängten.

Das Watt mit seinem leicht fauligen Geruch nach Tang wird uns auf unseren Halligfahrten begleiten; sind die Halligen doch nichts anderes als winzige Inselchen, die, wegen des festeren Untergrunds oder weil sie außerhalb der Hauptströmungen liegen, als Warften oder Wurten übrigblieben, sich manchmal auch in Jahrhunderten erst gebildet haben oder der letzte Rest einer einst größeren Insel sind. In unserer Zeit kam finanzielle Unterstützung vom Festland hinzu, und die Halligen wurden mit Deichen besser geschützt. Es ist ein großes Erlebnis, auf einer solchen kleinen Hallig die Flut kommen zu sehen, das allmähliche Vollaufen der Priele, das heimtückisch-kriechende Wasser über dem Watt, das leise Schmatzen der sich füllenden Tümpel, das feine wispernde Geräusch von Myriaden von Schlickkrebsen, die die Flut erwarten. Und ehe wir's uns versehen, ist die Hallig bis zur nächsten Ebbe eingeschlossen. Steht aber Sturm am dunklen Horizont und schiebt der steife Südwestwind das Wasser mit Macht heran, brechen sich die über flachem Grund aufsteilenden graugelben Wogen mit den jagenden Gischtmähnen am Halligdeich, dann heißt es ›Landunter‹, und der Inselungeübte sieht bangen Auges durchs Fenster, wie die Flut die Gartenstaketen einzureißen droht, sich die wenigen Bäume oder Büsche im Sturmwind biegen, die Wolken niedrig und finster über alles hinwegfegen, als wollten sie sagen: »Ihr da unten, ihr seid ein Nichts.«

Die Geschichte der Halligen ist darum eine Geschichte der Sturmfluten Nordfrieslands, von denen die Urkunden im 14. Jahrhundert erstmals berichten.

Gegen 700 nach Christus waren die Temperaturen wesentlich höher als heute, die Alpen kaum noch vergletschert und die Seeverbindungen zwischen dem Kontinent und den Britischen Inseln sehr intensiv. Es war die Zeit, in der die irischen Mönche ihre kühnen Fahrten unternahmen und Grönland, wie sein Name sagt, ein grünes Land war und besiedelt wurde. Gegen 1200 sanken die Temperaturen langsam und stetig, Grönland ging praktisch verloren, viele Alpenpässe waren oft ganzjährig unpassierbar, und heftige Stürme trieben große Wassermassen in die Nordsee, zerstörten Winchelsea in England und verheerten die niederländischen und friesischen Küsten. Gegen 1400 hatten die Temperaturen ein Minimum erreicht, die Geologen sprechen von der ›kleinen Eiszeit‹, die Gletscher wuchsen in Grönland und in den Alpen und begannen erst gegen 1750 wieder abzuschmelzen. Solche Veränderungen hat es also immer gegeben.

Den Sturmfluten des 14. Jahrhunderts ist fast der ganze Küstenbogen zwischen Sylt und Eiderstedt zum Opfer gefallen, bis auf stehengebliebene Reste, die heutigen Inseln, von denen einige, wie Nordstrand, inzwischen wieder ›an die Leine‹ eines schmalen Zufahrtsdeiches genommen wurden. Die weitere Eindeichung wird vor allem um Nordstrand weiteres Land zurückgewinnen, doch mehren sich nun die Stimmen, die das in Jahrhunderten gebildete Watt, den halb unterseeischen Sockel der versunkenen Landschaft, gerne als Biotop erhalten sehen möchten.

1362 war das Schreckensjahr an diesen Küsten, »do verdrenkkede das meiste volk uth de Uthlanden«. Die Utlande, das ist die versunkene Hevermarsch zwischen Hallig Hooge, Langeneß, den Inseln Pellworm, Nordstrand und der Halbinsel Eiderstedt. Vierunddreißig Kirchspiele und Zehntausende von Menschen versanken in der grauenhaften Nacht des 16. Januar in der Marcellusflut, mit ihnen das sagenumwobene Rungholt. Es begann gegen 20 Uhr mit heftigem Wind und einem unnatürlich geröteten Himmel, erreichte um 21 Uhr seinen Höhepunkt, als die Deiche rissen. Um 22 Uhr war alles vorbei, ein Gebiet von der Größe eines Landkreises verschwunden. Am 11. Oktober 1634 besorgte die Burchardis-Sturmflut fast den Rest, sechstausend Menschen und das gesamte Vieh ertranken. Und immer noch sind, wie die Sturmfluten im Elbraum von 1962 und 1976 zeigten, die Gefahren bei ungünstigem Zusammentreffen mehrerer Umstände nicht völlig gebannt: Springflut bei Neumond und Vollmond (wenn sich die Anziehungskräfte von Sonne und Mond addieren) und bei starkem Weststurm. 1962 war für die Halligbewohner eine Zeitmarke am Abgrund.

Des versunkenen Rungholt hat sich die Sage angenommen: An windstillen, leisen Tagen soll man die Glocken vom Meeresboden läuten hören, das Spiel von Harfen zwischen Südfall und Nordstrand über dem Rungholt-Sand, wie Storm es in seiner ›Halligfahrt‹ geschildert hat: *»›Läuten sie wirklich, Schiffer?‹ fragte Susanne, ›Haben Sie sie selbst gehört?‹. Das klang so allerliebst, daß auch die Backen der alten Teerjacke sich zu einem Lächeln verzogen; und er spie weit ins Meer hinaus, bevor er antwortete: ›Ick hevt min Dag nich hört.‹ «*

Hallig Hooge und der ›Königspesel‹

Der Hallig Hooge – eine von neun Halligen an der nordfriesischen Küste, einst waren es über fünfzig – wird am ehesten unser Interesse gelten. Sie ist bei Flut leicht per Schiff von Amrum, Langeneß und vom festländischen Schüttsiel aus erreichbar. Sanft steigt die Hallig aus dem bräunlichen Wasser über der Süderaue auf. Westlicher liegen die großen Sandbänke, der Japsand und Norderoogsand, westlichster Saum der alten nordfriesischen Küste des 14. Jahrhunderts. Kaum, daß der Husumer Landrat hier zu regieren hätte, die alten eingesessenen Seehundfamilien kommen ohne ihn aus. Bescheidung zeigt auch die turmlose KIRCHE von Hooge – die Glocken hängen in einem behelmten Glockenstapel –, ist sie doch 1637 aus den 1634 angeschwemmten Trümmern der Osterwohldschen Kirche auf Nordstrand errichtet worden. In den Farben Frieslands, Blau,

Hallig Hooge, Königspesel

Gelb und Rot, kündet der niedrige Kirchenraum samt der geretteten *Taufe* von 1624 von einem ungebrochenen Glauben, von dem Pauluswort ›Glaube, Hoffnung, Liebe‹. Auch das *Gestühl* von 1624, *Chorgitter* und *Kruzifix* sind wohl aus den Wogen geborgen worden; wochenlang fischte man hölzernen Hausrat aus den trüben Fluten. Die *Kanzeltür* von 1743 zeigt über schönen Schnitzereien mit bäuerlichen Motiven, dabei von feinstem Klassizismus, einen blasenden Walfisch mit Jungem. Unter der Balkendecke hängt die *Fregatte ›Friedrich VI.‹*, das vom dänischen König gleichen Namens bei seinem Besuch 1825 gestiftete Votivschiff.

Das führt uns zum KÖNIGSPESEL auf der Hanswarf. 1776 erbaut, diente er 1825 der ›Kongelige Majestaet in Danmark‹ zum Nächtigen, dem ersten Halligtouristen und darum in guter Erinnerung ... Die Inselfriesen galten zudem als ›Königsfriesen‹, im Gegensatz zu den ›Herzogsfriesen‹ auf dem Festland. Durch eine rundbogig gemauerte Pforte mit Oben und Unten trennender Klöntüre betreten wir das Haus mit dem prächtigen Friesenzimmer in der vorspringenden Utlucht, dessen blauweiße Kachelwände zu der bemalten, braun gewordenen Barock-Decke kontrastieren. Ein schöner gußeiserner Beilegeofen von 1669, ein sogenannter Bilegger, der von der Küche aus mit getrockneten

Kuhfladen einst wie heute beheizt wird, der bequeme Sessel, der Majestät genehm war, und blinkendes Messinggerät bezeichnen die Farbpalette Blau-Weiß-Braun-Gold des Raumes, in aller Schlichtheit prächtig zugleich. Wie allerdings der König in dem nur 1,60 Meter langen Alkovenbett geschlafen hat, ist nicht überliefert. Man schlief hier mit angezogenen Beinen, doch hat Majestät sicher der Spruch über dem Alkoven getröstet: »Wie Gott es füget, so mir genüget.«

Vieles kam über See auf die Halligen, so die englische Standuhr mit japanischen Intarsien sowie die ausgezeichnete Sammlung Delfter und anderer Porzellane in der Küche; geht man durch den hochgefliesten Flur, so meint man, iberische und muselmanische Motive auf Kacheln und selbst im Türschmuck zu sehen. Tade Hans Bandix hat den Pesel erbaut; in der Diele ist das Kachelbild einer Segelflotte zu sehen, die an den eigenen Schiffbruch des Hausherrn 1760 erinnert. Auch die Hallig Hooge überstand manchen Schiffbruch mit knapper Not, wie 1825, als viele Halligbewohner ertranken und der König aus Kopenhagen sich selbst herbeibemühte, die Schäden zu mildern, was ihm die Friesen nicht vergaßen. Zuletzt war es 1962 und 1976, daß der Blanke Hans in die Stuben einbrach.

Von friesischer Sprache und Art

Ob denn nun Pellworm, Nordstrand und Langeneß große Halligen oder kleine Inseln seien, darüber ließe sich streiten. Nordstrand, vom Festland über den 1935 gebauten Damm zugänglich, von Badegästen weniger besucht, ist angeblich die Heimat des ›Pharisäers‹, eines artig und brav aussehenden Kaffeetranks, mit dem man einen allzu strengen Pastor überlistete, indem man einen kräftigen Schuß Rum oder ähnliches hineingab und das Ganze mit einer üppigen, den Alkoholgeruch zurückhaltenden Haube von Schlagsahne bedeckte. Irgendwann kam der Pastor dahinter und das Getränk zu seinem biblischen Namen. Vielleicht gab auch das für Friesland ungewöhnliche Nebeneinander der Konfessionen zu solchen Kriegslisten Anlaß. Nach den großen Mandränken des Mittelalters riefen die Gottorfer Herzöge brabantische und holländische Deichbaumeister ins Land, unter denen viele Katholiken waren. Die Gesellschaft der Oratorienbrüder von Mecheln und Löwen hat lange Zeit die Pfarrer gestellt. Nordstrand ist übrigens ein Beispiel für den Verlust der friesischen Sprache, die hier im Platt aufgegangen ist. Das Friesische, vom holländischen Frees über die ostfriesische Variante und das Helgoländer Halunder bis zum Söl'ring auf Sylt, ist in sich kompliziert genug und steht in Konkurrenz nicht nur mit dem Platt der großen Städte Norddeutschlands, sondern wehrt sich auch gegen das sächsische Dithmarische und das Dänische aus Jütland und natürlich gegen das Anglische im Osten und das Holsteinische, in das während der Kolonisationszeit vieles aus Westfalen ›eingewandert‹ ist. Ein weites Feld ..., um mit Fontane zu reden.

HOCHDEUTSCH	ALTFRIESISCH	ENGLISCH
Sonntag	Sandi	Sunday
Montag	Moundi	Monday
Dienstag	Täisdi	Tuesday
Mittwoch	Weensdi	Wednesday
Donnerstag	Törsdi	Thursday
Freitag	Fraidi	Friday
Samstag	Saneene	Saturday

Die Herkunft der Friesen ist ein ungelöstes Rätsel. Nach der Überlieferung sind sie im 8. Jahrhundert eingewandert. Vielleicht breiteten sie sich von Westen kommend in einem während der Völkerwanderungszeit leer gewordenen Raum aus. Merkwürdig, daß die Ostfriesen Niedersachsens als Rundschädelige rassisch nicht den Nordfriesen Schleswigs gleichen, die einen Langschädel aufweisen (dickschädelig sind sie beide). Die dänischen Jüten sind seltsamerweise wieder Rundschädel. Das kann man nicht mit allmählichen Veränderungen erklären, und so bleibt die Spekulation, daß Nordfriesland im Gegensatz zu Ostfriesland aus Skandinavien besiedelt wurde. In diesem Hin und Her der Völker, aus ihrem tief ins Unterbewußte abgesunkenen, aber nicht vergessenen Herkunftsbewußtsein heraus, wird uns die buntscheckige Geschichte der mal vereinten, mal zerstrittenen nordischen Königreiche von Dänemark, Norwegen und Schweden, ihrer Sympathien und Antipathien verständlicher, der Abstand der Friesen zu den sächsischen Dithmarschern, die ambivalente Situation der Friesen, aber auch der Angeln und Holsten zu den Dänen, von denen die Jüten wieder ihren eigenen Charakter gegenüber den königsnahen Seeländern betonen. Germanische Völker haben stets das Individualistische betont, romanische Völker waren eher geneigt, übergeordnete Ordnungsprinzipien anzunehmen. Aus dieser Sicht verstehen wir die langanhaltende politische Überlegenheit des römisch-mediterranen Raumes.

Wo vieles im unklaren bleibt, halten wir uns lieber an das Sichtbare, zumal wenn es besonderen Charme besitzt. Die blonden Friesenmädchen etwa sind eine Rasse für sich, ihre Namen so unverwechselbar wie die Landschaft der Inseln Nordfrieslands: Heike und Maren, Frauke und Momke, Wiebke und Anke. Dieses Freie im Blick, dieses Offene und Natürliche, das sich wehrt, die Grenzen der Schicklichkeit zu überschreiten, lustig und keineswegs wortkarg wie die Dänen, dennoch still und besinnlich, wissend um die Gesetze und die Valuta des Lebens, Augen, in denen ein weiter Himmel liegt, aber auch der graue Ernst des Blanken Hans, der ihnen allen Bruder ist, wird der Besucher Frieslands so rasch nicht vergessen.

Wyk auf Föhr, Friesenmuseum

Pellworm und die ungleichen Schwestern Föhr und Amrum

Auf Pellworm

Das in der großen ›Mandränke‹ von 1362 zur Insel gewordene, vielleicht vierzig Kilometer breite Altnordstrand zerbrach in der Burchardisflut von 1634 in zwei Teile. Pellworm und Nordstrand waren entstanden. Man muß es sich vorstellen: zwischen Frankfurt und Mainz bricht das Wasser durch, und zwischen den beiden Städten geht alles unter, Mann und Roß und Wagen! Eine Autofähre führt vom Alten Koog auf Nordstrand hinüber nach Pellworm; ziemlich genau über das versunkene Rungholt geht die Fahrt, gegen Südwesten liegt die Hallig Südfall über der im Frühlicht silbrig schimmernden See. Immer wieder werden auf dem trockengefallenen Watt Spuren des Rungholtschen Hafens, Tongefäße und ähnliches gefunden. Wir landen in Tammensiel und sehen schon von weitem den ragenden Turmstumpf der ALTEN KIRCHE, 1611 von sturmbedingten Erschütterungen teilweise zum Einsturz gebracht. Mit seiner reichen spätgotischen Blendgliederung blickt er wie in Trauer auf den kleinen behelmten Dachreiter, in dem heute das Geläute hängt. Bei Sturm schmiegt sich die aus dem 12. Jahrhundert stammende ausgebesserte Alte Kirche in den Windschutz der trotzigen Turmstirn. Eine Kirche voller Kostbarkeiten, wie so oft in Friesland. Am Fuß der Turmruine alte Grabsteine des 16. Jahrhunderts (Lorentzen, 1710, mit Engelsköpfen).

Das in Teilen noch romanische Mauerwerk des Langhauses, aus rheinischem Tuff erbaut und auf mächtigen Sandsteinblöcken ruhend, später in Backstein weitergeführt, umschließt einen niedrigen balkengedeckten Raum, an dessen Stirn ein vermutlich *lübischer Altar* von 1470 steht, reich geschnitzt und auf den Außenflügeln bemalt mit Szenen aus der Passion und dem Marienleben. Die etwa gleichaltrige *Bronzetaufe* und die prächtige *Kanzel* von 1600 stehen für Gotik und Renaissance. Das *Gestühl* besitzt noch die alten, durchbrochen geschnitzten Wangen, ebenso der im Norden unerwartete *Beichtstuhl* von 1691. Die Orgel von 1711 ist

Pellworm, Alte Kirche

eines der berühmten Arp-Schnitger-Werke, umrahmt von einem Schleier von Akanthusblättern. Auch die NEUE KIRCHE von 1622 neben dem reetgedeckten Pastorat verdient einen Besuch; ihr spätgotischer Schnitzaltar von 1520 stammt aus der untergegangenen Kirche zu Ilgrof auf Altnordstrand. Der barocke Beichtstuhl erinnert an einen gewaltigen Hamburger Schapp; da mag sich mancher gefürchtet haben, bevor er in diesem Riesenschrank sein Gewissen erleichterte. Beide Kirchen sind alte reiche Marschenkirchen, denn Pellworm war ja einst Teil des Festlandes, und der Fischfang hat hier, fern der See, noch heute wenig Bedeutung.

Nach Pellworm gelangt man über *Nordstrand,* das über einen Damm mit dem Festland verbunden ist. Vom Hafen Strucklahnungshörn geht die Fähre nach Tammensiel auf Pellworm. Die Autogebühr ist nicht gering, doch die Unterbringung des Wagens für zwei, drei Wochen auf dem Festland auch nicht.

Im nordfriesischen Hafen von *Dagebüll* endet die von Bredstedt oder Niebüll abzweigende Straße, ebenso wie eine kleine Eisenbahnstrecke, zu der man in Niebüll aus den Kurswagen nach Westerland umsteigen kann. Die in Dagebüll ablegende Fähre bringt uns samt Wagen nach Wyk auf Föhr und weiter nach Amrum. Im Sommer sei Reservierung empfohlen. Während auf Föhr ein Wagen nützlich und angenehm ist, wird er auf Amrum eher als ärgerlich und hinderlich empfunden. In Dagebüll kann man dauerparken.

Föhr – die grüne Insel

Föhr und Amrum sind hübsche Schwestern. Das zeigt sich schon darin, daß ihre Verehrer die Wahl zu einer geheiligten Prinzipfrage machen. Ist das der offenen See zugewandte Amrum berühmt ob seines brandungsreichen Kniepsandes, so gilt Föhr, die grüne Insel, als milder und kinderfreundlich zum Baden. Auf Föhr lebt man noch immer von der Landwirtschaft, denn der Friese fühlt sich mehr als Bauer denn als Fischer oder Seefahrer. Doch hatten beide Inseln reichen Anteil an der großen Zeit des Walfangs, als die Inselbewohner, der Not folgend, oft in holländische Dienste traten, manche als Kommandörs, wie man die sehr selbständigen Kapitäne der Walfänger nannte, und gen Grönland, Bäreninsel und Spitzbergen fuhren, um den riesigen Walen aufzulauern. Deren Tranöl diente als Lichtquelle in den ›Tranfunzeln‹, die aber weit weniger blakten und rußten als die billigen Talglichter. Auch die Barten und der Walrat waren gesucht.

Fliese mit Walfangmotiv

Von Walfang, himmlischer und maritimer Navigation

Die Wale gehören zu den größten Säugetieren der Welt, sind keine kiemenatmenden Fische, vermögen Sauerstoff in ihren Lungen zu speichern und blasen beim Auftauchen aus erheblichen Tiefen unverbrauchte Luft und Kohlensäure aus – was ihnen zum Verhängnis wird, weil es sie den Walfängern schon von weitem im ›Blas‹ sichtbar macht. Sieht man die zahlreichen alten Bilder vom Walfang, das kühne Angehen des gewaltigen algenbewachsenen und krebsbewohnten Walkörpers mit der Harpune vom zerbrechlichen Boot aus, so ahnt man, daß dies eine extrem gefährliche Arbeit war, die Mut und Zähigkeit erforderte und nicht zu vergleichen ist mit dem heutigen Abschießen der Tiere mittels Kanonenharpunen von Bord sicherer Maschinenschiffe.

Mag der Walfang mit seinen Abenteuern auch gelegentlich die Gemüter in den Kneipen von Föhr und Amrum erhitzt haben, so brachte er doch Reichtümer auf die Inseln: in allen Häfen der Welt erworbene Möbel, Delfter Kacheln, feines Geschirr und Silber. Vieles davon hat sich erhalten. Der Föhrer Grabstein des Mathias Petersen sagt uns dies sogar in feinem Latein:

MATHIAS PETERSEN
NAT: OLTSUMI.D :24 DEC: 1632
DENAT: D: 16. SEPT: 1706. REI
NAUTICAE IN GRONLANDIAM
PERITISSIMUS. UBI
INCREDIBILI SUCCESSU
373 BALENAS
CEPIT, UT INDE OMNIUM
SUFFRAGIO NOMEN FELICIS
ADEPTUS SIT ...

Mathias Petersen
Geboren in Oldsum den 24. Dezember 1632
Gestorben den 16. September 1706
Der Schiffahrt nach Grönland
höchst kundig, wo
er mit unglaublichem Erfolg
373 Walfische
gefangen und nach
allgemeinem Urteil den Namen
DER GLÜCKLICHE
erhalten hat.

Oft genug aber endete der Walfang mit dem Verbleiben auf See, die Zahl der Witwen auf den Inseln war groß. Die Föhringer Frauen, das halbe Jahr ohne Mann, waren selbständig, standen in dem Ruf, ›dat de Fru de Büx anhätt‹.

Die Kunst der Navigation, der Standortbestimmung auf See, war für den Walfang im diesigen Nordatlantik lebenswichtig. Dabei kam den vor Anker gegangenen Altkapitänen die Rolle des Lehrmeisters zu. Auch gelehrte Pastoren, meist auf einer Lateinschule mit etwas Geometrie großgeworden und sonst der seelischen Navigation ihrer Pfarrkinder dienend, erkannten ihre Chancen bei der maritimen Orientierung und unterrichteten fleißig mit Zirkel und Winkelmesser, wiesen neben den Wundern des Himmels die der astronomischen Standortbestimmung und besserten ihr bescheidenes Salär mit manchen Kostbarkeiten der großen weiten Welt auf. Und manchmal war auch das Latein verdienstlich, wie wir aus der Ausstattung des ›Alten Pastorats‹ in Süderende erkennen können, heute ein kleines interessantes Hotel und Restaurant.

Der ›Friesendom‹ von Nieblum

Obwohl Wyk auf Föhr der Hauptort der Insel ist, dominiert das Dorf Nieblum mit dem ›Friesendom‹ die Sehenswürdigkeiten der Insel: eine große Backsteinkirche des 13. Jahrhunderts auf kreuzförmigem Grundriß mit spätromanischem Chor, bereits gotischem Querhaus und Schiff sowie klobigem quadratischen Westturm. Die reiche, im wesentlichen der Renaissance angehörende Ausstattung gibt ein anschauliches Bild vom Föhrer Reichtum im 17. Jahrhundert.

Der Friesendom, der nie eine Bischofskirche war, wurde im späten 12. Jahrhundert im Typus der jütischen Granitquaderkir-

Seemannsgrabstein in Nieblum/Föhr

chen begonnen. Das 13. Jahrhundert ging zum bequemeren Backsteinmauerwerk über, in das die gotischen Fenster eigenwillig und unregelmäßig eingesetzt sind. Die nüchternen Satteldächer über Längs-, Querschiff und Turm betonen das Bodenhaftende. Die Vierung im Innern überspannen schwere Gurtbögen, als ob sie die Last der Welt tragen sollten. Manches am Chor erinnert an den Dom zu Ripen.

Die Ausstattung zeigt einen *Schnitzaltar* von 1487 aus dem Umkreis des Lübeckers Bernt Notke, eine *Holzkanzel* mit Schalldeckel von 1618 und eine *Granittaufe* (um 1200) mit kämpfenden Löwen und einem von zwei Löwen bedrängten Mann (siehe Seite 127). Der Löwe war ein kirchliches Symbol für das Böse: der Adel hat das anders gesehen, wie die häufige Verwendung des Löwen als Wappentier bezeugt. Die überlebensgroße *Holzfigur Johannes des Täufers* präsentiert den Kirchenpatron mit einem sich unter seinen Füßen windenden kleinen Herodes – die Großen der Welt waren nicht beliebt auf den Friesischen Inseln.

Ganz unsentimental, aber menschlich anrührend geben sich die *Grabstelen* des zugehörigen Friedhofs. Zu der Zeit, in der sie gemeißelt wurden, lebten im allgemeinen noch einige der auf dem Stein Genannten. Alle aber, die Lebenden wie die Toten, sind als Blumen symbolisch präsent, Tulpen für die Männer und Rosen für die Frauen, wobei ein gebrochener Blumenzweig im ›Bukett‹ der Familie den bereits Verstorbenen kennzeichnet. Die Bildhauer auf den Inseln waren berühmt, ihre Arbeiten sind kalligraphische Kunstwerke, bei denen gestochene Schreibschrift und klassische Antiqua mit Schiffsdarstellungen und Blumen wechseln: Visitenkarten für Jahrhunderte.

4 *Bockwindmühle in der Wilster Marsch*

5 *Haubarg Hamkens in Tating (Eiderstedt)*

6 *Wattläufer von Föhr zur Insel Amrum; im Hintergrund die Südspitze von Sylt*

7 *Ostholsteinische Landschaft im Kreis Plön*

8 *Die romanische Kirche von Altenkrempe*

ANNO

Wyk auf Föhr

Der Badestrand von Wyk auf Föhr genießt hohen Ruf. Zu Beginn des 19. Jahrhunderts als einer der ersten in Nordfriesland entstanden, wurde er von den dänischen und preußischen Königen gern besucht: eine bescheidene Kursiedlung, ganz im Stil dänischer Badeorte, wie wir sie immer noch in Jütland finden. Die aufwendigen Zeiten der großen wilhelminischen Hotelbauten hat Wyk nie gekannt, und das hat dem Ort mit der dreireihigen, schattenden Ulmenallee am Strand seinen intimen, behaglichen Charakter erhalten. Kaffeegärten waren und sind hier beliebt, Schickeria ist nicht gefragt. Johann Strauß hat die Föhrer Atmosphäre in seine ›Nordseebilder‹ umgesetzt.

Im nahen Boldixum betrachtete man den Kurbetrieb dennoch mit gemischten Gefühlen; hier wohnten die Bauern der nördlich anschließenden Marsch, und die hatten zunächst wenig Sinn für den ›Firlefanz‹ der mit züchtig angehobenem Rock ins Meer watenden Damen – ganz zu schweigen von den unmöglichen schnurrbärtigen Mannsbildern mit ihren schwarzweiß geringelten Badeanzügen, die den züchtigen Blicken der Damen mehr verrieten als sie verbergen sollten. Auch die Pastoren teilten diese abschätzige Meinung, und so wurden die Wyker eingepfarrt, so daß die Nicolaikirche von Boldixum aus dem 13. Jahrhundert mit ihren mächtigen Kuppelgewölben die einzige weit und breit blieb. Später haben die Wyker ihrerseits die Boldixumer zur Strafe eingemeindet.

Föhr ist besonders im Juni schön, wenn die späte weiß-rosa Apfelblüte zwischen den behaglichen Friesenhäusern förmlich explodiert, die Schafe auf den von zahllosen Grasnelken gepunkteten Weiden grasen und der Flieder um die alten Häuser duftet.

Amrum, windzerzauste Schönheit

Bei Ebbe führt ein beliebter Wattenweg den Fußgänger von Föhr nach Amrum, in seinem Inselcharakter deutlicher akzentuiert als das pastorale Föhr. Der Strand an der Nordseeseite dehnt sich in ungewöhnlicher Breite vor einem Meer in all seinen Farben und Stimmungen aus. Er geht gen Osten in eine Dünenlandschaft über, der sich landseits inmitten eines auf den Inseln sonst ungewohnten Baumbestandes der alte Ort **Nebel** und das jüngere **Wittdün** im Windschatten der Dünen anschmiegen. Die dem Patron der Seefahrer geweihte CLEMENSKIRCHE von Nebel ist ein aus Feld- und Backsteinen errichteter niedriger Saalbau mit Reetdach. Der neoromanische Westturm stammt erst von 1908. Der Friedhof birgt viele Grabstelen, darunter die von Oluf Jensen mit dem wunderschönen Motiv eines besegelten Dreimasters. Die nahe WINDMÜHLE ist in das Jahr 1771 zu datieren.

Ob die wilden Ambronen, die mit den Kimbern und Teutonen den Römern bei Noreia in Kärnten (113 vor Christus) das Fürchten beibrachten, von hier stammen, ist nur Vermutung. Damals begann die große Völkerwanderung aus dem Norden Europas, wo das Land knapp geworden war, was es auf Amrum immer blieb. Der Ortsname Nebel bedeutet dasselbe wie Niebüll auf dem Festland, nämlich ›neuer Ort‹ – womit wir endlich wissen, wo die vielen ›... bülls‹ herkommen.

Amrum ist eine eigenwillige Insel von herber Schönheit, und wenn in Föhr das satte Grün dominiert, dann auf Amrum das Rot der Heide, das oft blendende Weiß der lichttrunkenen Dünen über dem rauschhaften Meer. Diese Dünenlandschaft vor dem gleißend hellen Kniepsand ist fast fünfzehn Kilometer lang, eine Kleinlandschaft in sich, und man kann in den zwanzig Meter hohen wandernden Sandbergen, bewachsen von Strandhafer, Dünenrosen und Heide, fast die Orientierung verlieren. Manche tun dies ganz bewußt, um sich dann in stiller Zweisamkeit wie Schiffbrüchige in einer Mulde des Dünenmeeres zu finden.

Die Wanderdünen Amrums und Sylts, dessen Südspitze wir von Amrum aus sehen können, sind von hohem Alter. Jener Prozeß, der einst aus den Tiefen des Meeres Sand ans Ufer spülte, dann vom Wind erfaßt und zu Dünen aufgetürmt, hat aus unbekannten Gründen vor zwei Jahrtausenden ein Ende gefunden. Vielleicht hat dies mit dem Trockenfall der Nordsee in den Eiszeiten zu tun. Die Nordsee frißt heute nur oberflächennah am Strand oder am Kliff, kein Sand aus der Tiefe drängt nach, und nur die Dünen wandern im Westwind langsam weiter, sofern sie der Mensch nicht daran hindert, indem er sie durch Anpflanzen von Strandhafer zu befestigen sucht. Dem Beobachter wird auffallen, daß die ältesten Dünen meist eine bleiche, weißlich-graue Farbe, die aus jüngerem Sand dagegen eine schöne beige-gelbe Tönung aufweisen, während die Kliffs oft ins Ockerfarbene gehen. Je länger der Sand Regen, Kohlensäure und Verwitterung ausgesetzt ist, um so mehr wird sein färbender Gehalt an Eisenoxiden ausgewaschen, und die Dünen nehmen jenen Charakter einer bleichen, kraterübersäten Mondlandschaft an, als die Amrums Dünengürtel, etwa aus der Luft gesehen, erscheint.

Ist der windseitige Luvhang meist flach ansteigend, so stürzt die Düne an der Leeseite sichelförmig viel steiler ab, gleich einer Meereswelle. Der Genießer sucht die kleinen, von Dünen auf der Düne, den sogenannten Kupsten, gebildeten windgeschützten Mulden oder Querrinnen auf. So eine große Wanderdüne wird bis zu dreißig Meter hoch und wandert maximal zehn Meter pro Jahr. Da mag mancher Hausbesitzer – gleich dem Bewohner einer Oase in der Sahara – sorgenvoll dem Näherrücken des schräg aufflankenden gelben Ungetüms zusehen.

Romanische Granittaufe (Nieblum/Föhr)

Die verborgen-herbe Zärtlichkeit Sylts

Den Hamburgern ist Sylt eine Weltanschauung, an der Physis und Psyche gleichermaßen teilhaben. Es kann dauern, bis Süddeutschen diese Offenbarung zuteil wird. Zunächst sind sie eher irritiert von den ewigen albernen Geschichten der Boulevardpresse, die in Sylt das Refugium einer von Geld und zweifelhaftem Geschmack geplagten Schickeria sieht, und jener, die – bescheidener aber hübsch – auch einmal das süße Leben kennenlernen wollen. Von diesem Bild findet sich zweifelsohne einiges in den Bars und Dünen von Kampen und Westerland. Das eigentliche Sylt aber ist ganz anders, zumal in der Vor- und Nachsaison. Es ist eine Insel, auf der sich das Schöne nicht feilbietet, eher in zurückhaltender Art verbirgt, von herber Zärtlichkeit.

Nach Sylt kommt man auf zweierlei Wegen. Entweder reist man mit der Bahn ›Westerland und zurück‹, oder man fährt mit dem Auto bis Niebüll, wo man im Kreise vieler Gleichgesinnter auf einen langen Verladezug rollt, möglichst aufs Oberdeck, und gemächlich ratternd durch die fette Marschlandschaft fährt, dann über den schmalen eingleisigen Hindenburgdamm, den man vom Zug aus nicht sehen kann, so daß sich bei Flut der Eindruck einer kleinen Seereise einstellt, zumal wenn steifer Wind und Wellengang die ersten Spritzer Salzwasser überkommen lassen. Hinter dem Morsumkliff hat uns die Insel, und es ist eine rechte Freude, wenn kurz vor dem kleinen Bahnhof zwei Wollpudelmützen auftauchen, Hände uns zuwinken, um zu sagen: Ihr seid da.

Wo wohnt man auf Sylt? Im modernen *Westerland,* in dessen Friedrichstraße sich die Menschen drängen, im nahen *Wenningstedt,* in *Rantum* oder dem stillen *Hörnum* am Südende, im nördlichen *List* oder im schicken, aber teuren *Kampen* oder im wattseitigen, baumbeschatteten und malerischen *Keitum?* Es ist eine Frage persönlicher Neigungen. Mit Kindern ist man an den großen Stränden der Hauptorte an der Seeseite am besten aufgehoben, da haben die zweibeinigen Krabben keinen weiten Weg zu den mehrbeinigen am Strand. Individualisten werden die

Leuchtturm auf Amrum

Dünen des Nordteils der T-förmigen Insel bevorzugen, den ›Ellenbogen‹ und seine windabschirmende Dünenlandschaft, wo es noch im Herbst angenehm sein kann, in einer strandhaferumstandenen Mulde die späte Sonne zu genießen. Um Kampen und das Rote Kliff liegen vor allem die interessanten Restaurants und ist das Stelldichein von ›le tout Sylt‹, in dem manche ›le tout Hambourg‹ wiedererkennen, was man nicht gleich abtun sollte, war doch vor dem Kriege Westerland ›le tout Berlin‹. Die Buhne 16, die einst die Moral der eben geborenen Bundesrepublik erschütterte, bewegt heute keinen Menschen mehr, an jedem Strand tummeln sich mittlerweile die Nackten.

Wenn man den Wagen dabeihat – was sich empfiehlt, denn Sylt ist viel größer als manche denken – und die Kinder aus dem Gröbsten heraus sind (oder schon wieder drin), dann sind die ruhigen Orte vorzuziehen, in denen der Wind in nächtlicher Stille um die Bäume und hübschen Friesenhäuser rauscht.

Keitums Bauerngärten und Sankt Severin

Eine gute Wahl ist darum Keitum, ein Dorf im Winkel zwischen der Sylter Marsch, die sich gegen Morsum zieht, und dem Nordarm der Insel. Seit der Steinzeit, die manche der Grabhügel und Steinkammern hinterlassen hat, ist Keitum besiedelt gewesen. Aus der Bronzezeit stammen die Grabhügel *Öwenhoog* und *Tipkenhoog*, wo Schiffe mit goldenen Schätzen und der Riese Tipke begraben sein sollen. Trotz dieser rauhen Vergangenheit war Sylt im hohen Mittelalter offenbar eine fromme Insel, denn es besaß gegen 1240 nicht weniger als elf Kirchen. Beeindruckend erhebt sich Keitums SANKT SEVERIN inmitten seines Kirchhofes auf einem nahen Hügel, abgesetzt vom Dorf, durch Trampelpfade dem nahen Watt verbunden. In dem mächtigen sattelbedachten Backsteinturm der späten Gotik hielt man früher Verbrecher fest – mochten ihnen die Glocken doch in die tauben Ohren dröhnen! In seinem Schatten das weiß verputzte Kirchenschiff des 13. Jahrhunderts mit Choranbau, im Sockel aus jütländischem Granit, an der eingezogenen Apsis geschmückt mit Lisenen, Rundbogenfries und einem Ostfenster mit reicher Laibung, das einen weiten Bogen spannt zur Romanik am Rhein und in der Lombardei. Das trutzig Auftreppende, sich dem Westwind gleichsam Entgegenstemmende weicht im Inneren einer feierlichen und kunstsinnigen Atmosphäre, zu der das warme Braun des Kirchengestühls und der Empore, die glänzenden Messingleuchter und eine fein abgestufte, diskrete Farbigkeit beitragen. Die Kirche ist häufig Schauplatz von Konzerten, denn das Sprichwort ›Frisia non cantat‹ haben böse Menschen den Friesen angehängt, vielleicht, weil diese nicht gern nach der Pfeife anderer tanzen. Der dreiflügelige spätgotische *Schnitzaltar* stammt aus lübischer Werkstatt, die romanische *Sandsteintaufe* aus dem niedersächsischen Bentheim, die *Holzkanzel* von 1580 aus dem nahen Mögeltondern; die prächtigen *Messingleuchter* schließlich sind holländische Arbeiten des späten 17. Jahrhunderts.

Das alte Dorf Keitum liegt, für Sylt ungewöhnlich, im Schatten von Bäumen. Sein besonderes Gepräge bilden die schlichten, aber formschönen Friesenhäuser des 18. Jahrhunderts: eingeschossige, oft weiß geschlämmte, aus dem Grün der Gärten herausleuchtende Backsteinbauten, meist reetgedeckt und mit einem ›quer aufgesetzten‹ Zwerchgiebel über rundem Eingangsportal. Umgeben von Feldsteinmauern und auf friesische Distanz gebaut, haben solche Häuser nicht einfach eine Türe; diesen Eingängen gebührt das Wort Portal, und oft trägt dieses eine Galionsfigur, Souvenir von fernen Reisen oder vom eigenen Schiff. Der Friese, wie allgemein die Nordländer, liebt auffallend kräftige, aber nie aufdringliche Farben vor und an seinem Haus, die ihm den winterlich grauen Himmel aufhellen. Buntglänzende Kugeln, kunstvoll geschwungene Gatter, weiße und farbig abgesetzte Türblätter setzen Akzente im Helldunkel der lichtdurchfluteten Gärten mit ihren alten Rosen, den duftenden Bauernrosen der Sorte Alba maxima, die eigentlich königliche Rosen sind. Hermann Claudius beschreibt sie uns:

Es haben meine wilden Rosen
erschauernd vor dem Hauch der Nacht
die windeleichten, lichten, losen Blüten
behutsam zugemacht.

Doch sind sie so voll Licht gesogen,
daß es wie Schleier sie umweht
und daß die Nacht in scheuem Bogen
am Rosenbusch vorübergeht.

Das ALTFRIESISCHE HAUS von 1739 wurde vom Söl'ring Foriining (Sylter Verein) Anfang des Jahrhunderts erworben und im Wohnstil des frühen 19. Jahrhunderts eingerichtet. Wir erfreuen uns an schönen geometrischen Kerbschnitzereien, unterlegt mit leuchtenden Farben, gekachelten Wänden, dem bemalten Alkoven im graublauen Paneel und an dem Ausblick durch die lustig verzerrenden geblasenen Scheiben. Sehr schön sind hier die ›Porzellanwandsteine‹, aus meist vierundzwanzig blauweißen Fliesen zusammengesetzte Schiffsporträts dickbauchiger Fregatten, umrahmt von Akanthusmotiven. Auch die handgestrichenen hartgebrannten Ziegel der friesischen Langhäuser kamen aus Holland, denn die weichgebrannten heimischen Backsteine hielten der salzhaltigen Seeluft nicht stand. Im SYLTER HEIMATMUSEUM, einem Haus von 1759, mit dem Relief des Dreimasters Fortuna, werden Mitbringsel der Walfänger und Handelsschiffer aus aller Herren Länder aufbewahrt, dazu Trachten, Schmuck und kulturhistorische Erinnerungen, zum Beispiel an Uwe Jens Lornsen, einen von Dänemark wegstrebenden Lokalpatrioten und »größten Sohn der Insel Sylt«. Das Museumshaus hat ein Kapitän Uwe Peters erbaut, dessen Tochter Christen den Jürgen Jens Lornsen, Vater von Uwe Lornsen, heiratete – so blieb man auf Keitum meist hübsch unter sich und pflegte den Spruch: ›Hur Hartrüm es, diar es uk Hüsrüm – Wo Raum im Herzen ist, da ist auch Raum im Haus.‹

Westerland

In lebhaftem Kontrast zum stillen Keitum präsentiert sich der fast städtische Flanierboulevard der Insel mit zahlreichen Hotels aller Preisstufen, zahllosen Boutiquen, Cafés und Lokalen im Sommer voller Touristen. Der Damm trennt die *Friedrichstraße* vom Meer; davor der Westerländer Strand, vielgerühmt, aber mit jenem Seebäder-Reglement, dem man auf Sylt gerne entrinnt. Das altrenommierte ›Hotel Stadt Hamburg‹ bietet ein gutes Restaurant, und an den stillen Tagen des Winters, den auf Sylt zu verbringen viele Hamburger sehr schätzen, hat auch das Meerwasser-Wellenbad seine Meriten.

Die baulichen Sehenswürdigkeiten Westerlands haben wenig Chancen neben der Sehenswürdigkeit der hin- und herströmenden Menge, dem Bild der Urlauber, dessen Farbpalette zwischen weißem Dress, manchmal allzu karibischen Pinks und Türkistönen und brauner Haut schwankt. Man hat fast Hemmungen, von der ALTEN KIRCHE in Westerland zu sprechen, 1635 auf den Granitfundamenten eines romanischen Vorgängerbaus errichtet. Ihre marmorne Sonnenuhr ist bereits Tribut an das Strandleben. Im Innern eine romanische *Granittaufe*, ein dreiteiliger *Schnitzaltar* des 15. Jahrhunderts und eine *Holzkanzel* von 1751. Eine Marmortafel erinnert an ein Krieg und Kommerz umspannendes Ereignis, das sich zwischen Hamburg, London und Sylt abspielte: 1799 sandten die Londoner Banker den in der Folge der britischen Kontinentalsperre vom Konkurs bedrohten Bankern Hamburgs eineinhalb Millionen Pfund Sterling – noch saßen die Franzosen nicht in Hamburg. Doch die Fregatte ›Lutine‹ ging mit diesem Schatz vor Terschelling verloren; ein einsames Opfer, Daniel Wienholt, wurde bei Sylt nach 260 Kilometern Drift an Land getrieben und bestattet. Die Glocke der ›Lutine‹ – auch einige Goldbarren – fand man im Treibsand vor Holland. Sie hängt noch heute bei Lloyds in London und wird bei jedem Schiffsverlust unter den tränennassen Augen der Versicherer geläutet.

Am Roten Kliff in Kampen

Fährt man von Westerland nordwärts, so erkennt man außerhalb der Bebauung und hinter dem Flugplatz, der mit Hamburgs Flughafen Fuhlsbüttel sowie in der Saison mit Berlin, Düsseldorf, Frankfurt und München verbindet, den uralten Geestrücken, den geologischen Kern der Insel. Das berühmte Rote Kliff, im Abendlicht leuchtend, markiert die lehmige Abbruchkante der Geest an der Meerseite, das Weiße Kliff bei Braderup die Wattseite. Diese Geest ist auch das Rückgrat der Dünenlandschaft, jener vagabundierenden Sandmassen, die das Meer anschwemmt, manchmal auch wieder mitnimmt und dann ein steter Westwind auf und hinter das Kliff weht. Nichts erscheint hier beständig, alles ist Bewegung, die Wanderdünen und die Dünenwanderer. Und kaum hat man vom Parkplatz die Kliffkante erstiegen, so bläst es einen an, hat man knirschenden Sand zwischen den Zähnen, beugen sich die ausgedehnten Büsche der Dünenrosen (Rosa pimpinellifolia) in wellenförmigen Bewegungen ihrem rauhen Herrn, den sie offenbar lieben, denn sie wachsen nur hier.

Vor uns liegt sommerlich und in friedlichem Blau das Meer, mit behaglich kleinen Wellen am Ufer schmatzend. Das idyllische Bild bekommt härtere Züge, wenn der Wind auffrischt, die Sturmwarnungen am Ufer aufgezogen sind und weißmähnige, tiefgestaffelte Brandungswellen aus einem überraschend tiefblauen Meer auf den Strand rollen. Hat sich dann der Himmel zugezogen, jagen die tiefhängenden Wolken über ein ins Graugelbe gefallenes Meer dahin, dann hält man sich kaum gegen den Sturm auf dem Kliff. Dafür sind die Lokale überfüllt, denn bei solchem Seegang darf man sich an der Theke festhalten, die bekanntlich zu diesem Zweck eine Art Reeling hat, während verständnisvolle und resolute Wirtinnen einen steifen Grog servieren, ein Geschäft, das sie offenbar ungern den Mannsbildern überlassen.

Hoch auf dem Geestrücken am Roten Kliff steht die ›Sturmhaube‹, ein Restaurant, das nun schon zum dritten Mal hinter dem abbröckelnden Kliff neu erbaut werden mußte. Das viel schönere ›Rote Kliff‹ ist leider nicht mehr zugänglich; es liegt hinter Rosenhecken mitten in den Dünen, wie auch andere hübsche Häuser unserer Zeit, aufwendig gebaute, aber den Landescharakter wahrende Oasen stadtmüder Geldaristokratie.

Doch gibt sich dies alles gelassen, tief in Reet gedeckt in die Landschaft eingebettet. Namen der Zeitgeschichte wurden und werden hier herumgereicht, aber ihre Träger fallen beim morgendlichen Strandlauf kaum auf, eher zu gewissen Zeiten in den Bars und Restaurants. Deren ›In-Sein‹ folgt geheimnisvollen Regeln und nur dem Eingeweihten ersichtlichen Zusammenhängen mit dem Mondstand, der Flut und dem Aufglühen von Meteoren, die meist weibliche Namen haben. Im Kampener ›Rungholt‹, in der ›Tenne‹, dem ›Witthüs‹, in der ›Bonne Auberge‹, Westerlands ›Stadt Hamburg‹ treffen sich auch Nicht-Initiierte, und auf der sommerlichen Terrasse der ›Kupferkanne‹ haben es die rosa Bibernellrosen inmitten einer fast mediterranen Flora schwer, gegen den Duft des Kaffees anzukommen, zu dem Unmengen des vorzüglichen Pflaumenkuchens verspeist werden; hier ahnt man, welche fast kultische Bedeutung die Norddeutschen Kaffee und Kuchen beimessen. Ist das Wetter schlecht, so

Strandleben in Westerland

3473
3482
1299
1268
1269
1224
1207
1289
1227
1276

sitzen die Unverdrossenen ›ein‹ und genießen die Tuchfühlung mit hübschen Frauen im alten, unbequem verwinkelten Befehlsbunker einer ehemaligen Küstenbatterie der vierziger Jahre, voller Plüsch und Lampen, düster bewacht von alten Hünengräbern, über die der Wind eine Sandfahne wehen läßt.

Gelegentlich soll dabei noch heute Kaiser Franz-Josefs Geburtstag gefeiert werden, denn Sylt wurde durch österreichische Marineinfanterie, brave Steyerer Buam, von den arg bösen Dänen befreit, und das kam so: Da im Preußisch-Österreichischen Krieg gegen Dänemark von 1864 der Norddeutsche Bund keine Flotte besaß, die den Dänen gewachsen war, eilte die k.u.k. Kriegsmarine aus ihren Häfen in Triest und Pola eilends und gewaltige schwarze Rauchwolken auspustend herbei. Es kam zum Seegefecht vor Helgoland, von den Briten, die ja noch auf Helgoland saßen und an ›Divide et impera‹ dachten, nicht ohne Argwohn beobachtet, und schließlich landeten die Österreicher säbelschwingend und begeistert begrüßt auf Sylt. Uns erscheint das heute eher wie eine Operette, in der ein fescher Wiener Leutnant eine ironisch-kühle Friesenschönheit bei ungewissen Chancen der Eroberung belagert.

Unweit des Roten Kliffs erhebt sich seit 1855 der weiße Leuchtturm mit den Initialen FR VII (für Frederik VII. von Dänemark). Sein Licht ist manchen Dichtern und Denkern in der Nacht aufgeblitzt: Thomas Mann wohnte 1921 in der ›Pension Erika‹, Carl Zuckmayer, Alfred Kerr, Max Frisch und viele andere verbrachten hier Ferien im ›Kliffende‹, manche als Gäste von Verlegern, unter denen Peter Suhrkamp 1943 mit dem Essay ›Die nordfriesische Insel‹ diesem Inselgefühl bleibenden Ausdruck verliehen hat.

Was denn nun eigentlich das Erregende an Sylt sei, viele haben versucht, es in Worten zu fassen. Das Reizklima, der die Schilddrüse anregende Jodgehalt der Meeresluft, die ungewöhnliche klimatische Lage als ausgeglichenster Ort auf der relativ hohen geographischen Breite von fünfzig Grad Nord? Ernst von Salomon hat im ›Fragebogen‹ das besondere Inselgefühl beschrieben: *»Sylt dünkt uns die Insel der Verrückten ... Es schien, als bestehe ihre Wirkung darin, die vorhandene Gemütsart zum Extremen zu steigern, die Melancholischen zu manischer Depression, die Sanguinischen zu einem Paroxysmus der Ausgelassenheit.«* Der Badearzt Uwe Jessel sprach von der Cortisonspritze des kalten Brandungsbades, andere vom Champagner, der in der Luft liege.

Die *Buhne 16* und der einst aufregende *Abessinienstrand* setzten indessen auf andere Reize. Die Inselbahn zog hier früher gemächlich dampfend vorbei, und selbst das Nacktbaden war auf Sylt noch 1942 ein Stück politischer Satire. Als 1935 der französische Frachter ›Adrar‹ in einem wilden Orkan auf den Sylter Strand getrieben wurde, war er die Sensation eines Sommers. Die armen Matrosen hingen sehnsüchtig über der Reeling, drunten sonnten sich aufreizend die hübschesten Mädchen. Angeblich hatte der Frachter Waffen für Abessinien geladen; alles Unsinn, Porzellan war an Bord, aber das mit Abessinien blieb dem Strand.

In den Dünen am Ellenbogen

Dann drängt es uns zum Ellenbogen nordwärts, einem Dünenbogen hart an der dänischen Seegrenze. Die dänische Königin Margarete I. hatte 1400 das Listland mit der gleichnamigen Siedlung und dem guten Königshafen gekauft – es gehörte nicht zu den Herzogtümern. Kriegerisch war darum zuweilen die Vergangenheit Lists, aber friedlich ist heute das weite Auf und Ab der riesigen Dünen, in deren warmen Kuhlen und Mulden man herrlich geschützt dem im Strandhafer säuselnden Wind lauschen kann; das Auge schweift über die Bläue des Lister Tiefs, durch die stampfend ein kleiner Fährdampfer seinen Weg von Rømø herübersucht – eine angemessene Annäherung an Sylt. Solche Annäherung war 1644 den Dänen gar nicht recht, und Christian IV. schlug die vereinten schwedisch-holländischen Flotten auf diesen Wassern. Noch heute erhebt hier jemand einen Straßenzoll, doch er fließt in den eigenen Filzhut und füllt nicht die Kassen einer dänischen Königin. In List erinnert ein Gedenkstein an Wolfgang von Gronau, der von hier aus mit einem Dornier-Wal 1930 den Atlantik querte, sehr zum Entsetzen des nicht informierten preußischen Verkehrsministers, der ihm nach dem Erfolg dann aber doch gratulierte und hintersinnigerweise eine Ausgabe des ›Prinzen von Homburg‹ überreichte.

Die Straße windet sich nun durch hohe Dünen bis zur Ellenbogenspitze, kurz hinter dem letzten Leuchtturm in einen kleinen Standplatz der Fischbudenhändler mündend, die ihre Krabben,

Fritten, Rollmöpse und Fischbrötchen kühn zu einem Blanc de blanc anbieten, man kennt schließlich die Welt. Alles ist wunderbar frisch, und manche Nacht in den Bars von Kampen hat hier eine herzhafte Wiederbelebung erfahren ...

Auch der Ellenbogen bedurfte vor kurzem der Wiederbelebung, denn Sylt, gegen 1200 noch zehnmal so groß, ist vom Meer hart bedrängt. An der Kliff- und Dünenlandschaft der Westküste werden jedes Jahr ein bis zwei Meter von der räuberischen Nordsee weggespült. Der Husumer Kartograph Johannes Mejer hat in einer Karte von 1650 den alten Zustand vor den Fluten – der Marcellus-, Allerheiligen- und Burchardisflut – rekonstruiert (vgl. Seite 38/39). Deutlich erkennt man die heutigen Meeresarme, die zwischen Sylt, Föhr und Nordstrand tief ins Land reichen. Auch die vielen Schutzmaßnahmen unserer Zeit, das Anspülen von riesigen Sandmengen aus dem Wattenmeer und der Einbau jener unförmigen krakenartigen Tetrapoden aus Beton, haben die drängende und saugende See nicht abhalten können, noch 1976 den Ellenbogen um ein Haar von Sylt zu trennen. Wer hier baut und beim Notar sein Grundbuch bestellt, hat stets einen Miteigentümer, der sich rigoros über papierene Rechte hinwegsetzt, dagegen hilft weder Amtsrichter noch Gesetz ...

Die Lok des Zuges in Westerland pfeift bereits zum Abschied, aber wir wollen noch die THINGHOOGER BEI TINNUM sehen, gewaltige bronzezeitliche Thinghügel, einst das Wahrzeichen der freien Sölringer auf Sylt. Am 20. Februar brannten und brennen hier die Biikenfeuer, in der heidnischen Zeit Opferfeuer für die Gottheiten Germaniens. Später hat sich dies auf den Petritag übertragen, den Tag der Fischer, an dem die Walfänger wieder aufbrachen aus der Erstarrung des Eises. Westlich von Tinnum liegt an einem in das Watt mündenden Priel die TINNUMBURG, ein mächtiger, weithin sichtbarer Ringwall. Man nahm lange an, daß diese Burg den Wikingern des 9. und 10. Jahrhunderts diente, bis man bei Grabungen der vierziger und fünfziger Jahre auf Funde aus dem 5. und 6. Jahrhundert stieß, der Zeit der Völkerwanderung, die von herrschenden und beherrschten Bewohnern künden, und alles war von neuem im unklaren.

Bevor wir auf den Damm zum Festland rollen, grüßt links in der Marsch die *Kirche von Morsum*. Sie hätte einen Besuch gelohnt, wie noch so vieles auf Sylt ...

Rot ist die Kant – Helgoländer Impressionen

Kleine Seereise durch die Deutsche Bucht

Sommers fahren viele Bäderschiffe von Hamburg, Cuxhaven, den Ostfriesischen und Nordfriesischen Inseln nach Helgoland. Aber auch im kühlen frühen Frühling und späten Herbst hat Helgoland seine Reize: die Einsamkeit inmitten eines noch winterlich rauhen Meeres, das majestätisch, grau und in langgezogenen Wellenkämmen aus der Tiefe der See an die Felsen brandet, an Tagen, an denen der Wind übers Oberland pfeift und man Mühe hat, nicht vom Wege geweht zu werden, an Abenden, wenn die Lichter der sich eng zusammenduckenden Häuser die Dunkelheit durchdringen und die kreisende Kennung des Leuchtturms die Vermutung wachhält, es müsse sonstwo noch ein Stück Welt geben. Dann stellt sich ein anderes, ein wahres Inselgefühl ein, das sommers leidet unter ganzen Rudeln rumseliger Tagesausflügler, die mühsam von ihren Frauen wieder eingesammelt und aufs Schiff dirigiert werden.

Die Fahrt nach Helgoland nimmt in der schönen Jahreszeit zumeist von Hamburgs Überseebrücke ihren Ausgang. Es ist eine beschauliche Dampferreise die Elbe abwärts, vorbei am steilen Blankeneser Ufer, von wo der Süllberg mit seiner Restaurantburg und Sagebiels Fährhaus inmitten der weißen Häuser und Treppen aus dem Grün herabgrüßen. Bei Wedel flacht das Ufer ab, und am Schulauer Fährhaus wird vor einem einlaufenden Frachter aus Singapur die Flagge artig gedippt, Fetzen einer fremdartigen Nationalhymne klingen herüber.

Der Binnenländer unterschätzt meist die Länge dieser Elbfahrt, liegt Hamburg doch rund hundert Kilometer ›buitenlands‹. Links und rechts unseres Kurses sehen wir die Seezeichen und Betonnungen, manche als Dalben fest am Boden stehend, manche schwimmend und bei Dunkelheit verwirrend blitzend, leuchtend und funkelnd. Manche der roten Tonnen liegen nur einen Steinwurf vom Blankeneser Ufer, und man hat den Eindruck, die haushohen Bordwände der seegehenden Schiffe würden gleich den Strand abräumen.

Weiter draußen in der offenen Elbmündung und kurz nach dem Passieren des Nord-Ostsee-Kanals bei Brunsbüttel weitet sich das Gewässer zur Deutschen Bucht, drängt sich die Schiffahrt an der Cuxhavener Seite, um den heimtückischen Treibsänden – dem Medemsand, Gelbsand und Großen Vogelsand – zu entgehen. Dort nistet das Unheil, zumal bei ablaufendem Wasser, in Gestalt einer versunkenen Flotte von Wracks. Vor sich hinrostend, ragen Teile von Schiffsaufbauten der ›Fides‹ westlich des Leuchtfeuers am Großen Vogelsand aus dem Wasser; auch linker Hand, auf dem Scharhörnriff, ist ein Rumpf in zwei Teile zerbrochen. Die Engstelle zwischen Vogelsand und Scharhörn ist zumal bei Nebel berüchtigt. Während wir an Backbord noch nach dem Zehn-Sekunden-Blinkfeuer von ›Elbe 1‹ Ausschau halten, rauscht ein Zerstörer mit hoher Bugwelle durch unser Blickfeld. Auf der Brücke mustert man uns mit Ferngläsern, und die Freiwache auf der Back hat sich schon landfein gemacht. Das Feuerschiff ›Elbe 1‹ scheint vorbeizutreiben, doch hängt es an der Ankerkette, den Seeleuten nach langer Reise erster Gruß der Heimat.

Nun wird die Dünung spürbarer; langgezogen und rhythmisch rollt das Schiff, als der Kapitän Kurs auf Helgoland nimmt und den allgemeinen ›Runway‹, die große Schiffahrtsstraße nach Rotterdam und zum Kanal, verläßt. Westlich von ›Elbe 1‹ beginnt jener unsichtbare Knotenpunkt des internationalen Seeverkehrs, der die Einfahrt der Großschiffe in Weser, Jade und Elbe ordnet. Dann wird es still um uns, die Möwen bleiben zurück, und langsam steigt aus dem bleigrauen nordischen Meer, überweht von mitgerissener Gischt der Wellenkämme, der kantige dunkle Umriß von Helgoland empor. Einige unentwegte Segler kreuzen den Kurs, in dicker gelber Seglerjacke und Südwester an der Pinne festgezurrt; Madame riskiert einen Blick aus der Kajüte, in der wahrscheinlich der Kaffeetopf in seiner kardanischen Aufhängung wie ein alter Kompaß die Schiffslage auslotet.

In der Nebensaison verkehrt nach Helgoland nur ein weit kleineres Schiff von Cuxhaven aus. Kenner bevorzugen es, da die Autofahrt auf der Straße nach Cuxhaven schneller vonstatten geht und die ›Alte Liebe‹ oder ›Seute Deern‹ direkt an der Helgoländer Mole anlegen können, was das zeitaufwendige Ausbooten erspart, auch den sommerlichen Hauptspaß der Touristen freilich, vor allem der Damen, wenn sie von kräftigen Matrosenfäusten mit viel Getue aus der Schiffstür direkt ins schaukelnde Boot auf der Reede gehievt werden.

Von Möven und Hummern

An der Mole des Helgoländer Hafens klatschen gewaltige Brecher hoch, sprühen ihren weißen Gischt über die Neugierigen, die auf die Ankömmlinge warten. Das Dampferchen ist aber wirklich eine ›Seute Deern‹, ein ›süßes Mädchen‹: Kaum hat es die Eckmole umrundet, so wird es im leeseitigen Wasser ruhiger, artiger, stampft noch ein paarmal und legt dann am quietschenden Poller an. Der Aufenthalt auf dieser einsamen Insel, windgepeitscht und sturmbedrängt, wird jedem unvergeßlich in Erinnerung bleiben.

Anderntags wandern wir, vermummt und gut verpackt, aus dem wiederaufgebauten Dorf, vorbei am alten Kirchhof, dessen splitternarbige Grabsteine von Bombennächten und den jahrelangen Nachkriegsübungen der Royal Air Force berichten, aufs Oberland. Karge Vegetation, vom Wind flachgedrückt, selbst am Tage wird es nicht recht hell, und von der meerseitigen Inselspitze an der Langen Anna bietet sich das tief beunruhigende Bild einer tobenden See in allen düsteren Grauschattierungen, ufernah gelb vom hochgewirbelten Sand des Meeresbodens. Unerfindliche Ursachen steilen jede fünfte oder siebente Welle auf, die, langsam aus der See sich erhebend, überschlagend gegen die Betonschutzmauern am Fuß der Felsen donnert, jedesmal vom Geschrei der aufgeschreckten Möwen und Lummen begleitet, die in den Felswänden nisten.

Nach zwei, drei Tagen wird die See ruhiger, die Bewölkung bricht auf, und breite Lichtbänder ziehen leuchtendblaue Muster über ein weißmarmoriertes Meer. Die Luft ist plötzlich voller Möwen, die sich vom Aufwind aus den Felswänden hochtreiben lassen, Schwalben kommen hinzu, erste Fischerboote wagen sich hinaus. Wiewohl natürlich Motorfahrzeuge, haben sie alle ein braunes Segel gesetzt, um in der unruhigen kabbeligen See eine ruhigere Lage zu finden. Drunten im Meerwasserschwimmbad läßt sich in der fast leeren Halle vortrefflich schwimmen, auch hinaus in den nicht überdachten Teil. Das Wasser ist von einer warmen Luftschicht und dichtem Nebel, aus dem gelegentlich ein ebenso überraschter Geisterkopf auftaucht, angenehm abgedeckt.

Abends legen einige Fischkutter am Hafen für die Nacht an, ein kleiner Handel entspinnt sich unter den Einheimischen, deren gutturales Friesisch wenig verständlich ist, gerötete Gesichter über dem Ölzeug, vom Salzwasser schmale Augen von eisgrauer Farbe. Um Helgoland wird noch der große graugrüne Hummer der Nordsee gefangen, spärlich zwar, aber eine wahre Köstlichkeit. Die Hummerkörbe an den Felsen sind Fallen von der Art eines Maschenkorbes, dessen eine Seite durch ein Netz ersetzt ist, das der Hummer passiert, um an den Köder zu kommen, dann aber nicht mehr verlassen kann. Ein gut Teil der Arbeit des Hummerfischers besteht im ständigen Sichten und Hochhieven seiner Körbe, ›Tiners‹ genannt, dem Befreien und Wiederaussetzen der noch zu kleinen Tiere. Die Großen sind ganz schön aggressiv – wer wollte es ihnen verargen –, bewegen ihre Knackscheren, die mühelos Muscheln und Finger zerbrechen, nicht zu vergleichen mit den Ermatteten, die in Restaurant-Aquarien auf ihr Ende warten, beglotzt durch dicke Glaswände von lüsternen Augen: »Magst Du den, mein Schatz?«

Das nahe MEERESAQUARIUM der Biologischen Forschungsanstalt zeigt uns die ungewöhnliche Fauna der Nordsee, weit artenreicher als erwartet, aber stark gefährdet durch Überfischung, Meeresverschmutzung, ein Zuviel an Bohrstationen mit ihren unvermeidlichen Ölverlusten.

Die großen Nutzfische der Nordsee sind der Hering, die Makrele, der junge Dorsch, den man älter geworden Kabeljau nennt, und der Schellfisch. Es ist überraschend, welche komplizierte ökologische Landschaft ein so kleines Meer wie die Nordsee darstellt. Im Frühling ist das Wasser an den friesischen Küsten kälter als in der Shetlandenge gen Island. Im Herbst kehren sich die Verhältnisse um, dann ist das Wasser des Küstensaumes weitaus wärmer, und das führt zu großen Fischwanderungen. Hin und wieder verirren sich auch die großen pelagischen Fische des offenen Atlantik als wahre Kosmopoliten hierher; der harmlose, bis zwölf Meter lange Riesenhai, der bis drei Meter lange Schwertfisch, den wir eher im Mittelmeer vermuten, und selten ein Wal, der, in der Orientierung gestört, an den Küsten aufläuft und bei Ebbe verendet, da das riesige Gewicht außerhalb des Auftrieb gebenden Wassers die Lungenatmung behindert.

Der niedrige Wasserstand der Nordsee und des küstennahen Wattenmeeres ist das Habitat der hier ungewöhnlich artenreichen Flachfische – Scholle, Steinbutt, Heilbutt, Seezunge und wie sie alle heißen –, seltsamer Gebilde, die sich vom ursprünglich aufrechten Schwimmen zu einer am Boden liegenden und halb im Sand vergrabenen Lebensweise entwickelt haben. Nur die Augen und das Maul sind nicht völlig mitgewandert und sehen nun, halb ›en face‹ und halb ›en profil‹, wie manche Schöpfungen von Picasso aus.

Wanderungen auf dem Oberland

Im Sommer ist die nahe Düne, Rest einer einst viel größeren, der Badeplatz Helgolands, zu dem man übersetzen kann, auf der auch ein kleiner Flugplatz mit Hamburg verbindet. – Unter den steil abfallenden Felsen an der Ostseite der Hauptinsel führt von der Schwimmhalle ein sandiger Weg zur ›Langen Anna‹. Die Felsenszenerie ist hier und da von geheimnisvollen Tunneln und Gängen durchbrochen, in denen einst MG-Nester lagen, verbunden durch ein kompliziertes Stollensystem, das den ganzen Fels durchzieht und von den Engländern nach 1945 nur teilweise zerstört wurde. Oben auf dem Felsplateau sieht man noch die runden Plattformen der Küstenartillerie und der Flak, doch ist dies eine düstere Vergangenheit, und nur selten hat man Gelegenheit, die unterirdischen Geheimnisse der Insel zu durchwandern.

Das felsige Helgoland ist ein seltsamer Fremdkörper in der flachen Landschaft der Deutschen Bucht, ja der Norddeutschen Tiefebene, nur in Segeberg werden wir ›auf dem Trockenen‹ etwas Ähnliches finden, allerdings aus Gips. Der rote Felsen Helgolands besteht aus Buntsandstein des Trias, durchzogen von rostroten Tonschichten und weißlich-grünen Kalksandsteinschichten, deren Winkel von etwa zwanzig Grad der Insel jenes charakteristisch Schräggestreifte gibt. Aus einer Tiefbohrung weiß man, daß die Insel – wie auch der Segeberg – die Kuppe eines aufgewölbten Salzstocks ist. In achttausend Jahren ist die Insel auf den heutigen Kern abgemagert. Eine Chronik des 17. Jahrhunderts behauptet, Helgoland habe 1010 noch neun

Kirchspiele umfaßt. Dagegen spricht allerdings Tacitus' Bericht von den Fahrten des Drusus an diesen Küsten, in denen bereits von den »nördlichen Säulen des Herakles« die Rede ist – der Plural rührt daher, daß auch die Düne im Kern einen weißen Felsen gleicher Höhe trug, dessen letzter Rest 1711 von einer Flut weggespült wurde; später zerbrach auch der verbindende Damm. Pytheas von Massilia (Marseille) hat von Dover aus schon 325 vor Christus eine Meeresfahrt in die Deutsche Bucht unternommen und von der Bernsteininsel erzählt (vermutlich Helgoland), deren Bewohner ihre Feuer mit Bernstein schürten. Dieses kostspielige Heizverfahren mit dem fossilen Baumharz haben die Helgoländer inzwischen aufgegeben, und seit dem 9. Jahrhundert wurden die Ureinwohner, die in der Steinzeit und bei niederem Wasserspiegel auch die Doggerbank besiedelten, von den Friesen verdrängt. Der Name Helgoland – Heiliges Land – deutet indes auf ein altes Heiligtum des Gottes Forsites, von dem der Mönch Alkwin bei einer Strandung 695 erfuhr.

Was so einsam in der freien See liegt, erschien allen als eine gerechte Beute. So wechselten Dänen, die schleswig-holsteinischen Herzöge und schließlich, während der Napoleonischen Kriege, die Engländer als Inselherren. Die Kontinentalsperre 1809 brachte Helgoland große Tage als Schmuggelnest. Da, wo heute die bunten Hummerbuden am Hafen stehen, lagerte all das Schöne, was die feinen Damen und Herren Europas unter dem Marschtritt der Grande Armée so sehr vermißten. 1841 floh Hoffmann von Fallersleben vor der preußischen Obrigkeit nach Helgoland. In seinem winzigen Zimmer »... oben auf der Klippe bei Oelrichs« schrieb er am 26. August 1841 sein ›Lied der Deutschen‹ und verkaufte es an seinen Verleger Campe für vier Louisdor, um zu überleben. (Am Hafen seine Bronzebüste.) Erst 1890 gelangte die britische Kronkolonie durch Tausch gegen Sansibar vor Deutsch-Ostafrika an das neugegründete Reich, wurde Seefestung im Ersten und Zweiten Weltkrieg und schließlich von allen Bewohnern im April 1945 geräumt, weil mehr als tausend Bomber die winzige Insel zu atomisieren versuchten. Nach der Kapitulation war sie Bomberübungsplatz, und am 18. April 1947 gedachten die Engländer diese lästige Insel gänzlich zu beseitigen – one never knows –, indem sie siebentausend Tonnen Munition in den Kavernen einlagerten und zündeten.

Die riesige Mulde hinter dem Dorf an der Südspitze, das heutige Mittelland, markiert diese intelligente Leistung, der auch der ›Mönch‹, ein Felsen an der Südspitze, zum Opfer fiel. Erst am 1. März 1952 wurde die Insel an die Bundesrepublik zurückgegeben, nicht ohne vorherige ›Besetzung‹ durch einige Mutige. Eines aber hat sich aus der guten alten Schmuggelzeit erhalten: der Charakter als Zollausland.

Das freundliche, aber im nicht sehr originellen Stil der fünfziger Jahre wiederaufgebaute Dorf wird vom *Lung Wai* durchzogen. Dies ist keine chinesische Einkaufsstraße, so heißt vielmehr im Halunischen, dem Helgoländer Dialekt des Friesischen, der Lange Weg – auch die Helgoländer wollten zum Turmbau von Babel ihr Scherflein beitragen. Die *Nicolaikirche,* an alter Stelle wiedererrichtet, steht inmitten des alten Friedhofs mit Steinen des 16. und 19. Jahrhunderts. Unweit erhebt sich der kantige *Leuchtturm,* ein umgebauter Flakturm, Nachfolger der ›Blüse‹ von 1630, eines offenen Kohleleuchtfeuers. Hier beginnt der inselumrundende, gesicherte Weg entlang den Steilabhängen der roten Felsen. An Einbuchtungen kann man die brütenden Möwen nisten sehen, an wenigen Stellen die schwarzen Lummen, die sich in Deutschland nur hier finden und einen harten Stand gegen die raubgierigen und aggressiven Möwen haben. Der Klippenwanderweg führt zur Nordspitze mit dem Nathuurnstak, meist *›Lange Anna‹* genannt, dem einzigen noch erhaltenen freistehenden Felsen inmitten einer breiten Schotterterrasse. Auch die arme Anna wäre längst ein Opfer der See geworden, wenn man sie nicht mit mächtigen Betonmolen gegen die Brandung geschützt hätte, doch selbst diese fallen oft genug der See anheim. Man muß es in den Frühjahrsstürmen erleben, wenn sechs, sieben Meter hohe Brecher ihre Gewalt an den Molen auslassen, der Boden bis auf den Felsen hinauf dröhnt. Das Gegenstück zu dieser Wanderung ist eine Fahrt bei schönem sommerlichen Wetter im offenen Boot rings um die Insel. Aus einem unwahrscheinlich blauen Meer ragt der im Abendlicht rotleuchtende Fels; vielleicht hat die kleine Expedition des Drusus dieses Bild vor Augen gehabt, als sie von den nördlichen Säulen des Herakles sprach. An solchen Tagen verstehen wir auch den Spruch: »Grün ist das Land, rot ist die Kant, weiß ist der Sand, das sind die Farben von Helgoland.« Da das Wetter nicht immer mitspielt, worüber schon Tacitus sich bitter beklagte, haben die Friesen ihre Kutter im Hafen in der farbfrohen Art des Nordens angemalt. Es gibt Weniges, bei dem man länger verweilen möchte: das Gewimmel der roten, blauen und grünen Bootsrümpfe, friedlich im Wasser sich spiegelnd, die Takelage, in deren Wanten der Wind singt, der Geruch nach Tang und Meer, nach Teer und Tauwerk, und irgendwo sitzt ein Alter und spleißt ein paar Tampen und sortiert die Plattfische und Butts …

Das Nordertor in Flensburg

Flensburg und seine Förde

Wechselfälle einer alten Handelsstadt

Am äußersten Ende der breit und tief ins Land einschneidenden Flensburger Förde liegt in einer letzten hügelgesäumten Ausbuchtung Flensburg, eine stille und schöne Stadt inmitten einer heiteren Fördenlandschaft, im Sommer segelbelebt, umgeben von reizvollen grünen Küsten und Stränden, und nahebei das viertürmige, wie ein weißer Kristall im Wasser seines Sees leuchtende Glücksburger Schloß als feudaler Kontrapunkt zur Stadt der Kaufleute.

Von Anfang an haben Hafen und Handel das Geschick der Stadt geprägt, weit mehr als in den südlicheren Fördenstädten Schleswig, Eckernförde und Kiel. Fürstlicher Einfluß war natürlich auch Flensburg nicht fremd, zumal hier im Grenzbereich zu Dänemark und seinen Inseln, doch geriet die Stadt erst in der nachnapoleonischen, zunehmend nationalistisch denkenden Zeit in Spannungen zum nördlichen Nachbarn. Siebenhundert Jahre Stadtgeschichte zeigen uns an einem verdichteten Beispiel das Auf und Ab glückhaften Handels und kriegerischer Störungen.

Eigentlich kann man sich Flensburg angemessen nur zu Wasser nähern. Empfohlen sei daher eine Schiffsfahrt auf der fast vierzig Kilometer langen Förde mit ihren buchenbestandenen Steilufern und der fast unbebauten dänischen Gegenküste. Bei der in die Förde vorstoßenden Halbinsel Holnis drängen sich die deutsche und die dänische Küste näher zusammen, bildet die Förde eine S-förmige Schleife und weicht der dänischen Halbinsel Broager weit nach Süden aus. Die von Holnis über Glücksburg nach Flensburg führende Landstraße ist ebenfalls landschaftlich sehr reizvoll.

Das Zentrum des alten Flensburg liegt eigentümlich langgestreckt hinter dem Schiffsanleger am Westufer des Hafenbeckens. Trotz moderner Bauten ist noch immer die Verbindung zwischen dem Nordermarkt um Sankt Marien und dem Südermarkt um Sankt Nikolai spürbar, später ergänzt durch den Bau des Johan-

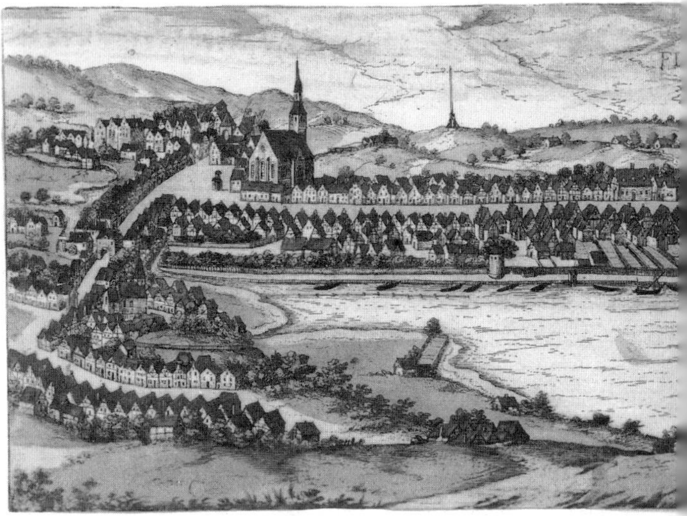

Flensburg. Aus Braun–Hogenberg, ›Civitates orbis terrarum‹, 1588

nisklosters auf einer heute nicht mehr als solche kenntlichen Halbinsel im Südosten. Hier zog die alte bronzezeitliche Handelsstraße aus Jütland nach dem Land Angeln vorbei, noch immer als Angelburgerstraße oder Angelbogade sichtbar. Im nahen Mühlenteich werden die flachen Boote der Wikingerzeit angelandet sein, deren Fracht auf Pferdekarren verladen wurde.

Überraschend spät erst tritt Flensburg ins Licht der Geschichte. 1169 eroberte Waldemar I. von Dänemark Ancona auf Rügen, zerstörte damit ein wendisches Seeräubernest, das auch an der Plünderung Haithabus im Jahr 1066 beteiligt gewesen war, und gab dem Ostseehandel neue Sicherheit. Die ältesten Bauten gehen indessen auf das 13. Jahrhundert zurück, als die mächtige Knudsgilde der Kauffahrer sich eine Stadtverfassung gab und 1284 mit dem Neubau der Marienkirche begann. Am Südermarkt entstand das Franziskanerkloster, in dem 1248 die Markgräfin Sophie von Brandenburg, Schwester zweier streitlustiger Brüder, starb. Herzog Abel ließ 1250 kurzerhand seinen königlichen Bruder Erich in der Schlei ertränken und bestieg für zwei Jahre selbst den dänischen Thron.

Der gewaltige wirtschaftliche Aufschwung des 13. und 14. Jahrhunderts war Flensburg förderlich. Das Privileg der völligen Zollfreiheit begünstigte seinen Handel, und die Stadt erlebte ihre erste Blütezeit der Gilden und Zünfte, in der die meisten der gotischen Kirchen errichtet wurden. Flensburg war aber keine Hansestadt, hielt sich vielmehr dem hansischen Bund und Patriziat sorgsam fern und suchte den Schulterschluß mit den dänischen Königen, sehr zum Verdruß von Lübeck. Die Kämpfe der dänischen Königin Margarete I. (die zweite dieses Namens regiert in unseren Tagen), die 1363 durch die Heirat mit König Hakon von Norwegen zur Unionskönigin des Nordischen Staatenbundes wurde, spielten sich teilweise in und um Flensburg ab. Die Königin baute die Burg auf dem Duburg und starb hier im Jahr 1412.

Ein erster Tau des Schreckens hatte sich in diesen Kriegen auf die erfolgreiche Stadt gelegt, die Pest und der große Stadtbrand von 1485 taten ein übriges. Doch während des 16. und frühen 17. Jahrhunderts erlebte man eine zweite Blütezeit. Der Stern der Hanse und der alten Gegnerin Lübeck war gesunken, die dänischen Herrscher verliehen das Privileg des Handels mit jütländischer Butter und Korn, das Fischhandelsmonopol mit Ripen kam hinzu. Dies alles ernährte seinen Mann. Der Ruf Flensburgs zog nun viele Neusiedler aus Westfalen an, der skandinavische Unionsvertrag gab Raum für den Handel mit Norwegen und Schweden. Die Flotte wuchs auf zweihundert Schiffe: Köln und Straßburg, Riga und Bergen, Stockholm und Nowgorod, Rouen und Paris waren Ziele dieses Handels. Aber es wurde auch sichtbar, daß der alte Geist des freien Kaufmannsstandes, wie er sich in der bürgerlich orientierten Hanse gesammelt hatte, in einer Zeit wachsender Fürstenmacht nicht mehr existieren konnte. Flensburg hatte mit seiner Anlehnung an das dänische Königshaus die bessere Karte gezogen.

Die Quittung blieb nicht aus. In den Wirren des Dreißigjährigen Krieges, den Kämpfen mit einem sich der Nordischen Union entwindenden Schweden, geriet die Stadt zwischen die Fronten: Wallenstein plünderte Flensburg 1627, Torstenson 1643; der Handel verfiel, und 1677 gab es noch ganze neun seetüchtige Schiffe.

Erst Mitte des 18. Jahrhunderts brachte das Ende des fürstlich dirigierten Merkantilismus barocker Prägung nach mageren Jahren eine wirtschaftliche Wende zum Guten. Die Kaufleute bekamen wieder eine Chance, die Vieh- und Kornpreise zogen an, die Trampschiffahrt blühte im kleinen Küstenverkehr, dann in der Westindienfahrt. Das Wort Zucker taucht auf, und im Hintergrund klingeln schon die Rumflaschen.

Flensburger Rum und karibischer Zucker

Dann wurde die zweite – unverdiente – Quittung hereingereicht. Napoleon machte Europa unsicher, und die dänische Krone verbündete sich als Seemacht sehr kurzsichtig mit der Landmacht Frankreich. Der englische Kaperkrieg, die Bombardierung Kopenhagens durch die wütenden Engländer, die Kontinentalsperre, der dänische Staatsbankrott 1808 und schließlich die Besetzung Flensburgs durch Marschall Bernadotte, inzwischen Roi de Suède, gaben der Stadt den Rest. Aber nach einer alten kaufmännischen Lebensweisheit muß man nur lang genug leben, um schließlich doch Erfolg zu haben. Auch hatten die elenden

Zeiten der Unterjochungs- wie Befreiungskriege einen besonderen Konsumbedarf und ein Bedürfnis nach Entspannung ausgelöst. Diese bot der Rum, denn die findigen Kaufleute Flensburgs – schon seit langem im Westindiengeschäft und im Import von karibischem Rohzucker tätig – wußten natürlich auch, was schon seit Kolumbus' Zeiten bekannt war: Aus Rohzuckermelasse gewinnt man durch Gärung und Destillation den schönen braunen Rum der Antillen. Und da selbiger – beklagt seien die langen Transportwege – den durstigen Kehlen Nordeuropas zu teuer war, verschnitt man ihn gottesfürchtig mit dem billigeren heimischen Kartoffelschnaps, war doch die Kartoffel ursprünglich auch ein Produkt des tropischen Amerika, und so entstand der berühmte Flensburger Rumverschnitt.

Rum pur, oder wie die Sailors sagen, Rum straight, fördert nicht eben die Leistung. Das hatte schon der englische Admiral Edward Vernon herausgefunden, denn seine Matrosen gerieten in gefechtsunfähige Zustände. Die karibischen Piraten andererseits hatten zwar auch Rum im Blut, doch sie vertrugen ihn besser, und so ordnete der Admiral an, daß dieses Teufelszeug an Bord nur noch mit Wasser verdünnt, heiß und mit Zucker gesüßt getrunken werden dürfe. ›Old Grog‹ nannte man nun Ihrer Majestät Admiral, und der Name blieb dem Grog, einem zwischen Flensburg und Dithmarschen sehr beliebten Getränk, von dem die Meinung geht, daß Rum sein muß, Zucker sein darf und Wasser sein mag.

Deutsche und Dänen

Die enge Handelsverflechtung mit Dänemark erklärt auch, daß der Umschwung nach 1864 bei vielen Flensburgern keinen lauten Jubel hervorrief. Die neue Herrschaft – erst Preußen, dann das Deutsche Reich – bescherte Flensburg eine Marinebasis und das im Stil einer ostpreußischen Ordenskomturei erbaute Gebäude der Marineschule in Mürwik.

Nach 1945 war Flensburg eine von Flüchtlingen überquellende Stadt, die mit der Erinnerung an die letzten düsteren Tage der Reichsregierung Dönitz in Mürwik zu leben hatte. Sie hat dieses Schicksal mit Haltung gemeistert, die aus seiner Geschichte und der Not aufkommenden prodänischen Neigungen in kluger Weise moderiert und ist zu europäischen Bezügen gelangt. Das kleine Land Dänemark, das am Ersten Weltkrieg nicht teilnahm, nichtsdestoweniger 1920 erfolgreich Forderungen auf Nordschleswig durchsetzte, hat sich nach 1945 trotz der Lasten und Leiden der Besetzung durch die Deutsche Wehrmacht mit offiziellen territorialen Forderungen klug zurückgehalten. In der Stille wirkte freilich eine starke Gruppe in Dänemark auf einen ›Anschluß‹ Südschleswigs hin, gefördert von gleichlaufenden Bestrebungen von Einheimischen, die dem so tristen Nachkriegsdeutschland entsagen wollten.

Stadtrundgang

Beginnen wir am HAFEN, wo sich in Kneipen und Fischerpinten bei Fiete und Piet zumal am Abend ein erster Kontakt mit dem äußersten Norden Deutschlands herstellen läßt. *Kompagniestraße* und *Schiffbrücke* sind mit der Kompagnie, der seefahrenden versteht sich, von jeher eng verbunden. Schiffbrücke 12 steht das HAUS DER NEUEN KOMPAGNIE, 1602 erbaut, mit farblich wechselndem Backstein und hafenseitigem Zwerchgiebel. Die parallel zur Schiffbrücke verlaufende *Norderstraße* schließt mit dem auftreppenden NORDERTOR von 1595 ab (siehe Seite 146) – dem einzigen im Landesteil Schleswig erhaltenen Stadttor inmitten eines alten verwinkelten Viertels, der nördlichen Altstadt, in den achtziger Jahren saniert. Breiter als hoch, will die mächtige Durchfahrt die Straße mehr öffnen als sperren, schließlich sollten die Fuhrknechte beim Einfahren der kaufmännischen Ernte nicht behindert werden. Die Norderstraße südwärts gehend, finden wir unter Nr. 76 das FLENSBORGHUS von 1724 mit Stadtwappen und Monogramm Friedrichs IV. von Dänemark, heute Hotel und Restaurant und der dänischen Minderheit als ›Borgerforenigen‹ dienend. Norderstraße 8 steht das ALT-FLENSBURGER-HAUS, gegen 1750 mit geschweiftem Barock-Giebel und vorspringenden ›Utluchten‹ – Ausblickserkern, wie man sie auch in Holland und England liebte – entstanden, heute museal wiederhergestellt und ausgestattet mit Alt-Flensburger Mobiliar aus verschiedenen Epochen; neben Zopfstil-Dekor und hübschen Seidentapeten gibt es Reste der Einrichtung des 1880 abgerissenen Renaissance-

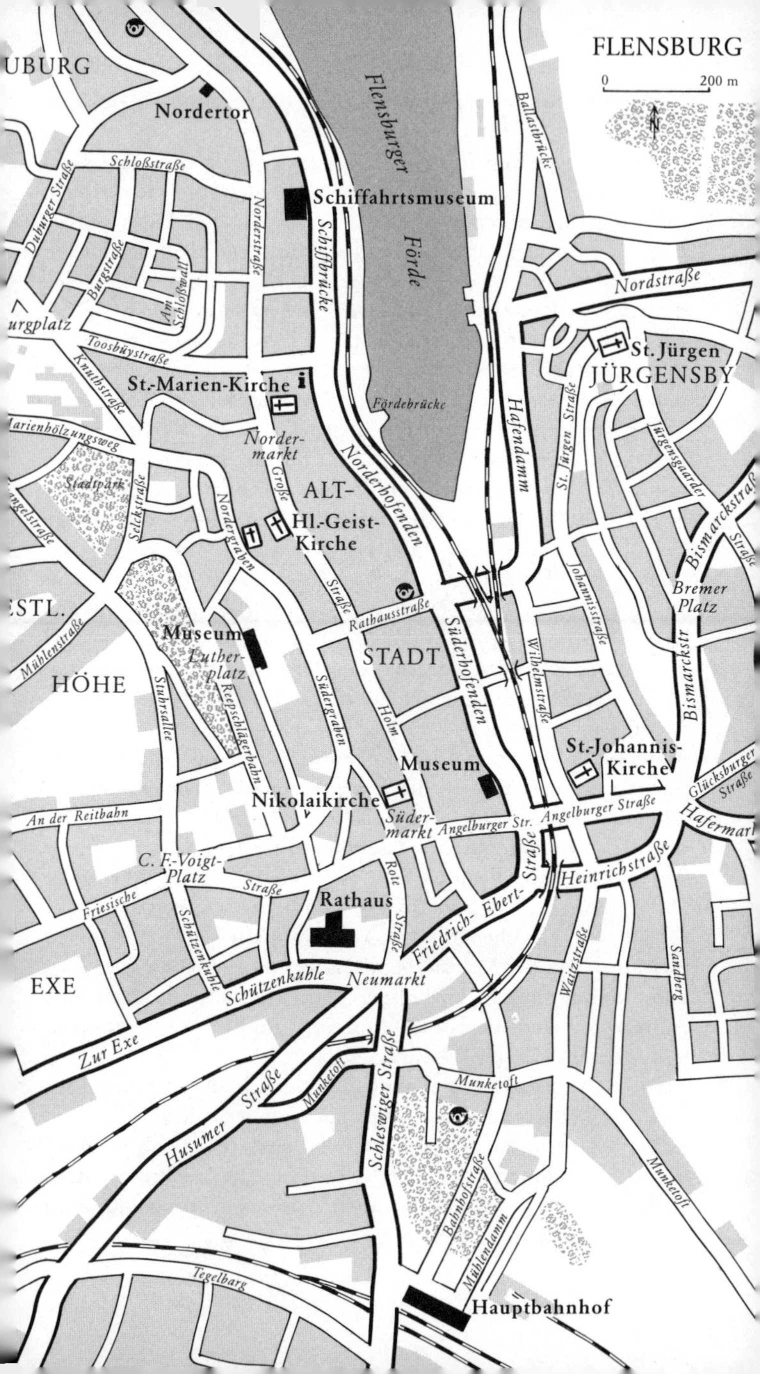
FLENSBURG
0 200 m
N
UBURG
Nordertor
Schloßstraße
Duburger Straße
Flensburger Förde
Schiffahrtsmuseum
Ballastbrücke
Norderstraße
Schiffbrücke
Burgstraße
Am Schloßwall
urgplatz
Toosbüystraße
Knuthstraße
Nordstraße
St. Jürgen
JÜRGENSBY
St.-Marien-Kirche
Fördebrücke
Hafendamm
St. Jürgen Straße
arienhölzungsweg
Nordermarkt
Norderhofenden
Jürgensgaarder
Stadtpark
Selckstraße
Große
ALT-
Hl.-Geist-Kirche
Bismarckstraße
Norderaraben
angelstraße
Straße
Johannisstraße
Bremer Platz
ESTL.
Rathausstraße
Mühlenstraße
Museum
Lutherplatz
STADT
Süderhofenden
Wilhelmstraße
HÖHE
Stuhrsallee
Reepschlägerbahn
Südergraben
Holm
Bismarckstr
Museum
St.-Johannis-Kirche
Glücksburger Straße
Nikolaikirche
Südermarkt
Angelburger Str.
Angelburger Straße
Hafermark
An der Reitbahn
C. F.-Voigt-Platz
Straße
Friedrich-Ebert-Straße
Heinrichstraße
Friesische
Rathaus
Rote Straße
Schützenkuhle
Waitzstraße
Sandberg
EXE
Schützenkuhle
Neumarkt
Zur Exe
Munketoft
Husumer Straße
Schleswiger Straße
Munketoft
Munketoft
Bahnhofstraße
Mühlendamm
Tegelbarg
Hauptbahnhof

Rathauses sowie klassizistische Räume mit bemalten Leinwandtapeten.

Wir gelangen nun auf den NORDERMARKT, ein altes städtebauliches Ensemble um Sankt Marien mit den 1595 errichteten ›Schrangen‹, den Verkaufslauben der Fleischer und Bäcker, sowie hübschen Traufenhäusern, die den Markt mit dem originellen Neptunsbrunnen von 1758 umstehen. SANKT MARIEN ist eine dreischiffige Backstein-Hallenkirche, erbaut seit dem Ende des 13. Jahrhunderts mit älteren Teilen; im Innern aufwendiger Altar in den Formen der Spätrenaissance, spätgotische Gewölbemalereien und eine mächtige, ausladend überdachte Kanzel von 1579.

Die Norderstraße wird nun zur *Großen Straße*. Rechter Hand liegt die HEILIG-GEIST-KIRCHE. Als schlichter Backstein-Saalbau mit nördlichem Nebenschiff 1386 dem gleichnamigen Spital zugefügt, dient sie seit 1588 der dänischen Gemeinde, woran einige Porträts dänischer Könige und die pittoresken Votivschiffe – das Linienschiff ›Dania‹ und die Kriegsfregatte ›Tordenskiold‹ aus dem 19. Jahrhundert – erinnern. Große Straße 16 die LÖWEN-APOTHEKE mit schönen Stukkaturen im Innern. Die Straße führt jetzt weiter zum SÜDERMARKT, dem zweiten altstädtischen Zentrum. Von den Stufengiebelhäusern aus der Zeit vor dem großen Brand von 1485 haben sich hier zwei erhalten (Nr. 11 und 12), spätgotische Kaufmannshäuser des 14. Jahrhunderts. Sonst dominieren in der Altstadt die niederdeutschen Dielenhäuser, die sich auf sehr schmalen Grundstücken in die Tiefe erstrecken. Da die Stadt in Jahrhunderten kaum aus ihrer Umwallung herauswuchs, gebot die Raumnot, in die Tiefe des Hofes und in die Höhe zu bauen. Der Südermarkt wird beherrscht von der NIKOLAIKIRCHE, zwischen 1390 und 1480 auf älteren Fundamenten errichtet. Schöner *Südervorbau* mit asymmetrisch gestalteter Fassade. Von der im 19. Jahrhundert zum Großteil verschleuderten Ausstattung sind die Kanzel von 1570 und der Orgelprospekt von 1604 am Ort geblieben.

Das älteste erhaltene Bauwerk Flensburgs ist die JOHANNISKIRCHE des ehemaligen Klosters, ein einschiffiger Feldsteinbau, um 1200 entstanden, leider im Innern durch spätere Umbauten (noch des 19. Jahrhunderts) etwas entstellt. Schön die prächtige spätgotische *Gewölbeausmalung* nach alten dänischen Wappenmotiven und die aus Namur stammende *Steintaufe*, ebenfalls spätgotisch.

An Museen besitzt Flensburg ein STÄDTISCHES MUSEUM (Lutherplatz) mit hübschen Bauernstuben des 17. und 18. Jahrhunderts und einer kleinen Nolde-Sammlung, ein SCHIFFAHRTSMUSEUM (Schiffbrücke 39) sowie das NATURKUNDLICHE HEIMATMUSEUM (Süderhofenden 40-42).

Schatten der Vergangenheit in Mürwik

Wir verlassen Flensburg auf der am Ostufer des Hafens entlangführenden Straße und erreichen in wenigen Minuten den großen Komplex der MARINESCHULE in Mürwik. 1907 im Stil einer Deutschordensburg erbaut, erhebt sich das Gebäude auf dem Steilufer der Förde. Generationen von Seeoffizieren haben hier ihre Ausbildung erhalten und erhalten sie noch heute, eingeteilt in Jahrgänge, die sich nach guter deutscher Sitte ›Crew‹ nennen und von Flensburg und den Segelpartien mit den Mädchen der Nachbarschaft schwärmen. Die Erinnerung an 1945 holt uns hier mächtig ein – dafür aber kann die Marine nur indirekt. Am 22. April 1945 war der Großadmiral Karl Dönitz mit dem Oberkommando der Wehrmacht von Berlin nach Eutin geflüchtet. Am 2. Mai bereits verlegte er, nach dem Tode Hitlers am 30. April zu dessen Nachfolger ernannt und in seinen Entscheidungen frei geworden, sein Hauptquartier nach Mürwik. Bis zum 23. Mai 1945, vierzehn Tage nach der auf Geheiß von Dönitz vollzogenen Kapitulation am 8. Mai, respektierten die alliierten Truppen diese Flensburger Enklave einer Reichsregierung, um deren Legalität und Legitimität es schwach bestellt war. Die Alliierten schritten nach einem Besuch des Beraters der Allied Forces, Robert Murphy, bei Karl Dönitz in Mürwik rasch zur Auflösung der als ›provisorisch‹ bezeichneten Reichsregierung und deren Gefangennahme unter entehrenden Umständen.

Karl Dönitz war zweifellos ein Gefolgsmann seines Führers. Er hat ihm lange und fast kritiklos gedient. Dennoch fällt in dieser Schlußphase ein wenig Licht auf diesen Mann. Denn der Exodus der Flüchtlinge und Soldaten an Bord jedes nur schwimmfähigen Kriegs- und Handelsschiffes über die Ostsee hätte ohne Dönitz keine Chance gehabt. Aus Ostpreußen, aus Pillau und Danzig, teilweise über die gefrorenen Haffs und im russischen Feuer die Schiffe erreichend, gelang zwei Millionen Menschen die Flucht nach den deutschen Ostseehäfen und nach Dänemark. Am 19. März 1945 hatte er bereits Hitlers ›Befehl der verbrannten Erde‹ heftig widersprochen und ihn beschworen, dieses »so große Unrecht unserem Volke gegenüber« nicht zu begehen. Es gehört zu den seltsamen Ungereimtheiten Hitlers, daß er seine Paladine beiseite schob und den trockenen, ihm widersprechenden konservativen Seeoffizier Dönitz zum Nachfolger bestimmte.

Wir wenden uns nachdenklich von diesem Ort ab.

Feudaler Kontrapunkt: das Glücksburger Schloß

Die Straße windet sich an den Badeorten der Südküste entlang und erreicht bald das Schloß Glücksburg, über dessen Portal eine ganz andere Zeit den so ganz anderen Spruch hat setzen lassen – der Kontrast könnte nicht größer sein:

GGGMF
Gott gebe Glück mit Frieden

Die Familie Schleswig-Holstein-Sonderburg-Glücksburg bewohnt mit Prinz Ferdinand zu Schleswig-Holstein noch immer dieses Schloß der Renaissance. Der ellenlange Name macht sogleich die sonderliche Lage der nach dem Schloß Sonderburg (jenseits der Förde auf der Insel Alsen) benannten Sonderburger deutlich. Doch das ist eine so verwirrende Geschichte feudaler Landesteilungen nach dem Proporz der Steuereinkünfte und unter Beibehaltung einer fiktiven Landeseinheit der Herzogtümer, daß wir uns damit nicht den schönen Tag verderben sollten. (Ein Blick auf die genealogische Tafel im Anhang dieses Buches kann hier Aufklärung geben.) Jedenfalls gab es bald außer dem Hauptstamm noch die Nebenlinien Norburg, Glücksburg und Plön.

9 *Schloß Glücksburg bei Flensburg*

10 *Herrenhaus Damp (Kreis Eckernförde), Torhaus*

11 *Herrenhaus Emkendorf (Kreis Rendsburg)*

12 *Schloß Ahrensburg (Kreis Stormarn)*

W
N
O

Die Sonderburger ihrerseits teilten sich dann in weitere Stämme auf – doch was soll das alles, wird der langsam ungeduldige Leser fragen. Bliebe allenfalls zu vermerken, daß ein Nachkomme des Hauses Glücksburg nach dem Aussterben der Oldenburger in Dänemark 1863 als Christian IX. zum König gewählt wurde und die Glücksburger mit Margarete II. noch immer die Könige von Dänemark stellen. Wenn man so will, kann man Glücksburg auch als eines der ›angeheirateten‹ Stammschlösser der königlichen Häuser Norwegens, Griechenlands, Spaniens und Englands betrachten. Entsprechend beeindruckend ist die Porträtsammlung, eine der größten in Europa, die wir samt der berühmten Schloßkapelle und den Festsälen bei einer Schloßführung kennenlernen.

Glücksburg ist eines der schönsten Schlösser Deutschlands. Inmitten eines kleinen Binnensees erhebt sich der mächtige, doch wohlproportionierte weißverputzte Baukörper, rot gedeckt und an den vier Ecken gleichsam getragen von den aus dem Wasser aufsteigenden polygonalen Türmen mit schieferblauen Zeltdächern. Es ist eine dreifache Parallelhausanlage, wie wir sie auch in Ahrensburg und Nütschau sehen werden, ganz im Geist der Spätrenaissance.

Von 1583 bis 1587 erbaute der Flensburger Nicolaus Karies an der Stelle des zisterziensischen Rüdeklosters das heutige, im wesentlichen unverändert gebliebene Renaissance-Schloß. Ein schmaler Damm führt über den aufgestauten See zu einem insularen Wirtschaftshof und von dort zum quadratischen Korpus der drei auf schweren Granitquadern ruhenden Parallelhäuser, die uns als eine Einheit erscheinen. Nur die drei mit der Traufseite parallel stehenden Satteldächer verraten die getrennte Statik, die sich auch im Inneren deutlich bemerkbar macht, dienten doch die dicken Trennmauern als Auflager mächtiger Eichenbalken, und deren Länge war begrenzt. Es ist die Baugesinnung des Rantzauschen Zeitalters, die uns hier deutlicher als im später umgebauten Schloß Ahrensburg entgegentritt.

Der Symmetrie des Äußeren entspricht die Aufteilung der Räume im Inneren. Hinter dem Eingang weitet sich die Empfangshalle gleich den darüberliegenden Sälen der Obergeschosse über die ganze Breite des Mitteltraktes. Ungewöhnlich niedrig, fast drückend lasten die Stichkappentonnen und Kreuzgratgewölbe, die den Räumen etwas

Höhlenartiges geben. In den tief herabgezogenen Kappen öffnen sich die Zugänge zu den beiderseits anschließenden Räumen, die zusammen mit den Ecktürmen den Wohnbereich bilden. Die schlichte kassettenartige Gliederung der Gewölbe, geschmückt mit Rosetten und Blütenmotiven, lockert das Lastende auf, transponiert es ins Festliche. Stammt der *Rote Saal* im ersten Obergeschoß aus der Erbauungszeit, so entstand der *Weiße Saal* darüber erst im Zuge des Ausbaus unter Herzog Philipp Ernst (1698-1729); leider wurde er im 19. Jahrhundert stark und schlecht verändert. Nur das anschließende *Dankwartzimmer* im Nordwesterker zeigt noch den barocken Geschmack, bemalte Wandbespannungen mit Motiven aus den Türkenkriegen in Bandelwerk gerahmt. Das südwestliche Turmzimmer des zweiten und das nordwestliche des dritten Obergeschosses bergen kostbare Ledertapeten aus Schloß Gottorf mit farbigen, ornamental gepreßten Darstellungen der Jagd und des Landlebens, wahrscheinlich von Vermeylen in Mecheln 1670 geschaffen. Aus flämischen Werkstätten stammen auch die prächtigen, ausdrucksvollen Gobelins, darunter eine Serie mit Motiven aus Ovids Metamorphosen, gegen 1700 von Reydams in Brüssel gewebt und ebenfalls aus Gottorf übertragen. Im Weißen Saal hängen weitere Gobelins, ›Fins Teniers‹ genannt, die nach Bauernszenen des Antwerpener Malers Teniers in lebhaften Formen und Farben in Brüssel gewebt wurden. Ungezählt sind die bereits erwähnten Gemälde, vorzugsweise solche der weiteren Verwandtschaft. Die Keller und Erdgeschoß übergreifende *Schloßkapelle* aus der Erbauungszeit ist 1717 im barocken Geschmack neu ausgestattet worden.

Glücksburg, Schloß
Schnitt und Grundriß des 1. Obergeschosses

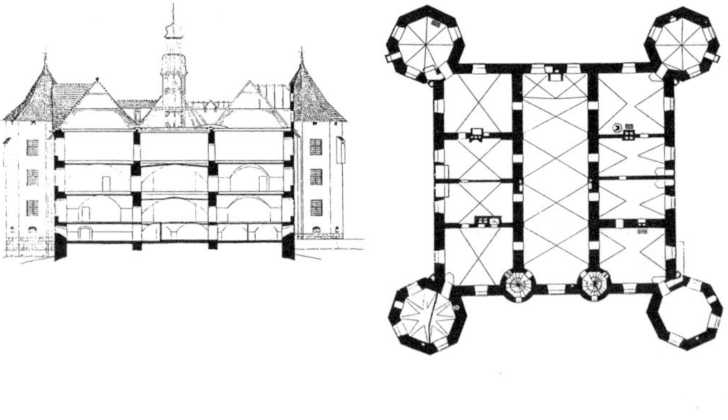

›Schwiegervater Europas‹ nannte man den Herzog und König Christian IX. von Glücksburg. Zu den familiären Zwistigkeiten gesellten sich dynastische, die rasch die Sphäre der großen Politik durcheilten und zum Preußisch-Österreichischen Krieg gegen Dänemark von 1864 führten.

Dieser Krieg ist eng verbunden mit der Erstürmung der Düppeler Schanzen, die wir auf einer kleinen Schiffahrt durch die Flensburger Förde zum dänischen Sonderburg sehen können. Die kleine Stadt auf der Insel Alsen mit einem behaglichen Hafen, an dem heute die ›Butterschiffe‹ anlegen, um mit einem symbolischen Tampenwurf um den Hafenpoller ›Ausland‹ berührt zu haben und damit Butter zollfrei verkaufen zu können, hat die Erstürmung durch preußische Truppen 1864 nur brennend überlebt. Besser erging es dem Schloß mit der schönen Kapelle. Freilich war Sonderburg wie der ganze Nordteil Schleswigs Teil des Herzogtums und seine Zugehörigkeit zu Dänemark staatsrechtlich mehr als umstritten.

Die Erstürmung der Düppeler Schanzen

Im Februar 1864 rückten das k. u. k. VI. Armeekorps und preußische Regimenter in Schleswig ein, nachdem der Gedanke einer Volksabstimmung in den Herzogtümern von Kopenhagen und Wien verworfen worden war. Bismarck hielt sich klug zurück. Es war ihm klar, daß allein der Gedanke an eine Volksabstimmung im Vielvölkerreich der Habsburger einen Alptraum auslösen mußte. Die Dänen waren ebenfalls dagegen und vertrauten lieber auf ihre starke Flotte, die die preußischen Häfen von Königsberg, Stettin und Danzig blockierte.

Auf der Halbinsel Sundewitt nördlich der Flensburger Förde hatten sich die Dänen, zwanzigtausend Mann stark, beim Dorfe Düppel, dänisch Dybbol, auf drei Kilometern Frontlänge mit Erdwällen, Faschinen und Artilleriestellungen verschanzt. Am 18. April 1864 stürmten vor allem Berliner Regimenter die Schanzen: Es war der Wendepunkt des Deutsch-Dänischen Krieges. Der Kriegsberichterstatter Theodor Fontane und seine englischen Kollegen beobachteten diese Schlacht, der ganz Europa gespannt zusah. Das Interesse galt weniger der Erbfolge in Dänemark als einem offenbar zu neuer Kraft emporgestiegenen Preußen unter Bismarck und letztlich der Frage,

Die Erstürmung der Düppeler Schanzen
18. April 1864

ob der Wunsch der Deutschen, so wie er sich in der Frankfurter Paulskirche manifestiert hatte, als eine kleindeutsche oder großdeutsche Lösung in Erfüllung gehen sollte, das heißt ohne oder mit Einschluß Österreichs. Im Friedensvertrag, am 30. Oktober 1864 in Wien unterzeichnet, mußte Dänemark die Herzogtümer Schleswig-Holstein abtreten; 1866 fielen sie an Preußen. Der Gebietsverlust machte ungefähr die Hälfte des heutigen dänischen Staatsgebietes aus.

Die Kanonen, die noch heute in Düppel herumstehen, zeigten bereits die technische Überlegenheit Preußens. Obwohl die Dänen weit mehr Geschütze hatten, besaßen die Preußen Kanonen mit gezogenen Läufen, die präzis und weit schießen konnten. Doch was ist von all dem für uns noch bedeutungsvoll? Die Erkenntnis, daß Danisierungs- und Eindeutschungsversuche, wie sie bald auch von preußischer Seite begonnen wurden, nur Wunden und Narben hinterlassen haben. Manche kann man noch auf dem Flensburger Friedhof sehen: Marmorplatten mit dänischen und deutschen Inschriften: »falden i Slaget, gefallen in der Schlacht ...«. Der dänische Löwe auf dem Marktplatz von Flensburg wurde zertrümmert, die Bronzeteile schaffte man nach Berlin. Es war Bismarck, der dazu bemerkte: »Geschichte wird nicht bewältigt, indem man ihre Spuren tilgt.« Die Zöglinge der preußischen Kadettenanstalt in Berlin-Lichterfelde setzten den Löwen wieder zusammen, und so überlebte er grollend zwei Weltkriege. Die Amerikaner haben ihn dann den Russen 1946 in Berlin abgeluchst, und heute steht er vor dem königlichen Schloß in Kopenhagen und leckt sich befriedigt die Schnauze.

Der dänische Löwe,
vormals in Flensburg,
an seinem Standort in Berlin-Lichterfelde

Im Lande Angeln

Sagen und Spuren der Frühzeit

Südöstlich von Glücksburg, östlich des Ochsenweges, der seine Rolle längst an die Autobahn abgegeben hat, und nördlich der Schlei liegt das Land Angeln. Heute in ländliche Stille zurückgesunken, birgt diese Landschaft reiche frühgeschichtliche Zeugnisse, beginnend mit der mittleren Steinzeit bis zum Ende der Wikingerzeit. In Tausenden von Hünengräbern, Steinsetzungen und mündlich tradierten Sagen hat sich bis an die Schwelle der Neuzeit die Erinnerung an diese germanischen Stämme erhalten. Cornelius Tacitus vermeldet 98 nach Christus in seiner Länderkunde ›De origine et situ Germanorum‹ die Anglii als einen Hauptstamm der kimbrischen Halbinsel, also Schleswigs und Jütlands. Die Anglii fehlen jedoch auf der berühmten, gegen 150 nach Christus entstandenen Karte des Ptolemäus, die die zwischen dem Germanicus Oceanus und dem Mare Suebicum, also Nordsee und Ostsee, wohnenden Stämme nennt. Ptolemäus verzeichnet als Wohnsitz der Angeln die Weser-Ems-Gegend, was sicher falsch ist. Die Angeln siedelten in Wahrheit zwischen den Jüten und den sächsischen Holsten im heutigen Land Angeln. Mag diese Lage zu gewissen Bedrückungen geführt haben, mag die Nachricht von einer zinnreichen Insel im Westen verlockend gewesen sein, jedenfalls rüsteten die Angeln um die Mitte des 5. Jahrhunderts, kaum daß die römischen Truppen aus Britannien abgezogen waren, ihre kleinen Schiffe und segelten zusammen mit Jüten und Sachsen von Sylt aus über die Nordsee nach England, gründeten dort die sieben angelsächsischen Teilkönigreiche, wovon die Chroniken erzählen.

Dunkel und verworren sind die Berichte von ihren Anführern Hengist und Horsa und dem anglischen König Offa, der auf einer Eiderinsel nahe Rendsburg um 400 zwei Thronbewerber im Zweikampf besiegt, wie uns Ludwig Uhland in der Ballade ›Der blinde König‹ erzählt. Der eine seiner Gegner war ein Sohn des Königs der Sachsen, die Tacitus ›Saxones‹ nennt.

Sicher haben nicht alle Angeln ihr Land verlassen. Im 9. Jahrhundert wanderten andere Germanen aus dem Norden ein und gründeten zahlreiche Siedlungen, wovon die Ortsnamen auf -by, -torp und -büll und die eher schwedischen Endsilben -rott, -skov und -lund zeugen. Doch blieb Angeln bis in unsere Tage ein agrarisches Gebiet; man pflegte die Viehzucht vor allem des roten Angler Rindes. Nur die Städte Arnis und Kappeln an der Schleienge, kurz vor der Mündung, und das Gebiet um Brarup sind zu bescheidenem Umfang gewachsen. In Küstennähe mehren sich die großen Güter mit den Herrenhäusern von Rundhof, Gelting und Roest.

Granitquaderkirchen und Herrenhäuser

So wie sich südlicher in dem Dreieck Kiel, Lübeck und Heiligenhafen die Herrenhäuser Ostholsteins drängen, so ist das alte Angeln ein Land der Kirchen, die hier in ungewöhnlicher Dichte auftreten. Mit ihrem mühsam glattgeschlagenen Granitmauerwerk bilden sie einen Kontrast zu den südlicheren Feldsteinkirchen Holsteins und Lauenburgs, die man gern ›Vizelinkirchen‹ nennt, obwohl nur wenige auf den Missionar Vizelin zurückgehen. Vermutlich ist es auf nordische Einflüsse zurückzuführen, daß man im Lande Angeln den gleichen Findlingsstein aus Granit, der auch im Holsteinischen als Baumaterial diente, auf einer Seite mit dem weichen Eisenwerkzeug jener Zeit geduldig glattschlug, während die offenbar weniger geduldigen Holsten es vorzogen, die Findlinge in einem satten Mörtelbett aufzumauern und allenfalls Türgewände mit Hausteinformen schmückten.

Angeln liegt ein wenig im Abseits, doch die Geltinger Bucht hat Rang als Badeküste, und so wollen wir von dort aus einzelne Kirchen und Herrenhäuser besuchen.

Der stattliche Ort **Gelting,** etwas abgesetzt von der gleichnamigen Bucht, besitzt eine spätbarocke KIRCHE von 1793, deren einschiffiges Innere spätgotische Teile einschließt und in feinen Grau-, Blau- und Goldtönen gehalten ist. Als lutherische Kirche in barocken Formen wird sie manchem süddeutschen Besucher eine Überraschung sein. Das Lutherische hat weit weniger als die von Calvin beeinflußte Reformierte Kirche katholische Formen und Überlieferungen gescheut. An der Altarwand mit ihrer attikaförmigen Orgelbrüstung die Standfiguren der *Zwölf Apostel* aus einem älteren Schrein des 16. Jahrhunderts und der große, von dramatischem Getümmel überquellende geschnitzte *Kalvarienberg* von 1520. Berühmt ist die 1653 von Hans Gudewerdt dem Jüngeren geschaffene *Taufe,* die als mächtiger Doppelpokal von zweieinhalb Meter Höhe aufragt, getragen von den vier Evangelisten, geschmückt mit fein nuancierten Frauenköpfen. Der frei von der Decke herabhängende Pokal- oder Taufdeckel zeigt an seiner prächtigen Laterne die Taufe Christi. Als bedeutendes Werk des norddeutschen Knorpelbarock vertritt die Taufe die Schnitzerschule der Gudewerdt in Eckernförde, die man in ihrer handwerklichen Qualität und ihrem sprühenden Erfindungsreichtum ohne Bedenken neben die Schöpfungen des fränkischen oder bayerischen Barock stellen kann. Die Sanduhr an der 1639 von Bernd Cornelissen aus Husum geschaffenen *Kanzel* zeigt in vier Phasen den Stand der Predigt an, als ob die Geltinger sagen wollten, auch eine lutherische Predigt habe ihre Zeit. Neben der Kirche der abgesetzte hölzerne Glockenturm mit oktogonalem Zeltdach, eine Art von nordischem Campanile, und das alte Pastorat von 1733 als reetgedeckter Fachwerkbau.

Herrenhaus Gelting
Erdgeschoß-Grundriß

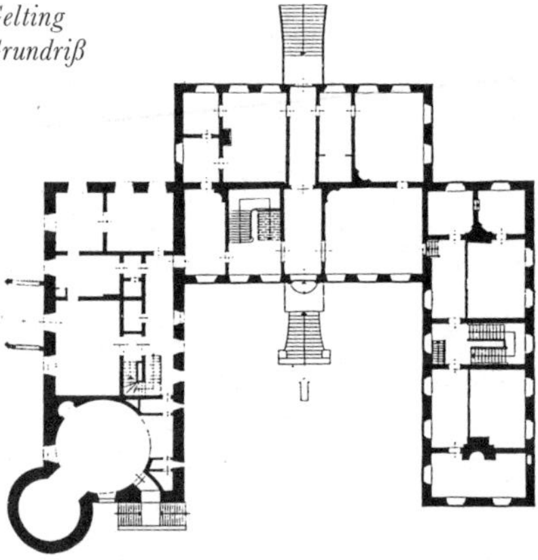

Herrenhaus Gelting, Stuck im Festsaal

Das 1231 erstmals genannte **Gut und Herrenhaus Gelting** war lange im Besitz der Familie von Ahlefeldt, bis es 1758 von Seneca alias Söncke Inggersen erworben wurde, einem Bauernsohn aus Langenhorn, der in Diensten der holländischen Ostindiencompagnie auf Java ein großes Vermögen gemacht hatte und als Baron von Gelting in den dänischen Adel aufgenommen wurde.

Im 18. Jahrhundert war der Aufstieg zur Nobilität durchaus kein untypischer Ausnahmefall, es sei an die Kaufmannsfamilie Schimmelmann auf Schloß Ahrensburg erinnert oder an Caspar Saldern, der als Caspar von Saldern das Gut Schierensee erwarb, doch scheint der Hof in Kopenhagen ähnlich den Höfen in London und Stockholm bereitwilliger als der Süden Europas gesellschaftlichen Aufstieg aufgrund kaufmännischen oder diplomatischen Erfolges honoriert zu haben. Vielleicht ist solche Akzeptanz und Anpassung einer der Gründe dafür, daß sich die Monarchien im Norden Europas gehalten haben.

Das seit 1770 unter Einbeziehung älterer Flügel erbaute HERRENHAUS inmitten eines großen mittelalterlichen Ringwalles mit Eckbastionen und Wassergräben bietet sich heute als eine strenge, einen Ehrenhof umschließende stattliche Dreiflügelanlage dar, weiß verputzt und mit am linken Flügel vorspringenden Rundturm. Äußerlich noch ganz der Renaissance und holländischen Einflüssen verhaftet, bietet das Innere (im Besitz des Barons von Hobe-Gelting und nicht frei zugänglich) eine reiche Barock- und Rokoko-Ausstattung, besonders im Festsaal und Herrenzimmer mit Jahreszeitenallegorien und prachtvollen Supraporten, an deren Stukkaturen (1777-83) der Luganer Michel Angelo Tadei großen Anteil hatte.

Das nahe **Herrenhaus Rundhof** beim Ort Stangheck erscheint ebenfalls 1231 erstmalig als königliches Gut und befindet sich seit 1557 im Besitz der Familie von Rumohr. Inmitten breiter, fast zu Teichen aufgestauter Wassergräben mit ganzen Entengeschwadern, die durch die moosgrüne Entengrütze rudern, liegt das 1753 von dem in Eutin arbeitenden Bayern Georg Greggenhofer geschaffene neue HERRENHAUS, schloßartig breit gelagert, mit polygonal vortretendem Mittelrisalit. Chef d'œuvre ist der prachtvolle, 1785 in Formen des frühen Klassizismus gestaltete und zwei Geschosse umgreifende Kuppelsaal als Vestibül. Wie in Gelting hatte ein Mitglied der Familie Tadei – Francesco-Antonio – seine Hand im Spiel, italienische Fabulierlust der aufkommenden nordischen Neigung zur ruhigen Vornehmheit griechisch-klassischer Formen mit sensibler Hand anpassend.

Das **Herrenhaus Roest** in der Gemeinde Mehlby nahe Kappeln, einst im Besitz der Rumohr, gehört heute dem Herzog von Schleswig-Holstein und stellt eine malerisch-grabenum-

Granitquaderkirche in Sörup

gebene Gutsanlage des 16. Jahrhunderts mit zwei ganz unregelmäßig verschobenen Giebelhäusern dar – dem Hauptbau von 1590 wurde 1641 der östliche Anlieger beigesellt. Der leider verkürzte Rittersaal mit seiner wuchtigen Balkendecke und dem Granitplattenboden samt dem der Küche zugeschlagenen Kamin zeigt noch teilweise die Ausstattung von 1641 mit breiten Türen und Freskomalerei.

Die vielleicht sehenswerteste GRANITQUADERKIRCHE steht in **Sörup,** ein massiver, dabei fein abgestufter Bau der Romanik aus dem 12. Jahrhundert: in der Ostansicht langsam mit der eingezogenen, lisenengeschmückten Apsis anhebend und sich steigernd zum Kastenchor und weiter zum Hauptschiff, an dessen Westseite der im hohen Mittelalter errichtete massive granitene

Norderbrarup, Süderportal der Kirche

Turm mit hohem Spitzhelm aufragt. Die sorgfältig behauenen Granitquader haben einen leicht violetten Farbschimmer. Zu den sparsamen Schmuckelementen zählt auch das tief in die Mauer zurückspringende und von Säulenpaaren flankierte *Norderportal;* im Tympanon Christus, der Paulus eine Schriftrolle und Petrus gleich zwei Schlüssel reicht. An der Basis der rechten vorderen Säule reitet wohl Samson auf einem Löwen. Man nimmt an, daß dieses Portal vom Petersportal des Schleswiger Domes beeinflußt wurde. Im Innern eine *Kanzel* von 1663 von der Hand Hans Gudewerdts des Jüngeren und eine sehr archaisch wirkende, figurenreiche *Taufe* aus Gotländer Kalkstein, sinnigerweise von einem Meister Calcarius im 13. Jahrhundert gehauen.

Im Kontrast zu Sörup ist die KIRCHE in **Satrup** ein spätromanischer Feldsteinbau, um 1200 entstanden, mit profiliertem Granitquadersockel. An der Nordwestecke findet sich ein sehr reizvolles Relief mit einem gotischen Turnierritter. Im Innern Altar von 1743 von W. Buchholtz, eine Renaissance-Kanzel von 1607 aus dem Umkreis Ringerings und eine hölzerne Triumphgruppe von 1500. Im Ort die reizvolle, 1836 erbaute APOTHEKE, ein breitgelagerter Backsteinbau mit gebrochenem Walmdach und hübscher Offizin im Stil des Biedermeier.

Gegen 1200 entstand die kantige GRANITQUADERKIRCHE von **Norderbrarup.** Der frühgotische Kastenchor, nun Backstein nutzend, bewahrt im Sockel vermauerte, ungemein archaisch wirkende frühromanische Steinbasen. Auch hier steht der hölzerne Glockenturm wie in Sörup vierkantig und niedrig neben der Kirche und trägt ein abgesetztes Zeltdach über dem offenen Schwahlengang des Geläuts. Alles ist hier Mittelalter, führt uns durch das dämonengeschmückte *Süderportal* tief zurück in jene Zeit.

Auch in **Munkbrarup** hat sich, gegen 1200 erbaut, eine uralte GRANITKIRCHE erhalten. Sie reckt ihren schweren kastenförmigen Westturm als Backsteinwerk der späten Gotik gen Himmel, schmückt ihr schönes *Süderportal* mit dreifach gestaffelten Säulen sowie schemenhaften Figuren im Tympanon und besitzt eine *Granittaufe* des 12. Jahrhunderts, wie das Portal der Werkstatt der Schleswiger Peterstür zuzurechnen. Ihre Reliefs könnten jeden Täufling das Fürchten lehren: Grimmige urtümliche Löwen werden mit Speeren angegangen, und einen der Schwertkämpfer beißt der Löwe in den Kopf – da darf man im bauernbunten Kirchhof aufatmen.

Munkbrarup,
Längsschnitt der Kirche

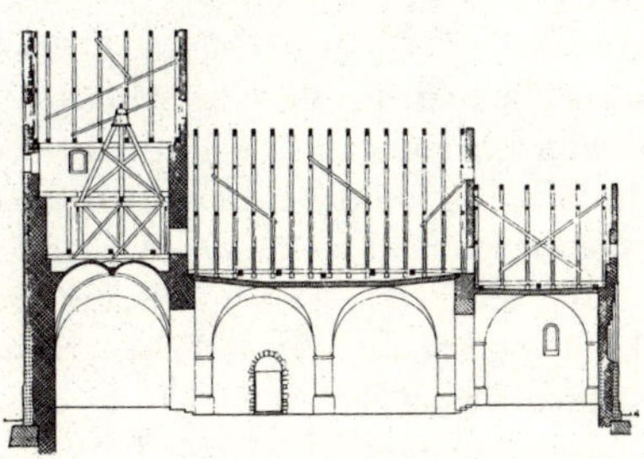

In Schleswig und an der Schlei

Die alte Hauptstadt Schleswig und ihr Dom

Zwischen der Missunder Enge und dem Schloß Gottorf staut sich die Schlei zu seeartiger Breite und schafft dadurch eine bevorzugte, tief im Landesinnern ›maritime‹ Situation, der zwei Städte zu unterschiedlicher Zeit ihre Bedeutung dankten. Als der Stern Haithabus – am Südufer in einer Ausbuchtung der Schlei, dem Haddebyer Noor, gelegen – mit der ersten Zerstörung durch Harald den Harten von Norwegen 1050 und dann endgültig durch die Wenden im Jahr 1066 erlosch, entstand am Nordufer, fast gegenüber, eine neue Siedlung, deren Name freilich – Sliaswich – bereits in den fränkischen Reichsannalen gegen 808 vorkommt und wohl für Haithabu stand. Als Stadtgründer gelten die Dänenkönige Knud der Große (1018-1035) oder Knud der Heilige (1080-1086), von denen einer den romanischen Vorgängerbau des heutigen Domes errichtete. Hier manifestiert sich ganz konkret jene politische Lage im Norden Europas, die wir bei unseren geschichtlichen Streifzügen bereits erkannt haben: Die deutschen Kaiser-Könige, immer tiefer in ihre italienischen Abenteuer verstrickt, gaben Teile der von Karl dem Großen stabilisierten Nordmark wieder auf, doch wird die staatsrechtliche Lage der dänischen Könige noch für Jahrhunderte umstritten sein. Der im Dom gefundene berühmte Runenstein von 1066, heute im Gottorfer Museum, spricht von Kr(istus), doch hatte in Wahrheit bereits 947 Erzbischof Adaldag von Bremen in Haithabu ein Bistum gründen lassen.

Im 12. Jahrhundert wurde Schleswig dem dänischen Erzbistum Lund unterstellt und der Bau des zunächst bischöflichen Schlosses zu Gottorp begonnen. Der Statthalter oder Jarl residierte in der Juriansburg auf der heute unscheinbaren Möweninsel in der Schlei. Doch bald suchte sich der Handel seine eigenen Wege, und der alte, vom Westen über die Treene und die Schlei nach Osten verlaufende Weg verlor mit dem Aufkommen tiefgängiger Koggen, die im flachen Schleiwasser nicht operieren konnten, seinen Rang an das aufstrebende Lübeck, dessen kontinentaler Handel der Landenge zwischen Elbe und Trave folgte, gefördert durch einen Kanal. Schleswig blieb zwar über lange Jahrhunderte Fürsten- und Bischofssitz, wurde 1544 Residenzstadt und erlebte in der Folge unter den Gottorfer Herzögen eine Blüte – rasch wieder verflogen, als nach 1721 nur noch königlich-dänische Statthalter im Schloß Gottorf residierten. 1870 wurde Schleswig Sitz einer preußischen Provinzialregierung; ausgerechnet die Bildung eines unabhängigen Bundeslandes Schleswig-Holstein beraubte 1946 das namengebende Schleswig seines Ranges, die Regierung zog nach Kiel, und nur noch der Bischof hält seit neunhundert Jahren die Stellung in Schleswig für Schleswig.

Dieses Auf und Ab hat Teile der Stadt zwischen dem Johanniskloster, dem Graukloster und dem Dom in ihrer altertümlichen Form belassen, während der kühn emporgereckte Wiking-Turm in der Schleibucht – manchen ein Symbol für Fortschritt und neue Stadtentwicklung, manchen ein Ärgernis – ziemlich verloren im seichten Uferwasser steht, über das die namengebenden Bewohner der Möweninsel kreischend fliegen, vielleicht weil man ihnen die Gelege geplündert hat, denn die Lachmöweneier gelten mit Pfeffer und Salz serviert als Schleswiger Delikatesse. Dennoch kommen die Möwen alljährlich pünktlich Mitte März von der Hamburger Alster herübergeflogen und bleiben bis Mitte August.

Durch den modernen Stadtteil Friedrichsberg, vorbei am dominierenden Preußenbau des Oberlandesgerichts, kommen wir über einen Damm, der den kleinen Burgsee von der Schlei trennt, unmittelbar zum Schloß Gottorf. Doch wollen wir zunächst die Altstadt besuchen, die nach Durchfahren der Lollfußsenke jenseits stillgelegter Bahngleise klein und zunächst unscheinbar am Nordufer der Schleibreite liegt. Nach Osten geht sie in die alte Fischervorstadt Holm über; deren Situation zwischen dem Holmer Noor und der Schlei macht uns bewußt, daß Schleswig einst nur über eine schmale Landenge mit dem Festland verbunden war. Holm ist hier und in ganz Skandinavien der Name für Insel. Wir werden ihn häufig antreffen.

Die Stadtansicht vom Südufer der Schlei setzt die drei historischen Schwerpunkte ins Bild: zur Linken das hellfarbene mächtige Gottorfer Schloß, zur Rechten die in den See vorspringende

Schleswig mit Schloß Gottorf. Aus Braun–Hogenberg, ›Civitates orbis terrarum‹, 1588 (Ausschnitt)

Altstadt mit dem ragenden Dom, in den Holm mit dem Johanniskloster auslaufend. Zwischen Schloß und Dom als den beiden bestimmenden Polen eine breite, feuchte Niederung, die die beherrschende Position des Schlosses und die leichte Hügellage der Stadt inmitten des Auf und Ab der welligen Moränenlandschaft unterstreicht. Später haben sich hier unschöne Bahnanlagen und eine kleinstädtische Bebauung eingenistet. Hinter dem grünen Michaelisdamm hat sich die moderne Stadt entwickelt, angenehm, aber ohne Sehenswürdigkeiten.

Die auffallend stille **Altstadt** wird anstelle der Wälle heute umrundet von der *Plessenstraße* und dem *Hafengang* und beherrscht vom Dom Sankt Petri. Um den hübschen klassizistischen

PLESSENHOF von 1798 – heute Sitz der Touristeninformation – finden sich Parkplätze. Der spitztürmig ragende DOM inmitten von Bäumen und kleinen, weißgeschlämmten und blumengeschmückten Häusern wirkt im dunkelverwitterten Backstein nicht prächtig, aber respektgebietend. Er wurde gegen 1120 auf den Fundamenten eines romanischen Vorgängerbaus des 11. Jahrhunderts von Bischof Alberus begonnen und ist indirekt Nachfolger der ersten Bischofskirche des 10. Jahrhunderts, die vermutlich in Haithabu stand, ohne daß bislang Fundamente gefunden worden wären. Spätgotisch ist der erste äußere Eindruck des mächtigen Backsteindoms mit tief herabziehendem Satteldach, nur das Querschiff verleugnet nicht seinen romanischen Ursprung; ihm gliedert sich im Osten der hochgotische, polygonal abschließende Chor an. Der ungewöhnlich hohe Hauptturm im Westen entstammt wilhelminischer Zeit und verletzt die Proportionen. Im Innern ist an den ummantelten Pfeilern des Langhauses noch erkennbar, daß die weiträumige dreischiffige und flachgedeckte Pfeilerbasilika des 12. Jahrhunderts in granitverkleidetem Feldsteinmauerwerk und rheinischem Tuffstein errichtet war. In diesem Raum, eng mit der Geschichte des Nordens verbunden, hat König Knud VI. 1171 Gertrud, Tochter Heinrichs des Löwen, geheiratet, wurde ein Waldemar 1218 zum dänischen König gekrönt und ehelichte Herzog Abel 1237 Mechtild von Holstein. Vor dem Dom wird die Stelle zu vermuten sein, an der Mitglieder der Knudsgilde 1134 den mißliebigen König Niels erschlugen, ehe er die rettende Domfreiheit erreichte.

Im 13. Jahrhundert begann die Umgestaltung der romanisch geplanten flachgedeckten Pfeilerbasilika zu einer gotischen Basilika aus Backstein, überdeckt vom hohen Satteldach, das keinen Bezug zur Innenansicht der kuppelartigen Gewölbe hat. In der Folge entstand die feinfarbige Gewölbeausmalung, die insbesondere im Querhaus und Chor erhalten ist. Im frühen 14. Jahrhundert kam schließlich der wandbilderreiche gotische Kreuzgang hinzu. Im 15. Jahrhundert brach man kühn jede zweite Säule des Langhauses heraus und lastete die Statik den hochgemauerten Arkadenbögen auf. Die zur Höhe des Hauptschiffes hochgezogenen Seitenschiffe wandelten den Dom zur spätgotischen Hallenkirche mit zahlreichen Seitenkapellen als Grablegen um. Der Kanonikersakristei im Winkel zum Kreuzgang gesellte sich 1460 die spätere Fürstengruft am Chor hinzu, und in dieser Form stand der Dom nach der Reformation als Bischofskirche bis ins 19. Jahrhundert. Der 112 Meter hohe Turm, neugotisch auftrumpfendes Geschenk des neuen Landesherrn aus Berlin, wurde in den fünfziger Jahren im Sinne einer Harmonisierung mit der Landschaft vereinfacht.

Die *Peterstür* am südlichen Querhaus, das Hauptportal, durch das wir den Dom betreten, verdient Beachtung: Das anspruchsvoll gestaltete Stufenportal ist um 1180 in einer Schleswiger Werkstatt entstanden und war Vorbild für die Portale romanischer Landkirchen Angelns. Dreifache Säulenpaare und Rundbögen, die ein figurenreiches Tympanon im Flachrelief umschließen, bilden den Schmuck; wer genau hinsieht, erkennt trotz der starken Verwitterung den Stifter mit Kirchenmodell, der als dänischer König gedeutet wird. Im Mauerwerk zu seiten des Tores und am Sockel der Treppentürme am Chor sind noch Zeugnisse einer älteren romanischen Bildhauerwerkstatt in Gestalt von Granitreliefs mit löwenähnlichen Ungeheuern erhalten. Das alles wirkt sehr archaisch und verweist auf den alten Ursprung der Schleswiger Bischofskirche.

Schleswig, Peterstür des Domes

Bemerkenswert ist die Ausstattung. Den ersten Eindruck bestimmt die Gesamtkomposition des vierjochigen Langhauses mit der rhythmischen Folge seiner kuppelartigen, farbig akzentuierten Gewölbe und Pfeiler, gegen den Chor abgegrenzt von dem prächtigen steingehauenen Lettner, hinter dem sich der berühmte Bordesholmer Altar noch unseren Blicken entzieht. Auf dieses überwältigende Erlebnis bereiten zwei Kunstwerke vor: Gleich rechts neben dem Eingang die ragende manieristische Gestalt des *Christophorus* von 1510, dem Hans Brüggemann zugeschrieben, und im südlichen Nebenchor der *Dreikönigsaltar,* vormals Hochaltar; aus dem späten 13. Jahrhundert stammend, steht er mit seinen vier lebensgroßen, farbig gefaßten Holzskulpturen noch ganz im Geist der französischen Gotik. Doch nun durchschreiten wir in großer Erwartung den *Lettner,* der – kaum zu glauben – erst 1941 als getreue Kopie des 1847 aus Unverstand abgebrochenen Vorgängers aus dem 15. Jahrhundert entstand, und stehen dem *Bordesholmer Altar von Hans Brüggemann,* dem Tilman Riemenschneider des Nordens, gegenüber. Der aus Walsrode in der Heide stammende Künstler hat dieses, sein Hauptwerk, um 1520 für das Augustiner-Chorherrenstift in Bordesholm geschaffen. Der gewaltige und zugleich unendlich fein und detailreich gestaltete Altar von sechzehn Metern Höhe wurde 1666 auf herzoglichen Befehl in den Dom der Residenzstadt überführt. Sein Hauptthema ist die Passion und Auferstehung Christi, das Erlösungswerk, über dem Maria zwischen dem ersten Menschenpaar schwebt, hoch oben, unendlich entrückt, Christus als Weltenrichter. Offenbar hatte auch die Reformation Luthers nicht vermocht oder nicht gewollt, das Bild Mariens als Trösterin und Fürbitterin zu verdrängen, sah auch das lutherisch gewordene Schleswig in diesem vierhundert Figuren kunstvoll vereinenden Werk, das an Dürers Kleine Passion erinnert, eine Verdichtung eigener Überzeugungen, denen kein Bildersturm reformierter Art zunahetreten durfte. Die beiden vier Meter hohen Säulen an den Seiten tragen Figuren, die nach alter Überlieferung Kaiser Augustus und die tiburtinische Sibylle darstellen, wie sie dem Kaiser Maria und das Kind als Erscheinung am Himmel zeigt – ein virgilisches Thema, das von den Pisani bis Rogier van der Weyden die gotische Kunst begleitet.

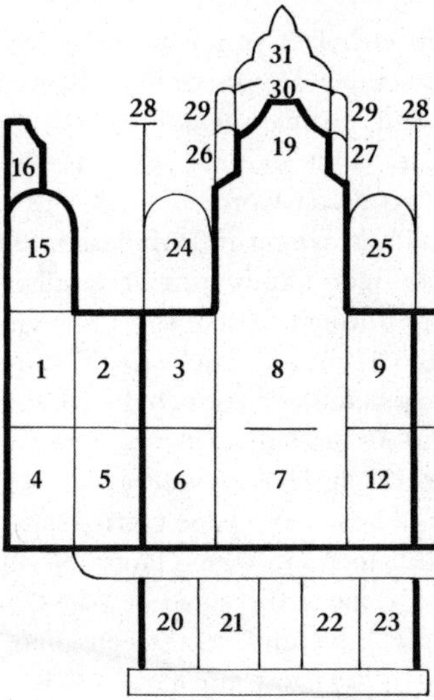

Der Bordesholmer Altar

1 Gefangennahme Christi
2 Christus vor Kaiphas
3 Geißelung
4 Dornenkrönung
5 Ecce Homo
6 Handwaschung des Pilatus
7 Kreuztragung
8 Kreuzigung
9 Kreuzabnahme
10 Beweinung
11 Grablegung
12 Christus in der Vorhölle
13 Auferstehung
14 Der ungläubige Thomas
15 Himmelfahrt
16 Apostel Petrus
17 Pfingsten
18 Apostel Paulus
19 Maria als Himmelskönigin

Predella

20 Abraham und Melchisedek
21 Abendmahl und Fußwaschung
22 Liebesmahl
23 Passamahl

Bekrönung und Gesprenge

24 Adam
25 Eva
26 Maria
27 Johannes der Täufer
28 Engel mit Passionswerkzeugen
29 Engel mit Posaune
30 Adam und Eva
31 Christus als Weltenrichter

Der Chor birgt als weitere Kostbarkeit figürliche und ornamentale *Gewölbemalereien* des ausgehenden 13./beginnenden 14. Jahrhunderts, wie die im Querhaus Arbeiten einer lübischen Werkstatt, unter die sich allerdings auch solche jüngeren Datums mischen. Daß all diese Malereien mehr oder weniger stark restauriert wurden, versteht sich fast von selbst. Daß sie überhaupt erhalten sind, verdanken sie der Tatsache, daß sie bis weit ins 19. Jahrhundert hinein übertüncht waren.

Im linken Nebenchor dominiert das *Freigrabmal König Friedrichs I. von Dänemark,* 1551 von Cornelis Floris (1514-1575) aus Antwerpen in Kalkstein, Marmor und Alabaster geschaffen, bedeutendes Beispiel strenger flämisch-niederländischer Renaissance. Der Kenotaph mit der Liegefigur des Königs ist von den sechs Tugenden Glaube, Hoffnung, Liebe sowie Stärke, Klugheit und Gerechtigkeit umgeben, in denen sich die Ideen des Apostels Paulus mit denen Platons treffen – eine vom Humanismus geliebte Vorstellung. Friedrich, Herzog von Schleswig-Holstein zu Gottorf, wird 1523 anstelle seines Neffen Christian II. zum König von Dänemark gewählt und führt eine lange, berühmte Reihe von Königen gleichen Namens an, wobei sich die Christians und Friedrichs bis in unser Jahrhundert abwechselten (vergleiche Stammtafel S. 420/21). 1673 hat ein namentlich unbekannter Hamburger Bildhauer dem gottorfschen Kanzler *Graf Kielmann von Kielmannseck* ein hochbarockes *Epitaph* geschaffen, das zu den größten des Landes gehört und vom Anspruch der regierenden Schicht erzählt, die in einer rasch komplizierter werdenden Welt neben dem Monarchen an Gewicht zunahm.

In der zweigeschossigen *Fürstengruft* am Chor, hinter einem prunkvollen Portal im flämischen Stil, das leider nur selten geöffnet ist, ruhen die Gottorper Herzöge, die man heute die Gottorfer nennt, und ihre Frauen. Die meisten der barocken Epitaphien stammen von Artus Quellinus dem Älteren (1609-1668) aus Antwerpen, der auch das Portal schuf. Hatte mit Floris die flämische Renaissance den Norden erreicht, so folgte mit Quellinus die Hochblüte des flämischen Barock, die sich mit Thomas und Jan Erasmus Quellinus in Lübeck fortsetzen wird. Die *Büsten Herzog Friedrichs III. und seiner Gemahlin Maria Elisabeth* sind in ihrer noblen und natürlichen Haltung Hauptwerke dieses nordischen Barock. Vieles hier gehört in seiner Formensprache zwar dem Barock an, ist aber unübersehbar noch vom antiken Geist der Renaissance umweht und verweist zugleich voraus auf den kühleren Klassizismus, der Norddeutschland und Dänemark so gemäß war.

In dieser Kirche drängt sich Kunst wie sonst nur selten im Norden. Viele Geschlechter des Landes sind in den Epitaphien

Schleswig, Dom: Bordesholmer Altar von Hans Brüggemann

vertreten, und bei dem vielleicht bedeutendsten Maler des Landes, Jürgen Ovens, vermischen sich in der *Blauen Madonna* von 1669 die Einflüsse van Dycks und Rembrandts.

Der einst doppelstöckige *Kreuzgang*, im Volksmund Schwahl (nach dem dänischen Wort svale = kühl) genannt, wurde 1743 auf ein Stockwerk reduziert und enthält reiche vegetabilische Ausmalungen, die an das Langhaus der Lübecker Marienkirche erinnern. Hier in Schleswig hat der Restaurator Olbers um 1890 einige amerikanische Truthähne hinzugefügt, was prompt eifrige, aber unkritische Menschen zu der Annahme führte, die Nordmänner hätten bereits vor dem 14. Jahrhundert Amerika entdeckt ... (Es ist bedauerlich, daß die Zugänglichkeit des sehenswerten Kreuzgangs hier in Schleswig mit befremdender Strenge gehandhabt wird.)

Gen Osten gelangen wir auf den kleinen RATHAUSMARKT, der samt den umliegenden Straßen zur Fußgängerzone geworden ist – glücklicherweise nicht mit dem sonst üblichen kategorischen Imperativ, sondern zur maß- und rücksichtsvollen Nutzung mit dem Auto noch erlaubt. Der Markt wird von dreigeschossigen Häusern mit barocken und biedermeierlichen Anklängen umstanden. Das nahe, 1794 errichtete jetzige RATHAUS steht wie seine Vorgänger auf den Grundmauern der verschwundenen Kirche des Franziskanerklosters. Ein bescheidenes, aber schönes Treppenhaus führt in den Ständesaal, in dem die Landstände des 19. Jahrhunderts und später der preußische Provinzialtag tagten. Die eher kleinen Dimensionen führen vor Augen, daß das hansische und dann spätmittelalterliche Schleswig längst jenen Rang, den es zur Zeit der Gründung durch rheinische und friesische Kaufleute gehabt hatte, an andere abgeben mußte. Rheinisch ist denn auch die Form des Schleswiger Stadtrechts, und hier im Rathaus dürfen wir wohl die streitbaren Kaufleute der Knudsgilde wähnen, die ihren König jagten.

Das benachbarte GRAUKLOSTER DER FRANZISKANER, 1235 gegründet, war eines der größten im damaligen Dänemark. 1528 hatte es ausgedient, wurde Armenstift. Es umschließt noch immer einen stimmungsvollen Innenhof in der Art eines Kreuzgangs. Der gotisch überblendete Haupteingang führt in einen von der Zeit verkrümmten frühgotischen Backsteinbau, der mit dem Rathaus baulich und in der Nutzung verbunden und zugänglich ist.

Die *Fischbrückstraße* bildet den Zugang zum **Holm** der alten Fischervorstadt Schleswigs, deren insularer Charakter sich samt der engen, gemütlichen Bebauung erhalten hat. Erker, die man ›Utluchten‹ nennt, ›Klöhndören‹, deren Oberteil zu einem Schwatz geöffnet werden konnte, alte, sparsam barocke Haustüren, Rosengeranke vor den weißgetünchten Hauswänden, schmale Niedergänge zu den Bootsanliegerstellen kennzeichnen den Holm. Um den rondellartigen Friedhof schließen sich die niedrigen Häuser, als ob sie die Toten in ihrer Mitte behalten wollten.

Der *Süderholmstraße* folgend, erreichen wir das nahe SANKT-JOHANNIS-KLOSTER, ein ehemaliges Benediktinerinnenkloster, das mit der Reformation in ein adeliges Damenstift umgewandelt wurde. Die gepflegte Anlage, eine der schönsten ihrer Art in Norddeutschland, birgt die im Kern noch auf das 12. Jahrhundert zurückgehende Kirche, die nach einem Brand Ende des 15. Jahrhunderts in der Art eines umgedrehten Schiffsrumpfes eingewölbt wurde. Aus jener Zeit stammt auch die Nonnenempore im Westteil; später hat man die Stiftsdamenemporen eingebaut, tief ins Schiff reichend und mit einem barocken Portalbogen

Schleswig, Sankt-Johannis-Kloster, Nonnenchorgestühl von 1240

abgetrennt. An den guterhaltenen Kreuzgang schließen die Wohnungen der Stiftsdamen an, auch der Kapitelsaal und der alte Remter; dort hat sich ein zehnsitziges *Nonnenchorgestühl* von 1240 erhalten mit kunstvoll geschnitzten Wangen, in dem Mensch, Tier und florales Rankengeschlinge eine fabelhafte Symbiose eingehen – was hoffentlich die Nonnen nicht abgelenkt hat.

Schloß Gottorf und das Landesmuseum

Die erste Anlage an der Stelle des heutigen Schlosses war die bescheidene Bischofsburg des 12. Jahrhunderts. 1268 zog Herzog Erich I. von Schleswig ein und baute als neuer Schloßherr das Ensemble mittelalterlicher Höfe und Trakte festungsmäßig aus. Unter Herzog Friedrich I. (1490-1533), dem späteren dänischen König, dessen Grabmal wir im Dom sahen, erfolgten große Umbauten, die dem Schloß den Charakter einer nur noch bedingt wehrhaften Residenz der Frührenaissance gaben. Die heutige Anlage wird in der Ansicht wesentlich geprägt von den letzten Umbauten durch die Herzöge von Holstein-Gottorp im 16. und 17. Jahrhundert. Das gilt vor allem für die Südseite, die der Vierflügelanlage als verlängerte Schauseite zwischen 1698 und 1703 in einem nordisch kühlen Barock vorgeblendet wurde, einem Barock, der sich am Beginn bereits zurückwendet zu antikisierenden Formen und damit ein Stück Klassizismus vorwegnimmt. Der Bauherr, Herzog Friedrich IV., war stark beeinflußt von den Plänen des Nicodemus Tessin des Jüngeren, den sein Schwager Karl XII. von Schweden das Stockholmer Stadtschloß umgestalten ließ. Doch die großen Tage des Gottorfer Schlosses waren vorbei, als Schleswig 1713 vom dänischen König vereinnahmt wurde. Verunstaltet und verwohnt, zu Teilen ausgebrannt und mißbraucht, kam das Schloß arg geschunden 1947 an das Land Schleswig-Holstein und wurde zum Sitz des Landesmuseums. Eigentlich sind es zwei Museen: einmal die zentralen Sammlungen zur Kunst- und Kulturgeschichte Schleswig-Holsteins vom 12. Jahrhundert bis zur Gegenwart, zum anderen das Landesmuseum für Vor- und Frühgeschichte, die größte prähistorische Sammlung der Bundesrepublik. Bei der Besichtigung müssen wir das Kunststück fertigbringen, das Schloß mit seiner

Schloß Gottorf

Schloß Gottorf, Kapelle mit Herzogstuhl

reichen Ausstattung, zumal der Renaissance, von seinen musealen Beständen zu trennen.

Wir gelangen über einen kleinen Damm auf die Festungsinsel und einen weiträumigen Parkplatz. Recht kühl steht die weiße Fassade mit dem barocken Uhrturm vor uns. Durch das Hauptportal betreten wir den großen Hof, dessen Westfront, schön und reich durchfenstert, spätgotische Elemente mit den ersten zögernden Schritten der Frührenaissance verbindet. In der Ecke zum Nordflügel ein polygonaler, geschoßübergreifender Treppenturm.

In den Torgang zurückkehrend, wenden wir uns rechter Hand in die sogenannte GOTISCHE HALLE, 1520/30 – also lange vor dem barocken Ausbau – errichtet. Die vorgeblendete Fassade mußte darum ihre Fenster unregelmäßig in die Gewölbe einschneiden, deren Kreuzrippen schöne goldene Bemalung tragen. In dieser zweischiffigen Halle hat man die sakrale Kunst des 13. bis 15. Jahrhunderts versammelt; ein seltsam naiver heiliger Georg aus Angeln fällt auf, der wie auf einem Schaukelpferd sitzt, auch die würdigen Apostelfiguren, ein Passionsaltar aus Fehmarn aus dem Umkreis des Hamburger Meisters Bertram und ein kostbarer Laurentiusschrein (1499) aus Döstrup in Tondern.

In den anschließenden Räumen des Süd- und Westflügels und in häufig veränderter Anordnung finden sich mittelalterliche Möbel, kirchliches Kunsthandwerk, Bilder der Renaissance, Waffen und Originalansichten aus dem Stichwerk ›Civitates Orbis Terrarum‹, das der Kanonikus Georg Braun und der Kupferstecher Franz Hogenberg 1572-1616 in Köln herausbrachten.

Das Schloß enthält in seinen vier Flügeln und auf zwei Etagen eine solche Fülle von Kostbarkeiten hohen Ranges, wie sie nur wenige andere deutsche Museen zeigen. Es ist im Rahmen dieses Buches darum nicht möglich, einen Schloßführer zu liefern, zumal Umbauten und Neuarrangements ihn rasch veralten lassen würden. Stichworte seien genannt: der Zunftraum, die Schloßküche, Bauernstuben, Volkskunst der verschiedensten Landschaften Schleswig-Holsteins, das maritime Kabinett, der holländische Raum, die Lübecker Weinstube von 1644, der barocke Knorpelwerkraum – Hans Gudewerdt gewidmet –, Porzellane und Fayencen, Gobelins, Landschaftsansichten aller Stile bis in unsere Zeit; schließlich die Räume der Gottorfer Fürsten, die das historische Schloß darstellen.

Im Obergeschoß die Prunkräume: der HIRSCHSAAL des 17. Jahrhunderts, eine eher niedrige Halle mit schweren Kreuzgratgewölben, Kaminen und ein wenig naiv anmutenden Stuckreliefs von Hirschen vor gemalten Landschaften. Die Gewölbe sind in Schwarzweißmalerei mit Ranken und holzschnittartigen Historienbildern geschmückt. Der ruhige, vornehme BLAUE SALON erhält seinen Akzent durch ein Dutzend Gemälde des Hofmalers Jürgen Ovens, der 1623 im schleswigschen Tönning geboren wurde und 1678 in Friedrichstadt starb. Der Schüler Rembrandts und bald dessen erfolgreicher Konkurrent bei der Ausmalung des Amsterdamer Rathauses ist unverdient wenig bekannt geworden.

Die SCHLOSSKAPELLE im Nordflügel erstreckt sich über zwei Geschosse und glänzt durch ihre hervorragende Renaissance-Ausstattung der Jahre nach 1590. Fürstenloge von 1609, auch ›herzoglicher Betstuhl‹ genannt, und Orgelprospekt stehen sich an den Schmalseiten kontrapunktisch gegenüber. Die mit Gemmenmotiven geschmückten Kreuzrippengewölbe, der warme Holzton der dreiseitig umlaufenden Empore kontrastieren mit den in Ultramarinblau und Eisenoxid bemalten Wappen und Schnitzereien. Die Liedtafeln der Kapelle ›For Praediker‹ und ›Efter Praediker‹ stehen noch im schönsten Dänisch, was die zahlreichen Besucher aus Jütland dankbar registrieren. Schließlich ist dies auch Teil *ihrer* Geschichte, nicht weniger als die lutherdeutschen Bibelsprüche in den Kirchen Jütlands und Seelands.

Der sogenannte *herzogliche Betstuhl* über dem Altar ist ein Kuriosum: Mit seiner niedrigen Kassettendecke, der umlaufenden Sitzbank, dem fabelhaften Erfindungsreichtum der Intarsien und einem kleinen Gußeisenofen erinnert er an eine reichgeschmückte Admiralskajüte im Heck eines Flaggschiffs. Im Sichtbereich der Kanzel öffnen sich verglaste Fenster, die bei der Predigt wohl offenstanden. War diese unliebsam oder zu lang, so schlossen sich die Fenster unmißverständlich.

Unter den Nebengebäuden des Museums verdient der ehemalige MARSTALL, wegen seiner Form ›Kreuzstall‹ genannt, besondere Beachtung. 1985 ist hier unter sehr geschickter Nutzung des mehrstöckigen Raumes die Kunst des 20. Jahrhunderts eingezogen, eine reiche Sammlung, die unter anderem Werke von Emil Nolde, Ernst Barlach, Christian Rohlfs und Karl Schmidt-Rottluff enthält.

Die persische Reise

Eine Kuriosität von Schloß Gottorf waren das Globushaus und die Kunstkammer, in denen die Ergebnisse der im Auftrag Herzog Friedrichs III. unternommenen Rußland- und Orientreisen aufbewahrt wurden. Heute sind diese aufschlußreichen Dokumente auf andere Sammlungen verteilt. Zu Beginn des 17. Jahrhunderts war die Erinnerung an die alte Rolle des Fernhandels zwischen Schweden, Haithabu, entlang den russischen Strömen nach dem Süden, über das Schwarze Meer, durch die Türkei und bis nach Persien wieder wachgeworden. Da machte sich denn 1633 eine große Expedition auf den Weg von Schleswig nach Moskau und zum Schah von Isfahan, deren wirtschaftliches Ergebnis unbedeutend war, deren wissenschaftliche Erkenntnisse aber um so mehr Staunen erregten. In seiner ›Beschreibung der moskowitischen und persischen Reise‹, 1647 in Schleswig gedruckt, hat der Hofmathematiker Adam Olearius eine reiche Ernte vorgelegt und damit die persische Literatur dem Abendland neu erschlossen. Der Arzt Paludanus richtete eine Kunstkammer ein, Andreas Bösch fertigte den berühmten großen Globus, der das Weltbild jener Zeit darstellte und für den eigens ein Globushaus, natürlich im persischen Stil, im Park errichtet wurde. Der Herzog wollte aus all dem eine Landesuniversität machen, doch erst sein Sohn Christian Albrecht verwirklichte den Gedanken, entschied sich dann aber für Kiel (1665), dessen Universität seinen Namen trägt. Bedeutende Künstler und Kunsthandwerker wurden von dem Gottorfer Musenhof angezogen: der Maler Jürgen Ovens, der Bildhauer Artus Quellinus aus Antwerpen, viele Holländer … In der Abwendung von Dänemark und der Zuwendung zu Schweden geriet Gottorf unter den Einfluß der engen nachreformatorischen Beziehungen der Wasa zu Mitteleuropa.

Nydamhalle und germanische Frühgeschichte

Die Nydamhalle des vor- und frühgeschichtlichen Museums neben dem Schloß präsentiert in didaktischer, auch für Kinder anschaulicher Weise das berühmte, bei Sotrup in Nordschleswig geborgene Nydamboot und zahlreiche frühgeschichtliche Funde, die bis in unsere Zeit mit stets neuen Überraschungen das Bild der ersten nachchristlichen Jahrhunderte prägen. Des Tacitus Berichte in seiner ›Germanica‹, die kriegerischen Heldentaten der Beowulfsaga werden hier wieder wach angesichts der gebündelten Lanzen: »… stellten sie die Lanzen sämtlich zusammen, der Seekrieger Wehr, die grauspitzigen Gere«. Große Mengen eisenbeschwerter Pfeile hat man aus den Mooren ausgegraben – »… im Eisenschauer, wenn, entsandt von den Sehnen, sausender Pfeilsturm über Schildreihen schlug«. Schwerter, manche aus römischen Werkstätten, viele vermutlich aus der Beute Hermann des Cheruskers, des Siegers über die Legionen des Varus im Teutoburger Wald (9 nach Christus). Römische Militärauszeichnungen, von einem Saciro im Rheinland des 3. Jahrhunderts aus Gold getrieben, silberne germanische Gesichtsmasken, die an frühgriechische Masken aus Agamemnons Tagen erinnern. Einen römischen Reiterhelm mit breitem Nackenschutz, schlangengeschmückt, hat sich ein Sachse oder Angle für seine Zwecke zurechtmontiert.

Orosius berichtet im 5. Jahrhundert über den ›furor teutonicus‹, mit dem die Germanen nach gewonnener Schlacht alles kurz und klein schlugen, Mann und Roß und Wagen, und in den Sumpf warfen, damit sich keiner der Beute freue oder das Los der Gefangenen beweine. Gewaltige Mengen von Waffen, Knochen und Pferdegeschirren, in den Mooren gefunden, scheinen diese Ansicht zu belegen, die Waffen aus dem Teutoburger Wald allerdings widersprechen dem. Schon am Eingang der Halle begrüßt uns ein weit überlebensgroßes germanisches Götterpaar aus Braak bei Eutin, 500 vor Christus entstanden, ungeschlacht und auch wieder hilflos, fast an indianische Totempfähle erinnernd.

Die ungewissen, trügerischen Spuren der von den Spekulationen der Historiker erfüllten ersten nachchristlichen Jahrhunderte, vage Schatten aus der Zeit der beginnenden Völkerwanderung geistern durch diese Halle. Zwischen dem 1. und 4. Jahrhundert hatte die Zahl der Bewohner in Jütland, Schleswig und Holstein stark zugenommen, wie die Bodenfunde belegen. Das *Nydamboot*, 1863 entdeckt, gehört in diese Zeit. Man hatte es auf dem Land vergraben, vielleicht geopfert, wie vieles in den Mooren, die Waffen, die römische Brakteaten, und ihnen ähnliche germanische Münzen, die anstelle des Imperators den Gott Odin zeigen. Es gibt Anhaltspunkte für zunehmend knapper werdendes Land, vielleicht eine gewisse Klimaverschlechterung. Invasionen aus Skandinavien mit Booten wie diesem wurden an den Küsten abgeschlagen.

Vielleicht ist auch das Nydamboot ein Invasionsschiff aus Schweden, ein Opferschiff aus dem 4. Jahrhundert nach Christus. Das aus Eichenholz geklinkerte Nydamboot besitzt keinen Kiel und war für die

Goldfund vom Thorsberger Moor, um 300/500 n. Chr.
Landesmuseum Schleswig (Dm. 13,1 cm)

flachen Gewässer der Schären und Förden der Ostsee gut geeignet. Im schlanken Typus nimmt es als Ruderboot die gegen 700 nach Christus entstehenden Wikingerboote vorweg, die man mit einem Kiel versah, um sie hochseetüchtig zu machen. Schon das Nydamboot zeigt hochgezogenen Bug und Heck, der sich in den Wikingerbooten zu imponierenden Drachenköpfen steigern sollte.

Im 5. Jahrhundert sank die Bevölkerungszahl stark, der Wald nahm wieder zu, der große Exodus der Völkerwanderung, die das römische Europa bis zu den Küsten Nordafrikas überzog, begann. In der Nydamhalle stehen wir inmitten dieses Aufbruchs.

Im Keller sehen wir die Moorleichen, die man im Thorsberger Moor bei Süderbrarup und an anderen Stellen fand. Es sind geopferte Gefangene, Kriminelle und nach Ansicht jener Zeit Ehrlose – wie das unglückliche Mädchen von Windeby, das man tötete und im Moor versenkte, um seine Geister zu bannen. Die Körpergröße der Männer lag bei 172 Zentimetern, sie waren, demnach größer als die mittelalterlichen Menschen, wurden aber kaum älter als fünfundzwanzig bis dreißig Jahre. Eine der Ursachen waren die harten, entbehrungsreichen Winter; zumal gegen Ende Februar hatte sich die Widerstandsfähigkeit der Menschen erschöpft, Mangelerscheinungen drückten sie an den Rand der physischen Existenz. Man kann dies selbst an den Knochenresten deutlich ablesen, die im Röntgenlicht typische jahreszeitliche Phasen des Stillstands im Wachstum Jugendlicher – sogenannte Harrieslinien – erkennen lassen.

Dannewerk und Haithabu

Wir sprachen schon davon, daß die seefahrenden Fernhändler, die gelegentlich auch zu Fernräubern wurden, die tief ins Binnenland hineinziehende Schlei nutzten, um den gutgeschützten Handelsplatz Haithabu im Haddebyer Noor zu erreichen. Von hier wurde die Fracht der flachen Boote, die wir uns als drachengeschmückte Wikingerboote in Weiterentwicklung des Nydambootes im Gottorfer Museum vorstellen dürfen, auf Pferd und Wagen verladen und über eine Strecke von fünfzehn Kilometern nach Hollingstedt an der Treene gebracht, wo sie erneut ein Boot aufnahm. Manche Meinung geht dahin, die Boote wären in einer Art Slipping über Land zur Treene gezogen und bei Hollingstedt wieder zu Wasser gebracht worden, um den Weg nach der Westküste und nach England fortzusetzen. Bei den damaligen Zug- und Rollmitteln erscheint dies eher unglaubwürdig.

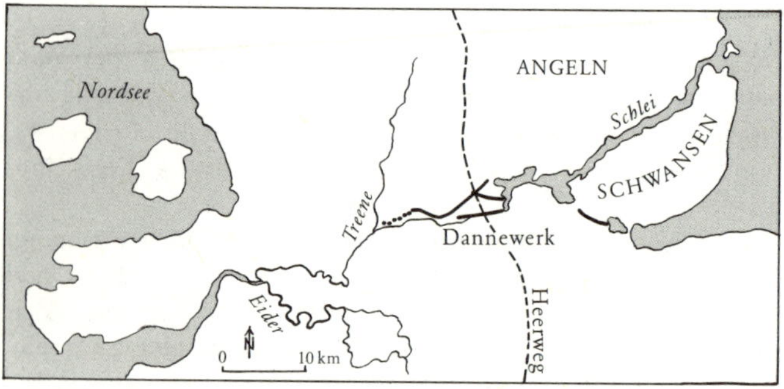

Südschleswig und das Dannewerk

Wie die Landenge zwischen Hollingstedt und Schleswig der Schiffahrt zwischen Nord- und Ostsee zugute kam, so stellte die flache Geländekuppe die einzige gut passierbare Landverbindung des Nord-Süd-Verkehrs zwischen Jütland und Mitteleuropa dar; denn die westliche Treenesenke war versumpft und von zahllosen Prielen durchzogen, die Schlei andererseits ein mit Pferd und Wagen kaum passierbares Hindernis. So zogen und ziehen alle Wege bis in unsere Zeit nahe an Schleswig vorbei, die alte Landstraße wie die moderne Autobahn unterwerfen sich diesem Zwang. Den schmalen Landkorridor aber versuchten schon in alten Zeiten die Dänenkönige im **Dannewerk** zu kontrollieren. 808 begann König Göttrik angesichts der Bestrebungen Karls des Großen, die ›Nordmark‹ zu gewinnen, mit dem Bau. Es ist der heute noch sichtbare Kograben zwischen dem Selker Noor (südlich Haithabu) und der Rheider Au, die der Treene zueilt. Beim Roten Krug befand sich der einzige Durchlaß des Heerweges durch den ursprünglich aus Erde, Lehm und Holz gebildeten Wall. Erst später wurde er durch eine Feldsteinmauer befestigt, die Waldemar I. (1157-1182) durch eine Ziegelmauer ersetzte, wie teilweise am Rand des alten Ochsenweges von Jütland nach dem Süden noch zu sehen ist. Die Orientierung im Gelände ist stark erschwert durch manche Abzweigungen und die jüngeren Befestigungsarbeiten der Dänen um 1864 sowie den unsinnigen Panzergrabenbau des letzten Krieges – alte Mythen sterben langsam. Doch folgt die Straße Hollingstedt–Schleswig im großen und ganzen dem Lauf des Dannewerks und schneidet es bei Kurburg und Klein-Dannewerk. Bei Groß-Dannewerk zweigt der Margaretenwall nach Haithabu ab, und unweit des Dorfes führt ein ausgeschilderter Weg zur ziemlich eingeebneten viereckigen THYRABURG, einem befestigten Platz des 12. Jahrhunderts unmittelbar am Dannewerk.

Am Südufer der Schlei führt die Straße mit dem bereits erwähnten schönen Blick auf Schleswig weiter zur KIRCHE VON HADDEBY, einem romanischen Feldsteinbau des 12. Jahrhunderts. Von hier (Anlegestelle der Motorboote aus Schleswig ganz in der Nähe) gelangt man am Fuß der Hochburg, einer bewaldeten Hügelkuppe, die einst der frühen Siedlung Haithabu als Fluchtburg diente, zum Haddebyer Noor, einer flachen Wassertasche, die sich bis zum verlandeten Selker Noor tief ins Land

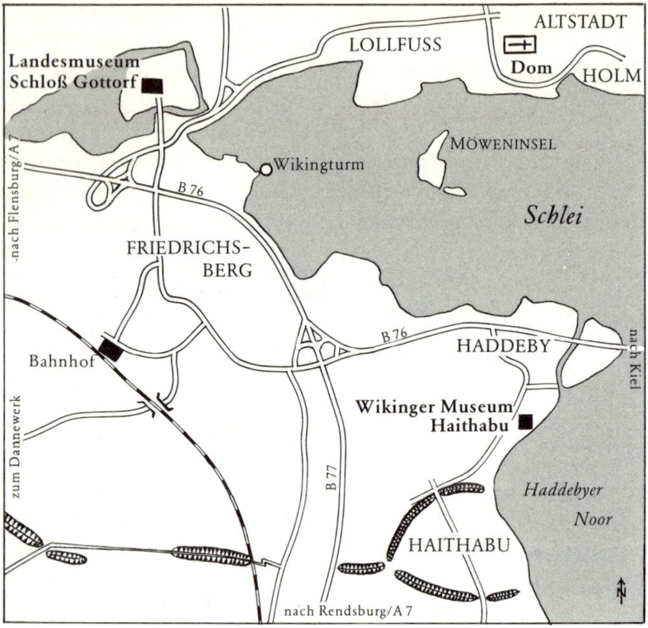

Schleswig und Haithabu, Lageplan

zieht. Noch heute ist dieses Noor von stiller, waldumstandener Einsamkeit, Wasservögel streichen ab, und wo Schilf Verlandung anzeigt, war einst das Wasser tief genug für die relativ flachen Schiffe der Zeit zwischen 400 und 1100. Die früheste, völlig unbefestigte Hafenstelle lag an einer noch immer erkennbaren kleinen Einbuchtung des Noors, wo eine flache Sandbank die kiellosen Schiffe bequem an Land zu ziehen erlaubte. Den Gräberfunden nach waren es ost- und westfriesische Kaufleute, die sich hier niederließen.

Erst für 808 ist **Haithabu** urkundlich in den Reichsannalen erwähnt, doch geriet es bald unter dänischen Einfluß, und gegen Ende des 9. Jahrhunderts hatte sich hier eine schwedische Wikingerdynastie unter König Olav etabliert. 934 wurde sein Sohn Knuba dem deutschen König Heinrich I. tributpflichtig. Der islamische Fernhändler Al-Tartuschin aus dem fernen Tortosa in

Spanien beschreibt das ihm ungewohnte rauhe Leben Haithabus, das mit 24 Hektar innerhalb der Umwallung größer war als das damals bewohnte nachrömische Köln. Die Tage Haithabus waren indessen gezählt, der Platz schwierig zu verteidigen. 983 eroberte der Dänenkönig Harald Blauzahn die Siedlung, 1050 brandschatzte König Harald der Harte von Norwegen und 1066 zerstörten letztmals seeräuberische Wenden den Platz. Das Interesse wandte sich nun dem Nordufer der Schlei zu, wo Schleswig entstand.

Weil die geschriebene Geschichte wenig Anhaltspunkte bietet, hat sich seit alters die Phantasie des Ringwalles bemächtigt, der im halbkreisförmigen Bogen mit sechshundert Metern Durchmesser die Stadt umschloß und fast zehn Meter hoch ist; drei Tore kann man im Erdwall erkennen und den Durchlaß für einen Bach. Von der Höhe der Wallkrone geht der Blick auf das schilfgesäumte Noor, den alten Hafen. An diesem Wall hat man vermutlich um 900 zu bauen begonnen; sein Schutz galt einer aus Holz errichteten, niedrigen kleinen Stadt, deren Verkehrswege auf Holzplanken verliefen, spärlichen Stallungen und einer kleinen, von Ansgar 849 geweihten Bischofskirche, deren Fundamente bislang nicht ergraben wurden. Haithabu besaß eine Münze, in der fränkische Silberlinge nachgeprägt wurden, die im ganzen Ostseeraum verbreitet waren. Als im 9. Jahrhundert schwedische Kaufleute aus dem alten russischen Handelsplatz Nowgorod den russischen Flüssen nach Süden folgten – die Wolga kommt Nowgorod recht nahe –, gelangten sie über Byzanz und die Länder am Euphrat bis nach Persien. Griechische, persische, ägyptische und arabische Waren fanden dabei auch den Weg nach Haithabu und brachten einen fernen, fast unwirklichen Glanz an diese nordischen Gestade. Umgekehrt war baltischer Bernstein bei den dunklen Frauen des Südens geschätzt, und so führten griechische Kaufleute aus Massilia, dem heutigen Marseille, Haithabu in ihren Kontorbüchern.

Als Harald der Harte und nochmals die Wenden 1066 die Stadt anzündeten, sanken die brennenden Schiffe im Hafen, sank alles in Asche, bedeckte sich wieder mit Erde. An einem düsteren Tag mit niedrigen jagenden Wolken gewinnt der dunkle Wall seine Gewalt zurück, rauscht der Wind in den nahen Bäumen und erzählt von den alten Göttern des Landes, wilden verwegenen Gestalten, die mit hängenden Zügeln daherjagen. Unendlich fremd, wie aus einer anderen mediterranen Welt klingt das schwache Läuten der Glocken der Haddebyer Kirche herüber. Dies alles – die alten Götter und der großräumige und kühne Güteraustausch einer Zeit, die außer Runen nichts Geschriebenes hinterlassen hat – wird anschaulich im WIKINGER-MUSEUM von Haithabu und in Schloß Gottorf mit seinen reichen Sammlungen.

In moderner Form dargestellt, auch Kindern pädagogisch verständlich gemacht, präsentiert das seit 1985 bestehende Museum die reichen Funde der Ausgrabungen unseres Jahrhunderts und erweckt so die alte kleine Stadt wieder zum Leben. Höhepunkt ist ein gehobenes *Wikingerschiff*, das man 1953 im Noor entdeckte, ein Langschiff, das kriegerischen Zwecken diente – die Frachtschiffe waren dickbäuchiger. Solange die Konservierung noch in Gang ist, nimmt seinen Platz ein nachgebautes Boot ein, an dem man die konstruktiven Elemente, den Spantenbau studieren kann. Die ausgestellten Funde decken den weiten Bereich zivilen, handwerklichen und bäuerlichen Lebens ab. Waffen erzählen von kriegerischen Auseinandersetzungen.

Nachprägungen karolingischer Münzen aus Haithabu

Der Begriff ›Wikinger-Museum‹ führt dabei vielleicht in die Irre. Die Wikinger waren germanische Seekrieger aus dem Norden, aus Schweden und Norwegen, in denen man die Vorfahren der im 10. und 11. Jahrhundert seßhaft werdenden und staatengründenden Normannen sehen kann. Doch mit dem Wegzug großer Teile der Angeln und Sachsen drangen von Schweden her Neusiedler ins Land, die den günstigen Platz an der Schlei in ihre Gewalt bekamen. Für jene Zeiten ohne flächenübergreifende nationale Strukturen ist es aber sehr schwer zu unterscheiden zwischen angriffslustigen beutedurstigen Wikingern, landsuchenden Einwanderern, die zunächst als Invasoren ebenfalls mit Gewalt an Land gingen, schwedischen Fernhandelskaufleuten und sächsisch-friesischen Altsassen, die Handel, Gewerbe und Landwirtschaft betrieben. Verwirrend sind die Münz-, Waffen- und Schmuckfunde, und nur die vier in der Nähe Haithabus gefundenen *Runensteine*, nun alle im Museum, geben spärliche Kunde.

Die germanischen Runensteine sind sagenumrankt. Mit Runen begann man kurz nach der Zeitenwende wichtige Ereignisse in Stein festzuhalten. Aber was uns so typisch nordisch erscheint und von vergangenen Machthabern germanisch stilisiert wurde, ist in Wahrheit eine dem Lateinischen entlehnte Schrift, mit dem Meißel in harten Granit gehauen. Darum waren dem Runenmeister die linearen Formen am liebsten, Rundformen fehlen fast ganz. Das alltägliche Leben bedurfte nicht dieser Schrift; sie diente ausschließlich kultischen oder besitzrechtlichen Bedürfnissen, mit denen germanische Fürsten aus der bisherigen freischweifenden Lebensform in die geregeltere, Grenzen ziehende und dokumentierende Form des Südens hineinwuchsen.

Der *große* und der *kleine Sigtryggstein* stammen aus der Zeit nach 934 und sind von der schwedischen Königin Astrid, Tochter Odinkars und Gemahlin Gnupas, für ihren Sohn Sigtrygg durch Gorm, den Runenmeister, gehauen. Der *Erikstein* stand noch vor kurzem in freier Feldmark bei Busdorf und ist dort durch eine Kopie ersetzt worden. Er berichtet, daß »Thorulf, der Gefolgsmann Svens, diesen Stein für seinen Genossen Erik errichtet hat, der den Tod fand, als die Krieger Haithabu belagerten, und er war Steuermann, ein wohlgeborener Krieger«. Dieser Stein spricht von der Endphase Haithabus, in der jütisch-holsteinische Stämme mit schwedischen Stammeskönigen und letztlich dem Herrschaftsanspruch des deutschen Königs rangen. Keiner der Runensteine ist von und für Bürger Haithabus gesetzt worden, alle künden von Fremden und Invasoren. Der vierte Stein im Museum ist der Busdorfer *Skarthistein* mit der Inschrift: »König Sven setzte den Stein für Skarthi, seinen Gefolgsmann, der nach Westen (also nach England) gefahren war, aber nun bei Haithabu fiel.« Auch hier die große Geste des Siegers, die Geschlagenen hinterlassen nur Moorleichen. Mit Sven ist wahrscheinlich König Sven Gabelbart von Dänemark gemeint, der von 985 bis 1014 regierte. In dem dahinterliegenden Hügelgrab hat man das Skelett eines Mannes aus dieser Zeit gefunden, vermutlich sind es Skarthis sterbliche Reste. – Ob es richtig ist, diese Steine von ihrem Standort zu entfernen, wo sie tausend Jahre den Elementen getrotzt haben? Man muß sie statt in musealer Enge im Wind sehen, unter dem Wolkenschatten einiger Birken ...

Südlich von Haithabu liegt der KÖNIGSHÜGEL, der eine weite Aussicht bietet. Einst als Grabhügel der jüngeren Bronzezeit mit umfangreichen Steinsetzungen angelegt, wurde er vielleicht Hochsitz eines Königsgerichts der Wikingerzeit. Überrascht finden wir heute ein österreichisches Denkmal für die Gefallenen der k. u. k. Armee, die im nassen Februar 1864 die nahen Dörfer und den Hügel gegen zähen Widerstand der Dänen stürmte.

Nach Louisenlund und Kosel

Der Straße nach Eckernförde folgend gelangen wir an der Großen Breite der Schlei unweit von Fleckeby nach LOUISENLUND. Landgraf Carl von Hessen-Cassel erbaute 1772 als Statthalter der Herzogtümer in der Zeit Christians VII. den Sommersitz und benannte ihn nach seiner Frau, der Schwester des Königs. Obwohl die Neigungen des Landgrafen ein wenig skurril waren, er zu alchimistischen und mystischen Dingen neigte, wurde Louisenlund doch gern von den Geistesgrößen der Zeit besucht, darunter Lavater, der Unermüdliche, und Graf Saint Germain. Bis 1945 bewohnte die landgräfliche Familie das Herrenhaus, das seine Ausstattung in den Zeitwirren verlor. Heute beherbergt es eine angesehene Internatsschule. Man kann das Gelände, den schönen Park am Ufer der Großen Breite, betreten. Ein letzter Glanz des einstigen Charmes, wie er sich auch im Namen kundtut, liegt noch immer zwischen den Bäumen und über dem weiß aus dem Grün leuchtenden klassizistischen Breitbau mit übergiebelten Mittel- und Eckrisaliten und schwerem Walmdach.

Die KIRCHE in KOSEL erinnert mit ihrem mächtigen Rundturm an die Ratenauer Kirche: Von massiver Mauerstärke und wehrhaft ragt er empor, die unteren Partien wie die der Kirche noch aus Feldsteinen des 12. Jahrhunderts; den oberen Abschluß bildet ein markanter Kegelhelm.

Louisenlund

Die Landstraße windet sich von hier zur Ostsee hinab, entlang dem Windebyer Noor, und selbst die wenigen Meter Höhe bieten einen schönen und weiten Blick auf die blauende See in der Eckernförde.

Segelfreuden zwischen Schleswig, Ärø und Fünen

Die Schlei ist ein besonderes Segelrevier und mag hier für viele Segelfreuden in Schleswig-Holstein stehen. Umgeben von grünen Uferauen, Dörfern und kleinen hübschen Städten wie Arnis und Kappeln gewinnt das Entlanggleiten unter weißer Leinwand etwas Amphibisches. Erst weit draußen, vor den Heringszäunen der Schleimündung empfängt uns die offene See, weitet sich der Horizont, liegen die dänischen Inseln als angenehme Tagesziele vor uns. Es ist ein bukolisches Bauernland, das wir durchsegeln, Kühe muhen uns vom Ufer aus an, der christlichen Seefahrt fremd, Bauernhäuser schmiegen sich zwischen Knicks und unter Bäumen, sonntägliches Geläut dringt an unser Ohr. Draußen hat sich eine ganze Flotte formiert, entfaltet sich aus der Schleimündung heraus in einen schönen Sommertag auf See, und manchmal drängen sie alle sturmgebeutelt wieder herein, wir werden das noch erleben. Wer nun nicht segeln mag oder dazu keine Gelegenheit hat, der nehme eines der Boote der Schleswiger Reederei Bischof, die von der Schiffbrücke in Schleswig über Haddeby, Missunde, Arnis und Kappeln zur Schleimündung fahren, freilich nicht auf See hinaus.

Das Boot muß in der Brodersbyer Marina klariert, Proviant und Seezeug verstaut werden. Ein schwacher morgendlicher Westwind treibt uns ins Fahrwasser und schläft bald wieder ein. Der Diesel wird angeworfen, und leise tuckernd gleiten wir an den zum Greifen nahen Ufern vorbei. Eine Landreise zu Wasser. Die Glocken von Krieseby und Sieseby klingen herüber, Eilige überholen uns, andere treiben gemächlich, lassen die Beine über Bord ins Wasser hängen. Das Boot wird erkundet: ein langer und sehr schmaler schwedischer Schärenkreuzer, innen mit einer gemütlichen Kajüte, in der abends die Hängelampe mit rotkariertem Schirm ein warmes Licht verbreitet, als wir in Arnis zum Übernachten anlegen. Ein Ort der Eigenwilligkeit, 1677 von 62 Familien aus Kappeln gegründet, die sich weigerten, dem Grundherrn Detlev von Rumohr auf Gut Roest den Treueid zu leisten. Wir haben auf ihr Andenken erst einmal eine Flasche entkorkt, das gehört sich so.

Anderntags hat der Wind aufgefrischt, die Takelage klingelt leise in das morgendliche Erwachen. Wir segeln ein kurzes Stück bis Kappeln, legen an und gehen durch die kleine saubere Stadt, in der jener Herr von Rumohr versucht hatte, die Leibeigenschaft durchzusetzen. Vielleicht hat darum sein Nachfahre Hans 1789 – die Zeit winkte ohnehin mit dem Zaunpfahl – die Kirche Sankt Nikolaus als Patronatsherr erbaut. Noch heute gibt es in den Herzogtümern und im Niedersächsischen solche Patronatskirchen, wo der Gutsherr den Pastor bezahlt und die Kirche unterhält. Der Altar von Hans Gudewerdt dem Jüngeren wurde später farbig gefaßt. Die stillen Straßen säumen Bürgerhäuser des 18. Jahrhunderts, manche aus Fachwerk und häufig mit Utluchten. Solche Städte haben nichts Besonderes, aber Stille und Gelassenheit, vielleicht zuviel des Guten für junge Menschen.

Im deutlich belebten Wind segeln wir durch die Kappeler Enge, vorbei an den hier seit undenklichen Zeiten gestellten Heringszäunen, einer Art Reusen, mit denen der zu gewissen Zeiten in die Schlei drängende Fisch gefangen wird. Die offene See wird von der Lotseninsel abgeschirmt, einem vogelreichen Naturschutzgebiet; rechts liegt der kleine Marinehafen. Dann trägt es uns durch die schmale Einfahrt, wir sollten mit ihr noch nähere Bekanntschaft machen …

Unser Ziel ist die dänische Insel Ärø, die wir umrunden wollen, um durch die Fünen vorgelagerten Schären zurückzukehren. Freund Reinhard, unser erfahrener Skipper und Herr an Bord, bemängelt das glasig diesige Licht, es gefällt ihm nicht, auch ist der Wind flau, und wir kommen auf ganze fünf Knoten in der fast spiegelnden, leicht dünigen See. Am frühen Nachmittag frischt es mächtig und schlagartig auf, die Sicht wird klar, und das Radio gibt Sturmwarnung. Eilige Umkehr. Kaum haben wir uns etwas wetterfest eingepackt, da heult es in der Takelage, spielt das Anemometer verrückt, faßt der Wind das Großsegel, schiebt den schlanken Schärenkreuzer mächtig an und drückt ihn in Schräglage. Wir schießen plötzlich mit vierzehn Knoten dahin, der Krängungsmesser zeigt uns Landratten beunruhigende dreißig Grad, und der Wind nimmt zu. Das eben noch müde und bleigraue Meer erwacht zu einem giftigen Flaschengrün, die zwischen den Wolkenfetzen durchblitzende Sonne läßt die von den Wogenkämmen aufgewehte Gischt leuchten. An der Heckducht des Bootes schießt das Wasser dunkel und drohend unheimlich rasch vorbei. Die Pinne wird festgezurrt und in aller Eile auf dem glitschnassen, schrägen Deck das Großsegel geborgen, das uns naß um die Ohren klatscht.

Mit der Fock segelnd gewinnen wir die Küste, an der das Licht des Leuchtturms an der Schleimündung aufblitzt. Der Verkehr auf dem Wasser wird dichter, hunderte Segel nah und fern. Mit knapper Not wird die rote Fahrwassertonne an Backbord gelassen, dann drängt alles durch die enge Einfahrt, hinter der einige Sandbänke lauern und das Fahrwasser begrenzen. Ein beeindruckendes Bild: Die heimkehrende sturmgebeutelte Flotte begegnet den Hartgesottenen, die sich anschicken, nun erst recht die offene See zu suchen.

Die Eckernförde

Eckernförde und die Gudewerdt-Werkstatt

Am Ende der Eckernförder Bucht, der weitesten der langgestreckten, tief ins Land greifenden Meeresarme, liegt das kleine Städtchen Eckernförde, dessen Name die Bucheckern, die hier auf den Steilufern reichlich anfallen, mit den Eichhörnchen verbindet; denn die Herren von Ekerenvorde hatten hier ihre Ykaernaeburgh oder Eichhörnchenburg – was uns die Vorstellung beschert, die Herren hätten sich wie die Eichhörnchen bescheiden von Eckern ernährt, welch liebenswürdiger Irrtum ...

Eckernförde ist seit 1325 der landstädtische Mittelpunkt dreier Landschaften: *Schwansen* im Norden der Förde, *Dänischer Wohld* im Süden und *Hüttener Berge* im Westen. Behaglich breitet sich der Markt um die NIKOLAIKIRCHE, einst weit enger umbaut. Die dreischiffige Hallenkirche, von einem spitzen Dachreiter auf dem Krüppelwalmdach akzentuiert, wurde im 15. Jahrhundert auf den Fundamenten einer spätromanischen Vorgängerkirche erbaut. Der Turmstumpf mit seinen unteren Granitquaderlagen stammt noch aus dieser Zeit. Unter dem bemalten Chorgewölbe

Meistersignatur vom Hochaltar der Nikolaikirche

steht der 1640 von Hans Gudewerdt dem Jüngeren geschaffene *Altar*, Hauptwerk des nordischen Knorpelbarock. Dem Stil der säulengeschmückten, in vielen ornamentalen Schmuckformen aufgelösten Schauwand entsprechen weitere Werke Gudewerdts, so die hölzernen Epitaphien der Familien Ripenau und Börnsen, an denen sich diese Sonderform des Barock mit ihrem überquellenden Zierat studieren läßt.

Die *Gudewerdt-Werkstatt* in Eckernförde war weit und breit renommiert und für die kleine Stadt auch wirtschaftlich bedeutsam. Sie stellt einen jener Glücksfälle dar, in denen sich die Wünsche geistlicher, bürgerlicher und adliger Auftraggeber mit dem elementaren Können einer handwerklich hochentwickelten Schule trafen, was für die Schleswiger Landschaft nicht weniger zutrifft als für die bayerische und fränkische mit den Dientzenhofer, Ignaz Günther und Balthasar Neumann. Ansonsten hielt man es mit Fischfang, Bierbrauen, Handel und Schiffahrt und mit gutem Kontakt zu dem umwohnenden Landadel, dessen Güter den Handwerkern der Stadt Arbeit boten. Es ist die an anderer Stelle bereits angesprochene wirtschaftliche Situation einer Stadt, die nur von Korn, Sprotten und Flundern nicht leben konnte, die darauf angewiesen war, subtilere Bedürfnisse zu befriedigen – und die waren in der weiten Landschaft nur auf den Adelsgütern und in ihr selbst vorhanden. Folgerichtig hatten viele dieser Familien einen Stadtsitz in Eckernförde; einer der letzten, die ›Ritterburg‹, heute ein Gasthaus, findet sich in der Kieler Straße.

Eckernförde erlebte seine großen Tage, als am 5. April 1849 im Dänisch-Schleswigschen Krieg ein dänisches Landemanöver fehlschlug und eine Küstenbatterie das Linienschiff ›Christian VIII.‹ in Brand schoß, so daß es in die Luft flog. Die Fregatte ›Gefion‹ wurde im Handstreich erbeutet. Sie diente noch bis 1890 unter demselben Namen in der preußischen, dann deutschen Marine als Schulschiff im Auslandsdienst. Die Eckernförder sind auf diese Eroberung eines großen Schiffes mit über dreihundert Mann Besatzung und zwei Sechzigpfündern sowie sechsundvierzig Vierundzwanzigpfündern sehr stolz. Die Galionsfigur der ›Gefion‹, angeblich aus Thorwaldsens Werkstatt, steht heute als weibliche Dreiviertelfigur im Kurpark, das letzte Viertel war damals noch tabu, wurde von den Köpfen der Windgötter verhüllt. Die Holzmengen, die bei der Explosion der ›Christian VIII.‹ an Land gespült wurden, müssen unerschöpflich gewesen sein, kaum ein Haus in Eckernförde soll es geben, in dem sich nicht Mobiliar aus diesem Holz befindet. Der Anker des Linienschiffs hängt noch an der Kirche, denn der hl. Nikolaus ist der Schutzpatron der Fischer und Schiffer – fragt sich nur welcher Seite.

Im Ortsteil BORBY steht eine schöne spätromanische Feldsteinkirche aus dem 13. Jahrhundert mit einem *Gudewerdt-Altar* und einer gotländischen *Taufe* desselben Meisters Calcarius, der die sehr ähnliche in Sörup schuf.

Hüttener Berge und Dänischer Wohld

Die Hüttener Berge sind ein reizvolles, knapp hundert Meter ansteigendes Wandergebiet mit kleinen, zum Baden geeigneten Endmoränenseen. Trotz der bescheidenen Höhenlage erinnert das waldreiche, als Naturpark geschützte Hügelland an Mittelgebirgslagen und bietet weite Aussichten.

Den 1906 von Adolf Brütt geschaffenen breitspurigen Bismarck, gestiefelt und gespornt, einst auf dem nordschleswigschen Knivsberg stehend, mochten die neuen Landesherren nach 1921 nicht, und so wanderte er, auch ein Vertriebener, auf den Aschberg in den nahen Hüttener Bergen, wo er seinen Verächtern verachtungsvoll die Kehrseite zeigt.

Der Name der südlich der Förde liegenden Landschaft ›Dänischer Wohld‹ könnte zu Mißverständnissen führen. Hier, an Levensau und Eider, dem heutigen Nord-Ostsee-Kanal, verlief einst die Grenze zwischen Schleswig und Holstein, und da Schleswig ein dänisches Lehen an den Schleswiger Herzog war, nennen die Urkunden dieses einst nicht bewaldete Gebiet ›Danica silva‹. Der an adeligen Gütern reiche Wohld, dessen meerseitige Randzone auch ›Schwedeneck‹ heißt, ist wegen der Herrenhäuser Noer, Knoop und Altenhof und seiner Strände an Eckernförde und Kieler Förde besuchenswert.

In **Noer** lebte der unglückliche Prinz Friedrich, der Sohn der Herzogin Louise, von der wir schon in Louisenlund hörten. Als ›Prinz Noer‹ übte er wie sein Vater das Amt des dänischen Statthalters aus, doch gedachte er daraus keine Sinekure zu machen, sondern begab sich 1848 auf die Seite der aufständischen Schleswig-Holsteiner, nahm mit den Lauenburger Jägern die Festung Rendsburg und mußte schließlich nach dem Rückzug Preußens aufgeben. 1851 ausgewiesen, starb er 1865 in Beirut. Das also gab es auch. Das 1953 aufgesiedelte Gut gehörte 1410 den Ahlefeldt, dann den Brockdorff, die 1708 den gegenwärtigen, nach einem Brand 1933 wiederhergestellten klassizistischen Breitbau errichtet haben.

Gut Altenhof, südlich von Eckernförde, einst den Brockdorff, dann den Reventlow gehörend, ist heute im Besitz der Familie von Bethmann-Hollweg und als Privatmuseum zugänglich. Auf ein schönes Herrenhaus mit elfachsigem Mittelbau führt eine stattliche Eichenallee zu. Ursprünglich von Cai Graf Reventlow als klassizistischer Bau errichtet, hat man ihm 1863 einen ärgerlichen Tudorstil aufgezwungen. Das Innere entschädigt durch die schönen Régence-Brüstungsgitter der Eingangshalle, das dem Rokoko verpflichtete Speisezimmer und den klassizistischen Saal mit Wandgemälden von G. A. L. Pellicia und gemalten Supraporten, in denen wir Julia Reventlows Einfluß ahnen. Der Sohn Cay Reventlows, Leiter der Königlichen Bibliothek in Kopenhagen, gab dem Hamburger Buchhändler Perthes, der sich 1810 mit Gleichgesinnten gegen Napoleon auflehnte und fliehen mußte, hier Asyl. – Über **Gut Knoop** wollen wir im Zusammenhang mit den Reventlow und Baudissin hören (vgl. Seite 407f.).

Damp: zwischen Seebad und Herrenhaus

Am Nordufer der Eckernförde, auf halbem Wege zwischen der Stadt Eckernförde und der Schleimündung, hat sich in den sechziger und siebziger Jahren ein Seebad zu einer Größe und Gestalt entwickelt, von dem man bei seinen Befürwortern mit Enthusiasmus annahm und bei seinen Gegnern befürchtete, es würde an den deutschen Ostseeküsten Schule machen. **Damp 2000** mit seinen Betonklötzen und Wohnwaben ist der Ableger einer Epoche, die in Spanien ganze Küsten verdorben hat, an der Ostsee aber bereits in ziemlich gezähmter Form ankam und hier kaum auf Nachfolge rechnen kann.

Es ist wohl auch ein Irrtum, in Malgrat wie in Damp zu glauben, diese Art von Massentourismus brächte den Einheimi-

Herrenhaus Damp, Treppenhalle

schen ungeahnte Gewinne. Zu hektisch ist das saisonale Geschehen, der Einzug von Managern, Bediensteten, von Köchen und Kellnern.

Früher kam der schleswig-holsteinische Badegast mit der Familie und suchte eine Ferienbleibe in den Häusern der Einheimischen, die sich von Juli bis September erheblich einschränkten, dafür ein ansehnliches Sümmchen verdienten und sich danach wieder im ganzen Haus ›ausstrecken‹ konnten. Das Geld blieb im Dorf, diente zur Verschönerung und Ausstattung der Häuser mit modernem Komfort. Das Geld der Vermietungsgesellschaften der heutigen Großobjekte dagegen verläßt das Land, beschert den Gemeinden eine Flut von Müll, der in Anlagen entsorgt werden muß, die in den übrigen acht Monaten des Jahres mit kleinster Auslastung unwirtschaftlich gefahren werden.

... die Gegenseite mit Orgel

Das nahe **Gut Damp** der Grafen von Reventlow mit dem 1595 erbauten schönen Herrenhaus könnte einem die Illusion vermitteln, man müsse nur in die rechten Umstände hineingeboren sein, um den Betonwaben entraten zu können. Natürlich ist daran etwas Wahres, wahr ist aber auch, daß die Erhaltung und Pflege eines solchen Gutes eine nie erlahmende Bemühung voraussetzt, ein ständiger Kampf gegen den Verfall alter Bausubstanz ist, ein Ringen mit dem Denkmalschutz, der auch erhalten, aber nicht bezahlen will.

Das Gut liegt auf zwei Inseln inmitten eines Wassergrabens, abgeschirmt von einem ockerfarbenen TORHAUS, dessen mächtige Durchfahrt ihr eigenes Gehäuse fast zu verschlucken droht. In gerader Achse folgt der Wirtschaftshof mit dem reetgedeckten Kuhhaus und der Roggenscheune, Fachwerkbauten des 18. Jahrhunderts. Der Weizen war damals noch nicht für das Klima des Nordens gezüchtet wie heute. Nach Überschreiten eines zweiten Grabens öffnet sich der kleine Ehrenhof mit dem HERRENHAUS von 1595. Äußerlich nur noch mit spärlichem Giebelschmuck der Renaissance versehen, prunkt das Haus im Inneren mit der von den Ahlefeldt 1656 im großen Barock-Stil umgestalteten zweigeschossigen *Treppenhalle* mit mächtigem Kamin und einer darüber förmlich emporwachsenden Orgel von 1698. Die prächtig stuckierte Decke mit vollplastischen musizierenden Engelpaaren stammt von Carlo Enrico Brenno. Trotz dieses hohen Anspruchs ist dieser Empfang-, Fest- und Musiksaal einer der schönsten im Lande, bringen die Renaissance-Schränke und -Truhen – vielleicht aus der Gudewerdtschen Schnitzwerkstatt in Eckernförde – ein behagliches Element in den Raum. Im Eßzimmer Wandbespannungen mit Hafenszenen, die Bezug nehmen auf Peter den Großen, der hier zu Gast war.

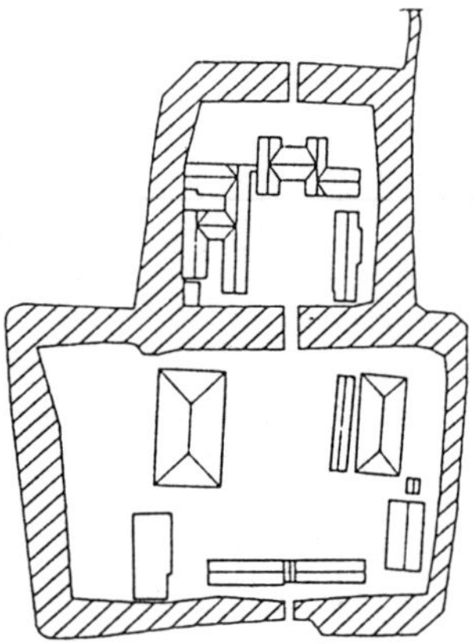

Gut Damp, Lageplan

Kiel – maritime Landeshauptstadt

Rückblick

Wer sich von der Landseite Kiel nähert, gewinnt den Eindruck einer völlig modernen Stadt. Nach den schweren Zerstörungen des letzten Krieges im nicht sehr originellen Stil der fünfziger Jahre wiederaufgebaut, zeigt sie nur geringe Spuren aus alter Zeit und ist touristisch wenig ergiebig. Wer aber mit Kielern spricht, wird kaum einen finden, der diese Stadt an der Förde nicht ob ihrer Lebensqualität rühmt und angenehme Erinnerungen mit ihr verbindet. Die Älteren zumal wissen zu berichten, daß das heutige Kiel trotz aller Nostalgie im Grunde viel schöner sei als das wilhelminische, das Ende des letzten Jahrhunderts allzu schnell in anmaßenden, gedankenlosen Formen und mit tiefer Verbeugung vor militärischen oder administrativen Zwängen erbaut worden war.

Schon am Anfang stand Kiel am Ende einer Entwicklung, die der Stadt wenig brachte. Als Kiel 1233 auf einer Halbinsel zwischen der Förde und dem Kleinen Kiel ›tom kyle‹ erbaut wurde, war die Hauptkraft der Kolonisation Ostholsteins unter Heinrich dem Löwen und seinen Nachfolgern zum Erliegen gekommen. Adolf IV., der städtegründende Schauenburger, erbaute die Stadt und die Burg der holsteinischen Grafen. Er starb im Franziskanerkloster 1261, und seine Grabplatte, angeschlagen von späterer Zeit, ist dort noch heute im Kreuzgang als Relikt einer fernen Zeit zu sehen.

Trotz seiner günstigen Lage hat sich Kiel als Hansestadt nicht hervorgetan; zu erdrückend war die Konkurrenz von Lübeck und Hamburg, und 1518 hat man Kiel kurzerhand aus der Hanse ausgeschlossen. An der Ambivalenz von Handelsplatz und Fürstensitz von jeher leidend, hatte Kiel sich nach hansischem Befinden zu sehr den Landesfürsten zugeneigt, geriet zwischen die streitenden Fronten, gewann aber als Sitz des Vierstädtegerichts von Kiel, Itzehoe, Rendsburg und Oldesloe Gewicht. 1460 unterzeichnete man im Kieler herzoglichen Schloß einen Vertrag, der die im berühmten Ripener Privileg gewährten Rechte

Kiel. Aus Braun–Hogenberg, ›Civitates orbis terrarum‹, 1588 (Ausschnitt)

Schleswig-Holsteins gegenüber der dänischen Krone unterstrich, die sogenannte ›Tapfere Verbesserung‹. Mag sie auch tapfer gewesen sein, nach großer Machtfülle klingt es nicht. Wo aber der Fürst wohnte, da mochte der Adel auch sein, der seine Geldgeschäfte hier vor allem am Dreikönigstag eines jeden Jahres betrieb, noch heute als ›Kieler Umschlag‹ ein wichtiger Termin. Wie der dazugehörige Markt unter freiem Himmel, so sind auch die alten Adelspaläste der Stadt untergegangen und vergessen: der Buchwaldtsche Hof, das Saldernhaus; nur noch der Warleberger Hof in der Dänischen Straße 19 hat sich in Umrissen erhalten.

Einen zweiten, wenig glücklichen Anlauf, an Größe und Bedeutung zu gewinnen, nahm Kiel bei der Reichsgründung. 1871

zum Reichskriegshafen ernannt und unter Marinestaatssekretär Tirpitz zügig ausgebaut, sah es das Wachsen der wilhelminischen Flotte. Werften wurden am Ende der Förde aus dem Boden gestampft, große Molen wie die Tirpitzmole dienten als Liegeplätze für graue, dicke und kanonenstrotzende Schiffsleiber. Auch dies war 1918 vorbei. Die jahrelange Untätigkeit der in der Deutschen Bucht und der Ostsee eingesperrten Flotte, umlaufende Gerüchte eines letzten Ausbruchs, als alles schon verloren war, nährten die Unzufriedenheit der Matrosen, machten sich im Kieler November-Aufstand von 1918 Luft, der das Ende des Zweiten Kaiserreiches einläutete. Dann zehrte Arbeitslosigkeit am Lebensnerv der Stadt. 1933 schien sich die Lage zu bessern und war doch nichts anderes als der Anlauf zur zweiten Katastrophe, die ab 1943 die Stadt in Schutt und Asche legte.

Dennoch ist Kiel, seit 1946 Landeshauptstadt, eine liebenswerte und besuchenswerte Stadt, die Förde, zumal zur Zeit der Kieler Woche, ein großes Bild. Unser Rundgang soll nur wenigen Monumenten der Altstadt gelten, um rasch zum Hafen vordringend per Schiff die Förde zu durchstreifen. Am Südufer der inneren Förde verlocken Heikendorf, Laboe und Möltenort zum Baden oder Strandbummel.

Stadtrundgang

Der Grundriß der alten umwallten Stadt ist immer noch deutlich im Stadtbild wahrnehmbar, freilich fehlt der tiefe Einschnitt, der einst vom Kleinen Kiel zum Hörn zog, heute nur noch in teichartigen Rudimenten dort erhalten, wo die kleinen Ostsee-Schiffe unmittelbar neben dem Hauptbahnhof am Seebahnhof liegen. Zentrum der modernen Altstadt ist nach wie vor die äußerlich das historische Bild bewahrende NIKOLAIKIRCHE am Markt, deren Inneres von großer schlichter Schönheit wie wenige Kirchenräume Moderne und Mittelalter glücklich verbindet. Trotzig steht vor der Kirche wie ein flügeltragender Erzengel Michael der *›Geistkämpfer‹ Ernst Barlachs* auf einem sein Maul grimmig fletschenden Wolf, sein geistiges Schwert über den Unhold erhebend, in dem man manchen Zeitgeist der Jahre vor 1945 erkennen mag. Wie allen Werken Barlachs, die man im Hamburger Barlach-Museum bewundern kann, rührt uns auch in diesem das Wissen an, das Wissen um Zerbrechliches und Vergängliches, das sich in fast frühmittelalterlicher Sprödigkeit und Einfalt noch einmal dessen erinnert, was hätte werden können ...

Die Mitte des 13. Jahrhunderts begonnene Nikolaikirche hat die Restaurierungen des 19. und die Bomben des 20. Jahrhunderts nicht ohne schwere Schäden überstanden. Unter ihren Kunstwerken sind der teils geschnitzte, teils gemalte *Erzväteraltar* aus der alten Franziskanerkirche, um 1460 unter holländischem Einfluß in Hamburg entstanden, und die prächtige, auf vier Löwen ruhende *Bronzetaufe*, 1344 von J. Apengeter aus Lübeck gegossen, die *Schnitzkanzel* von 1705, mit der sich Berninis römischer Barock in den kühlen protestantischen Norden vorzuwagen

Beseler Allee
Waitzstraße
Feldstraße
Knooper Weg
Holtenauer Straße
Lornsenstraße
Niemannsweg
Landeshaus
Ministerien
Schauenburger Straße
Koldingstraße
Jungmannstraße
Jungmannstraße
Düsternbrooker Weg
Kiellinie
Lehmberg
Universitäts-kliniken
Alter Botanischer Garten
Institut für Meereskund
Feldstraße
Lessingplatz
Dreiecksplatz
Brunswiker Straße
Kunsthalle
Wilhelminenstraße
Bergstraße
Schloß-garten
Autofähre nach Oslo und Bagenkop
Lorentzendamm
Kiel
Oslokai
Lorentzendamm
Kleiner Kiel
Jensendamm
Jensen-damm
Dänische Straße
Kieler Hafen
Küterstraße
Martensdamm
Schloß
Schloßstr.
Opernhaus
Markt
Nikolai-Kirche
Rathaus
Rathaus-platz
Fischhalle (Schiffahrtsmuseum)
Schumannstraße
St. Nikolaus
Berliner Platz
Holsten-straße
Wall
Andr.-Gayk-Straße
Autofähre nach Göteborg
Ostseehalle
Kaistraße
Bollbörnkai
Sporthafen Gaarden
Howaldtswerke-Deutsche Werft AG
Stresemann-platz
Hafenamt
Friedrich-Straße
Werftstraße
Hauptbahnhof
Sophienblatt
Norddeutsche Straße
Werftstraße
Elisabethstraße
Kaistraße
Die Hörn
KIEL
0
250 m
Karlstal

scheint, das *Triumphkreuz* von 1490 und das reiche *Rantzau-Gestühl* von 1543 bemerkenswert.

Das EHEMALIGE FRANZISKANERKLOSTER in der Falckstraße, 1240 erbaut und in der Reformation durch Friedrich I. von Dänemark aufgelöst, wurde zur Keimzelle der Christian-Albrechts-Universität, die 1665 aus der Bordesholmer Klosterschule auf Geheiß Herzog Christian Albrechts hierher umzog. Es war Katharina II. von Rußland als Landesherrin gottorfischer Gebiete, die 1768 am Schloß einen Neubau der Universität errichten ließ, der samt seinem Nachfolgerbau im Krieg unterging. Im Franziskanerkloster sind noch der Westflügel des Kreuzgangs und das Refektorium sowie der Grabstein Adolfs IV. von Schauenburg (1261) unter späterer Überdachung sichtbar.

Das heutige RATHAUS der Stadt Kiel, wie das STADTTHEATER vor dem Ersten Weltkrieg erbaut und nach den Zerstörungen des Zweiten Weltkriegs bei erhaltenen Fassaden wiederhergestellt, dominiert mit seinem campanileartigen Turm das breitgelagerte Ensemble zwischen Kleinem Kiel und Rathausplatz. Das Innere gruppiert sich um ein als Rotunde gestaltetes Treppenhaus und bewahrt Sandsteinwappen vom Flämischen Tor, dessen Name die alte Handelsrichtung deutlich macht, Porträts dänischer Könige und gottorfischer Herzöge, auch der Zarin Katharina II. Das Alte Rathaus am Markt wurde völlig zerstört – unerfindlich, warum man die erhaltenen Gewölbe des alten Ratskellers 1950 zuschüttete (heute wieder ausgegraben und als Lokal zugänglich). Nicht weit ist es von hier zum WARLEBERGER HOF, dem KIELER STADTMUSEUM in der Dänischen Straße 19. Von einem Ratsschreiber 1616 erbaut, diente es Henning von Rumohr 1765 als Stadtpalais.

Am Nordrand der Altstadt, nahe der Förde, liegt das SCHLOSS, von dem freilich nur noch Fragmente erhalten sind. 1558 baute Adolf von Gottorf die ältere Schauenburgische Burg zu einem Renaissance-Schloß um. Der Haupttrakt bestand aus vier Parallelhäusern mit Flügeltürmen, die sich zur Wasserseite präsentierten. 1695 hat Domenico Pelli aus Lugano zur Stadtseite eine Erweiterung errichtet, die Katharina II. 1763 durch E. G. Sonnin im klassizistischen Stil teilweise verändern ließ. Nach den Verwüstungen von 1944 hat man in Umrissen und auf altem Granitquaderfundament versucht, den einstigen Eindruck als Sitz der lan-

Ernst Barlachs ›Geistkämpfer‹ an der Nikolaikirche

desgeschichtlichen Sammlungen wiederherzustellen. Nur der Rantzaubau mit hohem Walmdach und Eckrustizierung blieb als Teil der von Pelli errichteten Gebäude erhalten und beherbergt die Gemäldegalerie und die Kunstgeschichtlichen Sammlungen.

Das russische Tauschgeschäft

1773 war das Schloß Schauplatz einer politischen Rochade, man könnte auch sagen: eines Kuhhandels von weitreichender Bedeutung. Er begann 1727 mit dem Einzug des Herzogs Karl Friedrich, dessen

Gemahlin Anna die Tochter des Zaren Peter des Großen war. Beide starben bald, und ihr Sohn Karl Peter Ulrich, als kleines Kind nach Sankt Petersburg gebracht, bestieg 1762 als Peter III. den russischen Thron. Damit wurde der gottorfische Teil Schleswig-Holsteins ein russisches Großfürstentum. Peter III. hatte bereits 1745 als Thronfolger die Prinzessin Sophie Auguste von Anhalt-Zerbst geheiratet, die nach dem mysteriösen Tod des jugendlichen Zaren als Katharina II. ›die Große‹ in die Geschichte einging. Damit wurde Zarin Katharina Landesherrin in Kiel, das aufstrebende Rußland saß am Ausgang der Ostsee, was weder den Dänen noch den anrainenden deutschen Fürsten sonderlich behaglich war. Der aus bürgerlichem Stand stammende holsteinische Diplomat Caspar von Saldern löste im Verein mit seinem dänischen Kollegen J. H. E. Graf Bernstorff dieses Unbehagen durch einen Tausch, bei dem Holstein an den König von Dänemark kam, der dafür der jüngeren, im Fürstbistum Lübeck (Eutin) regierenden Gottorfer Linie auf einigen Umwegen die Grafschaften Oldenburg und Delmenhorst überließ, 1777 zum Großherzogtum Oldenburg erhoben.

Wir wenden uns nun dem HAFEN zu, der sich am Westufer der Förde vom alten Stadthafen des Hörn bis zum Oslokai in Höhe des Schlosses erstreckt. Der *Oslokai* ist eine der Drehscheiben des Skandinavienverkehrs nach Oslo und Göteborg. Ständig liegen hier weiße Fährschiffe und tuten nach ihren Fahrgästen (denn die Konkurrenz ist groß geworden). Vom Hörn legen die kleinen Schiffe zur Hafenrundfahrt und die Begleitschiffe der Kieler Woche ab, wir werden davon noch hören.

Tirpitz: Flotte und Schicksal

Folgt man dem ufernahen *Düsternbrooker Weg* nordwärts, so gelangt man zur KUNSTHALLE mit ihren Sammlungen schleswig-holsteinischer Maler vom 17. bis zum 20. Jahrhundert. Dann wird es rasch grüner, baumbestandene Parks umgeben am Düsternbrooker Gehölz das LANDESHAUS, den Sitz der Landesregierung von Schleswig-Holstein, ursprünglich als Marineakademie erbaut. Dann biegt das *Hindenburgufer* nach Westen, öffnet sich zur TIRPITZMOLE und dem SCHEERHAFEN. Hier liegen meist einige Zerstörer und Fregatten der Bundesmarine, Versorgungsschiffe und U-Boote, hin und wieder das Segelschulschiff ›Gorch Fock‹, und wecken die Erinnerung an jene Zeit, in der Admiral

Alfred von Tirpitz (1849-1930) als Staatssekretär des Reichsmarineamtes die deutsche Flotte zur zweitgrößten Seemacht der Welt machte und mit ungeheuerem Kostenaufwand letztlich den Primat der Politik in Frage stellte.

Im Gegensatz zur Bismarckschen Politik, die dem Flottenbau und der Kolonialfrage stets reserviert gegenüberstand, hatte Tirpitz geglaubt, daß eine starke deutsche Flotte England von einem Krieg gegen das Reich abschrecken würde. Diese Hoffnung wurde 1914 zunichte, zumal es gerade die Flottenpolitik war, die in England eine antideutsche Stimmung schürte.

Hier an der Kieler Tirpitzmole kann man sich heute nicht mehr das Gedränge von zahlreichen Linienschiffen und Schlachtkreuzern des Flottenchefs Admiral Scheer, einem weiteren Hundert von Kreuzern, einer Armada von Torpedobooten und Troßschiffen vorstellen, deren hochbordige hellgrau und hellbraun gestrichene Rümpfe, von Kasemattkanonen starrend und überragt von gewaltigen Zwillingsdrehtürmen, rußrauchenden Schornsteinen und Brücken, ein Bild boten, das man heute – in moderner Form – nur noch im pazifischen San Diego oder im atlantischen Norfolk sehen kann.

Die Straße führt am Ufer der Förde weiter durch den Ortsteil Wik und quert bei Holtenau die riesigen Schleusenanlagen des Nord-Ostsee-Kanals, früher Kaiser-Wilhelm-Kanal. Auch er ist in erster Linie ein Kind wilhelminischer Flottenpolitik, noch 1938 erweitert, um den damals größten im Bau befindlichen Schlachtschiffen, der ›Bismarck‹ und ›Tirpitz‹ mit ihren über 50 000 Tonnen Wasserverdrängung bei 36 Metern Breite und 10,6 Metern Tiefgang die Durchfahrt zu ermöglichen. Der Größenvergleich solcher Schiffe mit den heutigen Tankern und Passagierdampfern wird dem Binnenländer dadurch etwas erschwert, daß Kriegsschiffe nur die Wasser*verdrängung* nennen, also den unter Wasser liegenden Raum, der gleichzeitig das Gewicht des Schiffes in Gewichtstonnen angibt, während Frachter nach Bruttoregistertonnen, also dem nutzbaren Bruttoraum unter *und* über Wasser in Raumtonnen bemessen werden, daher zu höherer Tonnage bei äußerlich gleich erscheinender Größe kommen.

Olympische Marina von Schilksee

Diese Probleme haben die Segler kaum, deren schmucke Boote aller Klassen in der olympischen Marina von Schilksee, 1972 erbaut, in der Brise dümpeln und von den letzten Regatten träumen. Die Olympiade vom August 1972 hatte, weit über das sonstige Maß der alljährlich im Juni stattfindenden Kieler Woche hinaus, Segler aller Größen in die Förde gelockt. Auch wenn ich dieses Ereignis dem Leser heute nur noch geistig vor Augen führen kann, so mag es ihm doch Einladung sein, solche seltenen Momente, wo auch immer, nicht zu versäumen, in denen sich das unbeschreibliche maritime Bild, die fürstliche Grandezza einer ihre Segel entfaltenden Armada von Großseglern überwältigend präsentiert.

Es war Anfang September 1972, leicht diesig am frühen Morgen, als die in Malmö ausgelaufene Flotte der sechzig Windjammer in breiter Formation unter gewaltiger, den Horizont abschirmender Wand weißer Segel in die Kieler Förde einlief, umschwärmt von Hunderten und Aberhunderten kleiner Segler, umkreist von ganzen Schwärmen von gischtwerfenden Motorbooten, begrüßt vom sonoren Tuten aller Dickschiffe und solcher, die wenigstens heute einmal dick sein wollten.

Am späten Nachmittag, unter strahlend blauem Himmel, ragte ein Wald von Masten an der Blücherbrücke und an der Tirpitzmole, drängte sich hochbordig und altmodisch Rumpf an Rumpf, glänzten goldene Nixen, Tritonen und Meerjungfrauen als Galionsfiguren, wehten die bunten Flaggen aller seefahrenden Nationen im Top, spannten sich Hunderte von dicken Manilatauen zum Ufer, hingen die Sailors über der Reeling, machten ihre Fallreeps oder Brücken klar, um die drängende Menge an Bord zu lassen. Die prachtvolle ›Christian Radich‹ aus Norwegen, die ›Danmark‹ aus Dänemark, die ›Dar Pomorza‹, als ›Prinzess Eitel Friedrich‹ bei Blohm und Voss 1910 in Hamburg gebaut, die ›Eagle‹ aus Boston, 1936 ebenfalls bei Blohm und Voss gebaut, die ›Gloria‹ aus Kolumbien, unsere ›Gorch Fock‹, die schnittigen Gaffelschoner der Malcolmklasse aus England, die behäbigen Segler ›La Belle Poule‹ und ›L'Etoile‹ aus Frankreich, um nur die Stars zu nennen, inmitten der Briggs und Ketschen, der Ewer und Schoner. Den ganzen Kai entlang, wohin man trat, Tampen und Tauwerk und Füße, Geruch nach Teer und See, auch ein Hauch von Whisky dazwischen, und die letzten standen noch auf den Fußpferden unter den Rahen und in den Wanten und machten die Segel fest. Unten, in den Schiffen, machte man indessen landfein, während andere eher mürrisch unter Aufsicht eines Maates das altmodische Messinggehäuse des hochmodernen Kreiselkompasses auf Hochglanz bringen mußten. Oben an Deck standen die sonnengebräunten Schiffsoffiziere und plauderten mit den besuchenden Damen der Konsulate. Maate pfiffen Seite, wenn Kollegen von nebenan an Bord kamen. Am Abendhimmel zeichnete sich das filigrane Gewirr der Takelage ab, ein Bild wie aus einer anderen Zeit ...

Heikendorf, Laboe und Molfsee

Östlich der Förde verliert sich die Straße im Komplex der Werften, der Howaldtswerke zumal, und erreicht erst hinter der Schwentinemündung und Dietrichsdorf mit seinem Fischerhafen angenehme Landschaft. Zwischen Heikendorf und Laboe kann man auf schmalen Straßen den unmittelbaren Saum der hier feinsandigen und zum Baden einladenden Förde erreichen. In Möltenort erinnert das U-BOOT-EHRENMAL an die auf See gefallenen U-Bootmänner beider Weltkriege. Doch verwischen sich die Schatten dieser Erinnerung im Sommer, gehört die Stunde dem Dösen am Strand, den guten Fischlokalen, bevor wir nun durch offene, hügelige Landschaft nach Laboe hinunterfahren, überragt von dem an einen Schiffsbug erinnernden Turm des 1929 erbauten MARINE-EHRENMALS. Inmitten der Badenixen steht denn auch fast verfremdend ein auf den Sand gesetztes Unterseebot Typ VII, wie es in den vierziger Jahren in den endlosen Geleitzugschlachten des Atlantik eingesetzt war. Man kann das Boot innen besichtigen, sich den Kopf stoßen an zahllosen Rohren, Gestängen, Leitern und Ventilen, die drangvolle Enge der Mannschaftskojen erkennen, die Dieselmotoren für Überwasserfahrt und die E-Maschinen für Unterwasserfahrt, die Torpedorohre achtern und im Bug. Kriecht man durch die Sperrschotten, spürt man die Angst im Nacken, hier nicht mehr herauszukommen, wenn der Tiefenmesser zitternd auf 150 Meter Tauchtiefe kroch, das entsetzlich singende Ping-ping der Sonarortung das Boot erfaßt hatte und der Druck explodierender Wasserbomben die Stahlplatten knirschen ließ. Was mag mancher Kommandant in seinem winzigen Schapp gedacht haben, wenn er den Vorhang zuzog, um im Licht der grün beschirmten Lampe die jüngsten Funkbefehle aus Saint-Nazaire zu studieren?

An der Bundesstraße 4 von Kiel nach Hamburg liegt das sehenswerte FREILICHTMUSEUM MOLFSEE mit hierher versetzten Bauernhäusern aus ganz Schleswig-Holstein.

Kieler Woche auf der Förde

Den freundlichsten Eindruck Kiels und seiner Förde gewinnt man unstreitig an Tagen der Kieler Woche, wenn man dem Rummel an den Ufern entflieht und mit einem Schiff hinausfährt, um eine Regatta aus der Nähe zu sehen. Manchmal hat man das Glück, dies an Bord eines großen Seglers zu erleben, und davon soll berichtet werden.

Am frühen Morgen hatten wir an der Blücherbrücke geparkt, noch war alles leer. Es war ein adretter Dreimastschoner der Jahrhundertwende, der mit gerefften Segeln am Kai lag, feingeputzt, die Messingbeschläge in der Sonne funkelnd, das Tauwerk ordentlich aufgerollt. Letzter Proviant und viele Buddels wurden an Bord gehievt.

Mit der ersten Brise legten wir mit dem Hilfsdiesel vom Pier ab, trieben in den Strom hinaus, und wer beschreibt unser Erstaunen, als unter den Leichtmatrosen, die leichtfüßig in die Wanten stiegen, um die Segel zu lösen, einige sich als Matrosinnen entpuppten, die, mühsam das lange Haar gebändigt, fröhlich vom Krähennest herabwinkten und ganz unzimperlich mit rauh gewordenen Händen zugriffen. Wenn das der hl. Antonius wüßte, der unten in der mahagonigetäfelten Kajüte Wache hält, wie einige Jahrhunderte seemännischer Moral und Vorurteile hier in Frage gestellt werden!

Gegen zehn Uhr frischte der Wind auf, die Segel bauschten sich, und wir machten, während sich die Regattameute sammelte, einen weiten Schlag in See. Der Himmel war nun tiefblau, prachtvoll standen die Gaffelsegel über uns, wir kletterten über die Bugreeling ins Klüvernetz, in dem man herrlich wie in einer Hängematte liegen kann. Der Wind rauschte über uns in der Takelage, unter uns schnitt der weiße Bug in die tiefe Bläue, rauschte das geteilte Wasser und warf gelegentlich ein paar ermunternde salzige Spritzer hoch. Möwen umschwirrten das Schiff, gierig nach zugeworfenen Brocken schnappend. Wir gewannen Fahrt und leichte Schräglage, und von unserem Ausguck, weit vor dem Schiff, kam es wie mit Flügeln auf uns zugeflogen.

Später, die Klüversegel sind noch gesetzt worden, die beim Wenden wild knallen, segeln wir zurück, gerade rechtzeitig, um den Kanonenschuß von dem die Regatta begleitenden Minensucher zu hören, der die Flotille der Star-Boote in Marsch setzt, sich allmählich entfaltend und die nahe Wendeboje umrundend. Das große Ereignis ist die Regatta der atlantischen Rennyachten, der ›Pinta‹, ›Rubin‹ und ›Saudade‹. Die abenteuerlich wirkende Schräglage der Boote, ihre Leeseite fast im Wasser hängend, sich gegenseitig den Wind abschneidend beim Wenden, nur noch der Mann am Ruder im Boot, alle anderen in orangefarbenen Seglerjacken angeseilt und außenbords hängend, holen das letzte an Geschwindigkeit aus dem getrimmten Boot heraus. Riesig blähen sich die bunten Spinnacker vor den Yachten, müssen beim Wenden geschickt abgefangen werden, bevor sie womöglich ins Wasser klatschen und die Geschwindigkeit abbremsen. Ein solches Boot im Gegenlicht um die Wendetonne drehen zu sehen ist ein großes Bild voller Ästhetik und Kraft, wenn sich die technisch-schnittigen Schiffe perspektivisch verkürzen und die Kontur eines gedrungenen walfischartigen Körpers annehmen, gleichsam selbst zu Meeresbewohnern werden.

Der hereinbrechende Abend sieht uns recht fröhlich samt den Matrosinnen, der Captain hat längst die Segel bergen lassen und schippert gemächlich mit dem Diesel zurück. Gerade läuft unter dem gewaltigen Portalkran der Howaldtswerft ein riesiger roter Flüssiggastanker vom Stapel, ein Spektakel, das in heftigem, herausforderndem Kontrast zur Nachbildung einer alten Galeone steht, die braungeteert mit geöffneten roten Kanonenpforten und mit bunten hiesigen Admiralsflaggen geschmückt am Scheerhafen liegt, als wollte sie entrüstet sagen: »Mit son neumodschen Krom geiv wi uns nich ab.«

Strände an der Lübecker Bucht

Die weitgeschwungene Lübecker Bucht mit ihren Seebädern, Küstenwäldern und Steilufern ist nach dem Verlust der Küsten Mecklenburgs zum Eldorado des Sommerurlaubs geworden.

Kaum ist man am siebentürmigen Lübeck vorbeigefahren, zweigt auch schon die neue Autobahnanbindung nach Travemünde ab. Glücklicherweise ist wenigstens das letzte Stück, die Trave abwärts, noch die alte schöne Landstraße geblieben. Windgebeugt stehen die Alleebäume gegen den Fluß geneigt. Gewiß, manchmal geht es hier nur im stop and go, aber das gibt uns Zeit, das reizvolle Bild der leicht hügeligen Landschaft und das in die letzte Flußschleife malerisch gebettete Travemünde zu sehen. Unerwartet große und hochbordige Skandinavienfähren liegen am Ufer des eher bescheiden und pastoral wirkenden Flusses.

Vom Charme Travemündes

Der Seeverkehr am SKANDINAVIENKAI nach dem Norden und Osten hat lange Tradition. Bereits 1828 betrieb man hier einen Passagierdienst nach Sankt Petersburg, dem heutigen Leningrad, kaum daß die napoleonische Zitadelle an der Trave abgerissen worden war. 1833 wurde die Spielbank eröffnet, kein Wunder, galten die Russen doch als geradezu spielsüchtig, was ihnen heimisches Gesetz nicht grundlos verbot.

Neben den Skandinavienfähren der TT-Linie mit den romantischen Namen ›Peter Pan‹ und ›Nils Holgersson‹, die an Hans-Christian Andersen erinnern, den großen Dänen, der erst über deutsche Kinderherzen zur Berühmtheit wurde, legen am Seebahnhof die Finnlandfähren an, deren Flaggschiff, die ›Finnjet‹, uns samt Auto zu einer angenehmen Reise nach Helsinki und mit dem Auto weiter nach Leningrad einlädt, einer der bequemsten Arten, nach Rußland zu reisen. Auch zwei Tage und eine Nacht nach Helsinki und zurück an Bord eines komfortablen Schiffes zu sein, im Sommer, wenn die Ostsee mediterrane Züge annimmt, aber auch im Winter, wenn der Bug sich durch das sonnenspiegelnde Eis splitternd seinen Weg bahnt, ist ein Erlebnis unvergeßlicher Art. Die Schlemmerkalorien des großen Buffets können wir schließlich in der finnischen Bordsauna wieder loswerden.

Wir verlassen den Skandinavienkai, einen der großen Seebahnhöfe Europas, an dem es gute Restaurants mit schönen Ausblicken gibt, sehen mit Fernweh die über den Warteschlangen der Autos ausgeschilderten Ziele der baltisch-skandinavischen Welt: Helsinki, Rödby, Kopenhagen und Trälleborg – so wie andernorts Chiasso, Milano, Paris an den Gleisen steht.

Dann wird die Straße durch Travemünde zu einer der schönsten Hafen- und Uferpromenaden Norddeutschlands, gesäumt von kleinen Hotels und Geschäftshäusern unter kurzgeschnittenen Kopfweiden; sommerliches Weiß kontrastiert zum Blau des Himmels und seinem weißdurchwölkten Spiegelbild im breiten Fluß. Auch die zahllosen Segelboote an den Anlegern, die jenseits des Wassers ihre Rahen emporreckende ›Passat‹, Schwesterschiff der unglücklichen, in einem Hurrikan 1957 untergegangenen ›Pamir‹, der altmodische Schlepper ›Stettin‹ mit seinem Qualmschornstein und ganze Geschwader höchst zutraulicher Enten und Schwäne bestimmen das heitere Urlaubsbild.

Wir finden wohl einen Parkplatz nahe dem alten Leuchtturm, hinter dem sich das Travemünder ›Maritim‹ auftürmt; jenseits liegt breit das neoklassizistische weiße Kurhaus, einen eleganten Akzent setzend, 1912 erbaut als Nachfolger des älteren, 1812 von Lillie errichteten Vorgängers, in dem sich Europa von den Napoleonischen Kriegen erholte. Wir gehen erst einmal die Uferpromenade hin und zurück. Ein Boulevard der kleinen Eitelkeiten, große sind hier nicht denkbar. Aber die Farben sind fröhlicher als in der Stadt, die Röcke flattern etwas frecher im Wind, und graumelierte Herren entschließen sich zu einem vorletzten Flirt in sportlich grauer Flanellhose und kühn eingestecktem Krawattenschal. Überall werden Boote zum Auslaufen klariert, Thermosflaschen und Eßbares an Bord verstaut, dann schiebt man gemächlich hinaus in die Strömung, wartet, bis ein Dickschiff mit bedrohlich hochragender Brücke hochmütig vorbeigezogen ist, entfaltet mit Grazie seine Segel und folgt dem Schwarm von Yachten, der flußabwärts die offene See gewinnt. Von dem kleinen Leuchtturm am Molenkopf, der weit in die Strömung hineingesetzt ist, bietet sich ein schönes Bild: Die Boote rauschen sanft direkt unter den Zuschauern vorbei, der blauschimmernde Horizont ist übersät mit Hunderten und Aberhunderten weißer Segel, während zur Linken der breite Sandstrand mit seinen tiefgestaffelten buntbetupften Batterien von Strandkörben in weitem Bogen zu den grün bewaldeten Ufern am Möwenstein und der Hermannshöhe langsam ansteigt.

Manche verschmähen das Maritim-Hochhaus, doch zu Unrecht, solange es bei *einem* bleibt. Es bildet den vertikalen Akzent in einer dem Horizontalen verbundenen Küstenlandschaft und trägt das Leuchtfeuer, das in die Travemünder Bucht hineinführt – der alte Leuchtturm von 1539 zu seinen Füßen ist heute beschauliches Relikt. An kühleren Tagen kann man sich hier im Meerwasserschwimmbad ergehen, und mancher sonnige, aber eiskalte Wintertag findet hier sein Publikum ›up'n Knust‹ – wörtlich einer Brotkante – beim Mittagessen oder einem steifen Grog, bevor es hinausgeht in den ebenso steifen Wind, der um die Ecke bläst oder den Sand hinausfegt aufs hochgetürmte Eis der Bucht, gelegentlich von einem eisbrechenden Fährschiff krachend durchfahren und durchwandert von pinguinartig vermummten Gestalten.

Heute aber gilt unsere Freude dem sonnenflimmernden Meer, das gar kein Meer ist, sondern die weite Lübecker Bucht. In der Ferne begrenzt von den Hügeln bei Neustadt, den letzten Ausläufern der Holsteinischen Schweiz, und der Küste bei Grömitz, zur Rechten hinter der Badezone des Priwall von häßlichen Wachttürmen – hier beginnt die DDR. Der Weg führt, sofern wir nicht kurzentschlossen an einem Strandkorb Anker werfen, an der halbmondförmigen Bucht entlang, Musikfetzen dringen von der Kurkapelle herüber, und am Möwensteinparkplatz windet sich der Weg hoch in die schattenspendenden Buchenhaine, die der Ostseeküste ihr besonderes Gepräge geben. Während unten am Strand hinter den Granitblöcken des Ufers Badebetrieb herrscht, Schönes und weniger Schönes sich in beliebiger Nacktheit präsentiert, schweift unser abwägender Blick zwischen den hellstämmigen Buchen hindurch auf die Bläue des Meeres, die gemächlich dahinziehenden Schiffe und das Gewirr der Segelyachten.

Gelegentlich öffnet sich der Wald, können wir das steil abfallende Lehmkliff sehen, von Nisthöhlen der Schwalben durchsetzt, ständig abbröckelnd, von Wind und Wasser erodiert, so daß alle paar Jahre der Weg ein paar Meter zurückgesetzt werden muß. Rechte im Grundbuch gelten hier nicht viel. Auch der Strand am Fuß des Kliffs ist ein wundervoller Wanderweg, bedeckt mit bunten, glattgewaschenen Granitsteinen aller Größen und Farben, Tang und Muscheln, während draußen auf flachen Felsbrocken die Möwen nach Beute spähen. Im Frühjahr und Herbst blüht zwischen den Waldstücken der Raps im sanft auf- und abschwingenden leuchtenden Gelb der Felder vor dem tiefen Blau des Meeres. Blau, Gelb und Grün sind denn auch die beherrschenden Farbeindrücke dieser Küste – eines der großen Landschaftsbilder Schleswig-Holsteins, so gänzlich verschieden von den mehr pastellenen diesigen Farben der Nordfriesischen Küste an der Nordsee.

Auf der *Hermannshöhe* liegt das gleichnamige angenehme Restaurant, auf dessen baumbeschattetem Rasenplan unter steil sich in den Himmel schwingenden Schwalben man angesichts eines weiten segelbetupften Rundhorizonts Kaffee trinken oder im Winter bei Sonne und Sicht und einem Glühwein vom nächsten Frühjahr träumen kann. Unser Weg führt mit wechselnder schöner Szenerie am Brodtener Steilufer westwärts bis nach Niendorf und dem Timmendorfer Strand, und wer will, kann die ganze Küste im Wechsel von Buchen und Kiefernwald, von Strand und Feld bis Neustadt entlangwandern.

Ein ganz anderes, herbstliches Bild schildert uns Thomas Mann in den ›Buddenbrooks‹: *»Es gab Tage, an denen der Nordostwind die Bucht mit schwarzgrüner Flut überfüllte, welche den Strand mit Tang, Muscheln und Quallen bedeckte und die Pavillons bedrohte. Dann war die trübe, zerwühlte See weit und breit mit Schaum bedeckt. Große, starke Wogen wälzten sich mit einer unerbittlichen und furchteinflößenden Ruhe heran, neigten sich majestätisch, indem sie eine dunkelgrüne, metallblanke Rundung bildeten, und stürzten tosend, krachend, zischend, donnernd über den Sand.«*

Die Bäderküste zwischen Timmendorf und Neustadt

Ob wir nun hier an sommerlich freundlicheren Tagen unseren Badeurlaub verbringen oder einfach nur durchfahren: Ein Seebad reiht sich an das nächste, der berühmte **Timmendorfer**

Strand, kiefernwürzig in der Hitze des Tages duftend, mit einem zweiten Maritim-Hochhaus und anspruchsvoller Gastronomie, gilt als etwas mondäner, **Scharbeutz** als stiller, ursprünglicher und freier unter seinem einen Teil des Strandes windschützenden Kliff. Scharbeutz ist ein Mekka der Surfer, denn nördlich des Kliffs weht ein kräftiger Wind aus der kleinen Seenplatte zwischen dem Pönitzer und dem Süseler See. Noch stiller wird es in **Haffkrug,** zumindest im Herbst sind die Strandkörbe nur von ›Feinschmeckern‹ der Nachsaison besucht. Es wäre auch ein Irrtum zu glauben, diese Strände böten nur dem sommerlichen Wassernarren etwas. Bereits an schönen Maitagen kann es hier paradiesisch zugehen, beschert ein unvorsichtiger Tag im Strandkorb den feinsten Sonnenbrand, wenn man im sanften Rauschen der auflaufenden Wellen eingeschlummert ist.

Mit **Sierksdorf** beginnt die eigentliche Neustädter Bucht als Teil der größeren Lübecker Bucht. Entsprechend der nach Süden orientierten Küstenlinie ist die Sonneneinstrahlung hier intensiver, und die Buchenwälder und ihre Steilufer verschwinden allmählich. Am Ostrand von Sierksdorf liegt der schöne ›Seehof‹ auf dem Kliff über dem flachen Strand, 1905 von einem Hamburger Senator gegründet und heute unter schattenden Kastanien und Buchen eine angenehm gastliche Stätte.

Die Straße windet sich nun durch die letzten Ausläufer der von Eutin herüberziehenden Holsteinischen Schweiz nach **Neustadt** in Holstein hinein, 1244 von den Schauenburgern als ein neuer Akzent ›Nygenstadt by der Crempene‹ im alten Kirchspiel Krempe gegründet. Die sumpfige Kremper Au war einst ein beliebter Unterschlupf wendischer Seeräuber, wie der Chronist Helmold 1171 zu berichten weiß, denn die Au fließt hier in die Neustädter Bucht, staut sich nördlich der Stadt zum sogenannten Binnenwasser und verbreitert sich seewärts zu einem kleinen Hafen, an dessen Ostrand, leicht erhöht auf einem Werder, die fast ovale Stadt Platz fand. In ihrem Mittelpunkt der große *Marktplatz,* an dem sich die 1238 begonnene KIRCHE und das klassizistische RATHAUS von 1819 gegenüberstehen. Mit dem aufragenden Westturm von 1334, einem zweijochigen niedrigen Kastenchor und dem fast quadratischen dreischiffigen Langhaus gehört erstere zum Typus der Stutzbasilika. Sie zeigt heute im lichtlosen Obergaden wieder ihre ursprüngliche schöne Ausma-

Neustadt, Kornspeicher von 1830

lung in Form von Scheinfenstern in gemaltem Maßwerk. Der schwere hochbarocke *Schnitzaltar* von 1643 im sogenannten Ohrmuschelstil stammt aus dem Schleswiger Dom, wo er dem Bordesheimer Altar weichen mußte.

Auf den Marktplatz münden zwei wichtige Straßen: Nach Nordosten geht es durch das KREMPER TOR mit seinem abgetreppten Backsteingiebel nach dem nahen Altenkrempe mit seiner bedeutenden Basilika; nach Westen führt die *Brückstraße* über die Kremper Au, die sich nordwärts zum Binnenwasser erweitert, nicht unähnlich der Situation an der gestauten Alster in Hamburg. Der ungewöhnliche KORNSPEICHER von 1830 mit sechsfach abgesetztem Dach türmt sich an der Brücke, seeseits haben sich Speicher und eine Anzahl hübscher Häuser an den Uferkais angesiedelt, an denen Küstenmotorschiffe, Fischkutter und fast immer einige altmodische dickbauchige Ewer liegen. Westlich der Brücke steht das spätgotische KIRCHLEIN DES HEILIG-GEIST-HOSPITALS nach Lübecker Vorbild, jedoch bescheidener.

Herrenhäuser an der Neustädter Bucht

Von Neustadt und der nach ihm benannten Bucht empfiehlt sich ein Abstecher zur Kirche von *Altenkrempe* und den Herrenhäusern *Hasselburg* und *Sierhagen*.

Zur Missionierung und wohl auch Zähmung der slawischen Wagrier ließ Graf Adolf III. von Schauenburg 1190 den Ort Crempe entstehen, der schon 1244 infolge seiner ungünstigen Lage im Staugebiet der Kremper Au zugunsten Neustadts seine Bedeutung verlor. Schon von weitem sichtbar, erwartet uns in der Kirche von **Altenkrempe** statt einer schlichten landestypischen Saalkirche eine dreischiffige Gewölbebasilika im gebundenen System, was sich nur aus der ursprünglichen Bedeutung als Stadtkirche verstehen läßt. Heute beeindruckt dieses Baudenkmal durch seine idyllische Lage inmitten freier Felder. Spätere Umbauten dieser gegen 1200 begonnenen Kirche unterblieben, so daß uns in Altenkrempe eine stilreine spätromanische Backsteinkirche von großer Schönheit entgegentritt. Das Langhaus, überragt vom Rhombendach des mächtigen Westturmes, treppt zum Chorquadrum und dann nochmals zur halbrunden Apsis ab. Im Inneren der von starken gebündelten Pfeilern getragenen Basilika bevölkern ganze Scharen von Putten den 1741 geschnitzten dickbauchigen Altaraufsatz im ›Kommodenstil‹.

Das Gut **Hasselburg** der Grafen Stolberg, heute verpachtet, ist mit seinem Herrenhaus wie dem Torhaus eines der schönsten in Holstein. Das TORHAUS, 1763 von dem aus Bayern stammenden und in Eutin wirkenden Hofbaumeister G. Greggenhofer erbaut, ist ein zweigeschossiger Backsteinpavillon mit schön geschweiftem barocken Dach und streng gegliederten Sprossenfenstern. Umgeben von breiten, baumüberhangenen Wassergräben, auf denen sich Enten an dicken Teppichen von Entengrütze laben, liegt hinter dem Torhaus, ausgespart aus dem Tiergartenholz, der breite Wirtschaftshof mit seinen beiden mächtigen Scheunen. Reetgedeckt ziehen sich die Dächer tief herab. Die rechte Scheune dient seit Jahren zu Konzerten des viel von sich reden machenden Schleswig-Holstein-Festival. Bei solcher Gelegenheit und im Flutlicht erkennt man erst die gewaltigen Dimensionen des kathedralgroßen Innenraumes, seine ästhetisch ungemein befriedigende Architektur aus mannsstarken Eichenbalken, kunstvoll angeordneten Sparren, Pfetten und ansichtigem Reetdach. Die Ernte einer Domäne konnte hier eingefahren werden. Große Namen aus aller Welt, Sänger, Instrumentalsolisten und Dirigenten, versäumen nicht, hier und in anderen Herrenhäusern des Landes, in Scheuern und einstigen Kuhställen aufzutreten, eine ganz ungewöhnliche Atmosphäre großer Kunst in rustikaler Umgebung vorzuführen, Smoking und Abendkleid inmitten des braunen ländlich duftenden Gebälks. In den Pausen promeniert unter dem Grün alter Alleen und vorbei an sichtlich den Hals höher reckendem Gänsevieh ein engagiertes Publikum.

Der durch einen Graben abgetrennte Ehrenhof mit dem HERRENHAUS, flankiert von zwei Kavaliershäusern, wirkt eher unscheinbar. Der Reiz liegt in der Landschaft mit dem Wind, der in den Bäumen rauscht. Doch birgt das Herrenhaus eine ungewöhnliche Kostbarkeit in seiner *Treppenhalle.* Obwohl die Hasselburg bewohnt und im allgemeinen nicht zu besichtigen ist, finden auch hier hin und wieder Konzerte statt. Die festliche Halle ist Höhepunkt der spätbarocken Architektur des Landes und von erlesener Formvollendung, gewissermaßen das repräsentative Herzstück des von dem Hamburger Nicolaus Kuhn gegen 1710 für den Grafen von Dernath errichteten Herrenhauses, in dem der Kern eines mittelalterlichen Doppelhauses steckt. Vermutlich hat ein Freund des Hausherrn, der junge Graf Damian von Schönborn als kaiserlicher Gesandter beim hamburgischen Senat mit der sprichwörtlichen Baulust der Schönborn ideenreich mitgewirkt.

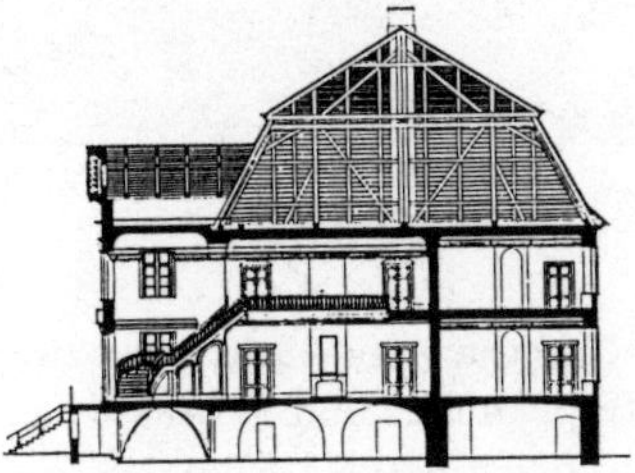

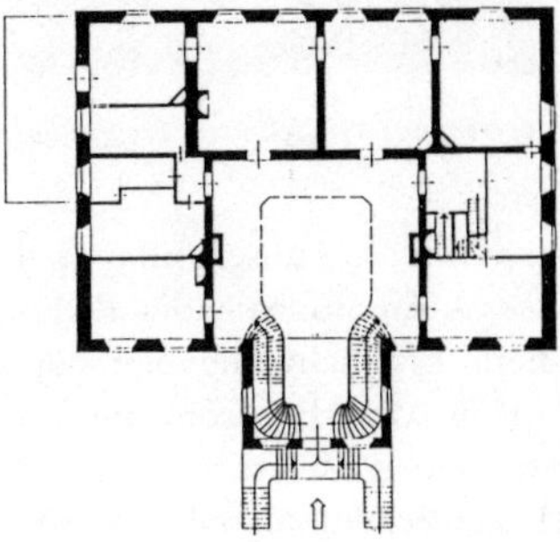

Hasselburg, Erdgeschoßgrundriß und Querschnitt des Herrenhauses

Herrenhaus Hasselburg, Treppenhalle

Hinter der unscheinbaren Tür öffnet sich unversehens ein zwei Geschosse umfassender Raum, Treppenhaus und Festsaal in einem. Eine schwungvolle Doppeltreppe nutzt den schmalen Vorsprung der Hausfront und führt zur Galerie hinauf, die sich mit großem Raffinement in die Breite und Tiefe des Hauses weitet. Die Deckenmalereien, 1710 durch den Italiener J.G. Simola

ausgeführt, inszenieren über der Halle einen trompe l'œil, wie ihn das Barock liebte. Prächtig die Allegorie der Erdteile: Venus reicht dem Aeneas Waffen, und das Wappen des gräflichen Hausherrn wird beziehungsreich von Fama, Minerva und einem Putto getragen. Fama, das war es, was jene Zeit suchte, die keinen Anlaß zu verschämtem Understatement sah.

Die Stuckreliefs der Musikinstrumente in den schmalen Wandpanneaus leiten über zur festlichen Stimmung des Abends mit kammermusikalischen und gesanglichen Darbietungen, wenn der Chor der Vögel im Park zum Schweigen gekommen ist, das tiefe Blau des Sommerabends, von den Fenstern gerahmt, gegen den warmen Gelbton des Kerzenlichts in der Halle kontrastiert, sich künstlerische Eleganz mit ländlicher Schlichtheit vermählt.

Das nahe Gut und Herrenhaus **Sierhagen** spricht eine andere Sprache. Vermutlich gegen 1280 aus einem slawischen Adelssitz hervorgegangen, gehörte es lange den Buchwaldt und ist seit 1809 im Besitz der gräflichen Familie Scheel-Plessen, die an der zunehmenden Abgrenzung zu Dänemark Anteil hatte, wovon wir in Rendsburg noch hören werden. Gut Sierhagen ist der Schauplatz jener schwierigen inneren Auseinandersetzung eines jüngeren Mitglieds der Familie, das sich in dem Buch ›Mitteilung an den Adel‹ innerlich vom Alten zu lösen suchte. Das Gut, wie die Hasselburg von Wassergräben umgeben, verfügt über einen weiträumigen Wirtschaftshof mit sonnenuhr- und wappengeschmückten TORHÄUSERN an beiden Seiten. Das unzugängliche HERRENHAUS selbst, mit mittelalterlichem Kern, ist 1825 auf kreuzgewölbten Kellern von dem Hamburger Architekten A. de Chateauneuf historisierend verändert worden. Chateauneufs leicht toskanische Handschrift finden wir auch in Hamburgs Alter Post nahe dem Rathaus.

Costa Germanica und Kloster Cismar

Die Neustädter Bucht verlassend, folgen wir der küstenfern durch schönes Hügelland verlaufenden Bundesstraße 501. Das Seebad GRÖMITZ ist eine lebendige, inzwischen recht ausgeuferte Stadt mit dem üblichen quirligen Saisontreiben. Sie hat einen langen, sich flach ins Wasser absenkenden Strand, beliebt bei Familien mit Kindern – die große Badewanne der Ostsee. Die Steilküsten und Buchenwälder fehlen hier völlig, und langsam geht die Küste in die uferflache Costa Germanica über, die sich bis Großenbrode hinaufzieht. Hier setzen die kleinen Bäderstädtchen DAHME und KELLENHUSEN, das letztere wieder in waldumrahmter Bucht, einen persönlichen und familiären Akzent. Bei HEILIGENHAFEN holen uns die Betonburgen ein, doch billigerweise muß man die Feriensiedlungen vom Typus Damp 2000, die uns die fetten siebziger Jahre beschert haben, unter dem Blickwin-

Cismar, Westfront der ehem. Klosterkirche

kel derer sehen, die hier eine Bleibe gesucht und gefunden haben und um des Vorteils, im Eigenen zu wirtschaften, eine gewisse moderne Uniformität in Kauf nehmen.

Zwischen Grömitz und Kellenhusen liegt landeinwärts das alte **Kloster Cismar,** 1238 für die ob ihres Lebenswandels aus Lübeck ausgewiesenen Benediktiner erbaut. Ein Anflug reformatorischer Strenge hatte den Bischof veranlaßt, die allzu weltlichen und nach dem ewig Weiblichen sich hingezogen Fühlenden mit ländlicher Einsamkeit zu bestrafen. 1560 als Kloster aufgehoben, diente Cismar als herzogliches Schloß und verkam langsam, bis es in unseren Tagen sorgfältig restauriert wurde.

Inmitten eines breiten baumumstandenen Wassergrabens erhebt sich der Klosterkomplex mit der ehemaligen KLOSTERKIR-

CHE Sankt Johannes und Sankt Maria, 1250 begonnen, deren architektonisch bedeutender Ostchor heute evangelische Kirche ist. Die hiervon abgetrennten vier westlichen Joche wurden 1760 profaniert und durch Einziehung von Zwischendecken zur Amtmannswohnung umfunktioniert; heute beherbergt dieser Teil eine Dependance des Schleswig-Holsteinischen Landesmuseums in Schleswig mit wechselnden landesbezogenen Ausstellungen. Schön die spätgotischen Kreuzgratgewölbe.

Der schlichte gotische *Backsteinchor* im Stil der Lübecker Marienkirche enthält einen herrlichen, vergoldeten *lübischen Schreinsaltar* von 1310, der in fünf mit zierlichem Maßwerk unterteilten Nischen in alter Fassung Szenen aus dem Leben Jesu und auf den Flügeln die Legenden Johannes des Täufers und Benedikts von Nursia zeigt. Unter dem Gesprenge dreier Baldachine Maria, Johannes Evangelista und der heilige Auctor. Der in edlen architektonischen Formen wirkende Kirchenraum gibt in der heutigen Schmucklosigkeit einen sehr protestantischen Hintergrund zur goldschimmernden Pracht des Retabels, und vielleicht hört der heilige Benedikt mit Interesse manch lutherischer Predigt zu.

Um Oldenburg in Holstein

Wir wenden uns nun von der Küste ab, folgen der Autobahn bis Lehnsahn und besuchen über Nebenstraßen die Herrenhäuser *Güldenstein, Testorf* und *Farve*. Es ist freilich nicht die üppige Pracht und Herrlichkeit süddeutschen Barocks, die uns erwartet. Wer aber in der stillen sanftgeschwungenen Landschaft die Schönheit alter Torhäuser sucht, das nahe Nebeneinander sublimer Formen und unverdorbener Natur, der wird hier glückliche Funde machen.

Güldenstein, im Besitz des Herzogs von Oldenburg, liegt westlich von Lehnsahn inmitten eines weiten torhausbewachten Landschaftsparks, der allmählich in die Landschaft selbst übergeht. Das Gut entstand im 16. Jahrhundert aus älteren Anlagen. Seine große Stunde kam 1726, als Rudolf Matthias Dallin das heutige HERRENHAUS für Heinrich von Thienen errichtete.

Der breitgelagerte Backsteinbau mit vorspringenden Seitenflügeln und übergiebeltem Mittelrisalit, dessen Kanten helle Quader wirkungsvoll akzentuieren, bekrönt von einem roten Walmdach, gilt als Hauptwerk des Spätbarock im Lande. Auch hier umschließt ein Wassergraben das Gut mit seinen Nebengebäuden. Die Innenausstattung zeigt in prächtigen Stukkaturen von J. Bossio den Régence-Stil, der vom barocken Louis-quatorze zum Rokoko des Louis-quinze führt. Muscheln, Füllhörner, die geschwungenen Übergänge von Decken und Wänden lassen die funktionalen Elemente hinter Schmuckformen zurücktreten. Ein bedeutendes ganzfiguriges Porträt der Zarin Katharina der Großen von Georg Martin Matthieu macht erneut deutlich, in welch vertrackte dynastische Beziehung Holstein durch die gottorfische Thronfolge in Petersburg geriet.

Die beiden Herrenhäuser Testorf und Farve liegen südlich und nördlich von Wangels in Ostholstein. **Testorf** ist im Besitz der Familie von Abercron und kam gegen 1460 aus klösterlich-cismarischem Besitz an die Buchwaldt. 1764 erwarb es in sich verändernder Zeit der Altonaer Kaufmann Wittmaak, der sofort begann, nach Plänen von Greggenhofer das HERRENHAUS an einem schönen symmetrischen Ehrenhof zu errichten – das Portal nennt die Jahreszahl 1774. Tempora mutantur sed non mores, und so zeigt uns die Zufahrt über prächtige alte Alleen und einen die umgebenden Wassergräben querenden Damm keinen bürgerlichen Stilbruch. Erst das 20. Jahrhundert hat unglückliche Veränderungen durchgeführt. Das TORHAUS von 1769 folgt – bescheidener – dem Hasselburger Typus.

Das HERRENHAUS von Gut **Farve** des Grafen Holck ist nach der Zerstörung durch Christian I. von Dänemark und dem Wiederaufbau des 16. Jahrhunderts 1837 von Ernst Graf Reventlow im romantischen Burgenstil der Neugotik verändert worden, doch enthält der trapezförmige Baukörper, gruppiert um einen Innenhof, im Westflügel mit dem anschließenden (kleineren) Rundturm und schönen Portalen der Renaissance interessante Bausubstanz des 15. und 16. Jahrhunderts. Zum Hof liegt ein *Pilasterportal*, 1697 datiert, mit zierlich skulptiertem Akanthusdekor. Interessante Innenausstattung aus verschiedenen Jahrhunderten. Unweit des Schlosses fand man 1848 in einem großen frühgeschichtlichen Grabhügel einen reichen Silberschatz, bestehend aus geflochtenen Halsringen, Ohrringen und einigen tausend Silbermünzen, die von 898 bis 1040 datieren und teilweise arabischen Ursprungs sind.

Das nahe **Oldenburg** in Holstein ist der Mittelpunkt zwischen der Lübecker und der Hohwachter Bucht, einer Halbinsel, die einst von den wagrischen Wenden bewohnt und um die Jahrtausendwende im Spiel der großen Politik mehrmals den Besitzer wechselte. 966 belagerte der Sachsenherzog Hermann Billung die wendische Feste, deren Wallburg noch heute mit hohen und steilen Böschungen sichtbar ist. 1149 wurde nach einem wilden Slawenaufstand Vizelin zum Bischof eingesetzt, dessen Wirken bestimmt war vom Hin und Her zwischen Sachsenherzögen und Schauenburger Grafen. Heinrich der Löwe verweigerte Vizelin die Investitur und verlegte das Bistum 1160 nach Lübeck. Oldenburg sank zur Kleinstadt herab. Im Jahr 1156 baute Bischof Gerold die Johannes dem Täufer geweihte DOMKIRCHE. Sie ist die älteste und archaischste der Backsteinkirchen des Nordens, oft verändert und verstümmelt, doch in ihrer Anlage als romanische Pfeilerbasilika mit flacher Balkendecke erhalten und noch immer der frühmittelalterlichen Johannisgilde verbunden.

Am Westausgang des Oldenburger Grabens, einer zur Ostsee führenden Senke, liegt der *Weißenhäuser Strand* als Ferienparadies an der Hohwachter Bucht, im Osten abgegrenzt von einem militärischen Sperrgebiet. Die Ferienstraße von den Alpen zur Ostsee führt über Oldenburg nach *Heiligenhafen,* einem ansehnlichen Fischerhafen, und weiter nach *Großenbrode,* wo die ›Vogelfluglinie‹ mit der Fehmarnsundbrücke abhebt und über den 1,3 Kilometer breiten Strand hinüber nach Fehmarn führt. Die Einheimischen freilich nennen die Brücke respektlos den ›Kleiderbügel‹, an dessen einem Ende der ›Knust‹ und am anderen ›Europa‹ baumeln.

Fehmarn – Oase der Stille

Fehmarn ist wie alle Inseln eine Weltanschauung. Wer nach Burg auf Fehmarn oder nach Burgstaaken fährt, sucht die Stille, läßt den Strom der Skandinaviensüchtigen an sich vorbeisausen. Kaum hat man die E 47, die nach Puttgarden führt, verlassen, so taucht man ein in das Netz kleiner Landsträßchen, das Fehmarn überzieht. Zumal zur Zeit der Rapsblüte im Mai meint man von der Brücke über den Sund eine Fata Morgana zu sehen. Im gewaltigen Rund dehnen sich die safrangelben Felder vor der Kulisse des blauen Meeres. Ist womöglich kurz zuvor ein Regen gefallen, so leuchtet es unwirklich vor dem abziehenden Grau der Regenwand.

Im 12. Jahrhundert im Zuge der allgemeinen Kolonisation von deutschen Siedlern den Slawen entrungen, geriet die Insel bald in dänische Hand und blieb bis 1866 als Teil von Schleswig auch Teil Dänemarks, obwohl die Küste stets zu Holstein gehörte. Die Stadt Burg auf Fehmarn gab sich 1329 lübisches Recht, was zu erheblichen Problemen mit den ländlichen Bewohnern Fehmarns führte, folgten diese doch dem fehmarnschen Landrecht von 1320, dessen Siegel und Privilegien im sogenannten Landesblock in der Landkirchner Kirche aufbewahrt wurden.

Burg auf Fehmarn ist ein beschauliches Städtchen und eine beliebte Sommerfrische im Südosten der Insel, deren Größe nur an ihren Küsten ein Inselgefühl aufkommen läßt. Von Burg zieht sich der Ortsteil Staaken zur Küste hin, wo sich auf einer Nehrung bei dem Seebad Burgtiefe die BURGRUINE GLAMBECK erhalten hat, gegen 1300 als dänische Burg erbaut und von Tilly 1627 zerstört. In Burg selbst, einer Stadt freundlicher baumbestandener Straßen und bunter Fachwerkhäuser, kann man die NIKOLAIKIRCHE besuchen, eine gotische Hallenkirche, im 13. Jahrhundert begonnen. Im Inneren der lübische *Hauptaltar* und, links im Seitenschiff, der *Sankt-Blasius-Altar* von 1443, eine *Bronzetaufe*, 1391 für den schwedischen Bischof von Västeras gegossen und dem lübischen Apengeter-Kreis zugeschrieben. Schöne *Holzkanzel* von 1667 im unerwartet strengen Stil des Hochbarock. An der Außenwand das Fehmarnsche Memorial, das mit den Worten beginnt: »Anno domini 1420 da verstörde king erich vemeren.« Es war der dänische König Erich von Pommern, und Geschichte war hier oben immer etwas kompliziert ...

Hinter dem Kirchhof lag der alte, längst versandete Hafen mit der landesherrlichen und namengebenden Burg. Im SANKT-JÜRGEN-STIFT, 1439 erstmals erwähnt, schöne spätgotische Ausmalung der Zeit mit Ranken und Blüten sowie eine verkleinerte Wiederholung der lübischen Sankt-Jürgen-Gruppe von Henning von der Heyde im ländlich-naiven Stil. In der Breiten Straße einige erhaltene barocke Häuser mit Schweifgiebeln.

Die Dörfer sind geprägt von ihren schmucken Höfen: meist weißgeschlämmte zweistöckige Häuser mit aufragendem Mittelgiebel, der Eingang gerahmt von sturmzerzausten Ebereschen und Eiben und flankiert von Stallgebäuden und Scheunen. Auch wenn ›Europa‹ damals nur zu Schiff erreichbar war, so wußte man, wie die noble Welt lebte; bei **Lemkendorf** findet sich der schönste der Höfe mit dem Namen BELLEVUE. Die frühgotische SANKT-JOHANNIS-KIRCHE von **Bannesdorf** mit originellen emporenartigen Bauernlogen bewahrt eine silberne Abendmahlskanne, die seltsamerweise das Urteil des Paris zum Motiv hat – das muß einen Pastor sehr verwirren und vom Amte ablenken.

Am breiten Fehmarnbelt (im Unterschied zum schmalen Fehmarnsund an der Südseite) findet sich in **Gammendorf** der Gedenkstein und ein aufgerichteter Mast für das am 26. Juli 1932 untergegangene deutsche Segelschulschiff ›Niobe‹. Es war ein heiterer, sonniger Sommertag, alle Welt lag am Strand, und niemand hätte daran gedacht, daß die unter vollen Segeln küstennah fahrende Dreimastbark ›Niobe‹, von einer Fallbö erfaßt, in Sekundenschnelle kenterte und mit neunundsechzig Mann versank, fünfzig konnten sich ans Ufer retten.

In der PETRIKIRCHE in **Landkirchen,** einer frühgotischen Hallenkirche, findet sich der *Landesblock* mit den alten Freiheitsbriefen als mächtige Eichenholzlade sowie ein *Votivschiff* von 1607, ein lübisches Orlogschiff darstellend, das sich nach jüngster Restaurierung als eines der ältesten Schiffsmodelle im Norden erwies. Im Südwesten, in der Orther Bucht, liegt **Lemkenhafen** mit der einzigen erhaltenen *Segelwindmühle* des Landes, 1787 erbaut und 1954 außer Betrieb gegangen. Sie diente zum Vermahlen von Weizen zu Backmehl oder von Gerste zu Graupen und Grütze, die gern zu einer Leib- und Magenspeise der Norddeutschen, der mit Rosinen gesüßten Grützwurst verarbeitet wurde – eine Blutwurstvariante, die einem Süddeutschen wie so manches Süßsaure zunächst heftig widersteht …

13 *Lübeck, Holstentor, Stadtseite*

14 *Markt und Rathaus zu Lübeck, im Hintergrund die Marienkirche*

15 *Lübeck, alte Salzspeicher an der Obertrave*

16 *Lübeck, Sankt Marien, Blick ins Gewölbe*

17 *Lübeck, Sankt Katharinen und Glockengießerstraße*

18 *Lübeck, Dom*

CONCORDIA DOMI FORIS PAX

19 *Lübeck, Triumphkreuzgruppe von Bernt Notke im Dom*

Lübeck – Königin des Mare Balticum

Lage und Geschichte

Wer sich von Hamburg über die Autobahn nähert, erblickt hinter Reinfeld vom flachen Höhenzug des Wesenbergs aus zum erstenmal die berühmte siebentürmige Stadtsilhouette Lübecks. Nur wenige Städte Deutschlands zeigen noch einen solchen Umriß, der wie ein Scherenschnitt in den hellen Morgenhimmel ragt. In der Mitte die Doppeltürme von Sankt Marien, links davon der spitzige Turm der Jakobikirche, rechts von Sankt Marien die Einzeltürme von Sankt Petri und der Aegidienkirche und ganz rechts das Turmpaar des Lübecker Doms.

Auf einer muschelförmig aufgewölbten Halbinsel, fast Insel zu nennen, liegt diese alte Stadt, nur am Burgtor einst mit dem Festland verbunden, wo heute eine Brücke den Durchstich von Wakenitz und Trave quert. Die umgebenden Flüsse Trave und Wakenitz haben diese Stadt definiert und geschützt, nicht nur gegen den arg bösen Feind, sondern auch gegen bauwütige Freunde. Wie so oft und nicht anders als in Basel, Köln oder Mainz kommt die erhaltene Bausubstanz über das distanzgebende Wasser wohltuend zur Geltung.

Über den Rücken dieser flachen Muschel verläuft ein schwacher Höhenzug, dem die *Große Burgstraße* und die *Königstraße* folgen, kaum hundert Meter westlicher die *Breite Straße* und die *Sandstraße*. Sie bilden das Rückgrat der mittelalterlichen Altstadt, die mit bemerkenswertem Blick für den Topos des Geländes, seine Verteidigung, aber auch seine wirtschaftliche Nutzung geschaffen wurde. Es ist erstaunlich, wie hier im 12. und 13. Jahrhundert im Interessengerangel der Schauenburger Grafen mit dem Herzog, angesichts der auseinanderlaufenden Richtungen einer Kaufmannschaft, die skandinavisches Holz, Fische der Ostsee, Felle aus Rußland, Korn aus Mecklenburg und Luxusgüter aus dem Westen Europas verhandelte, eine solche klare Planung entstehen konnte.

Dabei kam Lübeck vielleicht zugute, daß der Stadtgründung zwei erfolglose Versuche am falschen Ort und zur falschen Zeit

Lübeck. Aus Braun–Hogenberg, ›Civitates orbis terrarum‹, 1588

vorausgegangen waren. 1138 hatte die wendische Königsburg Liubice an der Schwartaumündung, die Lübeck den Namen gab, mitsamt ihrer Kaufmannssiedlung ein gewaltsames Ende genommen. Auch die besser plazierte Gründung des Grafen Adolf II. von Schauenburg auf dem Werder, den wir Muschel nannten, geschützt durch eine schauenburgische Burg am heutigen Burgtor, hatte nur kurz Bestand, weil Heinrich der Löwe eine ›Löwenstadt‹ auf dem rechten Wakenitzufer gründete. Letztlich mußten die Schauenburger nachgeben, ihre Siedlung brannte ab, und Heinrich der Löwe, seinen Irrtum mit der Löwenstadt erkennend, gründete Lübeck 1158/59 zum dritten und letzten Male und legte hier 1173, nach Übertragung des Bischofssitzes von Oldenburg, die Fundamente zum Dom.

Bereits 1181 sah sich dieses herzogliche Lübeck mit dem Kaiser Friedrich I. Barbarossa konfrontiert, dessen Heer nach dem Zerwürfnis mit Heinrich dem Löwen vor der Stadt erschien. Die Reaktion der Bürger Lübecks war ebenso klug wie diplomatisch. Sie sandten unter Geleit Boten zu Heinrich nach Stade und legten ihm die Entbindung vom Treueid nahe. Erst als Heinrich einwilligte, öffneten sie Barbarossa die Tore und ließen sich zum Dank im September 1188 ein Freiheitsprivileg verbriefen, das

Friedrich II. 1226 zu einem Reichsfreiheitsbrief erhöhte. Ein ungenannter Gefreiter hat diesen 1937 kommentarlos kassiert.

Wie auch immer wir fürstlichen Willen und die politische Situation jener Zeit bewerten wollen – sehr bald setzte sich kaufmännisches Denken durch, bildeten sich durch den florierenden Handel im Rücken der rasch nach Osten, nach Mecklenburg und Brandenburg fortschreitenden Ostkolonisation führende Stadtgeschlechter heraus, Patrizier genannt, die für Jahrhunderte in kluger, maßhaltender, aber auch zupackender Art die Geschicke der Stadt begünstigten, sich mit der Marienkirche eine eigene städtische Dominante im Kontrast zum herzoglichen Dom schufen. Dieser Geist abwägender Rationalität hat die Altstadt geprägt. Beiderseits der schwachen Höhenlinie, von Burgstraße, Breite Straße und Königstraße gebildet, senkt sich das Gelände in meist breit auslaufenden Straßen, ›Gruben‹ genannt, zum Wasser hinab. Damit hatte man für ausgiebige Regenfälle ein praktisches Kanalisationssystem geschaffen. Die Güter kamen und gingen auf zwei Wegen nach Lübeck: Produkte des mecklenburgischen Hinterlandes gelangten über die schmale Landenge am Burgtor, wo noch heute das Zöllnerhäuschen steht, in die Stadt. Die vielen Bauernfuhrwerke fanden in den ungewöhnlich breiten Straßen – der Burgstraße, der Engels-, Fischer- und Bekkergrube – einen Abstellplatz; bis heute ist der Stadtverwaltung noch nichts Besseres eingefallen. Die Märkte am Koberg und am Kohlmarkt deckten den lokalen Bedarf; der Umschlag auf Seefahrzeuge fand an der Untertrave statt, wo auch heute noch die kleinen Schiffe anlegen, während der große Verkehr zum Skandinavienkai von Travemünde abgewandert ist. Das Viertel mit Sankt Jacobi als Pfarrkirche war folgerichtig das Quartier der Schiffer. Noch das einsame, zerschlagene Rettungsboot der 1957 untergegangenen ›Pamir‹ fand selbstverständlich seinen Weg in das Innere von Sankt Jacobi.

Hinter den Uferkais lagen die Kontorhäuser in der für Lübeck typischen Kombination von Handelskontor, Wohnhaus und Stapelspeicher, wie im Schabbelhaus in der Mengstraße noch heute erkennbar. Um das nahe Rathaus und den Markt etablierten sich die Fernkaufleute, die Tuchhändler und Weinhändler zumal, deren alte Kellergewölbe noch immer zu einem lübischen Rotspon einladen. Jenseits der Königstraße erstreckte sich zur Wakenitz, der heutigen Kanal-Trave, die Wohnstadt mit zahlreichen Stadthäusern einer zu Geld gekommenen Gemeinschaft; der Füchtingshof möge dafür stehen.

Das Holstentor an der Trave hatte innerhalb der Stadtbefestigung eigentlich mehr dekorative als wirksame Funktion, wie denn überhaupt das viele Wasser um die Altstadt jeden Feind auf achtunggebietende Distanz hielt und die am Burgtor noch sichtbaren Stadtmauern nie den Rang etwa wie in Nürnberg hatten. Erst weit außerhalb des Holstenhafens entstand im späten Mittelalter mit steigender Reichweite der Artillerie ein System von Zickzack-Bastionen, noch immer am Gelände ablesbar. Die feldseitige Inschrift des Holstentores – CONCORDIA DOMI FORIS PAX – machte jedem klar, daß diese Stadt nicht mit Waffen zu obsiegen trachtete, obwohl die Kanonen der lübischen Karacken und Galeonen für Unbelehrbare gerne und gratis Kugeln und Pulver bereithielten, und solch Angebot will bei Kaufleuten etwas heißen.

Um Sankt Petri war das Viertel der Handwerker, der kleinbürgerlichen Welt Lübecks, gut erhalten in der Großen Petersgrube; gegenüber die Salzspeicher, aus denen das lüneburgische Salz auf Schiffe umgeschlagen wurde. Der Dombezirk und das Zeughaus markieren einen weniger dicht besiedelten Stadtteil, beliebt beim Stadtpatriziat und den Klöstern, die hier, noch innerhalb der Umwallung und am malerischen Krähen- und Mühlenteich ein ländliches Ambiente fanden.

Geht man heute durch diese Stadt, so wohlgeplant und durch günstigste Umstände als Erbin von Haithabu im Ostwest- und Nordsüdhandel gefördert und als Vorort der Hanse zur höchsten Blüte gelangt, so wird man freilich auch sehr rasch einer gewissen Schattenseite gewahr. Das alte Lübeck verkrustete in wenigen Jahrhunderten zu einem einzigartigen Konglomerat von Kirchen, Kanonikerhäusern, Klöstern, Spitälern und Konventen, von Rathäusern, Zeughäusern, Marställen, Speichern, Zunfthäusern und Zunftgängen. Irgendwann um das 16. oder 17. Jahrhundert herum und mit dem Niedergang der Hanse erlahmte auch das geistige Leben, die einstige Industrialität erstarb. Lange verbarg sich dieser Vorgang hinter alter Pracht, diente angehäufter Reichtum noch zur schönen Anpassung an das Prunkbedürfnis der Renaissance. Das große Lübeck aber war das Lübeck der Gotik gewesen. Reglementierung, Zunftausschlüsse, Eigensinn und Egoismus von Standesorganisationen, Bewahren um jeden Preis, Nicht-mehr-Wahrnehmenwollen des Wandels der Zeit führten den Niedergang herbei; Hamburg nahm seinen Aufstieg, der Handel zog hinaus auf den Atlantik, die Religionskriege, Wullenwevers störrische Alleingänge nach echt deutscher Art: ›Mit Gott gegen Alle‹, und der bald aufflackernde Nationalismus im Umfeld der Französischen Revolution kamen hinzu. Es ist fast symbolisch, daß der preußische Marschall Blücher vor dem Burgtor eine letzte vergebliche Schlacht des konservativen Europa gegen die französischen Revolutionstruppen schlug, jener Marschall Vorwärts, der zunächst freilich eher die undankbare Rolle eines Marschall Rückwärts spielen mußte.

Von 1806 bis 1813 war Lübeck Teil des Empire Française von Napoleons Gnaden; eine französisch orientierte Verwaltung zog ein, brachte freilich auch Ideen von Gewaltenteilung mit und baute den berühmten Hansasaal im Langen Haus des Rathauses zu langweiligen Büros um – sie riechen noch heute nach Bohnerwachs, offenbar ein administrativer Elementargeruch. Das Ratssilber dagegen war nun Altmetall, und die Stadt wurde davon ›entsorgt‹. Die Napoleonische Zeit und das Biedermeier erlebte

Lübeck in einem Zustand zwischen Armut und Wohlstand weniger Familien, als Provinzstadt zwischen Holstein und Mecklenburg, in der die Testorpf noch immer ihren Rotspon handelten und die Mann, wie andere Familien, ihre Not hatten, frisches Blut für die heiratswilligen Töchter aus dem Umfeld herbeizuführen, damit es sich »ganz ungemein putzt«. Die Entmachtung 1937, als Lübeck im Rahmen des Großhamburg-Gesetzes seinen Rang als Freie Hansestadt verlor – damit die Vettern an der Elbe Altona einsacken konnten –, war weniger der Bosheit der neuen Machthaber zuzuschreiben, die sonst ja gerne nach altdeutscher Größe strebten, als dem immer wieder prolongierten und nun endlich eingelösten Wechsel der wirtschaftlichen Gegebenheiten.

Dennoch, aus dem Schatten wirtschaftlicher Ungunst, verschärft durch die heutige politische Randlage, hebt sich das Profil dieser einzigartigen historischen Stadt heraus, die ihre Bausubstanz trotz des verheerenden Bombardements an Palmarum 1942 bewahrt hat oder aus dem Schutt wieder auferstehen ließ und ihre siebentürmige Silhouette um so deutlicher vor einem heller werdenden Horizont zeigt. Der Tourist zumal wird seine Freude haben am Durchstreifen dieser Stadt, ihrem künstlerischen und kulturellen Reichtum, einer Stadt, der aber auch zu wünschen ist, daß viele ihrer Bewohner wieder zurückkehren aus der modischen Landeinsamkeit und Alt-Lübeck nicht zu sehr den Veränderungen der Gegenwart überlassen.

Die Altstadt ist trotz vieler Einbahnstraßen mit dem Auto zu befahren, doch wir haben dabei kaum Vergnügen. Parken kann man noch am ehesten im Bereich des Domes, am Hansahafen westlich des Burgtores und in einigen Parkhäusern. Die Parkverbote für alle, die keine Anlieger sind, erscheinen wie eine späte lübische Rache an der Neuzeit.

Rings um das Rathaus

Hochbedeutsam und fremd zugleich ist der erste Eindruck vom RATHAUS der Hansestadt Lübeck. Wir stehen auf dem Marktplatz inmitten von bunten Stapeln von Äpfeln und Orangen, Porree, würzigen Kräutern und nicht minder duftenden Anisbonbons. Zur Freude der Kinder gehen zwei pickelhaubige wilhelminische Schutzmänner in blauem Gehrock und Schnauzbart über den Markt, begleitet von einem Ausrufer der Napoleonischen Zeit mit roter Weste und imperialem Zweispitz. Vor dem Hintergrund der Marienkirche ragt die mächtige Wand des Alten Rathauses mit den beiden runden Windöffnungen auf, gekrönt von drei steilen spitzbehelmten Türmchen. Hinter dieser Wand verbirgt sich der älteste Teil des gegen 1230 begonnenen Rathauses. Fließend waren die Übergänge vom Gewandhaus der Tuchhändler, der Domus pannorum, zum Rathaus, der Domus consularis. Wir erinnern uns der flandrischen Tuchhallen in Brügge, Gent und Mecheln und werden in Lübeck noch häufiger solche Vergleiche anstellen.

Ursprünglich waren es drei parallele Häuser mit Stufengiebeln, wobei die Breite eines Hauses von der Balkenlänge bestimmt wurde, ähnlich wie bei den Rantzauschen Burgen, den Schlössern in Ahrensburg und Glücksburg. Die 1260 vorgeblendete, später veränderte Schildwand verwehrt uns heute diese Einsicht, doch wenn wir nach getaner Arbeit in den Ratskeller hinabsteigen, so wie dies ein ehrbarer Lübscher Rat auch tat, dann werden wir in dessen Gewölben die Dreihausteilung deutlicher an den mächtigen Pfeilern erkennen. Im Zuge des spätgotischen Umbaus durch Nikolaus Peck wurde die Schauwand zum Markt mit den Windlöchern und Türmchen versehen. Die vorgeblendete Laube allerdings, 1570 ohne Rücksicht auf die Maßwerkfenster der Schildwand von dem flämischen Baumeister Hans Fleminck aus grauem Sandstein errichtet, ersetzt eine gotische Vorgängerin. Dieses merkwürdige Ensemble aus schwerer nordischer Backsteingotik und heller, antik überhauchter flämischer Renaissance präsentiert sich in einem reizvollen Kontrast. Wer genau hinsieht,

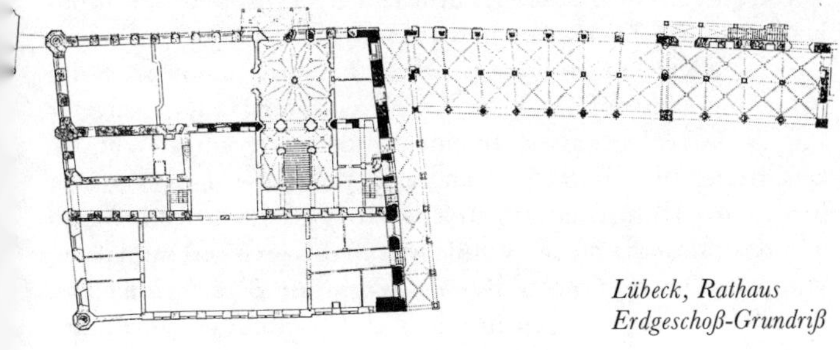

Lübeck, Rathaus Erdgeschoß-Grundriß

wird am rechten Rand der Schildmauer unter den Arkaden die letzten Reste des spätromanischen Ursprungsbaus in vermauerten Blendarkaturen und dem geschlossenen Backsteinportal, dem einstigen Zugang, erkennen.

Als mit der Hochblüte der Hanse und der führenden Rolle Lübecks das alte Gewand- und Rathaus nicht mehr genügte, baute man ab 1298 im rechten Winkel das *Lange Haus* an, das wie das alte Rathaus verschiedenen Zwecken diente: als Tanzhaus im Obergeschoß, in den offenen Gewölben des Erdgeschosses den Goldschmieden und ihren Buden. Daran fügte man gegen 1440 den *Kriegsstubenbau* an. Vom Markt aus gesehen zeigt das Lange Haus ein steiles Satteldach mit zwei Reihen hübsch behelmter Gauben, während der Kriegsstubenbau auf massigen Gewölben an die gotische Zeit erinnert und erneut eine Scheinarchitektur als von Windlöchern durchbrochene Schaufront aufbaut, gekrönt von fünf hohen und schlanken Türmen mit patinagrünem Spitzhelm und Wetterfahne. (Die riesigen Windlöcher dienen wirklich zur Abschwächung des gebäudegefährdenden Winddrucks.) Alles in allem vereinen sich trotz eines Entstehungszeitraums von dreihundert Jahren die verschiedenen Elemente der Nord- und Ostansicht vom Markt her als ein gewachsenes, bei aller Vielfalt der Stile wohlgefälliges Ensemble.

Einen gänzlich anderen Eindruck gewinnen wir nach Durchschreiten der Lauben von der ›engen‹ *Breiten Straße*.

Wieder erkennen wir die beiden Teile des Rathauses, hier scheinbar von den dunkelglasierten Ziegelsteinen vereinheitlicht. Der rechte, alte Teil mit der heutigen Eingangstür ist relativ schlicht. Um den Eingang springt eine Vorhalle aus dem Korpus des Gebäudes vor, getragen von achteckigen Granitpfeilern. Das Portal aus schwarzglasierten Formsteinen, tief ins Gewände profiliert, zeigt allerlei Masken und Fabelwesen. Die Türen sind mit zwei wunderschönen *Bronzebeschlägen* bewehrt, Kopien der im Annenmuseum aufbewahrten Originale, von Hans Apengeter 1347 in Lübeck gegossen: In einem Rahmenwerk aus Weinranken thront die kaiserliche Majestät in der Mitte, umgeben von den sieben Kurfürsten des Reiches, drei geistlichen mit Mitra und Krummstab und vier weltlichen mit dem Schwert samt ihren Wappen. Die bronzenen *Beischlagwangen der Bänke* seitlich des Portals, von 1452, zeigen in gotischer Umrahmung ein Bildnis

LÜBECK
0 100 200 m
Klughafen
Kanal-Trave
Krähenteich
Mühlenteich
Hansahafen
Wallhafen
Holstenhafen
Stadttrave
Stadtgraben
Stadtgraben
Burgtor
Burgtor-brücke
Burgkloster
Hl.-Geist-Spital
Füchtingshof
Haasen-Hof
Koberg
Behnhaus/Drägerhaus
St. Katharinen
St. Jakobi
Schiffergesellschaft
Löwenapotheke
Hellgrüner/Dunkelgrüner Gang
Buddenbrookhaus
St. Marien
Rathaus
Markt
Ägidienkirche
Annenmuseum
Zeughaus
Dom
St. Petri
Schabbelhaus
Salzspeicher
Holstentor
Travemünde
Rockstraße
Falkenstraße
Kanalstraße
Wakenitzmauer
Langer Lohberg
Tünkenhagen
Rosengarten
Leber-Straße
Bei St. Johannis
Schlumacherstr.
Balauerfohr
An der Mauer
Hüxter-Hüxtertor-damm
Hüxtertor-brücke
Rehder Brücke
Hüxtertorallee
Hüxtertorallee
Ratzeburger Allee
Mühlentor-platz
Mühlenbrücke
Mühlendamm
Rosenstraße
Kl. Gröpelgrube
Gr. Burgstraße
Kl. Burgstraße
Kleine Altefähre
Gr. Altefähre
Engelswisch
An der Untertrave
Alsheide
Glockengießerstraße
Hundestraße
Dr.-Julius-
Fleischhauerstraße
Hüxstraße
Krähenstraße
Stavenstraße
Weberstraße
An der Mauer
St.-Annen-Straße
Dövekenstr.
Schildstraße
Ägidienstraße
Königstraße
Königstraße
Breite Straße
Breite Straße
Pfaffenstraße
Schrangen
Wahmstraße
Mühlenstraße
Musterbahn
Fegefeuer
Schwönekenquerstr.
Engelsgrube
Fischergrube
Beckergrube
Kupferschmiedestraße
Fünfhausen
Große Kiesau
Sandstraße
Pferdemarkt
Parade
Kohlmarkt
Schüsselbuden
Ellerbrook
Blocksquerstraße
Böttcherstraße
Mengstraße
Alfstraße
Fischstraße
Braunstraße
Holstenstraße
Kolk
Petersgrube
Kl. Kiesau
Marlesgrube
Dankwartsgrube
Düstere Querstraße
Lichte Querstraße
Hartengrube
Effengrube
Wallstraße
An der Untertrave
An der Obertrave
Am Holstenhafen
Bahnweg
Katharinenstraße
Katharinenstraße
Lastadie
Auf der Wallhalbinsel
Wallstraße
Possehlstraße
Possehlstraße
Puppenbrücke
Lindenplatz
Moislinger Allee
Bahnhof
Lachswehrallee

Gotischer Türzieher am Lübecker Rathausportal

des Kaisers in wallendem Barte, eines jener typisierten Bilder der maiestas, die uns ahnen lassen, wie fern der Politik eines lübischen Rates des 15. Jahrhunderts bereits diese wie ein Artefakt wirkende Majestät stand. Die kleinen Leute mögen in dem gütigen Gesicht des Herrschers einen Abglanz erhoffter Gerechtigkeit gesehen haben, wie sie auch heute noch gerne ihren Schwatz auf der Bank halten, Seite an Seite mit der leutseligen Majestät.

Linker Hand markiert ein prachtvoller *Holzerker* von 1586, mit seinen Hermenpilastern ganz der Renaissance verhaftet, die Nahtstelle zum Langen Haus, wo ein Rest der frühgotischen Laube stehengeblieben ist. Der Kontrast zur irgendwie gotischen Kaisergestalt, die wir gerade sahen, ist denkbar groß: Stolz präsentiert Lübeck seine Wappen in Rollwerkkartuschen, den doppelten schwarzen Adler und die Farben Weiß-Rot – der Adler enthüllt von hüllenlosen Putti, als ob sie sagen wollten: ›Seht her, wir sind eine reichsfreie Stadt‹, und die lübischen Farben, angekündigt von sichtlich angestrengten Posaunenbläsern, die vermelden: ›Seht her, wir sind auch ohne das Reich wer!‹ Der bewundernswerte Aufbau dieses Erkers, die strengen römischantiken Köpfe der drei Hermenpilaster, die über ihnen schwebenden griechischen Theatermasken, die silenartigen Konsolköpfe und die vielbrüstige Diana von Ephesos, an der sich die Stadt zu laben hoffte, führen eine in der Renaissance wiedererstande antike Welt vor. Das rechte Auflager trägt aber listigerweise an seinem Fuß eine Narrenmaske, in der wir Till Eulenspiegel erkennen mögen. Gute zweihundert Jahre früher war Till dem Rat der Hansestadt mit einem Weinbetrug aufgefallen, bei dem ausnahmsweise der Händler der Betrogene war:

»Eulenspiegel, als er nach Lübeck kam, verhielt sich gebührlich ... denn es herrschte in Lübeck ein strenges Recht. Nun war zu der Zeit im Ratskeller in Lübeck ein Weinzäpfer, der war ein sehr hochmütiger Mann ...«, und Till vertauschte ihm eine Kanne mit Wein gegen eine mit Wasser. Der Weinzäpfer verstand aber keinen Spaß: Eulenspiegel kam in den Turm (wohl am Burgtor), und der Rat verurteilte ihn zum Tode am Galgen. Als er zum Richtplatz geführt wurde, bat er die anwesenden Ratsherren um eine letzte Gnade. Sie wurde ihm gewährt unter der Bedingung, daß es kein Geld kosten dürfe. Da bat Eulenspiegel in seiner derben Art den ehrbaren Rat: *»Ihr ehrbaren Herren von Lübeck! Ihr habt es mir gelobt, und ich erbitte dies: Wenn ich gehenkt worden bin, sollen der Weinzäpfer und der Henker mir drei Tage lang den Hintern küssen!«* Die Ratsherren mit ihren güldenen Ketten fanden dies unziemlich, tuschelten eine Weile und hoben das Urteil auf, weil sie darin das kleinere Übel sahen.

An das Lange Haus schließt links der *Kriegsstubenbau* an, 1440 von Nikolaus Peck errichtet. In seiner vierjochigen offenen Arkadenhalle war die Ratswaage installiert – die Aufhängung noch sichtbar –, während in der ›Kriegsstube‹ des Obergeschosses, auch ›Neues Gemach‹ genannt, der Rat militärische, aber auch andere Entscheidungen fällte, man könnte vom Sitz der lübischen Admiralität sprechen. Seine reiche Vertäfelung, um 1594 vom Ratsschnitzer Tönnies Evers dem Jüngeren geschaffen, ging 1942 vollständig verloren. Die gedeckte *Prunktreppe*, die von der Breiten Straße hinaufführt, jedoch konnte erhalten werden. Im Floris-Stil der niederländischen Renaissance entspricht sie ganz dem Schmuckbedürfnis der Zeit. Säulenstellungen, antikisierende Hermenpilaster, Reliefs und Diamantquaderwerk, prunkende Volutengiebel über dem ebenerdigen Eintrittshäuschen mit seinem prächtigen Schmiedeeisengitter sowie die Fensterbrüstung mit Schweifgiebel und niederländisch engstehender Sprossenfenstereihung erwecken vor dem nüchternen Backsteinmauerwerk ein letztes Bekunden hansischer Größe. 1893 wurde der weiche Sandstein erneuert, 1951 das Ganze mühsam wiedergewonnen.

DAS INNERE DES RATHAUSES mit obligater Führung um 11, 12 und 15 Uhr durch Eingangshalle, Audienzsaal und Bürgerschaftssaal wird uns vielleicht enttäuschen. Zuviel ist verändert, zumal in der Franzosenzeit, mit der die nüchterne Verwaltung einer rationalen Aufklärung einzog. Auch die Wilhelminische Zeit mit ihren Kolossalgemälden und maschinengebrannten Schwarzziegeln hat alles mit einem neugotischen Firnis überzogen. Zwei Dinge verdienen Beachtung: Zunächst, in der ebenerdigen Eingangshalle mit nachgebautem neugotischen Sterngewölbe, das originale *Portal* zum Ratssaal, später Audienzsaal, gegen 1350 in alten handgeformten und mit Ruß und Ochsenblut schwarzgebrannten Backsteinen mit Spitzbogen tief in die Mauer gelaibt. Links und rechts stehen auf Konsolen die Statuen der Gerechtigkeit mit Waage und Schwert und der Weisheit mit der Schlange und dem Spiegel der Selbsterkenntnis. Ob Eulenspiegel hier hindurchgeführt wurde? Von der Entstehungszeit her wäre es denkbar, und die Lübecker haben der Gerechtigkeit keine Binde um die Augen gelegt, wie man es andernorts gern tat, um ihre Unparteilichkeit anzudeuten. Auch sonst ist Humor im Spiel: Links sehen wir als letztes der allegorischen Schmuckkapitelle den mutigen Samson auf dem Löwen. An der rechten Portalseite ist es Phyllis, die auf dem törichten Aristoteles reitet. Es muß beides in Lübeck gegeben haben und gibt es sicher noch heute.

Die gotische Portalöffnung umschließt eine prächtige *Holztür*, 1573 von T. Evers dem Älteren geschnitzt. Im äußeren Giebelfeld erscheint der Weltenrichter mit mahnend erhobener Hand; ihm entspricht auf der Saalseite das Salomonische Urteil über zwei Mütter, die um ein Kind streiten, wobei jede behauptet, es sei das ihre. Der Henker packt das Würmchen und will es auf Salomons listiges Geheiß entzweihauen – da gibt die wahre Mutter aus Liebe ihr Kind auf und entlarvt die falsche. Justiz war damals drastisch, und so mahnt ein Spruch unter dem Tympanon »Beide Part schal ein Richter horen und den ordel« – die plattdeutsche Form des Audiatur et altera pars. Das Portal zeigt eine große und eine kleine Tür: Durch die große ging man aufrecht sein Recht suchend, durch die kleine verließ man bescheidener den Gerichtssaal.

Der *Audienzsaal*, 1754 mit schwunghaften Rocaillen neu gestaltet, überrascht. Wir erwarten in Lübeck alles, aber kein Rokoko. Die zehn allegorischen Wandgemälde von Stefano Torelli bringen einen Hauch von venezianischer Leichtigkeit in den Norden. Auch die Tracht jener Zeit hatte sich der schweren, dem Spanischen entlehnten Grandezza in Schwarz entwöhnt, liebte das spielerisch Leichte, wie uns manche Bilder lübischer Damen im Annenmuseum zeigen. Hinter der Schranke saß, räumlich erhöht, der sicher wohlbeleibte Senat auf prunkvollen roten Sofas, wahren Plüschorgien der Gönnerhaftigkeit. Die Welt hatte Lübeck ohnehin längst vergessen, und so durfte man auf altem Glanz und Ruhm ausruhen.

In der Breiten Straße Nr. 8 wohnte lange Jahre *Emanuel Geibel*, 1815 in Lübeck geboren und 1884 gestorben. Von ihm stammen – neben dem Spottgedicht auf den Brücken-Merkur – die beschwingten Gedichte ›Der Mai ist gekommen‹ und ›Wer recht in Freuden wandern will‹. Und wirklich: Nichts ist hier oben schöner als der nach allzu langen Wintern ausbrechende Mai, die erneuerte Lebenshoffnung, eine Frühlingsstimmung, die bis weit in den Juni hinein anhält.

Nun wäre es Zeit, nach all dem Geschauten und Gehörten ein verdientes Mittagsmahl im ALTEN RATSKELLER einzunehmen, der, wie schon erwähnt, die Fundamente und Kellergewölbe des alten gotischen Parallelhauses aus dem 13. Jahrhundert bewahrt hat. Seit Anbeginn ein Ort der Weinlagerung und bald des Konsums vornehmlich des roten Rebensaftes, des altberühmten Rotspons, von dem schon Wilhelm Busch behauptet, er sei »was für alte Knaben«. Obwohl die Gastronomie wiederholt Umbauten vornahm, ist diesen Ratskellern – ob in Lübeck oder Bremen, in München oder Münster – die Atmosphäre einer älteren Zeit eigen, die sich in kühlen und tief ansetzenden Kreuzgratgewölben der ewig rastlosen oberirdischen Moderne entzogen hat. Vom alten Keller der Weinhändler, unter denen wir viele Ratsherren vermuten dürfen, hat sich der *Sandsteinkamin* aus dem Herrengemach erhalten, 1575 von den Weinherren von Stiten gestiftet, deren Wappen im Giebeldekor erscheint. Darunter tragen zwei

Männer eine riesige Weintraube an einer Stange; es sind die aus dem gelobten Land Kanaan zurückkehrenden Kundschafter Moses, und sie haben ja auch das Rechte gefunden. Manchmal nennt man den Kamin ›Brautkamin‹, was wir besser verstehen, wenn wir die weisen Sprüche lesen, die über der Feuertüre zwischen Hahn und Henne in goldenen Lettern prangen und nur von Eheleuten gemeinsam gelesen werden sollten. Aus der gleichen Zeit stammt der Admiralstisch, gefertigt aus Eichenplanken der 1566 erbauten Galeone ›Adler von Lübeck‹. Das meiste der alten Ausstattung wurde beim Umbau 1875 im Hochgefühl einer neuen Zeit verschleudert und verheizt. Nur das mächtige, auf vier Löwen ruhende Weinfaß von 1800 kam 1909 aus einer lübischen Weinhandlung hierher.

Da wäre denn ein Wort zu den lübschen Rotspons angebracht. Die Weine des Mittelalters und der beginnenden Neuzeit waren recht unreine Weine und nur sehr begrenzt lagerfähig. Längerer Transport der grundsätzlich in Fässern gelieferten Weine verdarb sie unter Sauerstoffeinfluß gründlich, und Essig war oft genug das Resultat. Nur bestimmte gerbstoffhaltige Rotweine, gelagert und transportiert in limousineichenen Fässern, überstanden zumal den Schiffstransport etwa von Bordeaux nach Lübeck. Der Sauerstoff gelangte trotz Abdichtung mit Pech natürlich auch in diese Fässer, aber bevor er den Alkohol zu Essigsäure oxidierte, griff er die Tannine oder Gerbstoffe an, die heftig reagierten, den Sauerstoff aufzehrten und schließlich einen schwärzlichen Bodensatz lieferten. Die im Schiffsbauch gemütlich vor sich hinrumpelnden Fässer lieferten also einen vorzüglich erhaltenen Roten. Der Weißwein wurde mangels Tanningehalts erst als Flaschenwein transportabel. Zudem war dem Rotspon durch jene geschilderte Reaktion zwischen Sauerstoff und Tannin das allzu Bittere und Astringierende mancher Rotweine entzogen worden, ein doppelter Gewinn. Glaubhaft wird berichtet, daß mancher Franzmann beim Kosten über lübischen und bremischen Roten mit der Zunge geschnalzt haben soll, denn ohne Schiffstransport waren solche Erfahrungen in Frankreich nicht zu machen. Das hat Anlaß gegeben zu absichtlichen Fahrten zwischen Bordeaux und Bergen, bei denen der Rote in Fässern als Kielballast ›aller et retour‹ geführt wurde. Das Wort Rotspon galt im Mecklenburgischen für Rottanne, Rotspan und letztlich Holzgefäß und vererbte sich vielleicht über die rotbraune Innenverfärbung der eichenen Rotweinfässer auf deren Inhalt.

Der Rathauskomplex hat außer den Schauseiten zum Markt und zur Breiten Straße noch eine dritte Fassade, die der benachbarten Marienkirche zugewandt ist. Was heute recht neogotisch anmutet, ist tatsächlich im 19. Jahrhundert durch Erneuerung vor dem Verfall gerettet worden, doch kommt gerade dieser *Nordfassade* aus der Zeit des Umbaus von 1340 eine Schlüsselrolle als Vorbild der Rathausarchitektur im hansischen Ostseeraum zu. Auch das anschließende langgestreckte *Kanzleigebäude* unmittelbar hinter dem Chor von Sankt Marien gehört noch zum Rathaus.

Die Marienkirche

Nicht von ungefähr sind das Rathaus und Sankt Marien unmittelbare Nachbarn im Zentrum der Stadt. Als Patronatskirche stand Sankt Marien außerhalb der bischöflichen Kirchenstruktur. Hier war der Patronatsherr unverkennbar der Rat der Stadt Lübeck, der sich damit deutlich abgrenzen wollte vom bischöflich-herzoglichen Dom. Noch heute gibt es im Holsteinischen und Niedersächsischen solche Patronatskirchen, deren Unterhalt und Pastor vom Gutsherrn bezahlt werden. Gewaltig aufstrebend bilden die beiden quadratischen Westtürme eine der Dominanten des Stadtbildes. Der vierkantige Spitzhelm über den Dreiecksgiebeln deutet mit seinen Rhomben auf rheinische und westfälische Vorbilder hin.

Die Baugeschichte von Sankt Marien reflektiert in exemplarischer Weise die Wende vom romanischen zum gotischen Baustil und im weiteren Verlauf das Fortschreiten von den in sich ruhenden, die Gesetze erdschwerer Statik nicht verleugnenden Formen der frühen Gotik zu den scheinbar jeder statischen Gesetzlichkeit spottenden Hochgotik unter dem Einfluß des raumauflösenden Lichtes. Drei verschiedene Baukonzepte folgten aufeinander: Um 1200 begann man mit der Errichtung einer dreischiffigen romanischen Backsteinbasilika; gegen 1250 wurde in einer ersten Planänderung das Langhaus von West nach Ost zu einer gotischen Hallenkirche umgerüstet. Unter dem Eindruck der französischen Kathedralgotik entstand seit 1265 der hochgotische Chor; dieser, wohl um 1290 vollendet, war maßgebend für das endgültige Konzept der Marienkirche als hochgotische Basilika, wie sie um die Mitte des 13. Jahrhunderts vollendet wurde und vor uns steht.

Lübeck, Marienkirche

Der lichte Umgangschor mit Kapellenkranz und die ungewöhnliche Höhe des Mittelschiffes bestimmen den großartigen Raumeindruck.

In der grauenhaften Nacht von Palmarum 1942 ging diese bedeutendste gotische Backsteinkirche des Nordens unter, die schweren Glocken fielen aus dem Gestühl und durchbrachen das Turmgewölbe, zerbarsten auf dem Boden, wo die Teile noch heute hitzeverformt zur Mahnung liegen. Fast die ganze Ausstattung ging verloren. Gemeinsam mit den anderen zerstörten Kirchen Lübecks wurde Sankt Marien aus den stehengebliebenen Mauern wieder aufgebaut. Dabei entdeckte man unter abgeblättertem Putz die alten ornamentalen und figuralen *Wandmalereien* des 14. Jahrhunderts. Sie geben heute dem weiten, hochgewölbten Kirchenraum jene feine zurückhaltende Farbigkeit und Festlichkeit, die vielleicht mehr wiegt als die großenteils untergegangene Ausstattung. In jenen Gewölben hat sich die Tragik eines talentierten Malers der fünfziger Jahre ereignet: Was Lothar Malskat, übermannt von der Versuchung, in täuschender Manier und Eleganz an Fresken ›auferstehen‹ ließ, ist später als Fälschung wieder abgewaschen worden.

Erhalten blieben die hohe kraftvolle *Eichenholzfigur des Evangelisten Johannes* von 1510, entweder Bernt Notke oder Henning von der Heyde zuzuschreiben, und das prachtvolle *Sakramentshäuschen*, 1476 vom Erzgießer Hans Grude und dem Goldschmied Klaus Rughesee im Style flamboyant geschaffen. Interessant und schön sind die beiden *Grabplatten* aus Messing, die des 1369 im Dänenkrieg als Admiral der lübischen Flotte gefallenen Bürgermeisters Warendorp und die wohl von Bernt Notke 1508 für das Ehepaar

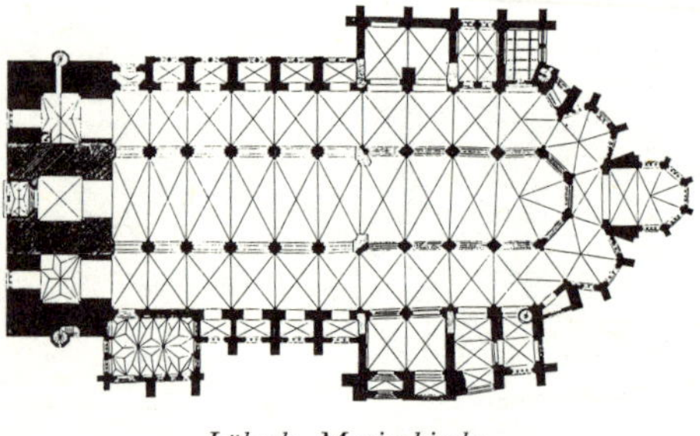

Lübeck, Marienkirche

Hutterock gestaltete. Die üblichen Adelsepitaphien fehlen in dieser Bürgerkirche völlig.

Sankt Marien hat große Anregungen aus dem flandrischen Raum erhalten. Coppens, Claeszon und Adraenszon haben hier neben den berühmten Antwerpener Brüdern Thomas und Jan Erasmus Quellinus gearbeitet und lange Zeit in der Stadt verbracht, Werke von Cornelis Floris wurden angekauft. Sämtliche Arbeiten der beiden Quellinus in Sankt Marien sind 1942 untergegangen, auch der berühmte Hochaltar von 1697. Die Antwerpener Maler- und Bildhauerfamilie Quellinus werden wir nur noch im Dom antreffen. Geblieben ist Sankt Marien eine ältere Antwerpener Arbeit, der in der Hauptchorkapelle plazierte *Marienaltar* von 1518: ein doppelflügeliger Altarschrein mit vergoldetem Schnitzwerk, der sich durch Zuklappen der Innenflügel in einen Gemäldealtar verwandeln kann, wobei das Vorbild von Dürers ›Marienleben‹ unverkennbar ist.

Die *Annen- oder Briefkapelle,* um 1310 dem südlichen Seitenschiff angefügt, das man sich damals noch in den schweren frühgotischen Formen denken muß, diente als Standort der Schreiber. Trotz ihrer feingliedrigen Strukturen hat gerade sie die Zerstörung in fast wunderbarer Weise überstanden. Wie ein halbes Jahrhundert früher der Chor dokumentiert sie mit ihren hochmodischen Schirmgewölben, die sich über höchst zerbrechlich wirkenden Mittelstützen entfalten, die ehrgeizige Baugesinnung der Ratsherren.

In Sankt Marien können wir trotz oder vielleicht gerade wegen der Kriegszerstörungen die virtuose Umsetzung gotischer Formensprache in die Technik des Backsteinbaus nachvollziehen. Die Kathedralen Frankreichs und Englands und ihre rheinischen Nachfolger bedienten sich des Hausteins, sei es Champagnekreide, Sandstein oder Limestone, mit deren Hilfe auch kunstvolle Schmuckformen mit statischen Diensten – also Pfeilern, Säulen, Gurten und Rippen – verbunden werden konnten. Hier in Sankt Marien hatten die Baumeister, von wenigen Hausteinen abgesehen, mit der Sprödigkeit und technischen Normative des Backsteins zurechtzukommen. Das Ergebnis war kein Notbehelf, sondern eine großartige Verbindung ruhiger, linear durchgängiger Formen, die das Auge emporführen in den sehr hellen Lichtgaden. Die warme ziegelrote Tönung der gebackenen Profilsteine, ihr Kontrast zur weißen Fläche, diese wiederum farbig bemalt, bewirken eine Harmonie, die mit Ruhe und Gelassenheit erfüllt, statt das Auge trunken zu machen mit stets neuen Erfindungen und Steigerungen.

Wie Lübeck von Frankreich und Flandern reich beschenkt wurde, so haben auch Sankt Marien und andere Bauwerke dieser Stadt Maßstäbe im gesamten Ostseeraum gesetzt, wurden Vorbild der Sakral- und Profanarchitektur zumal in Schweden und im baltischen Raum. Die Stockholmer Nikolaikirche oder Stor kyrkan und die deutsche Gertrudenkirche oder Tyska kyrkan, die Dominanten der Stockholmer Altstadt, stehen für diese Gemeinsamkeiten. Beide sind eng mit Lübeck als Haupt der Hanse verbunden, so daß wir einen Augenblick dabei verweilen wollen.

In Stockholms Stor kyrkan (kyrkan = Kirche, gesprochen tschürkan) steht des Lübeckers *Bernt Notke* (1440-1509) berühmtes Reiterstandbild des heiligen Georg, den die Schweden Göran nennen, die Norddeutschen Jürgen. Eine Kopie finden wir zur Anschauung in Lübecks Sankt Katharinen (siehe Abb. Seite 279).

Neben der Skulptur, in der Bernt Notke im Norden führend war, verband die Musik Lübeck mit Stockholm. 1668 wurde *Dietrich Buxtehude* zum Organisten der Marienkirche in Lübeck gewählt. Sein Freund Gustav Düben wirkte als Organist an der Tyska kyrkan in Stockholm und führte dort zahlreiche Werke Buxtehudes auf; der Vater Johannes Buxtehude war bereits Organist an der Marienkirche in Helsingör. Die Großen ihrer Zeit kamen zu dem Sohn nach Lübeck: 1703 besuchte Georg Friedrich Händel den älteren Meister und 1705 ein junger Musiker, den noch kaum jemand kannte: der zwanzigjährige Johann Sebastian Bach.

Als Buxtehude 1707 in Lübeck starb und in Sankt Marien bestattet wurde, schrieb die Lübecker Zeitung ohne Arg: »... er erkannte Dänemark als sein Vaterland.« Vaterland war ganz einfach das Land der Väter, mit denen man sich eins weiß. 1700 hatte Buxtehude zum Jahrhundertwechsel ein heute verschollenes Werk komponiert: ›Auf die Wohlfahrt der kayserlichen Freyen Reichsstadt Lübeck‹, und das war ihm kein Widerspruch. Nach dem tiefen Fall Deutschlands 1945 waren wir 1987 zutiefst überrascht, wie sich in den dortigen deutschen Gemeinden in Stockholm und Kopenhagen die einstige kulturelle Bedeutung der Mitte Europas erhalten hat, die Pastoren und Organisten immer noch aus Deutschland kommen und der 350. Geburtstag Buxtehudes unter großem Andrang festlich begangen wurde.

Giebelhäuser Mengstraße 23-31

Mengstraße: Buddenbrookhaus und Schabbelhaus

Wir wenden uns nun der Mengstraße jenseits von Sankt Marien zu. Das Haus Mengstraße 4 war von 1841 bis 1891 im Besitz der Familie Mann; hier wuchsen Thomas und Heinrich mit drei weiteren Geschwistern auf, bevor die verwitwete Mutter nach München übersiedelte. Als BUDDENBROOKHAUS ist dieses typische Lübecker Patrizierdomizil in die Literaturgeschichte eingegangen, nach der von Thomas Mann mit Selbstironie, Zuneigung und Abneigung zugleich erzählten Geschichte vom Abstieg einer großbürgerlichen Familie in einer im Windschatten des Weltgeschehens lebenden Stadt, wobei Mitglieder der Familie Mann selbst Pate standen. Heute hat hinter der renovierten Fassade eine Bank ihren Sitz.

Wenn wir jene schmalen, hohen und in die Tiefe des Grundstücks gebauten Kaufmannshäuser des alten Lübeck in ihrer eigentümlichen Einrichtung kennenlernen wollen, so empfiehlt sich, zumal am Abend, das SCHABBELHAUS in der unteren Mengstraße zu besuchen (Nr. 48-50). Es sind zwei miteinander verbundene dreigeschossige Häuser im Renaissance- bzw. Rokokostil, im Laufe der Zeit mehrfach verändert und nach dem Krieg zu einer Einheit verschmolzen, in denen ein ausgezeichnetes Restaurant zum Speisen einlädt. In das linke Haus führt ein hohes rundbogiges Portal mit einem Terrakottafries als Schmuckarchitrav. Die Fenster zu beiden Seiten bringen Licht in die geräumige Kaufmannsdiele des Erdgeschosses mit ihren abgeteilten Kontoren, der geschnitzten Holztreppe zur Galerie und den oberen

Diele im Schabbelhaus

einstigen Wohnräumen. Dieselbe Anordnung zeigt das rechte Haus. Wir haben uns solche Dielen als Schauplatz geschäftigen Tuns vorzustellen, wo Waren verhandelt und dickleibige Kontorbücher geführt wurden. (In alten Zeiten brachte man die Güter vom nahen Travehafen in Karren hierher und beförderte sie mittels Flaschenzügen, an einem vorkragenden Balken befestigt, in die Speicher der oberen Geschosse.) Eine mächtige Holzsäule, den Unterzug tragend, setzt den Akzent des Dielenraumes, der heute zum Speisen dient. Ein schöner klassizistischer Fayence-Kachelofen und Gemälde tragen das Ihre zur gediegenen Atmosphäre bei. Dahinter, die Tiefe des Grundstückes nutzend, liegen reich ausgestaltete Räume, darunter das typische ›Landschaftszimmer‹ mit zarten Rokokostukkaturen und Paneelen. Familiäres Wohnen, die Küche waren in den hinteren Hausteil verbannt, dessen Räume dennoch wohnlich und seit der Renaissance zunehmend mit reichem Schnitzwerk ausgeschmückt.

Wenn abends die brennenden Kerzen sich in den vielen Glasscheiben und Trennwänden spiegeln, das Holz der Dielen knarrt, leise Cembalomusik zu hören ist, dann gewinnt der Raum Leben und Wärme zurück – ein Ambiente, das freilich schon der Zeit angehört, in der Lübeck nur eine unter vielen Handelsstädten war. Zu nachtschlafener Zeit das Schabbelhaus wieder verlassend, hallt unser Schritt in der engen Gasse, beschwören die benachbarten schmalbrüstigen Häuser, manche mit schweren Sandsteinportalen und meist steil auftreppendem Giebel, den Genius loci einer vergangenen Zeit.

Vom Holstentor zur Großen Petersgrube

Breit und massig stellt sich das HOLSTENTOR mit seinen beiden grünen Kegeldächern dem Besucher entgegen, als ein Wahrzeichen Lübecks, das freilich im vergangenen Jahrhundert bei nur einer Stimme Mehrheit im Senat abgerissen worden wäre. Tief sind die mächtigen Granitquader seiner Fundamente in den moorigen Boden abgesunken, mühsam stabilisiert und heute wieder ansichtig, so daß das Tor in einer kleinen Mulde steht. Aus seinen dickwandigen Kasematten und Geschützpforten ist nie ein kriegerischer Schuß gefallen, hat Lübeck dank seiner weiter westlich liegenden Bastionen den Dreißigjährigen Krieg unbeschadet – gleich Hamburg – überstanden. 1466 konnte ein einzelner Ratsherr und Kaufmann dem Ratsbaumeister Helmstede den Bau übertragen und auch persönlich bezahlen. Dreißig schwere Geschütze standen in diesem Bollwerk mit dem Sterngewölbe der Durchfahrt, hinter dem die gewölbte Brücke über die Trave in die Stadt führte. Nicht ganz zufällig ist das Jahr der Erbauung, denn 1460 hatte Christian I. von Dänemark im Ripener Vertrag die Oberhoheit über das Herzogtum Schleswig und die Grafschaft (seit 1474 Herzogtum) Holstein erhalten, und die beiden Lübeck waren auf der Hut, mochten sie sich auch sonst gram sein. Das eine Lübeck war die Reichsfreie und Hansestadt, das andere das Fürstbistum Lübeck, 1773 mit dem Herzogtum Oldenburg vereinigt. Die feldseitige Inschrift CONCORDIA DOMI FORIS PAX – Eintracht im Hause, Friede vor dem Tor – war

Holstentor und Holstenbrücke, Aquarell von G. Stolle, um 1850

keine Bitte an einen etwa heranrückenden Gegner, sondern eine Bekundung innerer Festigkeit, von König Christian wohlverstanden. Auf der Stadtseite lesen wir S. P. Q. L. – SENATUS POPULUSQUE LUBICENSIS. Innen befinden sich die sehenswerten stadtgeschichtlichen Sammlungen – auch die üblichen Accessoires einer mittelalterlichen Folterkammer. Erfreulicher sind die von E. D. Boy geschaffenen Sandsteinskulpturen der PUPPENBRÜCKE (Originale im Annenmuseum), über die wir von der Feldseite das Tor erreichen. Der Flußgott Trave in antikem Habitus, Concordia mit dem Liktorenbündel, eine Bürgertugend als römischer Krieger und Gott Merkur, der Gott der Kaufleute (und der Diebe), von Emanuel Geibel mit den Versen besungen:

Zu Lübeck auf der Brücken,
da steht der Gott Merkur,
er zeigt in allen Stücken
olympische Figur.
Er wußte nichts von Hemden
in seiner Götterruh,
drum kehrt er allen Fremden
den bloßen Podex zu.

Wir folgen nun nach Querung der Holstenbrücke der Stadttrave aufwärts, sehen jenseits des Flusses die treppenbegiebelten SALZSPEICHER, in denen das Lüneburger Salz, auf dem Trave-Stecknitz-Kanal herbeigeführt, umgeschlagen wurde. Nach links zweigt bald die *Große Petersgrube* ab, eine schmale Straße, die nach Sankt Petri führt. Die Hauszeile Nr. 7 bis 29 bildet ein hübsches Ensemble aller bürgerlichen Haustypen von der späten Gotik über Renaissance und Barock bis hin zum strengen Klassizismus. In idealer Weise dem abfallenden Gelände angepaßt, hat sich hier eine lübische Kaufmannsstraße erhalten, von der Mengstraße durch den kleinbürgerlichen Gewerbecharakter unterschieden. Nr. 11, das alte Backhaus, wurde schon 1363 begonnen. In Nr. 21, gegen den Hafen zu, dominiert wieder das Großbürgerliche mit dem Haus des kunstsinnigen Kaufherrn Bernhard Groot, 1776 in spätbarocken Formen errichtet. Die PETRIKIRCHE selbst ist noch immer nicht von den Schäden des Bombenkrieges geheilt; nur der Ostteil der gotischen Backstein-Halle, asketisch hell und klar mit dem aufstrebenden Säulenwald, ist heute wieder zugänglich und dient profaner Nutzung.

Zum Wasser zurückgehend, folgen wir der Uferstraße, vorbei an der alten ROSSMÜHLE, und gelangen über die *Effengrube* zum einstigen ZEUGHAUS, 1594 als dreigeschossiger Backsteinbau im Stil der niederländischen Renaissance begonnen (heute Polizeidirektion). Dann stehen wir vor dem Dom, dem bischöflichen, aber auch herzoglichen Gegenstück zur bürgerlich-patrizischen Marienkirche.

Der Dom Heinrichs des Löwen

Mächtig ragen auch hier die abweisend wirkenden quadratischen Türme auf, öffnet sich nur unter dem rechten Turm ein Portal. Wuchtig, erdenschwer und machtbewußt ist der Eindruck, gegen den der gleichfalls von Heinrich dem Löwen gegründete Ratzeburger Dom fast zierlich wirkt. Umgeben von Domkurie und Klausur, den Domherrenhäusern, die sich bis zum Pferdemarkt hinzogen, war das Bild einst sicher belebter. Irgendwie von der geschäftigen Kaufmanns- und Handwerkerstadt an den Rand gedrängt, ist das Domviertel ein stilles Reduit geworden, besonders schön zu sehen von jenseits des Mühlenteichs. Eine kleine Fahrt über Mühlendamm, Wallstraße und Mühlenbrücke läßt zumal an stillen Stunden des Tages das romantische Bild des gebietend über die niedrige kleinbürgerliche Bebauung des 19. Jahrhunderts aufragenden Domes erleben mit seiner patinagrünen steilen Dachlandschaft, bekrönt von einem spitzen Reiter über der Vierung, während im Teich die Enten schnattern und erstes Grün die tief zum Wasser herabziehenden Weiden schmückt.

1163 hatte Bischof Gerold hier eine Holzkirche geweiht, und schon 1173 legte Herzog Heinrich der Löwe den Grundstein für eine der größten Kathedralkirchen aus Backstein. Dieser romanische Dom wurde 1247 geweiht. 1254 stellte eine rheinische Bauhütte das Paradies vor den Nordquerarm. Bald darauf ließ es dem Bischof in einer Zeit schwerer Zerwürfnisse mit der Bürgerschaft keine Ruhe, dem hochmodernen Kathedralchor von Sankt Ma-

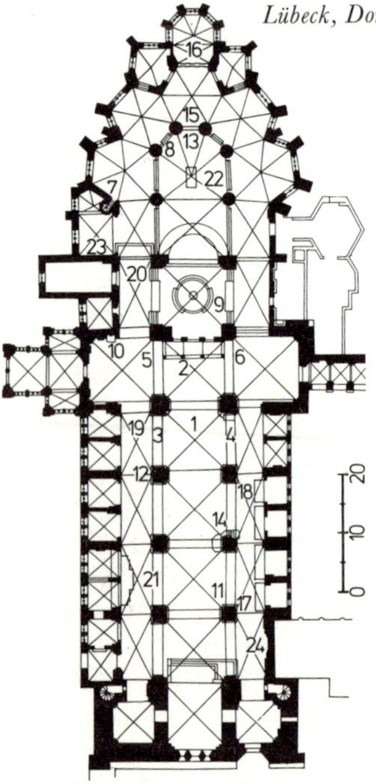

Lübeck, Dom

1 Triumphkreuzgruppe
2 Lettner
3 Altar der Stecknitzfahrer
4 Altar der Kanonischen Tageszeiten
5 Altar der Mühlenknechte
6 Marienaltar
7 Chorgestühl
8 Lesepult
9 Taufbecken von 1455
10, 11 Madonnenstatuen (1450, 1509)
12 Epitaph Albert Bischop
13 Antoniustafel
14 Kanzel
15 Epitaph Tidemann
16 Grabdenkmal Fürstbischof August Friedrich
17 Lente-Kapelle
18 Bassewitz-Kapelle
19 Focke-Kapelle
20 Neue Fürstbischöfliche Kapelle
21 Orgel von 1970
22 Grabmal Bischof Bocholt
23 Messingplatte für die Bischöfe Serken und von Mul
24 Grabplatte Bischof Johann Tidemann

rien nachzueifern, und so begann man 1266 mit der gotischen Erweiterung des Chores, dem angesichts des Mißverhältnisses mit dem romanischen Langhaus alsbald der Umbau des ganzen Domes zu einer gotischen Hallenkirche folgte, indem die Mauern und Stützen zwischen den tragenden Pfeilern herausgebrochen und die Seitenschiffe hochgemauert wurden. Doch die Arbeiten zogen sich hin, bis sie in den dreißiger Jahren des 14. Jahrhunderts von Bischof Heinrich Bocholt mit Mitteln aus seiner Privatschatulle energisch weiterbetrieben werden konnten; 1341 war der Dom in seiner neuen gotischen Gestalt mit dem majestätischen Hallenumgangschor als Krönung vollendet und geweiht, und so sehen wir ihn noch heute, besser: heute wieder. Denn der Angriff an Palmarum 1942 zerstörte den Bau bis auf die Außenmauern, und noch 1946 vernichtete ein herabstürzender Querhausgiebel das Paradies. Abschnittweise wurde der Dom wieder instandgesetzt, eine gewaltige Leistung der Stadt Lübeck und des Landes eingedenk der sechs Hauptkirchen, die es zurückzugewinnen galt! Der Chor, durch eine Trennwand aus Glas und Stahl abgesetzt, bildet heute einen separaten Kirchenraum von erhabener Strenge und Klarheit.

Wir betreten den weitgehend schmucklos gebliebenen Raum, der als evangelische Bischofskirche Johannes dem Täufer und Sankt Nikolaus geweiht ist. Der Blick wird sofort gefangen von der gewaltigen siebzehn Meter hohen *Triumphkreuzgruppe* Bernt Notkes, aus Eiche 1477 geschaffen. Das Haupt des Gekreuzigten von bewegendem Realismus, auf dem Querbalken die im Kontrast zur Gestalt Jesu leicht manieriert wirkende Maria Magdalena, »distanziert und ekstatisch« nennt sie Dehio; ihr gegenüber, auch kniend, der Stifter, Bischof Albert Krummendik, beiderseits stehend Johannes und Maria, in Trauer versunken; ganz außen, als Zeugen von Schuld und Erlösung, Adam und Eva. Wohl niemand hat das erregende Bild dieser Kreuzigungsgruppe in der Palmarum-Nacht 1942 gesehen, umhüllt von Flammen, bedroht von herabstürzenden Gewölbeteilen, am anderen Morgen rauchumqualmt in den freien Himmel ragend.

Zweiter Blickfang ist der reiche *Lettner*, gegen 1330 unter Bischof Bocholt entstanden, dessen bronzenes, 1337 von Apengeter geschaffenes Grabmal eher an einen König als an einen Bischof denken läßt. Der Lettner wird im Lübecker Dom zu einer dreijochigen Emporenhalle. Die Schnitzfiguren, wieder aus der Werkstatt Bernt Notkes, bilden einen lebendigen Kontrast zur umgebenden strengen romanischen Pfeilerarchitektur. Auf dem Altar müssen wir uns die berühmte Passionsretabel von Hans Memling vorstellen, jetzt im Annenmuseum, 1491 in seiner Werkstatt in Brügge gemalt. Die engen Beziehungen zwischen Flandern und dem Kolonisationsraum östlich der Elbe fallen erneut auf. Hans Memling stammte aus Seligenstadt im Odenwald und war, wie so viele damals, ins Mekka der flämisch-niederländischen Kunst zwischen Brügge, Gent, Mecheln, Antwerpen und Amsterdam gezogen.

Der Dom ist sehr hell, lichterfüllt, die weiß gekalkten Wände lassen die Architekturformen zur Wirkung kommen. Die Epitaphien für Bischöfe und Adelsgeschlechter sind hier in den Kapellen konzentriert, zumal den *fürstbischöflichen Grabkapellen* – die ältere hat Thomas Quellinus aus Antwerpen mit dem Marmordenkmal des Fürstbischofs August Friedrich (†1705) und seiner Gemahlin ausgestattet. Wir sehen, wie dieses geistliche Amt als weltliches Fürstentum eine von hundert anderen Pfründen im zerfallenden Heiligen Römischen Reich wurde, dabei auch ein Hort deutscher Klassik, wie ihn die Lübecker Fürstbischöfe in Eutin, dem Weimar des Nordens, pflegten. In einer Kapelle des südlichen Seitenschiffs hat Thomas Quellinus dem *Kanzler von Lente* 1706 eine nicht minder prächtige *Gruftwand* errichtet, ein Hauptwerk des nordischen Spätbarock, schwelgend gegliedert mit Hermenpilastern der Tugenden Hoffnung und Glaube, korinthischen Kapitellen in farbigem Marmor.

Thomas Quellinus (1661 bis 1710) – vielleicht auch sein Bruder *Jan Erasmus der Jüngere,* von ihnen war schon im Zusammenhang mit Sankt Marien die Rede –, lebte von 1694 bis 1701 in Lübeck. Beide schufen viele bedeutende Altäre in den Kirchen Schleswig-Holsteins, so in Heiligenhafen, Krempe und Kirchnüchel. Die in Antwerpen ansässige Familie Quellin ist eine der herausragenden Künstlerfamilien der flämischen Renaissance, eng verbunden mit dem Werk des Peter Paul Rubens, dabei zunehmend auch als Bildhauer tätig. Vor allem Thomas Quellinus hat das künstlerische Ansehen seiner Vaterstadt in den Norden getragen, trat in lübische, dann königlich-dänische Dienste und schmückte viele Kirchen Kopenhagens. Jan Erasmus' des Älteren ›Anbetung der Magier‹ hängt noch heute in der Antwerpener Frauenkirche. Das Antwerpen jener Tage hatte manche Ähnlichkeit mit Lübeck. Beide Städte waren an den Rand der Geschichte gedrängt worden, verdanken dieser Randlage aber auch ihr gewachsenes, über die Zeiten erhaltenes Ambiente.

Der Gesamteindruck des steingewaltigen Raumes, der zum Umherwandern einlädt, ist großartig: seine kühle Helligkeit, der sparsame Effekt der prachtvollen, in der Sonne blinkenden Messingleuchter an Decke und Wänden, die wenigen, aber vorzüglichen Kunstwerke, mit denen Bernt Notke und Quellinus den Style flamboyant und die Renaissance in die nordische Romanik und Gotik trugen. In Gedanken wären zu ergänzen Meisterwerke wie der Marienaltar oder der Memlingsche Passionsaltar, die heute im Annenmuseum aufbewahrt werden, wohin wir uns nun wenden.

Im Annenmuseum

Am alten Domkloster vorbei (mit Naturhistorischem Museum) gewinnen wir die *Musterbahn* mit einer ansehnlichen klassizistischen Häuserzeile, biegen in die *Mühlenstraße* nach links ein (das Auto haben wir hoffentlich am Dom gelassen) und dann nach rechts in die *St.-Annen-Straße*. Hier finden wir nach wenigen Schritten das EHEMALIGE SANKT-ANNEN-KLOSTER, 1502 von Synsingus Hesse für die Augustinerinnen gebaut. Später wurde der große Komplex für alle möglichen sozialen Zwecke benutzt, auch als Spinnhaus für Frauen – eine Tätigkeit, die zwar nicht als ehrenrührig galt, de facto aber eine strenge Haft darstellte.

Um den Kreuzgang des alten Klosters schließen sich die Räume des Museums zur Kunst- und Kulturgeschichte, das zu Recht als eines der bedeutendsten seiner Art in Deutschland gilt. Es hat im Ambiente wie in den Exponaten viel gemein mit dem Unterlindenmuseum im elsässischen Kolmar: die Atmosphäre und den Geist einer alten Zeit und ihrer über Jahrhunderte gültigen Anschauungen, die wir als gesamteuropäisch heute wieder besser verstehen. Das Obergeschoß ist der bürgerlichen Kunst Lübecks und seiner Wohnkultur vorbehalten, etwa mit der Lübecker Diele von 1736. Alte Musikinstrumente, bis in Buxtehudes Zeit zurückreichend, Reste der Wandvertäfelung der Kriegsstube im Rathaus, die den Brand 1942 überstanden, prachtvolle Terrakotten der Renaissance, die Fredenhagen-Porträts des Lübeckers

Gottfried Kniller, der in London zum Hofmaler Sir Godfrey Kneller aufstieg, eigentümlich manierierte Darstellungen lübischer Bürgersfrauen wie das Bildnis der Margareta Brömbse von 1641, die sich in gezierter Gewandung, in spanischen Krägen und blasierter Weltgewandtheit versuchen – der Fundus der Sammlungen scheint unerschöpflich.

Das große Erlebnis im Annenmuseum aber ist die *sakrale Kunst des Mittelalters* im Erdgeschoß, die uns lange fesseln wird. Hier kommen wir Bernt Notke, Hans Memling, Henning von der Heyde ganz nahe, denn viele Kunstwerke sind nach den Kriegszerstörungen nicht wieder in ihre Kirchen zurückgekehrt, was man bedauern mag, aber sicher ihrer Konservierung dient und uns Auge in Auge mit ihnen bringt. Es war mit den Kirchen Lübecks so eine Sache: Nicht nur Eifersucht und Gegnerschaft von Rat und Bischof taten sich in ihnen kund, auch die Rivalitäten der zahlreichen bürgerlich-kaufmännischen Bruderschaften im Vorfeld einer offenbar früh in der Luft liegenden Reformation. Die Bruderschaften duldeten keine Geistlichen in ihren Reihen. Im 19. Jahrhundert liebte man es, die ›papistischen Götzen‹ zu entfernen; die Kirchen wurden ›ausgestaubet‹, so auch die Kapelle des Annenklosters. Nur der Umstand, daß im Krieg gerettete Kunstwerke sich heute hier ein großes Stelldichein geben, hat dem Annenkloster unerhörten Reichtum beschert.

Zu den ältesten Kunstwerken gehören die *Zwölf Apostel*, gegen 1250, vermutlich von der Chorschranke in Sankt Marien. In archaischer Strenge treten sie uns gegenüber, in der Einfalt einer Frühzeit, die aber keine Einfältigkeit ist. Einfältig war eher jener Pastor, der sie als Fundamente einer Gartenmauer in die Erde steckte. Den steinernen Aposteln folgen zeitlich Madonnen, Christusfiguren und Bischöfe, aus Lindenholz geschnitzt und der frühen Gotik angehörend, mit den oft übergroßen Köpfen an der Grenze einer weltabgewandten Geistigkeit bei zunehmender Individualität.

Ein großer gedanklicher Schritt führt zu der Figurenfolge, die gegen 1400 für die Chorschranke im Dominikaner- oder Burgkloster geschaffen wurde. Vor allem die *Törichten und Klugen Jungfrauen* sind psychologisch wunderbar erfaßt: Die Törichten zeigen elegante, hochgesteckte Frisuren, raffinierte Taillenbetonung und kunstvolle Umhänge – da werden wohl manche Damen von Ratsherren ungeahnt Modell gestanden haben. Aber auch für die Klugen fand der – oder die – Meister, wohl aus Flandern, Nordfrankreich und Westfalen zugewandert, reiche Anschauung im kleinbürgerlichen Leben, in der Betonung einer Tugend, die dadurch schon wieder keine Tugend ist.

Die Büste der dänischen Königin Margarete, offenbar verworfenes Detail ihres Grabmals im Dom zu Roskilde, zeigt uns jene bedeutende Monarchin, von der wir schon in Flensburg hörten. Könige begegnen uns auf den Fluren, der heilige Olaf von Norwegen (1015-1028), der mit harter Hand das Christentum dort einführte und seinen Fuß auf einen Drachen mit gekröntem Menschenkopf setzt – vermutlich ein politisch-religiöser Widersacher unter den alten germanischen Stammeskönigen.

Besonders beeindruckend sind die Altäre, teils geschnitzt, teils gemalt. Der *Altar der Lukasbruderschaft* aus der Katharinenkirche, von Hermen Rode gegen 1480 gemalt, mit geschnitztem Schrein aus der Notke-Werkstatt; die von Bernt Notke geschnitzten Altarflügel des *Johannisaltars der Schonenfahrer*, Benedikt Dreyers *Antoniusaltar* aus der Burgkirche und schließlich als Chef d'œuvre Hans Memlings großer *Passionsaltar* von 1491 mit seinen wundervollen klaren Linien und Farben, den sich teils auflösenden, teils zusammenfindenden Gruppen, die ihre eigene Geschichte erzählen. Das Gotische dominiert allenthalben mit kunstvollem Gesprenge, der Geziertheit der Madonnen und Verkündigungsengel, leuchtenden Blaus auf goldenem Grund ... Henning von der Heydes unvergleichlicher *Heiliger Georg*, 1504 in Eiche geschnitzt, sprengt uns förmlich entgegen. Kühl beherrscht und von klarer Entschlußkraft biegt sich das edel geformte Antlitz über der schützenden Brünne zurück, während die schmale, fast gelehrtenhafte Rechte mit durchscheinenden Knöcheln das emporgehobene Schwert umgreift. Die Betrachtung der Gruppe schräg von unten über den rechten Vorderfuß des sich aufbäumenden Pferdes läßt uns eine einsame Sternstunde abendländischer Kunst an der Schwelle von der Spätgotik zur Renaissance erleben. Im stillen Klosterhof haben die Originalfiguren von der Puppenbrücke ein lauschiges Plätzchen gefunden.

St.-Georgsgruppe von Henning von der Heyde im Annenmuseum

Königstraße und Große Burgstraße

Dieser Stadtspaziergang führt uns vom Rathaus durch die *Dr.-Julius-Leber-Straße* zur *Königstraße*, wo sich der Rat einer Freien und Hansestadt auch Majestäten auf Armlänge vom Leib zu halten wußte. An der Ecke die LÖWENAPOTHEKE, deren auftreppender Vordergiebel mit spitzbogigen Hochblenden von 1460 stammt. Im Oktober 1375 hatte Kaiser Karl IV. im Haus Nr. 41 Quartier genommen – Majestäten reisten damals mangels guter Hotels ›bed and breakfast‹ –, und die Kaiserin wohnte gegenüber beim Apotheker. Man hatte einen hölzernen Gang über die Straße geschlagen, was die Lübecker zu der Bemerkung veranlaßte: »Wenn de Kaiser to sin Fru geit, wüss das de ganze Stadt.« Der Norden schien dem Kaiser wichtig zu werden, hatte doch

St.-Georgsgruppe von Bernt Notke in der Katharinenkirche (Kopie)

1368 der lübische Bürgermeister Brun Warendorp mit seiner Flotte Kopenhagen genommen und der Hanse eröffnet. Das hinderte 1804 Christian VII. von Dänemark nicht, sich von C. F. Hansen in der Königstraße 5-7 ein Wohnhaus mit schöner klassizistischer Einrichtung erstellen zu lassen. Auch Gustav Wasa, der spätere Gustav Adolf des Dreißigjährigen Krieges, lebte unter dem Schutz des Rates einige Jahre vor seinem Regierungsantritt als Flüchtling in Lübeck.

Gegen das Burgtor gehend, erreichen wir die ehemalige Klosterkirche SANKT KATHARINEN, 1300 begonnen, deren edle Fassade durch neun überlebensgroße *Terrakottafiguren* in den Blendnischen einen expressionistischen Akzent erhält; die linken drei hat Ernst Barlach 1930 geschaffen – Frau im Wind, Bettler auf

Terrakottafiguren von Ernst Barlach an St. Katharinen

Krücken, Singender Klosterschüler –, die übrigen von Gerhard Marcks, 1947.

Im Inneren der Museumskirche ein Bronzeabguß von *Bernt Notkes Stockholmer Sankt Jürgen,* hier Sankt Georg: Der Heilige geht den stachelbewehrten, um sich schlagenden gewaltigen Drachen auf einem geradezu heraldischen Pferd an, nicht minder in Wehr und Waffen als sein Gegner. Hier ist die heldenhafte Befreiung der kilikischen Königstochter märchenhaft in Szene gesetzt – ganz im Gegensatz zu dem schlichteren und ernsthafteren Ritter des Henning von der Heyde, den wir im Annenmuseum sahen.

Königstraße Nr. 11 das BEHNHAUS mit dem Museum zur Kulturgeschichte Lübecks und zur Kunst des 19. und 20. Jahrhunderts, darunter Oskar Kokoschkas 1958 entstandenes Bild der Jakobikirche. Das schöne klassizistische Innere wurde im Auftrag des Bauherrn Peter Hinrich Tesdorpf durch J. C. Lillie gestaltet.

Das Behnhaus ist verbunden mit dem DRÄGERHAUS, Nr. 9, 1981 als Museum zugänglich gemacht, in dem ein schöner Rokokosaal und anschließende Gartenzimmer mit Landschaftsmotiven als Wandbespannung Lübecker Wohnkultur des 18. Jahrhunderts veranschaulichen, während die Einrichtung des Obergeschosses dem Geschmack des 19. Jahrhunderts entspricht. Hier hat man endlich auch eine *Dokumentation zu Leben und Werk von Heinrich und Thomas Mann* geschaffen. Es ist wie ein Symbol, daß erst in unseren Tagen eine lübische Kaufmannsfamilie aus jener von Thomas Mann in den ›Buddenbrooks‹ nicht lieblos, aber kritisch gezeichneten Patrizierschicht den Graben der Distanz überstieg. Die Restauratoren des Drägerhauses stiegen auch tief in die Geschichte hinab, es fanden sich Freskenreste des 16. Jahrhunderts, und letztlich entstand das Haus aus zwei älteren, gegen 1300 erbauten, eines von einem Willekinus Crane, dessen Bild noch im Heilig-Geist-Spital zu sehen ist und der 1276 aktenkundig wird wegen einer Stiftung von fünf Mark lübsch für die Franziskanerkirche in Riga – damals ein stattlicher Betrag.

Der dreieckige Platz am Ende der Straße ist der *Koberg,* früher ein Markt der mecklenburgischen Bauern, die vom Burgtor durch die Große Burgstraße zum Markt zogen. Der Koberg wird beherrscht von der eintürmigen JAKOBIKIRCHE, die dem 13. und 14. Jahrhundert entstammt. 1942 unbeschädigt geblieben, enthält die gotische Stufenhalle noch ihre alte Ausstattung mit monumentalen Pfeilerstützen des 14. Jahrhunderts, dem *Brömbse-Altar* von 1500, den beiden originellen Lichterbäumen, der prächtigen spätgotischen *Orgel* von 1504 und einer kleinen Orgel von 1468, deren Spielwerk von 1637 stammt und besonders geeignet ist, vorbachsche Werke wiederzugeben. Der *Hauptaltar* hingegen setzt einen barocken Akzent; im Chor rechts die große Uhr von 1784. In der linken Turmkapelle eines der Rettungsboote der im Sturm gesunkenen ›Pamir‹ – daran erinnernd, daß Sankt Jakobi die Patronatskirche der Schiffer war und ist.

Das HEILIG-GEIST-SPITAL wurde 1285 vom Rat der Stadt erbaut und war eine Kaufmannsstiftung, die bis zur Verlegung 1968 diesem Zweck diente. Die *gotische Eingangshalle* ist zugleich die Kapelle, eines der schönsten Raumbilder der lübischen Gotik mit Kreuz- und Sterngewölben. An der Nordwand zwei monumentale Fresken von 1320 mit der Marienkrönung und Christus

Kapelle des Heilig-Geist-Spitals

in der Mandorla, umgeben von Stiftermedaillons. Der prächtige *Lettner* von 1430 erzählt in fünfundzwanzig Bildern anmutig die Legende der heiligen Elisabeth von Thüringen. Der Rosenkranzaltar, ein kostbares Werk vom Vorabend der Reformation, wird heute im Annenmuseum aufbewahrt. An der Westwand eine ebenholzschwarze klassizistische Kanzel von 1778.

Durch den Lettner gelangt man ins *Lange Haus*, das bis 1968 der Altenpflege diente. Die kleinen Gottesbuden sind noch erhalten, die karge Ausstattung und die letzten Namensschilder über den Türen, viele an Flüchtlingsschicksale nach 1945 erinnernd.

Wir folgen nun der *Großen Burgstraße* zum BURGTOR, 1224 erstmals erwähnt und Gegenstück zum Holstentor. Von der Feldseite über eine löwengeschmückte Brücke gesehen, erhebt sich das aus dunklem Backstein erbaute Tor innerhalb der hier noch gut erhaltenen mittelalterlichen Stadtmauer. Der schwere quadratische Turm, 1444 in spätgotischen Formen von Nikolaus Peck mit reicher Fenstergliederung und 1685 mit einer barocken Glockenhaube und hübschen Terrakottawappen geschmückt, thront inmitten eines schönen städtebaulichen Ensembles. Stadtseitig schmiegt sich in den Winkel von Turm und Mauer das Zöllnerhäuschen von 1571, in dem von 1912 bis 1928 die Schriftstellerin Ida Boy-Ed wohnte, von Thomas Mann ›mütterliche Freundin‹ genannt, denn irgendwo muß man sich auch mal wärmen dürfen. Das Porträt dieser lübischen Madame de Staël hängt im Behnhaus. Links vom Torturm, der immer noch als Stadtausfahrt benutzt wird, Reste des alten Marstalls des Rates, der gelegentlich als Junkergefängnis für unbotmäßige Söhne reicher Eltern diente; dann wandelt sich der Komplex in der Tiefe der seitlichen Einfahrt zum kaum eigenständig wahrnehmbaren BURGKLOSTER. 1227 in Erinnerung an den Sieg von Bornhöved über die Dänen als Dominikanerkloster auf den Fundamenten der alten Schauenburgischen Burg von 1143 errichtet, von der vielleicht noch die hohe Feldsteinmauer am Hang zur Kleinen Altfähre stammt, durchlief das Kloster alle Stadien der Erniedrigung. 1962 zogen die letzten Behörden aus, und die außerordentlich schöne und große Klosteranlage der Gotik mit Kreuzgang, Kapitelsaal, Refektorium und Remter ist heute ein malerischer Altstadt-Komplex.

In den Sommermonaten empfiehlt sich in Lübeck eine große Anzahl von schmalen schattigen Durchgängen, den Sottoportici in Venedig und den Traboulés in Lyon ähnelnd; Fußgängerwege, die unter den straßenseitigen Häusern hindurch oder zwischen ihnen in die Tiefe der handtuchschmalen Grundstücke führen. Die schönsten dieser GÄNGE hat man nach Jahren der Vernachlässigung wiederhergestellt, etwa *Glandorps Gang* in der Glockengießerstraße; unweit der *Füchtingshof* von 1639, einer der Lübekker Stiftungshöfe für Bedürftige, heute idyllische Wohninseln inmitten der Stadt, die Gänge links und rechts der Wahmstraße, der *Hellgrüne* und der *Dunkelgrüne Gang* mit Zugang vom Hansahafen.

Auch das winterliche Lübeck hat seine Reize, wenn abendlicher Dunst in den engen Gassen liegt, der unverwechselbare

Geruch von Holz- und Brikettfeuer eine ältere Erinnerung beschwört. Anfang Dezember jeden Jahres findet im von Kerzenschein wohlig warm erleuchteten Heilig-Geist-Spital ein Weihnachtsmarkt statt, der in alter handwerklicher Weise hergestellte Spielwaren, Schmuck und dergleichen feilbietet. Es ist ein selten gewordenes, überaus prächtiges Bild, dieser schön gewölbte gotische Kirchenraum, die Menge der Besucher und ihre Kinder zwischen den tannenduftenden Ständen, glitzerndem Baumschmuck. Es riecht nach Pfeffernüssen, Rauschgoldengel drehen sich, und freundlich schauen die gemalten Heiligen von der Stirnwand des prachtvollen Lettners. Wenige Tage im Jahr ›lebt‹ diese Kirche, auch wenn es weltlich zugeht; dann erlöschen die Lichter wieder, das Kinderlachen verstummt, und die Apostel schauen traurig hinüber zum Platz des museal gewordenen Rosenkranzaltars.

Ob sommers oder winters: Fällt die Dunkelheit, so ist es Zeit, zur SCHIFFERGESELLSCHAFT in der Breiten Straße am Rande des Kobergs, der eigentlich ›Kaufberg‹ heißt, hinüberzugehen, einer alten Institution Lübecks. 1535 entstand das Haus mit breit auftreppendem Giebel für die Gilde oder Bruderschaft der Schiffer, der ›Olderhude der Schipperen Selschup bynnen Lubeck‹, der es noch heute gehört. Wir betreten es durch ein Rokoko-Portal, 1768 von D. J. Boy geschaffen und gerahmt von zwei Beischlagwangen aus Kalkstein mit Schiffsdarstellungen. Ein mexikanischer Schiffsjunge begrüßt uns bereits artig im Windfang.

Das Innere der gewaltigen, holzgetäfelten und vom Dunst der Jahrhunderte braun gewordenen Diele ist beeindruckend. Große Segelschiffmodelle hängen von den Decken herab, Galeonen, Fregatten und selbst mediterrane Galeeren, Schattenrisse von Meeresungeheuern drehen sich in Ampeln, längs ziehen sich die ›Gelage‹, auf denen man Platz nimmt, mit Dokken in der Art von Kirchengestühl nach Zielhäfen wie Handelskontoren abgetrennt. Am Kopfende thront der ›Beichtstuhl‹, der über das gemeine Volk erhabene Tisch der Alterleute und Kapitäne. Seine ›Hohn- und Spottafel‹ verkündet seit 1508, wer sich schlecht benommen hatte und mit Hausverbot belegt wurde. Da sollte sich auch mancher Schwede heutzutage, des preiswerten Alkohols und seiner Wirkung auf dem Kontinent unkundig, in acht nehmen.

Diese Diele ist gegen 1535 entstanden, wie Kerbschnitzereien an den Säulen zeigen, die die originale Balkendecke mit prächtigem Messingleuchter von 1685 tragen. Das an den Wänden umlaufende Kolossalgemälde von 1624 mit biblischen Szenen führt in eine andere Zeit, die vielleicht doch in manchem der unseren ähnelte, denn eine Mondsichelmadonna und ein geschnitzter, gewaltiger Sankt Nikolaus passen auf, daß die gemalten Anregungen nicht allzu wörtlich genommen werden, etwa in einem der ersten Bilder rechts mit einer hübschen, auch den Theologen bekannten Badenden und dem Sinnspruch: »Susanna das sehr schöne Weib, zwey Alte sich verstecken bald, zur Unzucht zwingen das fromme Weib.«

Um aber Lübeck nicht mit solchen unfrommen Gedanken zu verlassen, bietet sich das Panorama vom Turm der Petrikirche an. Von hier oben umfaßt der Blick das trotz aller Zerstörungen wohlerhaltene und einzigartige mittelalterliche Stadtbild, muschelförmig zwischen Trave und Wakenitz ausgebreitet, mit den konzentrisch angelegten Straßenzügen, der Dachlandschaft roter, ockerfarbener und graugelblicher Ziegel, sechs Kirchtürmen, die samt dem siebten, auf dem wir stehen, die Silhouette dieser Stadt prägen, der eigentümlichen Schauwand des Rathauses mit ihren Wetterfahnen, die von hier wie ein aufs Meer hinaussegelndes Kauffahrteischiff aussieht, und fern die lockende Ostsee bei Travemünde.

Haus der Schiffergesellschaft

Trotz oder wegen alldem haben wir versäumt, vom Lübecker Marzipan zu sprechen. Die berühmte Firma Niederegger wollte ihr Rezept nicht verraten, aber man kann bei Thomas Mann nachlesen, der 1926 dazu meinte: *»Marci-pan, das heißt ja offenbar, oder wenigstens nach meiner Theorie, ›Panis Marci‹, Brot des Marcus, des heiligen Marcus, der der Schutzheilige von Venedig ist. Und sieht man sich diese Süßigkeit genauer an, diese Mischung aus Mandeln und Rosenwasser und Zucker, so drängt sich die Vermutung auf, daß da der Orient im Spiel ist, daß man ein Haremskonfekt vor sich hat und daß wahrscheinlich das Rezept aus dieser üppigen Magenbelastung aus dem Orient über Venedig nach Lübeck an irgendeinen alten Herren Niederegger gekommen ist.«*

Lübeck und die Hanse

Keine Stadt Deutschlands ist so eng mit dem Namen der Hanse verbunden wie Lübeck. Sie gilt als Haupt dieser kaufmännischen – und da stocken wir schon, denn es gibt keinen zutreffenden Terminus einer solchen Verbindung, die man Gilde oder Städtebund nennen könnte, Trutzbündnis gegen Seeräuber und gewaltsame Monarchen, letztlich aber in heutiger Sprache eine Vereinigung mit Handels- und Stapelrechten war, Meistbegünstigungen gegenseitig einräumend und Vorläufer gegenwärtiger Zollunionen, der EWG und des ECON.

Eines war jedenfalls die Hanse nicht, wie gelegentlich angenommen wird: ein politischer Zusammenschluß mit gemeinsamer Ausübung von Macht unter einheitlicher Führung. Das schließt nicht aus, daß in Krisenzeiten ein solcher Zusammenschluß – meist der Flotten – zustande kam und wie eine nordische Großmacht häufig unter lübischem Oberbefehl operierte. Unklar ist schon die Namensgebung. Man spricht von der *Kaufmannshanse,* die rein kommerziellen Interessen diente, der *Städtehanse,* die schon mehr ein Trutzbündnis inmitten einer feudalen Welt war, letztlich aber der Sicherheit des Handels dienen wollte, schließlich von der *Deutschen Hanse,* was gänzlich irreführend ist in einer Zeit, die den Nationalitätenbegriff kaum kannte, so daß sich die Hanse allenfalls als eine Institution innerhalb des Heiligen Römischen Reiches Deutscher Nation verstehen konnte, eines freilich immer weniger funktionsfähigen Organismus. Ungeachtet aller begrifflichen Schwierigkeiten: Die Hanse war eine einzigartige Schöpfung und in ihrer Blüte von großer Macht, die wahre Herrin der Ostsee, des Mare Balticum, und Lübeck ihr Haupt: die Königin des baltischen Meeres. Dieser wandelbare Organismus besaß, wie schon gesagt, weder den Rang einer natürlichen Person in der Gestalt eines Fürsten noch den Charakter einer juristischen Person mit einem Regierungssitz, eigenen Finanzen und einem stehenden Heer oder einer Flotte. Nur der Hansetag, an die alten germanischen Things erinnernd, konnte wie diese von Zeit zu Zeit Beschlüsse fassen und für seine Sitzung einen Vorsitzenden benennen. Diese höchst unklare Verfassung hinderte die Hanse nicht, über fünfhundert Jahre – vom 12. bis zum 17. Jahrhundert – zu existieren und in ihrer Glanzzeit zweihundert Städte zwischen der holländischen Zuidersee und dem finnischen Meerbusen zu umfassen, auch tief ins Binnenland bis Köln und Thüringen hineinzuragen. Mehrere Achsen des Handels lassen sich dabei erkennen: Eine führte von Nowgorod über Reval–Lübeck–Hamburg–Brügge nach London. Eine weitere nutzte die Rheinlinie; denn stets orientierten sich die Transportwege am Wasser – ob Meer oder Fluß machte den damaligen kleinen Hansekoggen keinen Unterschied.

Stand am Anfang der einzelne Hanse, der Kaufmann, der sich mit anderen zunftartig zusammenschloß, so deutet schon das althochdeutsche Wort Hansa auf eine ›bewaffnete Schar‹, denn ohne Waffen konnte man in jenen unsicheren Zeiten keinen Handel treiben. Ursprünglich von kölnischen Kaufleuten vielleicht in London und in Bergen gegründet, war die Hanse in ihrer Entwicklung eng gebunden an die deutsche Ostkolonisation, die Gründung Lübecks 1159 und den großen Menschen- und Güterstrom, der sich von Flandern und Westfalen nach Holstein, Mecklenburg, Pommern, das heidnische Preußen, dann ins Baltikum hinein ergoß. Zu ihrer Blütezeit steht die Hanse im engeren Sinne, die deutsche Städtehanse, von 1358 unter Führung Lübecks. An ihrem Niedergang hat das Aufkommen anderer Schubkräfte gewirkt, die den gewachsenen Handel und die gestiegenen Bedürfnisse des 16. und 17. Jahrhunderts für sich nutzen wollten. Die großen Territorialherren im Vorfeld der Religionskriege und der zunehmenden Eigeninteressen hatten Geschmack gefunden an Handel und Merkantilismus. Gegen 1630 zerbrach die Hanse alter Prägung und zog sich ganz auf den Städtebund Lübeck, Hamburg und Bremen zurück. Es war unschwer zu erkennen, daß auch dieses Bündnis bald unter dem Einfluß sich wandelnder Zeit zerfallen würde. Das Epizentrum von Handel, Macht und Gewinn hatte das Mare Balticum verlassen, die neuen Wege wiesen auf den Atlantik, neue größere und wirtschaftlichere Schiffstypen, Galeonen, ersetzten die schwerfälligen Koggen, verlangten nach offener Reede, um zu ankern, und niemand sah mehr Veranlassung, die Dienste lübischer Kaufleute in einem Winkel der Ostsee in Anspruch zu nehmen. Es ist wie ein Signal, daß Englands König Heinrich VIII. bereits im Jahre des Heils 1544 eine ausgemusterte lübische Galeone namens ›Jesus von Lübeke‹ kaufte, um damit gegen die ›gottlosen‹ Spanier in Westindien Kaperkrieg zu führen. Noch nicht einmal der Schiffsname wurde geändert, als es galt, gegen die spanische ›Maria de Concepcion‹ anzugehen. Staatlich verordnete Piraterie schrieb sich nun groß, die Hanse erlebte eine letzte Nachblüte, die über ihren Londoner Stalhof zwischen 1450 und 1540 den Export englischer Tuche vervierfachen konnte, sehr zum Mißvergnügen der dortigen Kaufleute, denen es noch an Erfahrung und Schiffsraum fehlte. Aber die Zeiten waren im Umbruch, die holländischen Mjinhers und die englischen Merchant Adventurers übernahmen das Geschäft, die Hanse fiel, beharrend und abwehrend, in eine Art Rentner- und Aktionärsgesinnung. Innerlübische Wirren in der Folge der Reformation, einer Reformation, die auch die gebietende Stadtaristokratie in Frage stellte und gewisse sozialreformerische Züge trug, hatten *Jürgen Wullenwever* an die Spitze des Stadtregiments gebracht, der die Kräfte der Hansestadt und ihrer Verbündeten im Kampf mit Dänemarks König Christian III. verzehrte. Heinrich VIII. von England war den Dänen gram und unterstützte Wullenwever mit Subsidien, sicherlich in der nicht uneigennützigen und gottesfürchtigen Hoffnung, daß Hanse wie Dänen sich zerfleischen möchten. Persönlich ein untadeliger Mann der falschen Stunde, wurde Wullenwever zum Symbol lübischer Tragik. So sehen wir ihn im Annenmuseum Lübecks auf einem Spottgemälde in effigie, unter dem hämisch vermerkt ist, daß der Herzog von Braunschweig ihn 1537 durch Vierteilen hinrichten ließ: »Vera effigio Georgii Wolweber, Consulis olim Lubecensis, quattuor dissectus partes ...«

Das Stadtpatriziat, oder was sich dafür hielt, hat Abweichler nie geliebt, das sollte noch im 20. Jahrhundert Thomas Mann zu spüren bekommen, aber er ist nicht dem Herzog von Braunschweig in die Hände gefallen ... Der sich als Vollstrecker eines neuen Zeitgefühls verstehende Napoleon gab der Hanse den Todesstoß und vereinnahmte Hamburg und Lübeck kurzerhand als Städte seines Empire. Manches aus dieser Franzosenzeit ist Lübeck wie Hamburg geblieben.

Wenn wir heute durch Lübeck gehen, so sehen wir noch den alten Hafen an der Traveseite, bescheiden und kaum dafür gedacht, großen Schiffsverkehr aufzunehmen. Die Lübecker besaßen keinen nennenswerten Schiffsraum, was uns angesichts der hansischen Geschichte zunächst erstaunen mag. Der ›Adler von Lübeck‹ als kanonenstarrendes Orlogschiff, dessen Modell wir im Rathaus sehen, war lediglich ein konvoibegleitendes Kriegsschiff, mit dessen hundertzwanzig Kanonen man sich Piraten, Likedeeler und beutelüsterne Fürsten vom Halse hielt. Dieser Adler begleitete Schiffe, mit denen lübische

Kaufleute ihre Waren transportierten; an den Schiffen selbst waren diese Kaufleute nicht interessiert, das Reedereigeschäft fiel allenfalls nebenbei an. So müssen wir uns Lübeck zumindest in den späten Hansezeiten als eine Kontor- und Lagerstadt vorstellen, von der aus der Handel dirigiert wurde, ohne daß notwendigerweise die Ware auch Lübeck anlief. Hinzu kam die Ungunst der eingeengten Lage. Dabei kam das System der Partenreedereien, deren viele Eigentümer ›Parten‹, also Anteile an einem Schiff besaßen, der nachlassenden Finanzkraft Lübecks wie der Struktur des lübischen Hinterlandes entgegen, weil viele Mecklenburger und Pommern ihr Geld in dieses Geschäft einbrachten und die lübischen Kaufleute nur eifersüchtig darüber wachten, daß keiner sich allzu nahe niederließ, etwa in Travemünde. Die Lehre Hamburgs, dem ein dänisches Örtchen namens Altona ›all to nah‹ vor der Türe lag, hatte hellhörig gemacht.

Siegel der Hansestadt Lübeck
von 1280

Entlang der Nordautobahn: die Mitte Schleswig-Holsteins

Zwei Autobahnen prägen die Ferienwege in Schleswig-Holstein: Die A1 von Hamburg nach Lübeck gibt Gelegenheit, die Landschaft Ostholsteins kennenzulernen, vielleicht auf der Fahrt zu den Seebädern der Lübecker Bucht, nach Fehmarn und Seeland. Die Nordautobahn A7 dagegen, von Hamburg nach Flensburg mit einem Abzweiger nach Kiel, dient in erster Linie dem Besucher Jütlands, Seelands und Südschwedens, sofern auch er nicht vorzieht, über die Vogelfluglinie und die Fehmarnfähre die dänischen Hauptinseln, Kopenhagen und über die kurze Fährverbindung Helsingör–Helsingborg Südschweden und Stockholm zu erreichen. Der Weg zu den nordfriesischen Küsten und Inseln führt im allgemeinen über das Autobahnteilstück nach Itzehoe und dann über Heide und Husum durch die Landschaften Dithmarschens und Eiderstedts.

Neumünster und Bad Segeberg

Neumünster nimmt es mittlerweile an Größe mit Lübeck auf. Es liegt als zentraler Verkehrsknotenpunkt wie eine Spinne im Netz der nach Itzehoe, Hamburg, Bad Segeberg und Lübeck, nach Plön und Schleswig führenden Straßen und war einst Schnittpunkt der ›Lübschen Trade‹ mit dem Ochsenweg. 1164 benannte Bischof Hartwig den Ort ›Novum Monasterium‹, und der Name ist ihm geblieben. Nach Abriß der alten Vizelinkirche, die 1828 durch einen klassizistischen Neubau von C. F. Hansen ersetzt wurde, und schweren Kriegszerstörungen hat sich in der Stadt kaum etwas an alter Bausubstanz erhalten. Nur noch das einstige AMTSHAUS (heute Jugendherberge), ein nobler barocker Putzbau mit Walmdach und dreiachsigem Portalrisalit, ist geblieben. Hier amtierte jener Caspar Saldern, der in geschicktem Schachzug gemeinsam mit dem dänischen Grafen Bernstorff die russischen Ansprüche auf einen Teil Holsteins abwehrte und später ob dieser Verdienste geadelt wurde.

Bad Segeberg, Sankt Marien

Im Umkreis von Neumünster sind binnen einer halben Fahrstunde drei Orte erreichbar, die in der frühen Geschichte Holsteins eine bedeutende Rolle gespielt haben und einen Besuch verdienen: südöstlich *Bad Segeberg*, östlich *Bornhöved* und nördlich *Bordesholm.*

Bad Segeberg liegt in einem Bogen der Trave zu Füßen eines Kalkberges, richtiger eines Gipsberges, der als Rest einer voreiszeitlichen Verwerfung die Ebene beherrscht. Es mag an diesem hier ungewöhnlichen Berg gelegen haben, daß Kaiser Lothar III. von Supplinburg auf Empfehlung Vizelins befahl, 1134 eine Burg auf dem Gipsfelsen anzulegen, die Sigeburg, die in den Kämpfen um Nordalbingien eine große Rolle spielte. Zu Füßen von Burg und Berg entstand ein Stift, dessen im Kern romanische Augustinerchorherrenkirche SANKT MARIEN überlebt hat: eine gewölbte Backsteinbasilika mit kreuzförmigem Grundriß im gebundenen System mit Stützenwechsel. In der Außenansicht dominieren der schwere Westturm und das ausladende Querschiff. Da der Gips vor der Türe lag, hat man aus ihm die Kreuzgratgewölbe auf verlorener Schalung unter Verwendung von Feld- und Backsteinen in den Gurten gegossen, ein sehr modern anmutendes Verfahren, das die Meinung widerlegt, der Werkstoff unserer Tage, der Beton, müsse zwangsläufig einen schlechten Zeitgeschmack prägen. Der leicht zu gestaltende Gips war Anlaß zu reichen Schmuckornamenten als Flechtwerk, Lilie oder Rosette, als Stern oder verschlungenes Bandornament. Gewisse Ähnlichkeiten lassen vermuten, daß Sankt Petri in Soest und Sankt Godehard in Hildesheim den Baumeistern Anregung gaben. Im 19. und 20. Jahrhundert erfolgten tiefgreifende, nur teilweise notwendige restaurative Eingriffe. Der gefaßte *Schnitzaltar* von 1515, früher zu Unrecht Hans Brüggemann zugeschrieben, eine *Bronzetaufe* von 1447 und die hölzerne *Emporenkanzel* lübischer Prägung von 1612, aber auch die Gedenktafel, die Heinrich Rantzau 1596 dem 1315 auf der Segeberger Burg von Hartwig Reventlow erschlagenen Adolf von Schauenburg gewidmet hat, und das Gerdt Walstorp, Rantzaus Großvater, errichtete Epitaph bestimmen die Ausstattung.

Heinrich Ratzau hat als Statthalter des Herzogs von Holstein, der zugleich König von Dänemark war, von 1556 bis 1598 auf der Burg residiert, und im Blauen Turm, der an den Blauen Turm von Wimpfen erinnert, wurde das Landesarchiv verwahrt. Rantzau war mit dem Pfalzgrafen von Neuburg und späteren Kurfürsten Ottheinrich von der Pfalz (1556-1559) befreundet, mit dem ihn humanistische Neigungen, die Lust am Reisen und Sammeln verbanden.

Hier auf der Sigeburg trafen sich 1621 die protestantischen Reichsstände und Vertreter Englands und der Niederlande auf Einladung König Christians IV. von Dänemark zu einer Beratung, bei der der vormalige Kurfürst Friedrich V. von der Pfalz, der unglückliche Winterkönig, versuchte, mit ausländischer Hilfe seine Sache zu retten. Im selben Jahr brannten Tilly und Cordova das Heidelberger Schloß nieder, dessen Friedrichs- und Ottheinrichsbau – mehr oder weniger als Ruine – überlebten, während die Segeberger Burg, von Heinrich Rantzau wiedererrichtet, nochmals von den Schweden und Kaiserlichen zerstört wurde, und die geringen Reste mit zunehmendem Abbau des Gipses bis auf den alten Brunnen verschwanden. An Rantzau erinnern noch die bescheidenen Reste eines Obelisken und einer Kapelle an der Hamburger Straße, die er zu Ehren Friedrichs II. von Dänemark errichten ließ.

Der hartnäckig Kalkberg genannte Gipsberg oder sein bescheidener Rest ist von sich ausdehnenden Salzstöcken hochgedrückt worden, nicht unähnlich dem heute verschwundenen ›echten‹ Kalkfelsen auf der Helgoländer Düne. Die Hoffnung, das Segeberger Salz als Sole zu Heilzwecken nutzen zu können, hat sich zerschlagen; dennoch nennt sich die Stadt seit 1924 ›Bad‹ und hat nach dem Krieg in den Karl-May-Festspielen einen attraktiven Ersatz gefunden, wenn der Schrei der Apatschen den Blutdruck nicht minder erhöht als das Natriumchlorid der Sole. Heinrich Rantzau wäre in prächtigem Barett sicher auch herbeigeritten, um Winnetou zu begrüßen, war er doch wie sein Freund Ottheinrich lebhaft interessiert an den ersten in ganz Europa umlaufenden Nachrichten aus dem indianischen Amerika, den Berichten und Skizzen von John White über die unglückliche Kolonie Roanoke, die in Virginia unter Elisabeth I. 1584 entstand und spurlos unterging.

Bornhöved und Bordesholm

Kriegerischer Lärm hat den ersten, große Kunst den zweiten Ort berühmt gemacht. Beide liegen wie verloren inmitten einer weiten Endmoränenlandschaft und entlassen in ihrer Stille den Unwissenden ohne Information, was denn an diesen Orten historisch so bedeutsam sei.

Bornhöved war in jener frühesten Vorzeit Schnittpunkt von entscheidenden Verkehrswegen, eine Rolle, die später Neumünster als Knotenpunkt der Straßen übernommen hat, jedenfalls sind die hier gemachten und jetzt im Schleswig-Holsteinischen Landesmuseum in Schloß Gottorf ausgestellten Funde Hinweise auf ein reiches und mächtiges Herrschergeschlecht der Bronzezeit, das hier seinen Sitz hatte. Die aus hohen Grabhügeln stammenden Gold- und Bronzegegenstände, vor allem die bei Gönnebek gefundenen goldenen Schalen, Armringe und Gewandfibeln lassen auf ein Fürstengrab der mittleren Bronzezeit (1000 vor Christus) schließen. Auch die Belauburg am Südwestufer des gleichnamigen Sees stützt die Vermutung eines Fürstensitzes.

Die Handelswege von Nord nach Süd, von West nach Ost, von denen wir im Zusammenhang mit Haithabu bereits hörten, waren 798 Ursache der ersten Schlacht von Bornhöved, in der die mit Karl dem Großen verbündeten slawischen Abotriten die sächsischen Nordalbingier ›in loco Suentana dicitur‹ schlugen und Karl botmäßig machten. Suentana ist das Flüßchen Schwentine, das sich heute Kührener Aue nennt. 1150 hat dann im Zuge der erneuten Landnahme der Germanen Vizelin in Bornhöved eine Kirche geweiht. Das rohe Feldsteinmauerwerk der heutigen Ortskirche dürfte noch aus dieser Zeit stammen. Mit Bosau am Plöner See stehen nur noch diese zwei Vizelinkirchen aufrecht.

Am Maria-Magdalenen-Tag, dem 22. Juli 1227, fand bei Bornhöved eine zweite, nicht minder bedeutsame Auseinandersetzung statt. Graf Adolf IV. von Schauenburg, dessen alter Stammsitz, die Schaumburg an der Weser, noch immer zu sehen ist, schlug im Verein mit der jungen Reichsstadt Lübeck und den Dithmarscher Bauern den Dänenkönig Waldemar II. am Könsberg westlich des heutigen Ortes. Waldemar vertraute vergebens auf den Spruch Kaiser Friedrichs II. von Hohenstaufen, der ihm, beschäftigt mit anderen Sorgen, alles Land nördlich der Elbe zugesprochen hatte. Das konnte den einheimischen Fürsten wie Bauern nicht recht sein, und sie drängten den König nach Schleswig zurück, dessen Herzog er unbestritten blieb. Bald darauf gründete Adolf IV. zur Befestigung seiner Herrschaft und als letzte der holsteinischen Kolonisationsstädte Kiel.

Noch 1813 mußte Bornhöved ein drittes Mal als Kampfschauplatz herhalten, als der schwedische Kronprinz Bernadotte, einst Marschall von Napoleons Gnaden, die vereinten und mit dem Kaiser der Franzosen etwas unfreiwillig verbündeten dänisch-schleswig-holsteinischen Truppen schlug.

Die Bernadotte sind eine ganz ungewöhnliche Familie. Jean Baptiste Bernadotte wurde als Sohn eines Advokaten in Pau im Süden Frankreichs geboren. Er hatte sich in den Armeen der Revolution emporgedient, war aber später bei Napoleon in Ungnade gefallen, als ihn 1809 der Ruf erreichte, dem kinderlosen Karl XIII. aus dem Hause Wasa auf den schwedischen Thron zu folgen. Halb und halb von Napoleon toleriert und in Schweden gern gesehen als Mann von Fortune, an der es den jüngeren Wasa immer gefehlt hatte, erwarb er sich als ziviler und moderater Gouverneur in den Hansestädten einen guten Ruf. Kaum in Schweden, ereilte ihn Napoleons Depesche mit der kategorischen Forderung, Schweden müsse England den Krieg erklären. Das tat Schweden auch, aber in stiller Übereinstimmung mit London, keinen Schuß abzufeuern. Als aber Napoleon das schwedische Pommern besetzte, schlug die Stimmung in Stockholm um; Bernadotte landete in Stralsund – die Stunde war gekommen, in der viele Hunde des korsischen Hasen Tod waren.

Auch den Dänen erteilte Bernadotte bei Bornhöved eine Lektion. Die Gelegenheit war günstig, ihrem König Friedrich VI. im Frieden von Kiel (1814) Norwegen abzujagen. Das letzte Spiel aber wurde zur Posse. Bernadotte, im Feldquartier von Lüttich, hatte Hemmungen, mit den Alliierten in Frankreich einzumarschieren; der Franzose meldete sich in ihm, vielleicht auch die Furcht, jemand könnte ihn nach Napoleons Sturz zum König von Frankreich vorschlagen. Nein, er wollte in Stockholm bleiben, der Norden hatte es ihm angetan, und trotz dänischer Intrigen löste er die norwegische Frage in dem stets umstrittenen Verhältnis zwischen Schweden, Norwegen und Dänemark in einer fast demokratischen, das Volk beteiligenden Weise. Seiner klugen Politik ist die lange skandinavische Friedensperiode von 1814 bis heute zu verdanken. In einem Saal des Versailler Schlosses blickt er noch immer verschmitzt aus dem Goldrahmen, doch hat man ihm zu einem unauffälligen Platz unter den Maréchaux de France verholfen. 1814 bestieg Jean aus Pau als Carl XIV. Johan den schwedischen Thron, den die Bernadotte noch heute innehaben, mit dem ganz kleinen Wermutstropfen, daß die schwedische Ritterschaft sich geweigert hatte, den Begründer der Dynastie in den Ritterstand des Landes und die untadeligen Annalen des Ridderhuset aufzunehmen, bürgerlich bleibt schließlich bürgerlich. Wer sollte schließlich einen König adeln, von dem das Bonmot umlief, er habe sich auch vor seinem Leibarzt nie entkleidet, da er auf der Brust die Tätowierung trug: »Mort aux Rois!« – Tod den Königen!

Eine halbe Stunde östlich von Bornhöved findet sich an dem kleinen gleichnamigen See das **Gut Seedorf** mit einem der schönsten Torhäuser des Landes; eine uralte baumbeschattete Allee führt zwischen Getreideschlägen durch leicht welliges Bauernland direkt darauf zu: 1583 hat man dieses prächtige TORHAUS im Stil der niederländischen Spätrenaissance errichtet, dessen strenge und kleinteilige Sprossenfenster und die horizontalen Bänder an das Reinbeker und Husumer Schloß erinnern. Geschickt hat der Baumeister, vermutlich Peter van Maastricht, mit den zierlichen flankierenden Türmen mit geschweiften Schieferhauben den wuchtigen Eindruck des strengen dreigeschossigen Backsteinbaus mit steil gewalmtem Dach aufgehoben. Hofseitig der alte Rittersaal mit angrenzenden Stuben und Kaminen, darüber der urwüchsige ›Krummspanner‹, ein Dachstuhl aus naturbelassenen, krumm gewachsenen Eichenstämmen.

Hinter dem weiteren Wirtschaftshof liegt das HERRENHAUS der Grafen Westphalen. Der erstmals 1413 genannte Bau der Herren von Blome, der Widersacher Heinrich Rantzaus, ist auf den alten Fundamenten im 18. Jahrhundert stark verändert worden und wirkt gegenüber dem eleganten Torhaus schlicht. Von der ursprünglichen Wasserburg, deren heute trockener Graben aus dem Seedorfer See gespeist wurde, haben sich der schwere Granitsockel und der tonnengewölbte Keller erhalten. Auch das Treppenhaus geht auf das 16. Jahrhundert zurück, erhielt später eine Rokoko-Stukkierung. 1758 hat J. Metz auch den großen Saal im Obergeschoß stukkiert, in dem der heutige Hausherr, Prof. Maronn, häufig Konzerte kammermusikalischen Charakters veranstaltet. Eine hübsche ORANGERIE von 1709 mit Stichbogenfenstern, toskanischen Eckpilastern, zierlichem Sandsteinportal und Reetdach schmiegt sich in den Winkel zum See, trägt ein italienisches Element in die Landschaft.

Im Gegensatz zu Bornhöved, das wenig Sehenswürdiges bietet, hat **Bordesholm** großen Reiz. Einst auf einer Insel gelegen, einem Holm, hat sich das inzwischen landfest gewordene Augustiner-Chorherrenstift in der heutigen KIRCHE teilweise erhalten. Gegen 1320 zogen die Augustiner aus dem unruhig gewordenen Neumünster auf diese stille Insel und erbauten Sankt Maria als Begräbnisstätte der später umgebetteten und verlorenen Gebeine

Seedorf, Torhaus

Vizelins. Herzog Friedrich von Schleswig, später König Friedrich I. von Dänemark, ließ in der Kirche eine prächtige *Bronzetumba* für sich und seine erste Gemahlin Anna von Brandenburg setzen. Von süddeutschem Typus, vermutlich der Fischer-Werk-

Bordesholm, Grabmal des Herzogpaares
Friedrich I. und Anna von Brandenburg

statt zuzurechnen, trägt sie die liegenden Stifterfiguren im strengen Stil der Frührenaissance. Der König wurde aber später im Schleswiger Dom bestattet und ist hier nur in effigie mit seiner Gemahlin vereint.

Die turmlose Backsteinkirche läßt bereits in der Außenansicht verschiedene Bauabschnitte erkennen. Dem älteren Ostteil, 1330 geweiht, schließt sich nach Westen das spätgotische Laienschiff an: das verbreiterte, hallenartige Mitteljoch von 1450 und zwei weitere, um 1500 zugefügte Verlängerungsjoche über Achteckpfeilern. Aus dem lichten Langhaus wird der Blick durch den eingezogenen Herrenchor auf den hochgotischen Chor gelenkt, wo einst der in den Schleswiger Dom überführte gewaltige Schnitzaltar des Hans Brüggemann eine große Wirkung getan haben muß. Trotz dieses Verlusts hat die Kirche eine wärmende Ausstrahlung und einige bemerkenswerte Kunstwerke bewahrt. Auf den Seitenaltären der geschnitzte *Augustinusaltar,* um 1500, und der gemalte *Kirchenväteraltar* von 1510. Besonders schön das von Herzog Friedrich 1509 gestiftete *Chorgestühl* mit Evangelistensymbolen und Stifterwappen in den Medaillons der Wangen, das die fürstliche Bronzetumba umschließt. In der Sakristei die mächtige Tumba Herzog Karl Friedrichs von Gottorf, Vater des Zaren Peter III. Auch Caspar von Saldern, der die russische Frage lösen half, fand in dieser Kirche sein Grab. 1566 wurde das Kloster im Zuge der Reformation aufgehoben und in eine Gelehrtenschule überführt, eine der Keimzellen der Kieler Christian-Albrechts-Universität, die 1665 vom Namengeber nach Kiel verlagert wurde.

Vor der Kirche steht eine ungewöhnliche, weitverzweigte Gerichtslinde, vielleicht vierhundert Jahre alt. Ihre breite Krone über den abgestützten Ästen ist ein urwüchsiges Dokument der Natur, unter dem das Tilialgericht Recht sprach (nach dem lateinischen ›tilia‹ für Linde). Wir wollen hoffen, daß auch die Urteile lind waren.

An der Grenze zwischen den Herzogtümern

Bei Rendsburg, auf der Grenze zwischen den beiden Herzogtümern und damit einstens auf der Grenze zwischen dänischem und deutschem Reichsgebiet, untertunnelt die Bundesstraße 77 und überbrücken Autobahn und Eisenbahn mittels beeindruckender technischer Konstruktionen den Nord-Ostsee-Kanal. Die hohen Aufbauten der Schiffe zwingen die Brückenbauwerke in erhebliche Höhe, von der sich ein weiter Blick auf das Land bietet, auch tief hinein in die Schlucht des Kanals, der einen Schnitt durch die Geologie des Landes darstellt. Der Kanal nutzt streckenweise ältere Wasserläufe wie den Schirnauer und Audorfer See, Ausbuchtungen im Oberlauf der Eider, die, von einer Schleuse abgetrennt, sorgsam ihr Wasser zugemessen bekommt, bevor sie als bescheidenes Flüßchen ihren eigenen Weg sucht und fern allem Neumodischen durch die tiefliegenden Sumpfgebiete des Dellstedter Moors mäandert.

Der alte kimbrische Heerweg, auf dem die Kimbern und Teutonen gegen Ende des zweiten vorchristlichen Jahrhunderts aus ihrer jütländischen Heimat nach dem Süden zogen, um bei ihrer Land- und Beutesuche den römischen Feldherrn Papirius Carbo 113 bei Noreia in Kärnten vernichtend zu schlagen, kreuzt bei Rendsburg die Eider. Angst und Schrecken in Rom verbreitend, schlugen die streitmächtigen rothaarigen Barbaren dann bei Arausio in der Nähe von Orange in der Provence gleich drei römische Heere, bis ihnen der römische Feldherr Marius nach seinem Sieg bei Aquae Sextiae (102 vor Christus) über das Volk der Teutonen am 30. Juli 101 bei drückender Hitze auf den Raudischen Feldern bei Vercellae in der Lombardei den Garaus machte. Einige aber waren klugerweise in Jütland geblieben und sandten ›in großer Betroffenheit‹ noch im Jahr 5 nach Christus eine Sühnegesandtschaft an Kaiser Augustus.

Rendsburg muß auch in der Völkerwanderungszeit die Kämpen herausgefordert haben, als der sagenhafte anglische Königssohn Offa hier auf einer Eiderinsel gegen den König der nordelbischen Sachsen und seinen Sohn stritt: Die Widsith-Saga aus dem 7./8. Jahrhundert nennt aber keine Einzelheiten, und nach der Abwanderung der Angeln auf die britische Insel, damals von keltischen Stämmen bewohnt, vermischte sich des anglischen Königssohnes Offa Geschichte in der ›Vitae duorum Offarum‹ mit der des legendären anglischen Königs Offa von Mercia.

Später erbaute der dänische Prinz Björn hier eine Zwingburg, die er an Adolf II. von Schauenburg verlor, der sie von seinem Gefolgsmann Reinhold zum Castrum Reinoldesburch antiquum umbauen ließ – Namensgeber von Rendsburg. Die Eider ist damit seit altersher eine Streitgrenze, auch die Grenze zwischen Schleswig und Holstein, was für das heutige Bundesland nur noch Bedeutung in den Kreisgrenzen hat. Zumal die alte Eisenbahnbrücke im Rendsburger Stadtgebiet, die in einer großen Schleife Höhe gewinnt, um den Kanal zu queren, ist wie ein

Symbol der einst nur auf Umwegen verknüpften Landesteile. Die Eisenbahn hat 1848 in der Geschichte der Schleswig-Holsteinischen Erhebung gegen Dänemark eine bedeutende Rolle gespielt, und vielleicht ist hier in Rendsburg der Platz, von diesen Ereignissen zu sprechen, die nach langen Jahrhunderten friedlicher Koexistenz plötzlich die Gemüter erhitzten.

Die Schleswig-Holsteinische Erhebung von 1848

Wir haben bereits gehört von der verwickelten staatsrechtlichen Situation zwischen Schleswig als dänisches Lehen an einen Herzog, der oft genug der König selbst war, manchmal aber auch nicht, und Holstein, das als Lehen des Deutschen Reiches von einem Herzog regiert wurde, der gelegentlich, im Hauptberuf sozusagen, das Amt des Königs von Dänemark ausübte. Bei der engen Verflechtung der Adelsgeschlechter und der Kultur war dies in Jahrhunderten nie ein ernstliches Problem gewesen. Die Menschen in Schleswig und erst recht in Holstein dachten nicht in nationalen Bezügen, waren es gewohnt, unter diversen Landesherren zu leben, sofern in ihrer unmittelbaren Umgebung deutsches Recht und Gebräuche herrschten. Erst mit der Saat des Nationalismus in der Napoleonischen Zeit, der folgenden Reaktion in den Befreiungskriegen, deren Grundstimmung von einer Sehnsucht nach Wiederherstellung eines lebensfähigen Deutschen Reiches getragen war, erstarb die alte Verträglichkeit.

Dem stand auf dänischer Seite ein wachsendes Mißvergnügen an dem Verfall der eigenen Macht gegenüber. Dänemark war längst kein seebeherrschendes Land mehr, die englische Flotte hatte Kopenhagen in Brand geschossen zur Strafe für das mit Napoleon abgeschlossene Bündnis. Die Kontinentalsperre ließ Dänemark wie Hamburg gleichermaßen verarmen, eine gewisse Dänemark-den-Dänen-Mentalität begann sich auszubreiten, suchte zumindest Schleswig, am liebsten aber auch Holstein einzugliedern und begegnete spannungsreich der nationalen Stimmung in den Herzogtümern. Noch 1988 konnte man am Schalter der Deutschen Bundesbahn eine Eisenbahnkarte von 1851 erwerben, gezeichnet von dem kgl. bayerischen Oberlieutnant Hanser, die den Flickenteppich des Deutschen Bundes veranschaulicht mit seinen 38 Bundesstaaten, unter denen Holstein in der Farbe des dänischen Königreiches und zugleich als zwölfter Staat des Deutschen Bundes erscheint.

Da machte der dänische König Christian VIII. aus dem Hause Oldenburg unter dem Druck seiner Berater einen verhängnisvollen Fehler. Der Wiener Kongreß hatte ausdrücklich Holstein zu einem

Teil des Deutschen Bundes erklärt, nicht aber Schleswig. Der König und Herzog versuchte nun, die seit 1665 in Dänemark geltende agnatische Erbfolge, die die weibliche Thronfolge zuließ (wie bei der derzeitigen Königin Margarete II.) auch auf die Herzogtümer auszudehnen, in denen nach deutschem Brauch nur die männliche Erbfolge galt. Bei den häufigen Personalunionen mußte dies zu Problemen führen. Die Deutschen sahen in diesem ›Offenen Brief‹ von 1846 ein Signal für bisher nicht gekannte Danisierungsbestrebungen, mobilisierten den Deutschen Bund und gründeten 1848 eine provisorische Regierung der Herzogtümer in Kiel. Im Deutsch-Dänischen Krieg von 1848/49 fochten Freiwillige aus Schleswig und Holstein gemeinsam mit preußischen und Hannoveraner Truppen gegen Dänemark. Die Intervention anderer Mächte veranlaßte jedoch Preußen zum Rückzug, und der Kampf der im Stich gelassenen Schleswig-Holsteiner endete mit Niederlage und harschen Repressalien seitens Kopenhagen. Der Konflikt aber schwelte weiter. Die sogenannten Eiderdänen erstrebten die Festlegung der Eider als Südgrenze Dänemarks, und König Christian IX., mit dem die Glücksburger Linie den dänischen Thron bestieg, bestätigte eine entsprechende Gesamtstaatsverfassung, gegen die der Augustenburger Friedrich VIII. als Herzog von Schleswig-Holstein Protest einlegte. Natürlich ging es längst nicht mehr um fürstliche Galionsfiguren, sondern um die nationale Frage. Preußen und Österreich drängten den Deutschen Bund zur Exekution, und damit begann der Deutsch-Österreichisch-Dänische Krieg von 1864, an dessen Ende Dänemark im Wiener Frieden auf alle Rechte in Schleswig, Holstein und Lauenburg zugunsten Preußens und Österreichs verzichten mußte. Der nächste Krieg war damit vorprogrammiert, denn daß Preußen und Österreich sich über diese Erbschaft in die Haare geraten würden, war klar.

Die Schleswig-Holsteinische Frage wurde nur zum Zündfunken für die damals gerade eingeführten preußischen Zündnadelgewehre. Damit endeten unter grellen Mißtönen Jahrhunderte fruchtbarer und angenehmer Nachbarschaft von Dänen und Deutschen, eine gewachsene kulturelle Durchdringung wich einem engstirnigen Nationalismus mit Danisierungsversuchen einerseits, andererseits nicht minder törichten Eindeutschungsversuchen von Minderheiten.

Die Eisenbahn wurde 1848 zum Schicksal der dänischen Garnison in der zweitgrößten dänischen Festung Rendsburg. Da gab es einen Prinzen Friedrich von Noer, Sohn des Landgrafen von Hessen-Cassel auf Louisenlund, dessen deutsches Herz heftiger schlug als sein dänisches Gewissen als Neffe des Königs in Kopenhagen. An einem schönen Tag im März 1848 bestieg er mit 250 holsteinischen Jägern, 31 Kieler Bürgern und 60 Segeberger Bauern einen Zug der neumodischen Eisenbahn und fuhr, als Prinz natürlich ohne Fahrkarte, ungestört und ohne einen Schuß in die bis an die Zähne bewaffnete Festung Rendsburg hinein – überall dicke Kanonen auf den Wällen, an den Schienenstrang aber hatte niemand gedacht – und zwang den verdutzten Kommandanten zur Übergabe. Zwei Millionen Mark Courant waren seine Beute, dazu das ganze Arsenal, womit die provisorische Regierung in Kiel eiligst eine Armee aufstellte. Dem Prinzen von Noer überreichte man nach dem Ende des fehlgeschlagenen Aufstands in Kopenhagen diesmal eine offizielle Freifahrkarte nach Beirut.

In Rendsburg

Nach soviel Historie wollen wir Rendsburg selbst besuchen: eine wohlproportionierte Stadt, geprägt von den Umrissen und Bedürfnissen der dänischen Festung und den niedrigen, im klassizistischen Stil erbauten Beamten- und Bürgerhäusern der Zeit des Domenico Pelli, der sich hier 1691 niederließ. Die einstige Halbinsel der Altstadt, gegründet 1150 durch Graf Adolf II. von Schauenburg, ist heute mit dem umgebenden Land verwachsen, aber noch deutlich an den Straßenzügen erkennbar und von Stadtsee und Obereiderhafen gesäumt. Südlich davon erkennt man die radiale Anlage der Neustadt, um deren zentralen Paradeplatz sich ordentlich und fromm Arsenal, Kommandantur und Provianthaus sowie die Christkirche gruppieren.

Die ALTSTADT zumal lohnt das Durchwandern. Ihr Zentrum ist die 1236 begonnene MARIENKIRCHE, eine schlichte Backsteinhalle, deren gotische Bemalung wieder freigelegt wurde. Der *Schnitzaltar* mit Knorpeldekor, 1649 von H. Claussen geschaffen, ist ein Hauptwerk des späten Manierismus, mit dem sich der Übergang von der Renaissance zum Barock vorbereitet, zugleich aber Rückgriffe auf die Hochgotik vorgenommen werden. Die alte Farbigkeit in Rot, Schwarz und Alabaster ist erst seit 1967 wieder freigelegt. Die *Holzemporen* sind im 19. Jahrhundert nach Landessitte eingebaut und mit biblischen Gemäldetafeln des 17. Jahrhunderts geschmückt worden. Eine *Kreuzgruppe* von 1511 und die prächtige korbartige *Holzkanzel* sind bedeutende Werke der Renaissance und lassen den Abstand zum Manierismus des Schnitzaltars vorteilhaft erkennen. 1817 hat der Italiener G.A. Pellicia, der als Maler bei Julia Gräfin Reventlow in Emkendorf beschäftigt war, sich dort verheiratete und niederließ, für die Marienkirche das *Lutherbild* gemalt, ein Zeitdokument.

Am nahen ALTSTÄDTER MARKT steht das heute als Heimatmuseum dienende RATHAUS, im Kern dem 16. Jahrhundert entstammend. Schmal und unsymmetrisch schiebt es sich in den Platz vor, stark verändert, doch immer noch erfreut die korinthische Pilastergliederung des oberen Fachwerkgeschosses. Wappen von 1566 und korbbogige Tür von 1609. Reizvoll sind die Sitzungszimmer, gegen 1720 mit alten Ansichten von Stadt und Landschaft geschmückt, gerahmt von gemalten rundbogigen Scheinarchitekturen und Säulen. In der Torstraße steht das ehemalige AMTMANNSHAUS von 1775, einst dem unbeliebten Zolleinnehmer dienend, ein stattlicher walmgedeckter Bau, eigentlich noch der Renaissance angehörend. Unter den alten Bürgerhäusern ist das GASTHAUS ›ALTER LANDSKNECHT‹ in der Schleifmühlstraße 2 sehenswert. 1541 erbaut, hat man das zweigeschossige Fachwerk-Giebelhaus 1951 abgebrochen und mit der alten Fassade neu errichtet, deren mit grotesken und biblischen Gestalten beschnitzte Konsolknaggen noch immer den Gast begrüßen, der hier speisen oder wohnen will.

Die NEUSTADT, ›Neuwerk‹ genannt, ist nüchterner, von dänisch-klassizistischer Ordnung und militärisch-beamtenhaft wirkend – und das sollte sie ja auch sein. Die CHRISTKIRCHE am *Paradeplatz* wurde 1694 als Garnisonskirche von dem Holländer

CH RODTMAN: ANNE
RODTMANS: ANNO
35

5 Pers.

van Vijthusen und Pelli erbaut und ist der Kopenhagener Holmenskirche als Marinegarnisonskirche nachempfunden. Der Innenraum, der ein griechisches Kreuz bildet, mit der Ausstattung des 17. Jahrhunderts ist sehenswert. Das *Holzepitaph des Stadtkommandanten von Fuchs,* der 1720 verstarb, entstand unter dem Einfluß des Antwerpeners Thomas Quellinus. Es ist ein Schulbeispiel für den pathetischen Stil der Zeit, überladen mit Kriegstrophäen; da wird die Trommel gerührt für den theatralischen Auftritt des Verstorbenen in prächtiger Rüstung, hinterfangen von einem gerafften Vorhang und bekrönt von dem Familienwappen. Hoffentlich sieht ihn der Engel des Jüngsten Gerichts inmitten all des kriegerischen Gerümpels.

Von solchen Exzessen abgesehen hat jene Zeit auch in nüchternen militärischen Zweckbauten wohlproportionierte und formschöne Gebäude geschaffen, so das ARSENAL, 1696 von Pelli erbaut, ebenso die HAUPTWACHE, die KOMMANDANTUR und das nahe PROVIANTHAUS. Man möchte hier geradezu vom Domenico-Pelli-Platz sprechen; obzwar von den strengen Kunsthistorikern zu den kleineren Lichtern gerechnet, hat es Pelli in angenehmer Weise verstanden, den weiten Bogen von Vitruv und Palladio zum nordischen Klassizismus dänischer Prägung zu schlagen. Am Jungfernstieg 19 hat sich Pelli 1691 den PELLIHOF erbaut: fast ein kleiner Palazzo mit dreizehnachsiger Straßenfront.

Rendsburg hat durch den Bau des einst Kaiser-Wilhelm-Kanal genannten Nord-Ostsee-Kanals wirtschaftlich erheblich gewonnen. Es haben sich Werften mitten im Binnenland angesiedelt, die sich von allem Anfang an mehr dem Spezialschiffbau gewidmet haben und weniger in die Krise geraten sind als die Großschiffswerften, die heute unter japanischer und koreanischer Konkurrenz um den Mindestpreis kämpfen müssen, den man braucht, um einen Kubikmeter Raum mit möglichst wenig Stahl zu umhüllen und schwimmfähig zu machen. Das Ergebnis dieses Ringens können wir von den Kanalbrücken aus sehen: Rechteckige Schiffskästen, gerade noch kann sich der Bug zu einiger Schärfe entschließen (da haben die Maschineningenieure mit den Laderaumspezialisten gekämpft), die Schornsteine sind zu dünnen Fabrikschloten degradiert, und wenn der Kapitän nicht doch etwas Übersicht bräuchte, so hätte man ihn und den Steuermann unter Deck mit Videokamera installiert.

Die Holsteinische Schweiz und ihre Seen

Lob der Dichter

Eine Seenlandschaft, die vielen eine Seelenlandschaft ist. Eigentlich sollten wir ihre Wege durchwandern, sie sind zu schön zum Autofahren, beschwören in letzten Ausläufern ein sonst untergegangenes Lebensgefühl von Romantik und Biedermeier, mitleidig belächelt im raschen Strom der Zeit. Und doch, wer kennt schon die geheimen Sehnsüchte der menschlichen Seele …

Der Name ›Holsteinische Schweiz‹ ist jung. Ob er aber wirklich nichts anderes ist als die von der Hotellerie geschickt eingefädelte und werbewirksame Verbindung eines bekannten und zugkräftigen Begriffs mit einem noch jungen Reiseland, bleibe dahingestellt. Die Assoziation der Schweizer Berge mit den bescheidenen Hügeln Holsteins mag weit hergeholt sein, die einer ungemein schönen und ursprünglichen Seenlandschaft zu den schweizerischen Seen im Einzugsgebiet von Aare, Reuss und Limmat aber ist naheliegend, und es steht sehr dahin, welcher Seenlandschaft man den Vorzug geben will. 1867 entstand in Malente das Posthotel ›Holsteinische Schweiz‹, der Name war geboren, doch lebt die Landschaft am Plöner See mit dem weitläufigen Herzogsschloß und dem fürstbischöflichen Musenhof Eutin aus einer älteren, gewachsenen Kultur.

Emanuel Geibel hat die Stimmungen und Farben dieser Landschaft so beschrieben, wie wir sie im wesentlichen immer noch sehen können, wenn wir nur wollen. Wir sollten in unseren unruhigen Blechkarossen ein wenig Geduld aufbringen, ihm zuzuhören:

Vom alten Lübeck, wenn die Zeit der Pfingsten kommt,
Hinaus ins Weite treibt mich stets die Wanderlust,
Im jungen Grün zu schwelgen; nach Eutin zumeist,
Dem waldumkränzten, zieht es mich, wo mir der Freund
Von alters her, der rechtsgelehrte heimisch ist …

Dann begrüßt der Dichter, den viele nicht kennen, wohl aber sein Lied ›Der Mai ist gekommen, die Bäume schlagen aus ...‹, den Mentor seiner Jugend, Johann Heinrich Voß, den Homer-Übersetzer:

Sei mir gepriesen, Alter, der den Knaben du,
Ein treuer Dolmetsch, in die sonnge Fabelwelt
Der Griechen führtest, wenn sich auch ihr Goldgeweb
Ein wenig unter deiner Hand vergröberte,
Und oft zu schwer Joniens flüssige Weise dir
Von niederdeutscher Lippe quoll ...

Doch wo verweil ich? Längst schon aus des Städtchens Tor
Hat unvermerkt hingleitend mich der Pfad entführt.
In offner Landschaft find' ich mich, wo See an See
Mit holdem Gruss blauäugig aus der Tiefe lacht,
Und über sanften Hügeln schwebend, wipfelreich
Der Buchenforst auf säulenhohen Stämmen wogt ...

An dieser Stätte grüßte wohl zum erstenmal
Die Muse deinen tonbegabten Sohn, Eutin ...
Die tiefe Waldhornstimme, die Preziosen uns,
Den Schützen Max und Euryanthens Liebe sang ...

Alles wird in diesen Versen gesagt über jene Landschaft, deren Musikalität Carl Maria von Webers ›Freischütz‹ eingefangen hat und die den Frauen gleicht, die, nicht selbst in den Vordergrund tretend, in der Stille als Musen Dichter und Komponisten beflügelten.

Preetz und Lanker See

Nach dieser romantischen Einleitung drängt es uns nach Preetz, von dem wir nicht wissen, ob die Benediktinerinnen seines 1211 gestifteten Klosters auch Kontakt zu den Musen hatten. Heute ist das Kloster ein adliges Damenstift, wie es deren noch erstaunlich viele im Norden Deutschlands gibt, geleitet von einer Priorin, die – wie im Kloster Wiene oder Lüne – weißhaarigen Damen vorsteht, Paramente stickend oder alte kostbare Tapisserien ausbessernd. Ohne solche Kontraste zur eiligen Welt hätte diese sich vermutlich längst im Maßlosen verloren. Die erhaltene STIFTS-

Ansicht von Plön und Schloß Rantzau, um 1588. Braun–Hogenberg, 1593

Meridies
Stagnum Plonense
maius
Arx
Stagnum minus

KIRCHE des Klosters Campus Beatae Mariae, 1325 auf den Fundamenten eines im 13. Jahrhundert entstandenen Vorgängerbaus errichtet, ist eine turmlose dreischiffige und gedrungene Stutzbasilika mit unbelichtetem Obergaden, deren Mittelschiff in den Chor mündet. Das alles überfangende abgewalmte Dach trägt einen zierlichen Dachreiter, der gemeinsam mit dem Treppenturm am Chor fast schüchtern einen vertikalen Akzent setzt. Die schöne Ausstattung hat sich auch in der Reformation erhalten: im Sanktuarium ein großer *Holzaltar,* von T. Schlichting 1743 in Lübeck gefertigt, das schmiedeeiserne *Chorgitter,* prächtiges gotisches *Gestühl* für siebzig Nonnen, gegen 1335 entstanden und dem verlorenen der Katharinenkirche in Lübeck ähnlich. Einen besonderen Schatz stellt der von Hans Gudewerdt dem Jüngeren 1665 geschaffene *Schnitzaltar* dar, der ursprünglich in der Kirche von Dänischenhagen stand, ein Hauptwerk des nordischen Knorpelbarock von elementarer und fabelhafter Erzählfreude. Der *Kirchenschatz* umfaßt einen reliefierten und edelsteingeschmückten Abendmahlskelch, gegen 1275 im Nachklang staufischer Goldschmiedekunst in Lübeck entstanden.

Um die Kirche sind das PROBSTENHAUS, das KONVENTHAUS, einige KONVENTUALINNENGEBÄUDE (der heutigen Stiftsdamen) und das walmbedachte TORHAUS von 1737 erhalten. Verläßt man den eng umschlossenen Klosterbezirk, gelangt man durch die Hauptstraße der Altstadt zum anderen Schwerpunkt der kleinen Stadt: der PFARRKIRCHE, die gegen 1200 als Feldsteinkirche erbaut wurde und sich nach vielen Veränderungen unter Leitung des fürstbischöflich-eutinschen Hofbaumeisters R. M. Dallin 1725 zur barocken Saalkirche wandelte. Die weltlich anmutende Régence-Ausstattung mit schönen Emporenlogen steht in großem Gegensatz zur spätmittelalterlichen Spiritualität der Stiftskirche.

In der Nähe von Preetz liegen einige besuchenswerte Herrenhäuser. Die seit 1224 bekannte und 1723 im barocken Stil von Dallin neugestaltete Gutsanlage der Grafen Rantzau zu **Rastorf** mit Kavaliershaus, Scheune, Reitstall und Torhaus (das Herrenhaus 1803 von C. F. Hansen klassizistisch erneuert) ist eine der schönsten des Landes. Älter ist das Herrenhaus **Wahlstorf** in der Enge zwischen dem Lanker, dem Wielener und dem Fuhlensee. Die ursprüngliche Zweihausanlage aus dem 16. Jahrhundert mit viereckigem Turm, heute stark verändert, ist im Besitz der Fami-

Preetz, ehem. Klosterkirche

lie von Plessen. Bedeutend ist auch das Herrenhaus von **Bothkamp** am gleichnamigen See. Ursprünglich eines der Rantzauschen Schlösser mit prachtvollem Torhaus, wurde auch Bothkamp stark verändert und barock umgestaltet. Ab 1812 war Bothkamp im Besitz der Familie von Bülow, die sehr verschiedenartige Talente hervorbrachte. Heute dient das Herrenhaus als Altersheim.

Das herzogliche Plön am Plöner See

Das alte Plön schmiegt sich seeabgewandt an den Fuß des Schloßberges. Mittelpunkt einer stillen Landschaft, gerühmt ob seiner Internatsschule, thront das Schloß der im 17. Jahrhundert bei

Plön, Festsaal im Prinzenhaus

einer der vielen Landesteilungen selbständig gewordenen Linie Schleswig-Holstein-Sonderburg-Plön. Herzog Joachim Ernst hat 1633 die alte Burg der Schauenburger durch das heutige Schloß ersetzen lassen. In der Folgezeit war es eine jener Residenzen der Holsteinischen Schweiz, deren Herren, wie in Eutin, im Windschatten der großen Geschichte ihren künstlerischen Neigungen oblagen und damit vielleicht Bleibenderes geschaffen haben als ihre militanten Vettern. 1685 bot man den verfolgten Reformierten Unterschlupf, überzog freilich die bescheidenen finanziellen Mittel eines solchen Miniaturstaates. Am Ende der 1761 ausgestorbenen Linie fiel das Herzogtum an den Lehnsherrn, den dänischen König, zurück. Noch 1842 wählte Christian VIII. das Schloß als Sommerresidenz, ließ den französischen Garten zum

See im Stil des englischen Landschaftsgartens umgestalten und richtete von hier 1846 seinen berühmten ›Offenen Brief‹ an die Landstände, in dem er die Einführung der weiblichen Thronfolge begründete. 1868, als sich diese Frage durch den Krieg mit Preußen und Österreich erledigt hatte, wurde das Plöner Schloß zur preußischen Kadettenanstalt, in der alle sechs Söhne Wilhelms II. erzogen wurden, war doch ihre Mutter als geborene Prinzessin von Sonderburg-Augustenburg eine Tochter des Landes. Heute sind der sogenannte Prinzenbau am Eingang zum schönen, den See begrenzenden Schloßgarten samt dem Schloß als Internatsgymnasium unzugänglich.

In der ALTSTADT mit ihren freundlich wirkenden Twieten oder Seitengassen haben sich neben der neugotischen *Nikolaikirche* von 1868 nur das von C.F. Hansen 1816 erbaute *Rathaus* und das *herzogliche Witwenpalais* von 1750 in der Johannisstraße 1, beide klassizistische Bauten, erhalten. Im Rathaus sehenswertes – aber nur sporadisch geöffnetes – Kreismuseum mit den Silberfunden von Farve und Goldfunden von der Olsborginsel. In der nahen NEUSTADT die 1685 für die reformierten Flüchtlinge als Fachwerk-Saalkirche entstandene *Johanniskirche,* an deren Außenwand eine Grabplatte an den 1690 gestorbenen ›schwarzen Feldtrompeter‹ Christian Gottlieb erinnert, den Bertram Graf Rantzau aus Afrika ›mitgebracht‹ und in sein Regiment aufgenommen hatte. Der Mohr, wie man ihn nannte, rettete den Sohn des Bürgermeisters vorm Ertrinken und heiratete Bürgermeisters Töchterlein – und das wollte damals was heißen.

Wir steigen nun zum SCHLOSSBERG hinauf, gekrönt von der dreiflügeligen Anlage mit ihren typischen Reihengiebeln, die auf einem sanft zum Plöner See abfallenden Endmoränenwall steht. Das Innere ist in preußischer Zeit stark verändert worden, doch haben sich die tonnengewölbten Treppenhäuser und im zweiten Obergeschoß das herzogliche Schlafgemach von 1753 erhalten. Die Schnitzereien des Alkovens und die Stukkaturen der Decke, wohl von B. Bossi, geben zusammen mit den Kaminen eine angenehme Vorstellung rokokohaften Lebensstils.

Vom sich zum See öffnenden Ehrenhof gehen wir hinüber zum prächtigen *Marstall,* 1745 von G. Rosenberg erbaut, und zum gleichzeitig entstandenen *Prinzenhaus,* das einst als Lusthaus Gartenfesten diente. Die reiche Rokoko-Ausstattung des Gartensaals durch B. Bossi, seine hübsche Musikempore, die reichen Muschelstukkaturen und die ansprechenden italienischen Landschaftsgemälde runden einen Eindruck ab, der sich durch die Fenster der Prinzenzimmer weitet in die Lindenalleen des Parks, auf einer Landzunge zur Prinzeninsel in den See hineinragend. Nach dem Auszug kaiserlicher Prinzen zogen hier die Mädchen des renommierten staatlichen Internats ein, sitzen zum Diskosound auf den Fensterbänken, während die Jungen wie in alten Zeiten eher mit ihren Segelbooten auf dem Wasser zu suchen sind. Die Schule setzt die Tradition der alten Plöner Gelehrtenschule fort, die 1704 von dem in ganz Europa geschätzten Diplomaten Christoph Gensch von Breitenau gestiftet worden war und der 1756 bis 1759 Matthias Claudius als Schüler angehörte.

Die Seenlandschaft vor der Kulisse des weiß aufragenden Schlosses mit seinen vielen Zwerchgiebeln und Turmlaternen ist das eigentlich Schöne. Wilhelm Lehmann (1882-1968) hat diesen Eindruck eingefangen:

Es schieben sich wie Traumkulissen
Bauminseln stets erneut vorbei,
Als ob ein blaues Fest uns rufe,
Die Landschaft eine Bühne sei.

Sich wandelnd mit des Bootes Gleiten,
Erfrischt den Blick Laub, Schilf und See:
Hier könnte Händels Oper spielen,
Vielleicht Acis und Galathee.

Die Finger schleifen durch das Wasser,
Ein Gurgeln quillt um Bootes Wand,
Die Ufer ziehn wie Melodien,
Und meine sucht nach deiner Hand.

Der PLÖNER SEE und seine Vettern, der DIEKSEE, der BEHLER SEE, der KLEINE PLÖNER SEE und der LANKER SEE, können auf einer genußvollen ›Fünf-Seen-Fahrt‹ erlebt werden, mit einem Aufenthalt im (wiederaufgebauten) alten Gasthaus Fegetasche, wo die von Malente kommenden Schiffe anhalten, einst Zollstätte, ›wo man die Tasche gefegt bekam‹. **Bosau,** historisch verbunden mit Heinrich dem Löwen und Vizelin, deren kleine in

Stufen das Dach abtreppende STIFTSKIRCHE trotz aller Verbauung den Geist dieser Zeit bewahrt hat und ein schönes Südportal besitzt, sollte uns locken, weiteren Halt zu machen. Vom nahen Friedhof aus hat man einen Blick auf den BISCHOFSWARDER, jene Insel, auf der *Vizelin* zuerst eine Kirche erbaute und *Helmold* gegen 1150 als Pfarrer tätig war. Helmold, der alte Chronist des Landes, treuer Begleiter Vizelins und bei aller Engagiertheit ein unbestechlicher Beobachter, ist an unbekannter Stelle hier begraben. 1170 schrieb er an diesem Ort seine ›Chronica Slavorum‹, heute im Lübecker Domschatz.

Malente-Gremsmühlen zwischen Kellersee und Dieksee

Wo sich die große Holsteinische Seenplatte mit dem Plöner See als Mittelpunkt gegen die Ostsee in kleine und kleinste Seen aufzuteilen beginnt, liegt zwischen dem Keller- und dem Dieksee Malente-Gremsmühlen: Ist Malente das alte Kirchspiel der Landschaft, so war Gremsmühlen eine bischöfliche Mühle am Lauf der Gremsau, die nach behördlicher Weisheit in Schwentine umbenannt wurde. Der Lauf von Gewässern in dieser fast amphibischen Landschaft, in der man nicht weiß, ob das Land das Wasser oder das Wasser das Land begrenzt, wurde einst recht willkürlich nach örtlichen Interessen festgelegt.

Malente besitzt an Sehenswürdigkeiten nur die 1232 bereits erwähnte KIRCHE mit schöner Kanzel von 1629, deren Tür wohl aus einer mittelalterlichen Gestühlswange gearbeitet ist und das Abbild eines Bischofs trägt, vermutlich des Herrn der Gremsmühle. Die Holzdecke an alter Stelle und einige sehr schmale lanzettförmige Fenster tragen zum archaischen Eindruck bei. Die in der Schweizerstraße wiederzusammengefügte STEINKAMMER, ein Hünengrab der Jungsteinzeit, wurde 1934 vom Rande des Kellersees hierher verbracht. In der TEWSKATE aus dem 17. Jahrhundert kann man sich die besondere Kunst der *holsteinischen Katenräucherei* erläutern lassen, mittels derer das Borstenvieh zu hohem Ansehen gekommen ist. Küstennäher geht diese Kunst dann in die Räucherei von Aalen, Sprotten und Plattfischen über. Der holsteinische Katenschinken wird im Gegensatz zu anderen deutschen Landschaften recht dick geschnitten und ist von milder Art, hervorragend zu ›spätem‹ Lüneburger Spargel, denn im Norden beginnt die Spargelsaison einen guten Monat später als in Schwetzingen, fast gleichzeitig mit der Erdbeerernte – womit der Autor diskret andeuten möchte, daß Mai und Juni eigentlich die weitaus schönsten Monate im Norden sind, sonnig, nicht zu warm und von bezauberndem frischen Grün, freilich noch nicht zum Bade ladend.

Gremsmühlen ist der malerischere Ortsteil mit einer hübschen Uferpromenade am Dieksee und der historischen Mühle. Vielleicht hätte der Bischof, der früher hier das Sagen hatte, aber doch Bedenken gehabt, die vielen großen Hotelbauten zu genehmigen. Gremsmühlen und Malente gelten als beliebte Ferienorte in einer zum Wandern einladenden Landschaft, wovon schon Emanuel Geibel geschwärmt hat.

Besonders schön sind die Wege auf dem Holm am Dieksee, einem eiszeitlich gebildeten Steilufer mit dichter Bewaldung. Auf die Fünf-Seen-Fahrt, die Gremsmühlen berührt, sei nochmals hingewiesen. Auch auf der Ostseite von Malente erlaubt ein Schiffchen, den Kellersee mit den Anlegestellen Fissauer Fährhaus (fast schon ein Teil Eutins) und Sielbeck zu durchfahren. Der Kellersee ist der drittgrößte der Holsteinischen Seenplatte; steile Ufer tragen alte Buchenwälder, und aus dem morgendlichen Nebel über den schilfumstandenen Wassern blinkt frühes gleißendes Licht, tauchen die Waldsäume undeutlich dunkel auf, bevor sich die Möwen von ihren Inseln erheben und mit ihrem Beuteschrei die Verzauberung lösen.

Rund um den malerischen Ukleisee

Auf der Landenge, die den Kellersee vom viel kleineren Ukleisee trennt, liegt das Dorf SIELBECK, eine beliebte Sommerfrische. Über ein schmales Sträßchen gelangt man zu einem Parkplatz, von wo aus ein wunderschöner Wanderweg den Ukleisee und seine dunkle Waldschönheit umrundet.

Vor Jahren lebten am Ukleisee noch die Rotbauchunken, die statt Quaken ein melodiöses ›Läuten‹ von sich gaben. Die Sage hat sich des Sees und der Unken bemächtigt, die Sage von dem einfachen Fischermädchen, das die Liebe eines ungetreuen Ritters gewann, ihm vertraute und letztlich erleben mußte, wie er eine reiche Gräfin heiratete. Zu dieser Hochzeit auf einer Insel im See war alles festlich bereitet, der Prior von einem nahen Kloster und die prächtige Verwandtschaft versammelt, als die Insel plötzlich im See versank und alle in die Tiefe riß. An stillen Tagen soll man noch das Läuten der Glocken vom Grund hören, das den Rotbauchunken eigen wurde. Zwei alte Burganlagen, sogenannte Motten, haben als grabenumgebene Erdhügel überdauert, als ob sie die Sage bestätigen wollten. Eine der Motten ist slawischen Ursprungs, aus dem 10. Jahrhundert, die andere gehörte dem Ritter Breyde und hieß Rikenbeke, als Burg noch 1365 genannt.

Vom Parkplatz aus erreicht man am Westende des Sees einen hübschen, manchmal noch genutzten Jagdpavillon, 1776 im Stil des Rokoko errichtet, von dessen Terrasse man einen schönen Blick in diese Idylle hat. Die hohe Pappelallee, die zum Pavillon führt, bezaubert im Frühjahr mit dem Leuchten der Anemonen im Halbschatten des moosbegrünten Waldgrundes.

In dem winzigen Dorf KIRCHNÜCHEL steht 116 Meter über dem Meer die höchstgelegene Kirche Holsteins, in ihrer Nähe die alte, über Jahrhunderte von Wallfahrern besuchte Marienquelle. Im 12. Jahrhundert aus Feldsteinen und Ziegeln entstanden, trägt die Kirche an der Südseite die *Grabkapelle der Familie Brockdorff*, ab 1692 im Auftrag Cai Lorenz von Brockdorffs von dem uns nun schon mehrfach begegneten Antwerpener Thomas Quellinus errichtet, einem der Brückenschläger zwischen Flandern und Holstein. Als Sohn des hiesigen Pastors wurde hier 1742 Christian Cay Lorenz Hirschfeld geboren, der als Schöpfer vieler Landschaftsgärten und Parks sowie als Verfasser der ›Theorie der Gartenkunst‹ die Gutslandschaften Schleswig-Holsteins mitgeprägt hat. Eine Menge Geschichte und Kunst für die paar Häuser rings um die Kirche.

Vom Ukleisee schrieb Johann Heinrich Voß 1794: *»Es gibt ohne Zweifel Landschaften von auffallenderer Schönheit, von großartigerer Wirkung. Sicherlich aber keine, die lieblicher zum Auge und gewinnender zum Herzen spricht als unser Ostholstein.«* Immer noch steht in Malente die alte Linde im Pfarrgarten, die Voß *»voll Bienengesumms«* erlebte, und an der Nordspitze des in den Kellersee vorspringenden Prinzengehölzes liegt die ›Luisenquelle‹, die an Johann Heinrich Voß' Idylle ›Luise‹ erinnert, noch zur Zeit unserer Großeltern von aller Welt gelesen und auf manche Weise zu Goethes

›Hermann und Dorothea‹ hinführend. Es ist noch heute von großem Reiz, wie sich das rheingauische Biedermeier bei Goethe und die holsteinische Bürgerwelt bei Voß spiegeln. Malente erscheint in dieser Hexameter-Dichtung verfremdet als Grünau, und die fröhlichen Waldfeste im Grünauer Holz sind jene Feste, die der Dichter mit seinem Freund, dem Malenter Pastor Weise, feierte. In des Grünauer Pastors liebreizendem Töchterlein Luise reflektiert Voß das Bild seiner eigenen sehr geliebten Frau Ernestine, der Schwester des Meldorfer Landrats Heinrich Christian Boie, Herausgeber des Göttinger Musen-Almanachs im Hainbund und Freund Goethes. Auch Boies früh verstorbene Frau dürfen wir zu diesem ganz ungewöhnlichen Kreis hochmögender Menschen zählen, einer so nicht wieder erlebten Verdichtung deutschen Wesens in seiner Liebenswürdigkeit, aber auch verträumten Irrationalität. Es sind beileibe nicht die Träume einer reichen und von Langeweile geplagten Oberschicht, wie sie den französischen Schäferidyllen der Rokoko-Zeit anhaften. Johann Heinrich Voß stammte aus bitter ärmlichen Verhältnissen, aus denen er sich mühsam emporarbeiten konnte, bis er 1782 Rektor der Lateinschule in Eutin wurde.

Den Weg der liebenden Luise vom bienenumsummten Pastoratsgarten zur Quelle auf der verwunschenen Halbinsel im Kellersee können wir noch immer in der Abendstille finden, auch wenn uns Heutige der Glaube zur Idylle abhanden gekommen ist. In dieses Bild paßt die alte *Bräutigamseiche* im nicht fernen FORSTHAUS DODAU, von der die Tradition will, daß ein Mädchen, welche sie ›schweigend‹ dreimal umrunde, noch im selben Jahr einen Mann findet. Das Schweigen scheint schwergefallen zu sein. Noch immer dient diese Eiche als Liebesbriefkasten junger Menschen, die heimlich in der Dämmerung eine Leiter erklimmen, um einen Brief zu hinterlegen oder einen zu entnehmen, mehr der Fügung des Schicksals vertrauend als dem Flirt mit einem eheanbahnenden datengeschützten Computerbildschirm. Auch die Deutsche Bundespost sieht da keine bürokratischen Schwierigkeiten: Briefe an den ›Liebesbriefkasten‹ in Dodau werden ganz korrekt befördert und amtlich dem Baum anvertraut.

Herrenhaus Neuhaus

Zum Selenter See

Von Sielbeck führt eine der schönsten kleinen Straßen Holsteins über Nüchel und Benz nach Sieversdorf, weiter über Dannau nach Rantzau und über eine Abkürzung zum Selenter See. Der Reiz dieser zweistündigen Fahrt ist die ungemein schöne Landschaft, die sich wie ein Bilderbuch vor uns öffnet. Die Hügel erheben sich hier zu markanteren Höhen, dicht bewaldet von Buchen. In den sanft geschwungenen Tälern steht im Sommer das Getreide in strohgelben, im Wind wehenden Schlägen. Die Straße windet sich unter dem Dach der begleitenden Bäume über Berg und Flur, häufig gesäumt von reetgedeckten kleinen Häusern, und mündet bei Rantzau in das waldkühle Tal der Kossau, die unter dem Schattendach der Erlen und Buchen dahinmäandert. Auch der Selenter See, einer der größten des Landes, ist zwischen Seekrug und Selent von einem Hochufer begleitet, an dessen sandigem Fuß ein Bad lockt. In **Selent** steht eine alte FELDSTEINKIRCHE von 1197 und die im 19. Jahrhundert erbaute BLOMENBURG, ein imposantes Beispiel romantischen Burgenbaus nach Motiven von Schinkel. Am im Schilf verlandenden Nordostufer liegt **Giekau** mit dem nahen HERRENHAUS

NEUHAUS. Was auch sonst über den bedenklichen Zustand der Natur gesagt werden mag, hier ist sie noch unverbraucht, einsam und großartig.

Es sei angemerkt, daß die Fahrt zum Selenter See bequem verbunden werden kann mit einem Ausflug zu den *Herrenhäusern Emkendorf und Panker*, die im Kapitel über die Herrenhäuser Holsteins abgehandelt sind (Seite 403 bzw. 399).

Eutin – nordischer Hof der Musen

Musenhöfe haben in der europäischen Kultur- und Geistesgeschichte eine denkbar große Rolle gespielt. Ob wir an ›unser‹ Weimar denken oder an die italienischen Renaissance-Residenzen – fast immer sind es kleine oder abgelegene Fürstensitze, wo man aus diesen oder anderen Gründen sein Profil mehr im Drinnen als im Draußen suchte. Eutin war eine solche Residenz.

Zwischen dem kleinen und dem großen Eutiner See gelegen, inmitten einer weiten gewellten Hügellandschaft, ist Eutin eine der besonderen Ausprägungen der Holsteinischen Seenplatte. Der Chronist Helmold von Bosau, von dem wir schon sprachen, schrieb vom ›Pagus utinensis‹, einem vorgeschichtlichen Gau, dessen Hauptort auf der Fasaneninsel des Sees gelegen haben muß. Mit Adolf II. von Schauenburg kamen holländische Kolonisten ins Land, das 1156 an die Lübecker Bischöfe geriet. Diese aber hatten einen schweren Stand im aufblühenden Lübeck, wo ungeachtet des mächtigen Domes alsbald die Marienkirche als Senatskirche den Rang des geistlichen Stadtmittelpunktes gewann. 1309 verlegte Bischof Burkhard voller Zorn seinen Sitz zeitweise nach Eutin und gründete hier ein Kollegiatsstift. Mit der Reformation 1534 gingen die Ländereien des Bischofs in landesherrliche Hände über. Das aber waren nicht die Lübecker Senatoren, sondern eine Seitenlinie des Hauses Holstein-Gottorp, die nun die Regenten mit dem Titel ›Fürstbischof von Lübeck‹ stellten. Es waren keineswegs unbedeutende Titularbischöfe, die nun in Eutin regierten. Fürstbischof Adolf Friedrich wurde 1750 zum König von Schweden gewählt, und eine der fürstbischöflichen Prinzessinnen – welch seltsamer Titel – wurde die Gemahlin Karls XIII. von Schweden. 1773 war die Idylle zu Ende, und aus dem evangelischen Hochstift Lübeck wurde samt den Grafschaften Oldenburg und Delmenhorst das Fürstbistum Oldenburg, dessen Residenz zunächst in Eutin verblieb, 1811 aber nach Oldenburg in Oldenburg verlegt wurde. Das hat die Eutiner nicht ruhen lassen, und 1970 wurde Eutin wieder Kreisstadt.

In der Zeit der Fürstbischöfe und Herzöge Friedrich August (1750-1785) und Peter Friedrich Ludwig (1785-1829) wurde Eutin zum ›Weimar des Nordens‹. Der Fürst wirkte als großes Vorbild, und viele bedeutende Geister der Zeit suchten diese besondere Atmosphäre. Leopold Graf zu Stolberg, Goethe eng verbunden, trat in den eutinschen Dienst, Johann Gottfried Herder wurde als Erzieher des jungen Prinzen, Johann Heinrich Voß als Rektor der Eutiner Gelehrtenschule berufen. Voß verdanken wir jene Übersetzungen von Homers Odyssee (1781) und der Ilias (1793), die die griechische Antike in unseren Breiten heimisch machten und an der sich modernere Übersetzungen, trotz oder wegen ihrer strengen Metrik, messen lassen müssen. Voß war ein leidenschaftlicher Demokrat und Gegner jeder Art von Feudalismus. Er wandte sich schließlich in seiner klassischen Grundneigung sogar von der Romantik ab. Vielleicht hat Emanuel Geibel darum von dem ›homerischen Lächeln‹ seiner Luise gesprochen; sie kannte ihren Johann Heinrich und die zwei Seelen in seiner Brust. Die liberale Atmosphäre jenes Hofes nahm diese der Zeit völlig fremden demokratischen Neigungen ebenso gelassen und tolerant hin wie auch im Domkapitel neben Protestanten Katholiken saßen – eine Gesinnung hoher Maßstäbe. Vossens Bild mit schmalem energischen Gesicht hat uns Johann Heinrich Wilhelm Tischbein gemalt, Goethes Weggefährte in der römischen Campagna, der zwanzig Jahre bis zu seinem Tod in Eutin wirkte. Die Tischbeins waren eine große hessische Familie, die uns drei bedeutende Maler geschenkt hat: Johann Heinrich den Älteren, Johann Friedrich August und Johann Heinrich Wilhelm.

Daß ein solcher Hof einen Wilhelm von Humboldt, Matthias Claudius, Klopstock, Goethes Schwager Schlosser und den ewig reiselustigen Schweizer Lavater anzog, darf nicht verwundern. Von den großen Architekten, Baumeistern und Gartenkünstlern der Zeit haben der schon oft genannte Rudolph Matthias Dallin aus Mecklenburg, Johann Christian Löwen aus Meldorf und der

J. H. W. Tischbein, Bildnis Johann Heinrich Voß

katholische Bayer Georg Greggenhofer die norddeutsche Landschaft um Eutin geprägt.

In dieser Laudatio darf *Carl Maria von Weber* nicht fehlen, dessen Vater Franz von Weber als Hofkapellmeister in Eutin wirkte. Webers Büste (von P. Peterich, 1890) steht im Weberhain, sein eigentliches Denkmal aber sind die Eutiner Sommerspiele vor dem im Abenddunst erblassenden See, wenn das Waldhorn, von dem Geibel spricht, die Sänger aus den Kulissen des Waldes ruft, manchmal erwidert von einem zwitschernden Vogelchor, was nicht zu jeder Oper paßt, aber dem ›Freischütz‹ etwas ungemein Liebenswertes verleiht. Carl Maria von Weber hat indessen, um bei der Wahrheit zu bleiben, bereits als Kind Eutin verlassen; er teilte das unruhige Leben seines Vaters, der sein Adelsprädikat selbst erfunden hatte, was man in Eutin großmütig tolerierte. Mit Webers ›Freischütz‹, in dem sich vielleicht die in der kindlichen Seele fortgetragene Landschaft Ostholsteins spiegelt, befreite sich die deutsche Oper von der Vorherrschaft der italienischen, wiewohl Mozart diese Befreiung zuvor schon eingeleitet hatte.

Den Mittelpunkt Eutins, dessen Durchwanderung lohnend ist, bildet der rechteckige, von Bischof Gerold schon 1156 angelegte MARKTPLATZ. Rings um ihn gruppiert sich die niedrige, behaglich-kleinbürgerliche Bebauung der Residenzzeit. In der vom Markt ausgehenden Königstraße die alte HOFAPOTHEKE von 1694 mit einem schönen Majolikaofen, den ein von Tischbein in der Manier griechischer Vasen gestalteter Kachelfries schmückt. Sinnigerweise heißt das nächste Quergäßlein Keuchhustengang – eine gute Lage für einen Apotheker. Am Markt 9 das HERZOGLICHE WITWENPALAIS von 1786, ein sehr schlichter Backsteinbau vom Hofbaumeister Georg Richter. Die Witib eines Fürstbischofs im Range einer Herzogin lebte offensichtlich recht volksnahe. Über Eck, Markt 1, das RATHAUS von 1788, unschön verändert. Jenseits der Bürgerhäuser an der schmalen Nordseite des Marktes erhebt sich die behäbige, gegen 1230 gegründete MICHAELISKIRCHE, ein Gotteshaus von malerischer Unregelmäßigkeit mit romanischem Schiff und gotischem Chor. Die Ausstattung mit Bronzetaufe, Holzkanzel und Epitaphien gehört im wesentlichen der Renaissance an. Das effektvolle Gemälde des zerstörten Barockaltars, 1667 von dem bedeutenden Jürgen Ovens gemalt, befindet sich heute im neu eingerichteten Ostholstein-Museum im nahen historischen Marstallgebäude.

Von der Michaeliskirche, vorbei an zwei Marställen und zentralem Kavaliershaus von 1830 im strengen klassizistischen Stil C. F. Hansens, führen nur wenige Schritte zum SCHLOSS, das auf einem Landvorsprung am Seeufer liegt und sich aus einer 1260 entstandenen Wasserburg entwickelt hat. Den Eindruck beherrscht der 1726 von R. M. Dallin geschaffene Ausbau unter Fürstbischof Christian August. Dreigeschossig breitet sich der fast quadratische Vierflügelbau aus, zum Teil noch in spätgotischem Mauerwerk. An der Westfront, der Stadtseite, flankiert von einem quadratischen und einem runden Eckturm mit welscher Haube, weist ein viergeschossiger Torturm, tonnengewölbt und mit gotischem Spitzbogen den Weg in den weiträumigen Innenhof. Die klassizistisch feinen Innenfassaden sind geschmückt mit Sandsteinportalen der Renaissance. Im Inneren die *Schloßkapelle* von 1615 mit umlaufender Empore, prächtigem Altaraufsatz mit geradezu blühendem Akanthuswerk, Putten und Evangelisten, Fürstengestühl, Orgel von 1705 und eine Reihe von Gemälden in der Rembrandt-Nachfolge (Simeon mit dem Christkind von J. Ovens, 1651). *Rittersaal* und *Blauer Saal* mit Rocaille-Stukkaturen des Rokoko, *Gobelinzimmer* mit Versailler Arbeiten, voll gekachelte *Teeküche* im holländischen Stil, prächtiges Mobiliar und weitere ›Tischbeinöfen‹ wie schon in der Hofapotheke. Tischbein hat viele Historiengemälde zur Odyssee und Ilias, L. Ph. Strack sehr schöne Landschaften im Schloß hinterlassen. Die *Ahnengalerie* nicht zu vergessen, in der sich dänische und schwedische Könige friedlich ein Stelldichein geben, was sie in natura nicht taten. Gegen diese bunte Konkurrenz tut sich ein mittelalterlicher deutscher Kaiser schwer, dessen Skulptur wir am Torturm sehen; mühsam hält er sich lastgebeugt auf einem Sockel, Reichsapfel und Schwert in müden Händen. Das Schloß ist wie der Park im Besitz des großherzoglich-oldenburgischen Hauses und kann in Führungen besichtigt werden. 1987 war der nicht für die Ewigkeit gedachte Backstein durch Feuchtigkeit und Geländesetzungen arg schadhaft geworden. Man begann unter Leitung der herzoglich-oldenburgischen Verwaltung, das Schloß grundlegend zu sanieren, neu zu decken und die Turmhauben rotblinkend in Kupfer auszuschlagen. Angesichts der sich über Jahre hinziehenden Bauarbeiten bekommt man einen Eindruck von den finanziellen wie handwerklichen Leistungen, die eine solche Restaurierung erfordert. Doch davon wollte der granitene Pavian nichts wissen, der an der Schloßbrücke wohl den Hofnarren spielt.

Wir wenden uns der vom Schloßbezirk nach Süden führenden *Lübecker Straße* zu, sozusagen der feinen Adresse Eutins, einst wie heute. Von der Straße durch winzige, von Nebengebäuden flankierte Ehrenhöfe getrennt, stehen hier entzückende kleine Häuser, ehemalige Kapitelhöfe, efeuumsponnen, meist mit grünweiß kassettierten Türen, Vestibül, Gartensaal und weißen Sprossenfenstern im roten Backstein, ein Ambiente, wie es auch heutzutage in der Mischung von bescheidener Repräsentation und wohlentwickeltem Formgefühl nicht wohnlicher sein könnte. Südlicher finden wir das sich daneben fast bescheiden ausnehmende Haus des *Friedrich Leopold Graf zu Stolberg* mit schmalem Torrisalit und elegantem Giebelaufsatz. Hier wohnte als Gast

Eutin, Schloßkapelle

Stolbergs Johann Heinrich Wilhelm Tischbein von 1808 bis 1820. Über Stolberg kann noch heute jedes Kind in Eutin auf einem Straßenschild die Erläuterung lesen: »1750 bis 1819, Dichter und Kammerpräsident«, was in unserer Sprache so etwas wie Regierungspräsident bedeutet. Auf der anderen Straßenseite steht das kleine Haus des Astronomen *Julius Schmidt*, der im 19. Jahrhundert Direktor der Athenischen Sternwarte wurde – kein Wunder bei dem athenischen Geist, der Eutin durchweht.

In der Lübecker Straße 48 *Carl Maria von Webers Geburtshaus* (heute Café); fast gegenüber unter der Nummer 17 der zweigeschossige breite Backsteinbau des *Sankt-Georg-Hospitals*, 1770 von Greggenhofer als Altersheim erbaut.

Am Voßplatz wohnte *Johann Heinrich Voß* von 1784 bis 1802 in einem vom Fürstbischof zugewiesenen Haus, heute unter dem Namen ›Voßhaus‹ als historisches Hotel-Restaurant bekannt. Oft sind solche Häuser zwar historisch, aber nicht lobenswert. Das gilt hier nicht. Man betritt das Gebäude durch ein sehr schönes klassizistisches Vestibül mit Holzpaneelen und großformatigen Muschelornamenten. Die sehr individuellen Speisezimmer, darunter das ›Luisenzimmer‹, sind mit schönen Majolikaöfen und zahlreichen Bildern Tischbeins, auch gerahmten Erstausgaben der Voßschen Homer-Übersetzungen ausgestattet. Die Kopie eines Porträts, das Johann Heinrich Wilhelm Tischbein von Johann Heinrich Voß gemalt hat, zeigt keinen Träumer, eher einen tatkräftigen Reformer. Vor der *Gelehrtenschule* von 1833 finden wir die Büste von Voß, die Schule nennt sich inzwischen nach Weber, tempora mutantur.

Zum See erstreckt sich der schöne SCHLOSSPARK im französischen Stil, 1758 durch Hirschfeld in englischer Manier als Landschaftsgarten umgestaltet, aber mit erhaltener prächtiger Lindenallee, Sonnen-, Weisheits- und Seetempel nach Entwürfen C. F. Hansens in freimaurerischem Geist sowie einer recht süddeutsch anmutenden *Orangerie* von Greggenhofer. Hier finden die Eutiner Sommerspiele statt, blüht im Juni eine Rhododendronpracht.

Sonnentempel im Eutiner Schloßpark

Zwischen Ahrensburg und Lübeck im alten Stormarn

Autobahnen sind nicht gerade touristische Routen, und doch empfiehlt sich, die Autobahn Hamburg–Lübeck zu kleinen Abstechern zu nutzen, die uns tief hineinführen in das schöne Land Stormarn und seine Geschichte.

Das Wasserschloß in Ahrensburg

Wir verlassen die Elbestadt durch den Kranz ihrer Vorstädte, im Grunde eine Ansammlung zusammengewachsener Dörfer und Kleinstädte, deren hochragende Kirchtürme noch immer die alten Zentren ländlichen Lebens markieren. Bereits bei der Ausfahrt Ahrensburg von der Autobahn abfahrend, erreichen wir das nördlich gelegene Städtchen im Bereich des alten Schlosses. Es taucht in dieser von der Moderne geprägten Landschaft fast übergangslos als eine feenhaft weiße Burg auf, umgeben von breiten Wassergräben mit von altersgrauen Löwen bewachten Brücken. Im kleinen Schloßpark lassen gewaltige Linden und Buchen ihre Äste bis tief ins Wasser des Mühlenteiches hinabhängen, hinter dem der alte Gutsbezirk lag. Besonders im Nebel des Herbstes entfalten die Zweige graphische Reize vor dem auftreppenden Dreiergiebel des weißgeschlämmten Schlosses mit seinen rahmenden Ecktürmen. Die heutige angenehme Stadt Ahrensburg ist erst gegen 1759 von Heinrich Carl Schimmelmann als Marktflecken gegründet worden; die Marktstraße und das drei Straßen entlassende Rondell haben sich erhalten.

Schloß Ahrensburg liegt unweit der Reste eines alten Reinfelder Zisterzienserklosters aus dem 14. Jahrhundert, das seinerseits aus der Schauenburger ›Arx Arnesvelde‹ hervorgegangen ist, deren Wallreste noch sichtbar sind. Gegen 1567 erwarb der in dänischen Diensten stehende Daniel Rantzau die Burg samt vier umliegenden Dörfern aus der Säkularisationsmasse des Klosters, und nach seinem unerwarteten Soldatentod fiel sie seinem Bruder, Peter Rantzau, zu. Neben dem unbeweglichen Erbe vermachte Daniel ihm auch seine Braut Catharina von Damme – die Erbmasse wurde offenbar unbeanstandet und im ganzen angenommen.

Ahrensburg ist eines der berühmten Beispiele aus der ›Goldenen Zeit‹ Rantzauscher Herrenhäuser. Als der Bau 1595 von Peter Rantzau als Wasserschloß in einem sich zur nahen Alster öffnenden Wiesental begonnen wurde, hatte die Renaissance schon ihren Höhepunkt überschritten. Gleich dem herzoglichen Schloß in Glücksburg stellt es den Typus einer Parallelhausanlage dar: nichts als drei parallel gebaute Häuser mit je einer gemeinsamen Längswand, denen ebenso konsequent drei geschieferte Satteldächer mit sanft geschweiften Giebeln aufsitzen. Der massige quadratisch-wehrhafte Eindruck wird indessen aufgelöst durch die eigenwilligen polygonalen Treppentürme an den Ecken. Mit ihren welschen Hauben und bekrönenden Laternen bringen sie eine fröhliche Beschwingtheit ins Bild; zugleich erinnern sie mit den eigenartigen Wetterfahnen an Daniel Rantzau: Er fiel durch eine Kanonenkugel, die seinem Pferd die Hinterbeine wegriß, und so springt es noch heute auf den Wetterfahnen nur mit den Vorderbeinen.

Wenn wir einen Eindruck der Rantzauschen Zeit gewinnen wollen, so sollten wir die Innenbesichtigung aufschieben und erst einmal die heute trennende Straße queren, um die alte SCHLOSSKIRCHE zu besuchen, 1594 von Peter Rantzau samt den begleitenden 24 Gottesbuden errichtet, die als ein frühes Sozialwerk

Schloß Ahrensburg, Grundriß und Längsschnitt

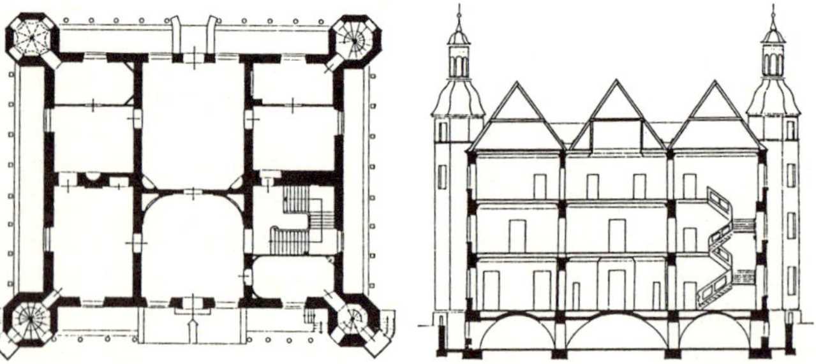

›gegen den Fraß der Nahrungssorgen‹ der Armenpflege dienten, den Buden im Lübecker Heilig-Geist-Spital wie der Augsburger Fuggerei vergleichbar. Der zunächst nüchtern wirkende Backstein-Saalbau der Kirche gewinnt durch die reiche Ausstattung und die gotisch anmutenden Fenster und Kreuzgewölbe, deren gelbe Rippen und blaue, sterngeschmückte Ausmalung erneuert sind. Das Grabmal Peter Rantzaus indessen haben die Schweden 1713 zerstört; wer in dänischen Diensten stand, konnte kein guter Mensch sein, also verfiel er der Damnatio memoriae. Doch sehen wir immer noch über dem Ostportal das Sandsteinwappen des edlen und ehrenfesten Peter Rantzau.

Gegen 1716 hat der kunstsinnige Detlev Rantzau den Altarraum ausstatten lassen; der Kanzelaltar mit reichem Akanthusschnitzwerk, der Taufengel und die Herrschaftsloge gehen auf ihn zurück. Der dreiteilige Orgelprospekt von 1745 wurde samt dem Spielwerk von Georg Philipp Telemann eingeweiht. In der 1745 angebauten Gruft findet sich auf liegenden Löwen der Sarkophag Detlev Rantzaus von 1746. Die Schimmelmann, von denen noch die Rede sein wird, haben sich hier zurückgehalten, doch hat Heinrich Schimmelmann den einst freistehenden campanileartigen Glockenturm, wie man ihn hierzulande gerne hatte, durch den jetzigen wuchtigen Westturm ersetzen lassen.

Wir kehren zum Schloß zurück, das eigentlich nur ein Herrenhaus ist, nie einen fürstlichen Bewohner hatte. Jenseits der Wassergräben liegt noch der ehemalige MARSTALL, ein dreiflügeliger Backsteinbau von 1845, und unweit die ALTE POSTHALTEREI, gegen 1800 von Axel Bundsen errichtet. Im Inneren des Schlosses betreten wir das von den Zeitgenossen bewunderte Reich der in den Grafenstand erhobenen Familie Schimmelmann.

Das dänische Finanzgenie Graf Schimmelmann

Heinrich Carl Schimmelmann wurde 1724 als Sohn eines Ratsherrn im nicht allzu fernen Demmin geboren. Er wandte sich Hamburg zu, wo er einen handfesten Bankrott verursachte – nicht selten der Anfang einer steilen Karriere. Im Siebenjährigen Krieg sehen wir ihn in preußischen Diensten, und Friedrich der Große wußte solches zu schätzen. Bereits 1747 hatte Schimmelmann die siebzehnjährige Caroline Tugendreich in Dresden geheiratet. Bei einem Gespräch mit Friedrich dem Großen auf der Brühlschen Terrasse, gleichzeitig mit dem geflohenen sächsischen König geschickt verhandelnd, gewann er die Bestände der berühmten Meißner Porzellanmanufaktur zu günstigen Bedingungen, wie sich versteht. Der Sachsenkönig war ihm aber nicht böse, erhoffte er sich von Schimmelmann doch die Erhaltung der Manufaktur.

Von da an war der Aufstieg unaufhaltsam. Zunächst aber fiel Schimmelmann sächsischen Ulanen in die Hände, die ihn bis aufs Hemd ausplünderten, so daß er einen armen Wandergesellen dauerte, der ihm ein paar Taler und eine Hose lieh. Zehn Jahre später war Heinrich Carl Schimmelmann der vielleicht reichste Privatmann Europas, ja der Welt, Gutsherr auf Ahrensburg und Wandsbek, Palaisbesitzer in Hamburg und Kopenhagen, Herr eines weltumspannenden Handelsimperiums, Herr der dänischen Finanzen und reicher Plantagenbesitzer auf Saint Thomas, Saint John und Saint Croix in der Karibik, den damals dänischen Jungferninseln. Eine American Story, könnte man meinen – und in der Tat, der spätere erste Finanzminister der jungen Vereinigten Staaten, Alexander Hamilton, hatte als Commis voyageur bei den Schimmelmann auf Saint Croix gelernt.

Eigenartigerweise wurden die Schimmelmann von den Zeitgenossen nicht als neureich abgestempelt und mit der Verachtung bedacht, die gelegentlich altem Adel entspringt. Im Gegenteil, die holsteinische und dänische Standeswelt achtete den Aufsteiger hoch, nicht nur wegen seines Geldes, an dem es den Gutsbesitzern zumeist mangelte, sondern wegen seiner Klugheit, seiner gewinnenden Diplomatie und last not least: wegen seiner schönen und geistreichen Töchter. Vor allem Julia und Caroline scharten in Emkendorf und Knoop einen großen Kreis bedeutender Zeitgenossen um sich: Klopstock, Matthias Claudius, die Grafen-Brüder Stolberg, den eutinschen Homer-Übersetzer Voß und viele andere. Sie überragten ihre Zeitgenossinnen und sind selbst ein Teil der deutschen Geistesgeschichte des 18. Jahrhunderts geworden.

Das Schloß wurde seit 1759 für Heinrich Carl Schimmelmann umgestaltet. Im Speisesaal begegnen wir der Bronzebüste des Hausherrn: ein sehr entschlossenes, aber auch nachdenkliches, fast friderizianisches Gesicht. Die Zeitgenossen nannten ihn ›das große Rad‹, das alles zwischen Ahrensburg, Kopenhagen und der Karibik bewegte. 1779 wurde er in den dänischen Lehnsgrafenstand erhoben, und so ziert ihn der Elefantenorden.

Heinrich Carl Schimmelmann,
Büste von H. Beeken

In der *Eingangshalle* sechs Prunkgeschirre, mit denen Schimmelmann standesgemäß reiste; sie wurden im Gepäckwagen mitgeführt und kurz vor dem Ziel frischen Pferden aufgelegt. Eine Geldkiste mit riesigem Schloß darf nicht fehlen. Trotz ihres rokokohaften Dekors macht die Halle eher einen großbürgerlichen Eindruck als den eines Herrenhauses, geprägt von solidem und praktischem Denken.

Das anschließende *Speisezimmer* im warmen Braun einer Holzvertäfelung ist im Stil des Louis-seize gehalten, deren hübsche Blumengirlanden den Übergang zum Klassizismus andeuten. Zum großen Ausziehtisch aus westindischem Mahagoni passen die aus demselben Material gefertigten Chippendale-Sessel, alles unter einer hübschen Prismenkrone aus sorgfältig facettiertem Bleikristall.

Das *Musikzimmer,* eigentlich eine kleine Galerie, enthält das bekannte Bild Heinrich Carl Schimmelmanns im blauen Frack, vermutlich von Torelli gemalt, verbindlicher im Ausdruck als die Bronzebüste Hartmann Beekens. Das Gegenbild der Caroline Schimmelmann zeigt nicht so recht die an ihr gerühmte Warmherzigkeit und Menschlichkeit, die Friedrich Schiller mehrfach erfahren hat.

Der cremefarbene *Gartensaal* mit effektvoll rotbespanntem Boden wurde von dem Dänen C.F. Harsdorff gestaltet, der das Louisseize in den Norden einführte, freilich heruntergekühlt und auf das Wesentliche konzentriert. Die Supraporten von dem Dänen L. Lönberg leiten über zu dem großen, tropisch anmutenden Stilleben von T. Stranover, dessen Früchte, Papageien, Fregattvögel und ein verspieltes Äffchen die Erinnerung an die tropischen Plantagen auf Saint John wachgerufen haben mögen, deren eine noch heute nach Caroline Schimmelmann heißt.

Das *Porzellankabinett* ist so recht des Hausherrn Domäne, hatte er doch 1757 die Meißner Bestände die Elbe abwärts geführt und das Kostbarste in seine Häuser genommen. Das Geringere mochte er immer noch mit größtem Nutzen in Hamburg versteigert haben – honi soit qui mal y pense.

Im Obergeschoß der *Emkendorf-Saal*, so genannt, weil die Ausstattung des an sich schlichten, aber mit hübschem geometrischen Parkett versehenen Saales ausnahmslos aus Julia Schimmelmann-Reventlows Besitz in Emkendorf stammt. So fällt auch gleich ihr Bild ins Auge, das Angelika Kauffmann 1784 bei einem Aufenthalt der Reventlow in Rom gemalt hat (siehe Seite 406; Original im Schloß Gottorf).

Als Julia und Friedrich Graf Reventlow in Rom weilten, da war die Grand Tour durch Europa, im besonderen Italien, noch ein Muß der gebildeten Welt. Die Wände des Emkendorf-Saales schmücken darum viele von dieser Reise mitgebrachte Gemälde, etwa Friedrich Hackerts 1789 gemalter See bei Neapel und die Wasserfälle von Tivoli. Von großem Charme sind die sogenannten Voyeusen, zierliche Doppelsessel, die in Anlehnung an Reitsättel so angeordnet waren, daß die Dame im Damensitz auf dem einen, der Herr im Herrensitz auf dem anderen saß, beide Angesicht zu Angesicht und in ebenso anregender wie aufregender Nähe. Wie einfallslos sind dagegen unsere heutigen Sessel, in denen man nach einem guten Essen versinkt und keiner Dame mehr gefährlich wird. Auch im anschließenden *Festsaal*, der auf Ernst Schimmelmann, den Enkel, zurückgeht, finden sich noch viele hübsche Bilder einer Reise, die damals ein Leben zu prägen vermochte.

Das *Tapetenzimmer* stammt in seiner Einrichtung aus dem Kieler Haus der Reventlow. Der zugewanderte Italiener Giuseppe Luigi Pellicia hat es in zarten klassizistischen Schmuckformen auf Papier ausgemalt und dabei in geschickter Weise dem nordischen Wunsch nach klassischen Formen Rechnung getragen, indem er die Wandmalereien Pompejis zum Vorbild nahm und mit feinen pastellenen Farben verband. Es mag für die häusliche Atmosphäre der Reventlow sprechen, daß Pellicia die Zofe Julias heiratete und für immer blieb.

Der *Festsaal* läßt in seinen gegen 1850 entstandenen, etwas steifen Formen den Niedergang der Stile bereits erkennen, eine bürgerliche Prätention, der es zunehmend an Geschmack und Originalität fehlte. Die benachbarten kleineren *Biedermeierzimmer* dagegen haben noch jene Behaglichkeit mit bequemen Sitzmöbeln und zarten Seidentapeten, die wir an diesem Stil schätzen.

Nach sieben Generationen der Rantzau und sieben Generationen der Schimmelmann war das große Anwesen 1932 nicht mehr zu halten. Hans Schadendorffs Initiative ist es zu danken, daß nicht alles verfiel, sondern ein Verein das Schloß übernahm und zwischen 1938 und 1955 mit dem aus Familienbesitz zurückgekauften Mobiliar ausstattete. Der Reiz der Schloßräume ist darum ihre Authentizität bei übersichtlicher Größe, die uns eine bedeutende Zeit nacherleben läßt, ohne in endlosen Schloßkorridoren herumzuirren.

Die Klöster in Nütschau und Reinfeld

Auf der Autobahn nach Lübeck weiterfahrend erreichen wir unser nächstes Ziel: **Bad Oldesloe.** Obwohl bereits im 13. Jahrhundert als schauenburgische Gründung angelegt, hat die Stadt, die nach dem Krieg im Flüchtlingsstrom sprunghaft wuchs, nur geringe alte Bausubstanz um den Marktplatz erhalten können. Die PETRUS-UND-PAULUS-KIRCHE von 1757, das 1799 von C. F. Hansen erbaute RATHAUS und das BLAUE HAUS als hansischer Kornspeicher an der Trave werden uns nicht lange fesseln. Eher eine kleine Rundfahrt um Bad Oldesloe.

Nach kurzer Fahrt auf der Bundesstraße 75 Richtung Hamburg biegen wir vor der Bundesstraße 404 ab und gelangen nach dem **Gut Blumendorf,** dessen schönes, von erhöhtem Mittelrisalit geschmücktes HERRENHAUS 1755 im Auftrag Lewins von Plessen durch R. A. Dallin errichtet wurde. Später kam das Gut an Nikolaus Graf Luckner und 1827 an den Hamburger Senator Martin Jenisch, dessen Haus und Park an der Elbchaussee wir immer noch bewundern können. Jenischs Hausarchitekt F. G. Forsmann hat das klassizistische Vestibül mit dorischen Säulen gestaltet. Der südöstliche Saal mit reicher Stuckdekoration stammt aus der Lucknerschen Zeit. Dallin, der von vielen Aufträgen geplagte Architekt, hat angemerkt: *»Zudehm ist eß eine schlimme Sache, bauen zu laßen und nicht beständig gegenwertich sein können, da begehen die Handwerker eine Faute nach der anderen, wofür der Architect repondieren muss.«*

Wir folgen nun der Bundesstraße 404 ein kurzes Stück in Richtung Segeberg und verlassen diese Richtung **Grabau,** das östlich des Grabauer Sees liegt und seinen Namen vom slawischen Wort grob = Hainbuche abgeleitet. Der mächtige Meierhof des Gutes Borstel führt zu einem Park, hinter dem im freien Feld, aber zu Fuß nach einigen hundert Metern gut zu erreichen, vier mächtige baumbestandene GROSSGRÄBER DER BRONZEZEIT aus den Raps- oder Kornfeldern ragen. Die Funde (von 1500 bis 800 vor Christus) sind heute im Gottorfer Museum, aber sie sagen uns wenig in ihrer musealen Umgebung. Hier auf dem Feld, an einem diesigen Herbstmorgen, wenn die Grabhügel mit ihren Kiefern und Buchen machtvoll aus dem Dunst steigen, spricht uns der Geist eines sehr alten Volkes an, schweigend und doch beredt, raunt der Wind in den Baumkronen von uralten Sagen.

Wir sind hier in Stormarn, dem Land der Stormaren. Das Gudrun-Epos berichtet uns von den kriegerisch bewegten Zeiten der Völkerwanderung im Norden, im dänischen, friesischen und holsteinischen Raum. Freilich liegen eineinhalb Jahrtausende zwischen den Menschen der bronzezeitlichen Großgräber und den Geschichten des Epos, und doch ist zu vermuten, daß dieses Epos tief in jene Vergangenheit zurückreicht, das unruhige Gären und Entfalten der germanischen Stämme vor der Zeitenwende mit späterer frühmittelalterlicher Geschichte verwebend. Wie im Nibelungenlied, so mischen sich auch im Gudrunlied Volkserzählung von Frauenraub und Verfolgung mit späteren, geläuterten Vorstellungen aus der großen Zeit der irischen Mönche, die Deutschland missioniert haben.

Hier aus Stormarn brach der Recke Wate in den ersten nachchristlichen Jahrhunderten auf, um den Raub Gudruns, Tochter der Königin Hilde, zu ahnden:

»Um Weihnachten ritten die Boten Hildes aus, um zur Heerfahrt ins Normannenland zu laden. Sie ritten zu Herwig nach Seeland, zu Horand nach

Jütland, zu Morung, Irold, dem alten Wate von Sturmland und dem jungen Ortwin, den sie in Ortland bei der Falkenbeize antrafen ... Von allen Seiten zogen sie bald nach Matelane, auf mutigen Rossen und in funkelnder Brünne, die Hegelingenrecken und die aus Seeland, Sturmland und Ortland.«

Der Vergleich beider Epen läßt den großen Unterschied deutlich werden zwischen dem starren Geist des Nibelungenliedes, dem Gebot blutiger Rache und Todessehnsucht nach ehrenhaftem Untergang, und dem milderen Geist des Gudrunliedes, bei dem aus Leid und Not am Ende Versöhnung und Glück entstehen. Nicht die waffenstarrenden Männer bestimmen den Ausgang, es sind die zur Versöhnung bereiten Frauen, unter denen Gudrun inmitten einer farbenfrohen nordischen Meereswelt erste Züge christlichen Handelns zeigt. Es war Kaiser Maximilian, der ›letzte Ritter‹, der Hans Ried in Bozen den Auftrag gab, jene einzige Abschrift des Epos zu schaffen, die uns erhalten ist. So steht die liebende und versöhnliche Gudrun als Sanftere neben ihren literarischen Schwestern, den rachsüchtigen Königinnen Brunhilde und Kriemhilde der berühmten Nibelungendichtung. Es war die falsche Story, die sich in langen Jahrhunderten bis in die dunklen Jahre um 1945 des deutschen Volkes bemächtigte.

Erneut der Bundesstraße 404 nach Norden folgend, verbindet eine schmale Stichstraße **Nütschau** mit Schlamersdorf. Zur Rechten liegt das ehemalige Benediktinerpriorat Sankt Ansgar, 1951 als Heimstatt für die aus den Ostgebieten stammenden deutschen Benediktiner eingerichtet. Als Kloster nicht zugänglich, bietet es nur den freien Blick auf die klar proportionierte Giebelfassade, überragt von einem schlanken Turm mit Laterne und geschweiftem Helm. 1577 von Heinrich Rantzau, dem Vetter des Ahrensburger Peter Rantzau, an der Stelle einer alten Wasserburg des 13. Jahrhunderts erbaut, ist Nütschau wie das eben besuchte Ahrensburg eine Parallelhausanlage mit dreifachem Satteldach, jedoch ohne Ecktürme.

Am Portal erzählen Granitquader die Gründungsgeschichte:

A(nn)o D(omi)NI / 1577 /
HINRICH RANZOW / Ao AETAT / 53
A(nn)o D(omi)NI / 1577 /
CHRISTINA / VON HALE / Ao AETAT / 45

Der 53jährige Heinrich Rantzau und seine 45 Jahre alte Frau Christina haben also dieses Haus 1577 errichten lassen. Es ist eines der ältesten erhaltenen Häuser Heinrich Rantzaus und als

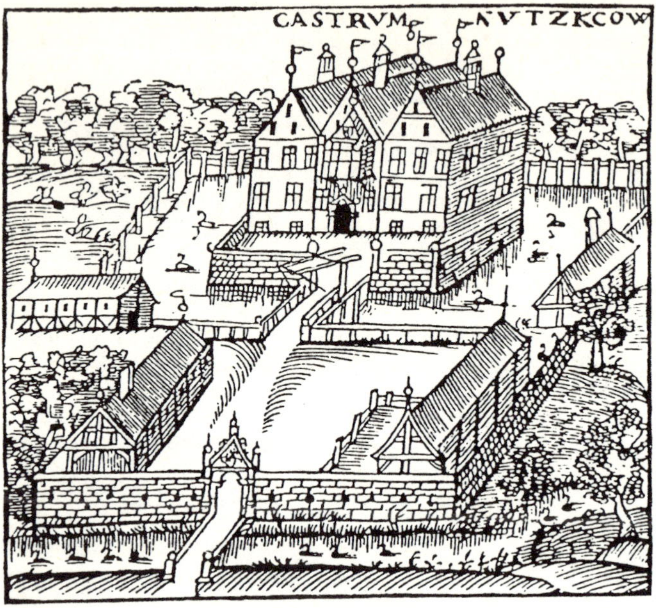

Nütschau. Holzschnitt von 1591

vorzügliches Beispiel der Renaissance-Baukunst des 16. Jahrhunderts in Braun-Hogenbergs ›Theatrum Urbium‹ 1593 abgebildet. So wie es auf uns gekommen ist, lange im Besitz der Ahlefeldt und der Grafen Moltke, die zum dänischen Dienstadel gehörten, bevor sie in preußische Dienste traten, fehlt dem heutigen Bau der tiefe, von der nahen Trave gespeiste Wassergraben. Auch war das Eingangsportal vor der Geländeaufschüttung im Bereich des heutigen Kellers gelegen.

Indem wir nun weiter der Straße nach Schlamersdorf folgen, durchqueren wir das breite und sehr feuchte Tal der jungen Trave, die hier eine kleine Furt hatte. Zu deren Schutz wurde im 9. Jahrhundert und im Zuge der Slawenfeldzüge die NÜTSCHAUER SCHANZE als erdumwallte Befestigung im Verlauf des Limes Saxoniae angelegt, immer noch im Gelände gut erkennbar.

Gut Altfresenburg, heute Baron von Jenisch gehörend, besitzt ein 1791 von C. F. Hansen als Erstlingswerk entstandenes HER-

RENHAUS ganz im kühlen Stil des frühen Klassizismus mit flachen Eckrisaliten als einzigem Akzent. Das gleichzeitig entstandene TORHAUS ist im Gegensatz zu den wehrhaften Torhäusern der Renaissance nur noch distanzgebietende Verzierung.

Im Ortsteil Wüstefeld begegnen wir bei einigem Suchen einer ganz anderen Welt. In der Mitte des 16. Jahrhunderts hatte Bartholomäus von Ahlefeldt für die aus Flandern vertriebenen Mennoniten eine Siedlung gebaut. 1627 in der Folge des Dreißigjährigen Krieges und der Pest wieder wüst gefallen, erinnert heute nur noch die MENNOKATE, ein kleines reetgedecktes Wohnhaus, an Menno Simons, der hier 1561 oder 1569 starb und im Garten beerdigt ist. In diesem Haus errichteten die Mennoniten eine kleine Druckerei ihrer Schriften, heftig befeindet vom dänischen König und dem Lübecker Rat und schließlich, wen wunderts, von Tilly ausgeräuchert.

Die Geschichte der Mennoniten, der ›Taufgesinnten‹, führt in die Niederlande des 16. Jahrhunderts zurück. Sie verneinten die Kindertaufe, den Kriegsdienst, staatlichen Zwang in Glaubensdingen. Ihr Leben war ständige Flucht zwischen unduldsamen Kirchen in Sachen des Glaubens und unduldsamen Landesherren (gleich welchen Glaubens) in Sachen des Gehorsams. In Holland, Westfalen, Westpreußen und Rußland fanden sie vorübergehend eine Heimstatt. Eine große Zahl wanderte unter neuen Zwängen nach Amerika aus, wo die Mennoniten zu einer tragenden, wenn auch unbequemen Schicht der jungen Vereinigten Staaten und Kanadas wurden, den Quäkern verwandt und den Amischen in Pennsylvania, eigensinnig und unbeirrt von weltlichen Zwängen, unbelastet von dem, was die Politiker heute ›Sachzwänge‹ nennen und daraus folgerndem ›Handlungsbedarf‹ – aber ihre großen Lebensmittelspenden nach 1945 haben Tausenden von deutschen Kindern Leben und Gesundheit gerettet, das war *ihr* Handlungsbedarf. Wie die damalige Obrigkeit darüber dachte, enthüllt ein in der Staatsbibliothek befindliches Pamphlet des Rates der Freien und Hansestadt Hamburg – es galt zwar den Quäkern, doch sicher nicht minder den Mennoniten: *»Quäcker greuel, das ist abscheuliche, auffrürische, verdamliche Irrthumb der neuen Schwermer, welche genennet werden Quäcker ... Auf Anordnung eines Edlen Raths der Stadt Hamburg in Druck gegeben 1661.«*

Weiter auf der Autobahn nach Lübeck nähern wir uns der Abfahrt **Reinfeld.** Der Name steht für eines der großen klösterlichen

Zentren nach der Landnahme des 12. Jahrhunderts. Leider ist von Kloster und späterem Schloß der Herzöge von Sonderburg außer bescheidensten Resten nichts erhalten. Dennoch mag der Leser erlauben, hier wenigstens in Gedanken zu verweilen, und vielleicht liest einer im Auto auf der ferneren Fahrt den Mitfahrern vor, wenn sich fern am Horizont bereits die lockende Turmsilhouette Lübecks vom Himmel abhebt.

Hier in Reinfeld gründeten 1186 Mönche des Klosters Loccum in Niedersachsen, von Graf Adolf III. von Schauenburg ins Land gerufen, das Zisterzienserkloster Reinvelde, seinerseits Mutterkloster zahlreicher Neugründungen wie Ahrensburg und Reinbek. Es lag zwischen Herren- und Schulsee inmitten weiter Fischzuchtanlagen. In ihrem Herrenteich werden noch heute die berühmten Reinfelder Silberkarpfen gezüchtet, deren ›Ernte‹ am 2. Oktober mit dem Karpfenfest gefeiert wird. Noch immer schmückt dieser Karpfen zusammen mit dem äbtlichen Krummstab und Ähren das Stadtwappen am Rathaus. Geblieben ist außer Resten der Klostermauer nichts. Unweit davon erhebt sich das ehemalige PASTORAT als hübscher Fachwerkbau, in dem am 15. August 1740 Matthias Claudius als Pastorensohn geboren wurde. Die nach ihm benannte KIRCHE, ein verputzter Backsteinbau von 1636, ist aus den Ziegeln der niedergelegten Klosterkirche erbaut. Neben der Renaissance-Ausstattung haben sich einige Epitaphien aus der alten Kirche behauptet, so die vier *Abtsteine* in der Nordkapelle (aus der Zeit von 1483 bis 1526) und am Außenbau der Stein des Abtes Hartwich von Reventlow († 1380) mit einer zarten Umrißzeichnung.

Matthias Claudius

Im Schatten des Ratzeburger Doms

Hintergrund einer Stadt

Als ich zu Beginn der siebziger Jahre zum erstenmal nach Ratzeburg fuhr, hatten wir gerade beschlossen, uns im Lauenburgischen niederzulassen. Allen Ernstes wurde uns da eine königlich-preußische Ansiedlungsgenehmigung nach einem Gesetz abverlangt, das Ende des alten Jahrhunderts, als Lauenburg ein Teil Preußens geworden, von Majestät erlassen worden war. Nun hatten wir in blassen Umrissen soviel Weltkenntnis zu wissen, daß dieser König nicht mehr lebt und seine Nachfolger abgedankt hatten. Nichtsdestoweniger, das königliche Gesetz galt, und so eilte ich, einem gestrengen Herrn Landrat meine Aufwartung zu machen. – Die Straße senkte sich inmitten alten Baumbestandes steil abwärts, und in einer grünbelaubten Lücke erschien der morgendlich fahlblaue, stille Spiegel des Ratzeburger Sees. Auf einer unbestimmbar kleinen Insel der Dom Heinrichs des Löwen, klar und fest umrissen, irdisch und nicht himmelstürmend. Da ahnte ich, hier gehen die Uhren anders als im stets nach dem Neuen drängenden Hamburg.

Ratzeburg bietet noch heute diesen Anblick, doch ist es ein reich variiertes Thema um eine alte Fuge, wenn man die Blicke etwa vom Königsdamm oder vom Römnitzer Ufer genießt, Einbindungen einer ihren alten wehrhaften Charakter nicht verleugnenden Stadt in die distanzgebietende Weite des Sees. Unweit des zur Stadt führenden Dammes stoßen wir auf eine Nebenstrecke der historischen *Salzstraße* von Lüneburg über Mölln nach Lübeck. Der alte Kupferstich von Gerd Hane, 1588 im Braun-Hogenbergschen Städtewerk veröffentlicht, zeigt uns die Situation: im Vordergrund die kreisrunde Burg, noch von den Wenden als Polabenburg begonnen – deren Fürst Ratibor gab der Stadt den Namen –, 1062 dann von Kaiser Heinrich IV. dem Billunger Herzog Otto von Sachsen geschenkt. Hinter einem in Andeutungen noch erhaltenen Schloßgraben die eigentliche Insel, die bürgerliche Stadt, und an deren Nordende der Dom, 1166 unter Heinrich dem Löwen begonnen. Nach dem Erlöschen des askani-

Ansicht von Ratzeburg, Kupferstich von Gerd Hane, 1588

schen Hauses mit Julius Franz wurde das malerische Schloß vom neuen Landesherrn Georg Wilhelm von Celle 1690 abgerissen, um die Stadt nach Vaubans Vorbild zu befestigen. Das hinderte die Dänen, die sich das Herzogtum anzueignen gedachten, nicht, die bürgerliche Stadt 1693 in Schutt und Asche zu legen. Nur noch an der Straße ›Demolierung‹ finden sich spärliche Kasemattenreste. Die Stadt ist unter den welfischen Herzögen von Lüneburg, dann den Hannoveraner Kurfüsten in den Formen des Barock und später in biedermeierlichem Geist wiedererstanden, lebhaft und beschaulich, aufmerksam den Zeitgeist verfolgend.

1848 beschlossen die Bürger, dem dänischen König, der seit dem Wiener Kongreß als Herzog im Lauenburgischen regierte, den Gehorsam aufzukündigen, ein außerordentlich modern anmutendes Grundgesetz zu verkünden und wandten sich an die deutsche Nationalversammlung in der Frankfurter Paulskirche mit einem Petitum: der König von Dänemark als Herzog von Lauenburg verweigere die Erfüllung seiner Bundespflichten. Darauf erschien der großherzoglich-badische Geheimrat Welcker in Ratzeburg, um unter dem Grafen Kielmannsegg eine provisorische Regierung einzusetzen. Der Dichter Victor von Scheffel hat ihn begleitet und ein fröhliches Gedicht, eher eine Satire, darauf gemacht:

Es war ein Kommissari,
Der soff bei Tag und Nacht
Er hatt' einen Sekretari
Hat's ebenso gemacht.

Depeschen, Brief und Akten
Macht ihnen wenig Müh,
Sie kneipten und tabackten
Von spät bis morgens früh.

Und lag der Kommissari
Des morgens noch im Thran,
So fing der Sekretari
Das Saufen wieder an.

Wo war der Kommissari,
Der soviel saufen kunnt?
Wo war sein Sekretari?
Sie war'n beim Deutschen Bund.

Woran es nun wirklich lag, daß der Deutsche Bund im Norden nicht recht warm wurde, wohl aber seine badischen Sendboten, vielleicht hatte es doch andere Gründe. Jedenfalls wurde 1852 der dänische Gesamtstaat wiederhergestellt und König Friedrich VII., »die Kongelige Majestaet til Danmark, de Venders og Goters, Ilertug til Slesvig, Holsteen, Stormarn, Ditmarken, Lauenborg og Oldenborg«, zog unter großem Jubel der Ratzeburger ein, und Adel und Honoratioren dejeunierten mit dem König der Dänen, Wenden und Goten und Herzog von Schleswig bis Oldenburg. Doch bald wendete sich das Blatt erneut. In Umrissen begann sich nun das Preußen Bismarcks zu rühren und sich der Sache anzunehmen. 1865 gab Dänemark nach dem Preußisch-Österreichisch-Dänischen Krieg von 1864 Lauenburg für zweieinhalb Millionen dänische Taler an Preußen ab, und Bismarck widerstand der Versuchung, den neugegründeten Landkreis Herzogtum Lauenburg, den es immer noch gibt, einfach der preußischen Provinz Schleswig-Holstein anzuschließen. Der König von Preußen wurde Herzog von Lauenburg und schließlich – wer ahnt es nicht – Otto von Bismarck selbst –, bittersüße Pille bei seiner Entlassung durch Wilhelm II.

Die bürgerliche Stadt

Wir finden sicher einen Parkplatz an der Stelle der niedergerissenen Burg, deren einschnürender Wassergraben noch sichtbar ist. Zur Rechten am Gestade des Küchensees, wie man den kleineren Bruder des Ratzeburger Sees nennt, erstreckt sich unter Bäumen eine hübsche Seepromenade, finden sich gute Hotels, die nach einem langen Rundgang zum Speisen einladen. K. H. Goedtkes *Bronzepferd* springt uns hier förmlich an, es wurde 1962 zur Erinnerung an die 900-Jahr-Feier der Stadt aufgestellt und symbolisiert das Wappentier des Herzogtums, heute des Landkreises.

Noch immer ist die Trennung zwischen der bürgerlichen Stadt, die nach Mannheimer Vorbild planquadratisch um den Markt angelegt wurde, von der Domfreiheit sichtbar. Wir durchwandern zunächst die erstere. Am Markt liegt das ehemalige LANDESHAUS (Kreishaus) von 1726, ein zweigeschossiger, von hohem Walmdach bedeckter Backsteinbau mit hübschem spätbarocken Treppenhaus. Auch die ALTE WACHE von 1720 fügt sich in dieses Bild; später verputzt und mit klassizistischem Vorbau versehen, leitet sie zum Biedermeier und zum dänischen Klassizismus über.

Das ehemalige REGIERUNGSRATSHAUS, Herrenstraße 9, zeigt dagegen noch den sehr schlichten Fachwerkstil des Wiederaufbaus nach dem Bombardement von 1693. Die 1797 von F.J. Laves, Vater des berühmten hannoverschen Hofbaudirektors Georg Laves, errichtete PETRIKIRCHE ist eine recht nüchterne rechteckige Saalkirche, manche Zeitgenossen nennen dies einen ›Predigtkasten‹, damit die Ohren das Wort des Herrn besser hören und die Blicke nicht zu weltlicher Sündhaftigkeit abschweifen.

Die Domfreiheit

Die alte Domfreiheit nördlich der Altstadt ist durch einen weiten baumbestandenen Anger von dieser getrennt. Sie umschließt den Dom, das Domkloster, die Propstei und die sogenannte Bischofsherberge. Die Weiträumigkeit der flachen Geländekuppe, das Fehlen jeglicher moderner Bebauung, die so oft bei städtischen Domen stört, der gebietend aufgerichtete braunschweigische Löwe, eine Kopie des Originals vor der Braunschweiger Burg Dankwarderode, zwingen unsere Gedanken in eine ältere Zeit.

Der Dom in Ratzeburg entstand wie die Dome in Braunschweig, Lübeck und Schwerin um oder bald nach 1160 im Zuge der erfolgreichen Ostkolonisation des Sachsenherzogs Heinrich des Löwen. Vorausgegangen waren Missionierungsversuche des bremischen Bischofs Adalbert, die jedoch im Slawenaufstand von 1066 ein blutiges Ende nahmen, wobei die Mönche des auf dem Sankt Georgsberg am See gegründeten Klosters mitsamt ihrem Abt Ansverus den Tod fanden. Erst mit der Einsetzung des Grafen Heinrich von Badwide, der im Zuge der Vizelin-Mission das von wendischen Polaben besiedelte Land mit dem Schwert gewonnen hatte, wendete sich 1142 das Blatt. Als Graf von Ratzeburg nahm er seinen Sitz in der alten Polabenburg, und als Heinrich der Löwe 1154 den ersten Bischof des neugegründeten Bistums Ratzeburg einsetzte, wies er diesem den Platz auf der benachbarten Stadtinsel an, auf deren Nordhügel alsbald der Dom emporwuchs.

Heinrich des Löwen nordischer Anspruch

Hier, angesichts des stolzen Bauwerks, das das Aussehen seiner Entstehungszeit weitgehend bewahrt hat, ist vielleicht der rechte Ort, über Heinrich den Löwen und das Welfengeschlecht zu reflektieren. Die Welfen waren nach dem Aussterben der von Otto dem Großen in Sachsen eingesetzten Billunger-Herzöge und nach dem Zwischenspiel des Lothar von Supplinburg Herzöge in Sachsen geworden.

Heinrich der Stolze vereinigt in seiner Hand die bayerische und sächsische Herzogswürde, doch muß er hinnehmen, daß die eifersüchtigen Fürsten des Reiches lieber den Außenseiter Konrad von Staufen zum König wählen. Auch sein Sohn Heinrich der Löwe unterliegt 1152 gegen Friedrich I. Barbarossa. Die Wege der Staufer und Welfen beginnen auseinanderzugehen. Friedrich widmet sich dem Kampf um Reichsitalien, dem unstillbaren Drang nach Legitimation und Glanz des Heiligen Römischen Reiches. Heinrich, realistischer, sieht seine Aufgabe in der Ostkolonisation und gewinnt in atemberaubend kurzer Zeit Holstein, Lauenburg und Teile von Mecklenburg. Seine Heirat mit der englischen Prinzessin Mathilde, Tochter Heinrichs II. von England und Eleonores von Aquitanien, machen seinen königlichen Anspruch wie seine Interessen nördlich der Alpen deutlich. 1180 wird Heinrich in der Folge eines verweigerten Heereszuges nach Italien seiner Ämter verlustig erklärt, und seine Nachkommen müssen sich mit dem Eigengut Braunschweig-Lüneburg begnügen. Und nochmals kämpfen Welfen und Staufer um Königs- und Kaiserwürde, als Heinrich des Löwen Sohn als Otto IV. die Kaiserkrone erringt, um sie kurz danach wieder gegen Friedrich II. von Hohenstaufen zu verlieren. Der Kampf der Guelfen und Ghibellinen, der Welfen und Staufer, steht im Brennpunkt der mittelalterlichen Geschichte und hat die Menschen in den Städten Italiens wie in Lübeck und Holstein bewegt. Noch einmal gewinnt die nach dem mittelmeerischen Süden ausgerichtete Politik der Hohenstaufen, gewinnt auch das französische Königtum in diesem internationalen Ringen die Oberhand über den Adel, während Englands Könige Adel wie Bürgertum Grundrechte gewähren müssen, die ihre

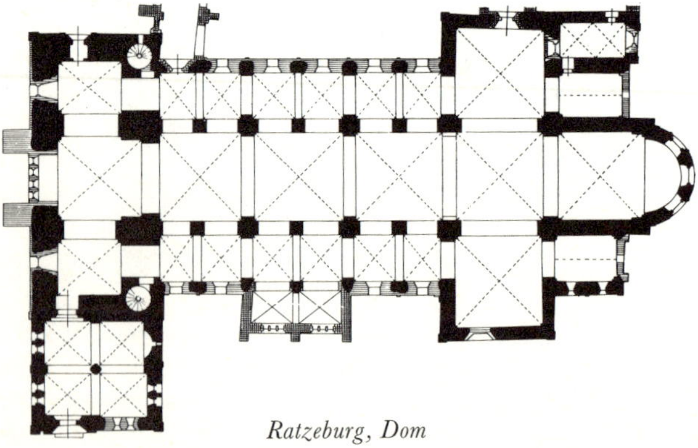

Ratzeburg, Dom

Ratzeburg, der Dom von Süden

Stellung schwächen. Auf lange Sicht wird der in der Reformation protestantisch werdende Norden Europas der Sieger sein, das antike Erbe wird verblassen. Als die Hohenstaufen lange vergessen waren, gewinnen die Welfen 1689 mit dem Aussterben der Askanier Lauenburg und den alten Dom Heinrichs des Löwen in Ratzeburg zurück, der historische Kreis hat sich geschlossen. Als Kurfürsten von Hannover besteigen die Welfen 1714 den englischen Thron und werden Herren eines weltumspannenden Imperiums (s. Stammtafel S. 422/23).

Westliches und Östliches unter dem schweren Geläut des Doms

Mächtig beherrscht der fast schmucklose rötliche Backsteinbau des Doms die Domfreiheit. Linie, Rechteck und Dreieck sind die beherrschenden Formen: das Hauptschiff sparsam von romanischen Doppelfenstern durchbrochen, der gedrungene wuchtige Turm eher zu einer Burg als zu einer Kirche passend. Dem Westbau ist eine Vorhalle angegliedert, deren Giebel in strenger

Regelmäßigkeit ein gleichschenkliges Dreieck mit schöner geometrischer Bortenornamentik zeigt. Ein tief ins Mauerwerk gelaibtes rundbogiges Portal führt ins Innere. Seine asymmetrische Anordnung ist wie ein Kontrapunkt zum Cantus firmus des strengen Domes.

Die ursprünglich geplanten zwei Türme sind nur zu pultdachgedeckten Stummeln gediehen, zwischen denen sich der mächtige Hauptturm erhebt; sein Portal liegt buchstäblich im Schatten der Bedeutungslosigkeit. Die Strenge der romanischen Komposition erhält eine freundliche Aufhellung durch die patinagrünen sonnenhellen Satteldächer und den zierlichen gotischspitzen Reiter über der Vierung. Nur die eingezogene Apsis setzt zaghaft zur Rundung an, im wesentlichen bleibt der Eindruck eckig, kantig und kompromißlos.

Die *Südervorhalle,* durch die wir den Dom betreten, zeigt in ihrem Innern erheblich weichere Linien; hier gewinnen die zierfreudigen Formen der Stauferzeit ihren für die norddeutsche Backsteinarchitektur gültigen Kanon. Ein plastisch gegliederter Mittelpfeiler teilt den quadratischen Raum mittels spitzbogiger Gurte in kreuzgratgewölbte Viertel, Grazie und Harmonie erstrebend (eine Weiterentwicklung dieses Baugedankens finden wir in der Briefkapelle der Lübecker Marienkirche). Der Farbwechsel gelblichen und roten Sandsteins der rheinischen Dome wird hier abgewandelt zu streifiger Schichtung heller und dunkler Backsteine, auch grün glasierter Gurtsteine.

Das Innere des Doms überwältigt nach der Auflockerung der Vorhalle erneut mit der ganzen Schwere einer klassischen, kreuzförmigen romanischen Pfeilerbasilika im gebundenen System. Streng und doch warm wirkt das ansichtige Backsteinmauerwerk; lediglich die Gewölbe sind hell verputzt. Die mächtigen Gurtbögen, die aus flachen kantigen Wandvorlagen aufwachsen, überraschen durch gotisch anmutende Spitzbogen, die hier jedoch rein statisch bedingt sind und keinen Bruch mit der Romanik andeuten. Unbeschadet weniger barocker Ausstattungen ist das Raumbild von betonter Ernsthaftigkeit, sind die sparsamen Zierformen von vornehmer Zurückhaltung, nichts ist auf Pracht oder Jubel abgestellt, ein schweres 12. Jahrhundert und die ›Ecclesia militans‹ haben sich und ihre Überzeugungen hier zu Stein werden lassen. Bei den häufigen Domkonzerten, die einen

Ratzeburg, Dom, Mittelschiff

hohen Rang haben, wird man gewahr, wie dieser strengen Romanik das Gregorianische, aber auch eine Bachsche Fuge gerecht wird, das Barocke dagegen, das allzu Virtuose zerbricht wie splitterndes Glas an diesen Pfeilern und Bögen.

Der im 16. Jahrhundert mehrfach ausgeplünderte Dom wurde 1954-1966 in dem Bestreben nach größtmöglicher Wiedergewinnung des mittelalterlichen Eindrucks durchgreifend restauriert; dabei erfolgte auch eine Neuordnung der Ausstattungsstücke. Der heutige *Hauptaltar*, ursprünglich ein Werk des späten 15. Jahrhunderts und bereits im 17. Jahrhundert zum ›Apostelschrein‹ umgestaltet, mußte aus Fragmenten zurückgewonnen werden. Er enthält in der farbig gefaßten Passionstafel eine qualitätvolle lübische Arbeit von 1430. An den Seitenwänden des Chores haben zwei *gotische Dreisitze* mit bemerkenswerten Wangenreliefs und schönem Maßwerkbaldachin Aufstellung gefunden. Besondere Aufmerksamkeit verdient das aus Resten zu Sitzreihen wieder zusammengefügte *romanische Chorgestühl* aus der Zeit um 1200 in der Vierung. Die raumbeherrschende *Triumphkreuzgruppe* mit den blockhaften Gestalten von Maria und Johannes (der Korpus Christi im 17. Jahrhundert erneuert) ist ein frühgotisches Werk der Zeit um 1260. Eine ganz andere Sprache spricht der 1962 in den Süderquerarm versetzte *ehemalige Hauptaltar*, der hier eher wie ein Epitaph wirkt. Sein Schöpfer, der frühbarocke Bildhauer Gerhard Jürgen Titje, der ab 1646 hier in Ratzeburg ansässig war, ist ein Hauptvertreter des ornamentfreudigen Knorpelstils. Vom selben Künstler stammt auch das mächtige *Epitaph des Herzogspaares* August und Katharina von Sachsen-Lauenburg an der Nordwand des Querhauses.

An der Südwand des Nebenschiffs finden wir in schwarzgetöntem Holz die Loge der Herzöge von Sachsen-Lauenburg von 1637, den sogenannten *Lauenburger Chor* mit einer inneren Wendeltreppe. Mit seinen Rundbogenfeldern, Hermenpilastern und dem Sachsenwappen an den Säulen ist er weit mehr der Renaissance verpflichtet als die gleichzeitigen, eher den Geschmack des Barock treffenden Epitaphien. Folgerichtig hängt an einem Pfeiler, der Loge gegenüber, die kunstvolle *Kanzel* von 1575.

Wir verstehen die zwiespältigen Gefühle der Restauratoren, als sie diese Kaskaden prächtigsten Barocks – in Norddeutschland etwas Seltenes – etwas aus dem Raumbild herausrückten, dessen

Ratzeburg, Dom, nördliches Seitenschiff

herbe Ausstrahlung mit unserem heutigen Zeitgeschmack weitaus besser zusammenklingt. Interessant sind die vielen an den Wänden aufgerichteten bischöflichen *Grabplatten* – etwa die besonders schöne, mit Messingeinlagen gestaltete des Vollrad von der Dorne von 1355, zu dessen Füßen ein einsam und verlassen wirkender Geharnischter zusammen mit seinem betenden Pendant vielleicht die beiden Seelen des sicher streitbaren Bischofs darstellt. Wer sich für Lokalgeschichte interessiert, sollte die *Ans-*

verustafel im nördlichen Seitenschiff nicht außer acht lassen, die mit barockem Pathos Leben und Martyrium des ersten christlichen Abtes von Ratzeburg beschreibt.

Die Domfreiheit, auf die wir wieder herausgetreten sind, ist ein Stück von Mecklenburg, das man 1937 ahnungslos Schleswig-Holstein zugeschlagen hat, infolgedessen verblieb auch der Bundesrepublik ein winzig kleiner Anteil am alten Mecklenburg. Der Dom aber und seine Freiheit sind immer noch im Besitz der Mecklenburgischen Landeskirche, so verschränken sich hier die beiden deutschen Staaten. Es ist darum nur angemessen, daß der letzte der Großherzöge von Mecklenburg-Strelitz, der einzigen Fürsten des Reiches aus slawischem Stamm, Adolf Friedrich VII. mit seiner Gemahlin 1969 hier im Schatten des Domes bestattet wurde.

Hinter dem Dom liegt das DOMKLOSTER, zu großen Teilen um 1250 entstanden. In einem aus dem Schiff zugänglichen Raum ist eine Dokumentation der Domgeschichte eingerichtet. Der Klausurbereich, bestehend aus dem dreiflügeligen, spätromanisch-frühgotischen *Kreuzgang, Kapitelsaal* (1251 mit einer der Vorhalle ähnlichen Mittelsäule), *Refektorium* und *Dormitorium,* ist von der Seeseite zugänglich. Im warmen Backsteinmauerwerk, an die Nordflanke des Domes angelegt, hat auch dieser Teil seine besondere mittelalterliche Atmosphäre bewahrt (die dekorative Rippenbemalung der Kreuzganggewölbe ist allerdings eine Zutat des 19. Jahrhunderts).

Westlich des Doms liegt der alte, entstellte Komplex der BISCHOFSKURIE, Domhof 31 die Bischofsherberge, vermutlich von jenem Vollrad von der Dorne erbaut, dessen Grabplatte wir im Dom sahen. Unterhalb der Kurie das in den Hang hineingebaute STEINTOR, ein langgestreckter Backsteinbau aus dem 12. Jahrhundert mit der Tordurchfahrt zur Domfreiheit. An der Ecke Domhof/Kleine Kreuzstraße steht der sogenannte HEINRICHSTEIN, ein Granitfindling, dessen gegen 1170 eingeritzte Inschrift in Kapitale an Heinrich von Badwide erinnert, den ersten Grafen von Ratzeburg, eingesetzt von König Konrad und Herzog Heinrich (dem Löwen) von Sachsen: TEMPORIBVS CONRADI REGIS ET HEINRICI DVCIS SAXONIE VENIT HEINRICVS COMES RACEBVRCH ET IBI XPIIANITATEM PRIMFVNDAVIT. ANIMA E' REQVIESCAT I PACE AM.

Begegnung mit Fritz Reuter

Gegen die Stadt zu entdecken wir die alte Propstei, das Herrenhaus Herzog Adolf Friedrichs IV. von Mecklenburg, den der Dichter Fritz Reuter in seiner mecklenburgischen Mundart als ›Dörchläuchting‹ porträtiert hat. Heute ist das Herrenhaus KREISMUSEUM und sehr besuchenswert. 1764 mit klassizistischer Außenfassade erbaut, zeigt es im Obergeschoß eine Rokoko-Ausstattung von 1766. So sind es eher die Räume des Erdgeschosses, die mit ihrem biedermeierlichen Mobiliar den Geist der Landschaft atmen.

Dies ist der rechte Ort, um sich an Fritz Reuters ›Ut mine Stromtid‹ zu erinnern, den räsonnierenden Onkel Bräsig: ›Dass Du die Nas' ins Gesicht behältst!‹ und den von abgrundtiefer Wahrheit erfüllten Satz aus den ›Läuschen un Rimels‹:

Wer't mag, de mag't;
Un wer't nich mag,
De mag't jo woll nich mägen ...

Onkel Bräsig, das ist der Gutsaufseher, der zusammen mit dem ›Pastohr un der Pastohrin‹ das bürgerliche Gegengewicht zum Gutsbesitzer Pomuchelskopp und seiner spindeldürren Madame bildet. Die Not des Landes nach der ›Franzosentid‹, aufkommende sozialere Gedanken verbinden sich bei Fritz Reuter nicht mit Anklage, eher mit trockenem Humor, wenn er die Madame schildert, neben der Bräsig in seinem Mecklenburger Platt hantiert, gespickt mit französischen Brocken, die teils von der Dienstherrschaft aufgeschnappt, teils von den napoleonischen Chasseurs in den Hecken hängengeblieben waren, kurz, es kann kein Zweifel bestehen, wer eigentlich Herr im Dorfe ist. Da muß auch Fritz Triddelfitz in seiner Liebe zu Meriken zur Seite treten und das ›Rangdewuh‹ verpassen.

Es sollte aber noch eine Weile dauern, bis das Biedermeier – die Herren in Frack, Stehkragen und steifem Zylinder, die Damen in weiten Organdykleidern mit Pelerine und Shawl – sich in der nachnapoleonischen Zeit vom französischen Empire-Stil abwandten und an englische Vorbilder anlehnten. Die Zeit, von der Metternichschen Restauration politisch entmachtet, findet ihre Freude an stiller Seelenbeschau. Ludwig Eichrodts ironisches ›Klagelied des Schulmeisters Jeremias Birkenstecken um den hingegangenen Freund Gottlieb Biedermeier‹ läßt ein gutes Stück Wilhelm Busch vorausahnen.

O Spektakel, welch' ein Schrecken!
Das ist Trauersiegellack.
Jeremias Birkenstecken,
Bürste deinen schwarzen Frack!

Welche Botschaft! Biedermeier,
Dieser Edle lebt nicht mehr!
Bindet Flor an meine Leier,
Denn der Vorgang schmerzt mich sehr.

Darf der Bürger denn nicht klagen,
Wo selbst die Regierung klagt,
Die ihm erst vor wenig Tagen
Die Medaille angesagt?!

Der obere Stock des alten Herrenhauses zeigt im Musiksaal und den benachbarten Räumen eher den Lebensstil von Dörchläuchting, Mobiliar der höfischen Kultur und viele interessante Exponate aus der Geschichte des Herzogtums, von denen eines die merkwürdige staatsrechtliche Situation beleuchtet:

GEORG der ANDERE, von Gottes Gnaden König von Großbritannien, Franckreich und Irrland, Beschützer des Glaubens, Hertzog von Braunschweig und Lauenburg, des Heiligen Römischen Reiches Ertzschatzmeister und Churfürst, etc.

Unterschrieben hat dieses seltsame Dokument – ad mandatum Regis – ein Herr von Münchhausen, der mit seinem berühmten Verwandten die Neigung zum Verqueren offenbar teilte. GEORG der ANDERE ist der Kurfürst Georg Ludwig von Hannover (1698-1727), seit 1705 auch Herzog von Lauenburg, seit 1714 als Georg I. König von Großbritannien.

Wie verschieden ist von all dem die unrühmliche *Proclamation Jérome Napoléon*, mit der ein kleiner Gernegroß, der vielen Freiheitsphrasen und der schweren Hummer überdrüssig, dem staunenden Volk verkündet, daß er es zugunsten seines ›Königreiches‹ eingesackt hat. Es ist die Zeit der napoleonischen Besetzung Norddeutschlands, der Kontinentalsperre, wie sie wiederum Fritz Reuter in seinem Werk ›Ut de Franzosentid‹ humorvoll und mit Sinn für das lokale mecklenburgische Kolorit, in dem er selbst groß geworden war, beschrieben hat: die Gutshäuser am Ende alter Alleen, die bescheidenen Bauerndörfer, niedrig und geduckt wie ihre Bewohner, aber mit wachem Geist, der rasch und treffend kommentieren konnte.

Von Ernst Barlach zum Ansveruskreuz

Bereits im Kreuzgang des Doms wird uns eine Bronzeplastik Ernst Barlachs aufgefallen sein: Ein Krüppel auf zwei Krücken gestützt, halbblind gen Himmel blickend. Eine Medaille ist ihm sicher nie angesagt, aber das Werk eines großen Künstlers ist ihm geworden. Ernst Barlach, im holsteinischen Wedel 1870 geboren und im mecklenburgischen Güstrow 1938 gestorben, begraben in Ratzeburg, hat prägende Jugendjahre in Ratzeburg verlebt, die Eingebung seines ›Singenden Klosterschülers‹, den wir an der Lübecker Katharinenkirche sahen, mag ihm hier im Kreuzgang zuteil geworden sein. Das Haus seines Vaters, eines Arztes, das am BARLACHPLATZ 3 neben der Petrikirche steht, ist in seinem ›Selbsterzählten Leben‹ immer sein *»geliebtes Vaterhaus«*. Mit seinem Vetter strolcht er durch die Gehölze am See. Es war für Barlach das Erlebnis Gottes, das ihn hier ergriff und erschütterte.

Ein anderer von Gott Ergriffener, der Abt und Slawenmissionar Ansverus, ist nahe dem Ort Einhaus, wie wir schon hörten, von den unwilligen Abotriten ergriffen und am 18. Juli 1066 gesteinigt worden. Das sagenumwobene drei Meter hohe ANSVERUSKREUZ, ein durchbrochenes Radkreuz aus gotländischem Kalkstein, gegen 1450 entstanden, zeigt in Umrissen Christus am Kreuz, davor kniend den Erschlagenen mit den äbtlichen Insignien und der Schrift ORA PRO ME. Wir finden es nahe am See bei Einhaus, wo der hübsche Wanderweg von Ratzeburg entlang dem Westufer des Sees nach dessen Nordende vorbeiführt. Dieser Weg bietet schöne Blicke auf den See, da die Bundesstraße 207 nach Lübeck meist landeinwärts verläuft. Vor allem im frühen Herbst, wenn taubenblauer Dunst über dem Wasser liegt, Wasserrallen und Reiherenten, auch manchmal ein grauer Fischreiher aus dem Schilfsaum des Sees aufsteigen, ein einsamer Fischer seine Netze vom Boot auswirft, vom schweren Turm des aus dem Frühdunst aufsteigenden Doms das Geläute herüberschallt, dann ist der See Erinnerung an eine noch menschenarme Zeit. Im Sommer freilich entgeht man dem Rummel am besten mit einer Dampferfahrt von der Schiffslände am Königsdamm – der dänische König ist gemeint – in Ratzeburg aus. Der zurückkehrende Dampfer setzt uns auf Wunsch in Buchholz an Land, indem er ganz einfach seinen flachen Bug aufs Ufer setzt, wo wir in der Fischerkate vespern und das letzte Stück am See nach Ratzeburg zurückkehren können, vielleicht zu einer Abendmusik im Dom.

Neben den Ausflugsfahrten auf dem See könnte uns die Wakenitz verlocken, mit dem Motorboot nach Lübeck zu fahren und diese große Moränenlandschaft zu erkunden, die einst mit dem Abschmelzen der Gletscher über den Wensöhlengrund und Mölln nach dem Süden, der Elbe zu, entwässerte. Als sich auch im Norden die Gletscher zurückzogen, kehrte sich der Wasserstrom um, folgte der Wakenitz und Trave nach der Ostsee. Der Ratzeburger See ist von der sogenannten Lübecker Gletscherzunge der letzten Eiszeit ausgehobelt worden – bis zu 24 Meter tief –, die ältere Endmoränenwälle durchbrach. Dieser See ist, nicht zu vergessen, Refugium der berühmten Ratzeburger Ruderschule, die sich bei verschiedenen Olympischen Spielen einen Namen gemacht haben.

Südlich von Ratzeburg verläuft die Bundesstraße 207 bei Fredeburg über einen leichten Höhenrücken, auf dessen ›Paß‹ eine alte Zollstätte des Salzhandels lag, zugleich ein strategisch wichtiger Punkt für jedes Heer, das den Westen oder Osten gewinnen wollte. Ein Blick auf die Karte erläutert diese Situation: Im Norden sperren Trave, die Stadt Lübeck und der Ratzeburger See – im Süden der Schaalsee und das zunehmend morastige Gelände der Elbe bei Boizenburg. Besonders auf dem Flug von Hamburg nach Berlin erkennt man deutlich die ungeheuere Vielfalt der sonnespiegelnden Seen, Flüßchen und Moore bis hin zu den Havelseen und dazwischen den ›trockenen‹ Höhenrücken zwischen Ratzeburg und Mölln. Hier hat 1093 Herzog Magnus Billung von Sachsen zusammen mit dem christlichen Abotritenfürsten Heinrich von Alt-Lübeck die heidnischen Küstenslawen besiegt. In der Franzosenzeit spielten sich hier und an der nahen Ratzeburg-Möllner Landwehr viele Scharmützel der Lützowschen Freischar ab, hat hanseatische Infanterie versucht, die Franzosen im November 1813 zu vertreiben, wovon noch ein Denkmal nahe Mölln kündet. Der Wanderweg Ratzeburg–Mölln führt durch schönen lichten Wald, streckenweise noch auf dem alten Fuhrweg der Salzstraße; auch die etwa fünf Meter hohe Landwehr ist als ein mit dichtem Unterholz absichtlich verwachsener Erdwall deutlich zu erkennen.

Warum es Till Eulenspiegel nach der schönen Stadt Mölln zog

Legende und Wahrheit um den alten Markt

Als Till nach Mölln kam, gegen 1350 muß es gewesen sein, war er schwerkrank, wahrscheinlich litt er an der Pest. Noch eben hatte er im nahen Lübeck den dortigen gestrengen Rat wegen eines Weinzäpfers in große Verlegenheit und sich ums Haar an den Galgen gebracht. Auch die arge Geschichte mit der Töpfersfrau und dem Bischof in Bremen war noch in aller Munde und hundert andere Anekdoten, in denen es sehr deftig zugeht, wie es dem Geschmack des 14. Jahrhunderts wohl entsprach. Denn Till Eulenspiegel ward gegen 1300 in Kneitlingen im Sachsenland geboren. Sein Bild ist meist mit Eule und Spiegel geziert – doch ist auch denkbar, daß sich sein Name von Ul'n Spegel = fege den Spiegel ableitet, wobei Spiegel in der Jägersprache das Hinterteil bezeichnet. Es wird jedenfalls in seinen Schwänken oft genug gefegt.

Aber wir sind mit der Türe ins Haus gefallen und wollen erst einmal das alte Mölln aufsuchen, hübsch gelegen auf einem Werder, einer leichten Anhöhe zwischen Schmalsee und Littauer See. In seiner Mitte erhebt sich unter alten Linden die gegen 1200 begonnene Pfarrkirche Sankt Nikolai, den winzigen Markt überschauend, umstellt mit malerischen Fachwerkhäusern, unter denen das des Ratsherrn Pelgermann mit interessanter Bandornamentik, halbrund aufgebauscht und von nordischer Buntheit auffällt. Der umlaufende Spruch – »Ich lebe und weis wol wie lange ich sterbe und weis wol wann ich vahre und weis wol worhin mich wundert das ich traurich bin Anno 1587« – läßt auf einen etwas wundersamen Besitzer schließen, vom Geiste des Schalks EULENSPIEGEL, dessen bronzenes DENKMAL am Brunnen zur Betrachtung einlädt, Daumen und Fuß blankgerieben vom Fleiß jener, die ein Stückchen der Weltweisheit des Narren zu erringen suchten – und wer gehört nicht dazu. Es ist ein hübscher Bronzeguß, den der aus Breslau in den Kriegswirren zugewanderte Karl-Heinz Goedtke 1950 erfand – sein Sachsenroß hat uns schon in Ratzeburg lebhaft begrüßt.

Das genannte Ratsherrenhaus, Am Markt 2, heute HEIMATMUSEUM, steht auf den Fundamenten des alten Spitals zum Heiligen Geist, in dem Eulenspiegel starb, nicht ohne wenige Tage vorher einen derben Schwank zum besten gegeben zu haben. So erzählt uns die 91. Historie: ›Wie Eulenspiegel in Mölln krank wurde, dem Apotheker in eine Büchse - - - und wie er in den Heiligen Geist gebracht wurde.‹

»Elend und sehr krank wurde Eulenspiegel, als er nach Mölln kam. Da zog er zu dem Apotheker in die Herberge, um der Arznei willen. Nun war der Apotheker auch ein wenig schalkhaftig und gab Eulenspiegel ein Purgatz, ein scharfes Abführmittel. Als es auf den Morgen zuging, begann das Purgatz zu wirken, und Eulenspiegel stand auf und wollte etwas los werden. Das Haus war aber allenthalben verschlossen und ihm wurde angst und bange. Er kam in das Apothekerzimmer, - - - in eine Büchse und sprach: ›Hier kam die Arzenei heraus, hier muss sie wieder hinein. So verliert auch der Apotheker nichts, ich kann ihm ja doch kein Geld geben.‹ Als dies der Apotheker merkte, fluchte er Eulenspiegel und ließ ihn in das Spital zum Heiligen Geist bringen.«

Fast allen Schwänken Eulenspiegels haftet dieses Derbe an, die Ablehnung und Auflehnung gegen Bessergestellte, Ratsherren, Pfaffen, Bischöfe, Kaufleute und geizige Marktfrauen. Der Schwank wird zur Waffe des Fahrenden, spitz und notfalls stechend, von Geist und Witz bleibt da nicht viel in schneidenden Wintern und regennassen Nächten ohne Brot und Herberge – es ist ein Stück der Welt von Hermann Hesses ›Narziß und Goldmund‹, doch hat sie nicht deren geistigen Hintergrund, nicht den Charme der Liebesabenteuer, nicht die Glaubenswärme. Eulenspiegel schien wenig vom Glauben zu halten, und die Frauen seiner Geschichten sind alt und zänkisch. Das zeigen uns freilich die als Kind gelesenen Eulenspiegelstreiche nicht so deutlich, sind sie doch mittels vieler Purgatze gereinigt von allem Anstößigen.

Wer aber hat denn eigentlich Eulenspiegels lustige Streiche aufgezeichnet? Vierhundert Jahre gelang dem Autor ein strenges

Mölln, Eulenspiegelbrunnen von K. H. Goedtke

Inkognito. 1971 aber schlug seine Stunde, und der Zürcher Rechtsanwalt Peter Honegger entlarvte ihn. Zum Vorschein kam der Braunschweiger Zollschreiber Hermann Bote (1467-1520). So ist auch der Stein, der gegen 1500 in der Kirchennische Aufstellung fand, verständlich: Die Möllner waren nach Botes ›Streichen‹ der vielen fragenden Besucher überdrüssig geworden. Belegt ist der Tod des Schalks im Möllner Heilig-Geist-Spital gegen 1350. Der Volksglaube sieht ihn unter der Linde auf dem Kirchhof von den Beginen begraben – inzwischen ist die Linde eine Nachpflanzung –, in die man Nägel und Geldmünzen als Omen einschlug. Tills Ruf war inzwischen bis nach Flandern gedrungen, die bäuerlichen Flamen erkannten sich im Ulenspegel, zuletzt in de Costers Nachdichtung, unbeschadet aller potentätlichen Grenzen, und Richard Strauss hat ihm in Noten gehuldigt, was kann ein Narr mehr wollen …

Mölln, Sankt Nikolai, Taufgruppe von 1509

Dem Museumshaus gegenüber, gleich unterhalb der Kirche, das stufengiebelige RATHAUS der Stadt aus der zweiten Hälfte des 14. Jahrhunderts. Es ist außer dem lübischen das einzige gotische Rathaus in Schleswig-Holstein. An seiner rechten Seite, über der Treppe zum Haupteingang, eine dreiseitig offene Gerichtslaube mit Kreuzrippengewölbe von 1475. Die Verwendung grün- und schwarzglasierter Schmuckziegel, die spitzbogigen Zwillingsluken, von kleinen Säulchen geschieden, geben dem Bau von bescheidener Größe Charakter.

Die KIRCHE SANKT NIKOLAI aus romanischer Zeit steht auf einem Hügel. Mächtig der quadratische Turm mit seinen romanischen Schalluken und dem spitzen Reiter. In einer Nische der äußeren Kirchenmauer ist ein Gedenkstein für Till Eulenspiegel eingefügt, in Mölln wird man des Schalks nicht ledig. Es ist ein altes Madonnenrelief aus rötlichem, gotländischem Kalkstein, auf dessen heute ansichtiger Rückseite uns eine Umrißfigur des Narren begrüßt. Eule und Spiegel machen ihn kenntlich, zwei Federn schmücken eine Art Tirolerhut. 1536 hat der Wismarer Ratsherr Höppener den Stein erstmals hier beschrieben. Im schweren Niederdeutsch sagt das Epitaph, manche meinen, es sei der Grabstein selbst: *»Anno 1350 is düsse sten up gehaven ty le ulenspeegel lent hir unter begraven – marcket wol und dencket dran wat il gwest si up erden – al de hir voröver gan meten mit glick werden.«*

Das Innere wirkt für ein nordisch-protestantisches Gotteshaus ungemein pittoresk und reich geschmückt, man möchte von einem süddeutsch-barocken Eindruck sprechen. Im Chor finden wir *Malereien* des 13. Jahrhunderts: einen Ritter, Hirsch, Löwe, Drache und Hund, die sich als Allegorien des kämpfenden Christentums verstehen. Nicht minder bemerkenswert die Malereien im Mittelschiff aus derselben Zeit mit den Heiligen Nikolaus und Jakobus, dem Beschützer der Wallfahrer. Der Eindruck einer Kirche, die noch keine konfessionelle Spaltung erlebt hat, verdichtet sich im *Altarschrein* und im *Madonnenschrein*, gegen 1490, vor dem eine Kerzenbank steht, sowie der komplett erhaltenen *Taufgruppe* von 1509 mit dem lübischen Bronzekessel, der Maria mit dem Kind und ein möllnisches Mühlrad zeigt, und schließlich der reichen *Holzkanzel* von 1742, dem Geist des Rokoko verhaftet mit ihrem Schalldeckel, dem Putto mit der Gerichtstrompete.

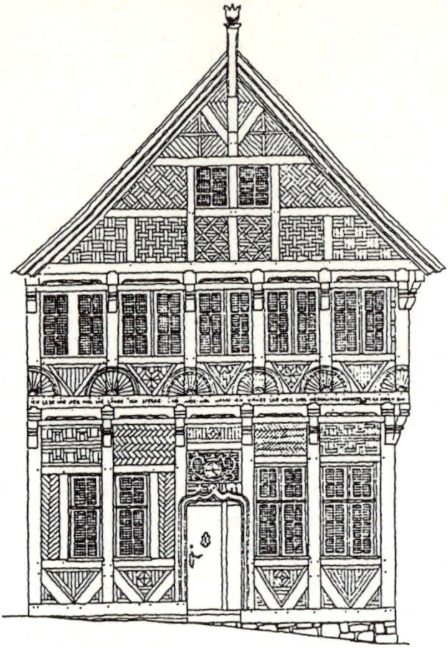

Fachwerkhaus in Mölln, Am Markt 2

Den gewaltigen siebenarmigen *Leuchter* von 1436 fanden die Stecknitzfahrer 1669 im Fluß, wahrscheinlich stammt er aus dem geplünderten nahen Kloster Marienwohlde. Das kostbare *Aquamanile* des 14. Jahrhunderts ist nur an hohen Festtagen zu sehen.

Es ist in Möllns Sankt Nikolai fast ein wenig Behaglich-Katholisches zugegen, jedenfalls nichts Bilderstürmerisches. Die zahlreichen Kirchengestühle der Gilden und Zünfte, des Rats und der Stecknitzfahrer, die den Salzhandel zwischen Lüneburg und Lübeck besorgten, zahlreiche Bilder und Epitaphien künden von einer Zeit, in der Mölln vom Mölln-Bergedorfer Herzog zwischen 1359 und 1683 für ganze 9737 Mark und 50 Pfennig an Lübeck verpfändet worden war.

An der Hauptstraße ist der alte STADTHAUPTMANNSHOF, auch ›Altes Amtsgericht‹ genannt, in den achtziger Jahren sorgfältig restauriert worden. Von mittelalterlichem Kern, stammt der Bau in wesentlichen Teilen von 1474 und wurde 1608 im neuen Geschmack der Renaissance mit Fenstern an der Schmalseite versehen.

Mölln, zwischen dem verschwundenen Steintor und dem Wassertor, war ein Hauptstützpunkt an der Alten Salzstraße, die hier vom westlichen auf das östliche Stecknitzufer wechselte und damit den Weg der Stecknitzfahrer kreuzte, die ihr Gut konkurrierend auf schwerfälligen Prähmen nach Lübeck brachten. Die Schlüssel- und Schloßfunktion Möllns für den Salzhandel Nordeuropas ist noch heute von der Höhe des Kirchwerders gut auszumachen. Nördlich von Mölln folgt die Salzstraße nach Passieren des Dammes, einst einer Brücke durch den Stadtsee, noch ein kleines Stück der Bundesstraße 207, um dann über das ehemalige Kloster Marienwohlde, Behlendorf, Berkenthin und Krummesse nach Lübeck zu ziehen. Eine Abzweigung folgt der Bundesstraße 207 bis Ratzeburg und weiter am Westufer des Ratzeburger Sees nach Norden.

Um Mölln erstreckt sich eine Kette eiszeitlicher Moränenseen: Schmalsee, Lüttauer See, Krebssee, Lottsee und Gudower See. Es sind stille schilfumstandene Gewässer, die noch eine Vorstellung geben von einer ursprünglichen Landschaft. Zu dieser gehört neben einer alten gutsherrlichen Tradition eine nicht geringe Zahl alter Feldsteinkirchen des 13. Jahrhunderts, die als Zeugen der raschen Besiedlung zu Beginn der Ostkolonisation des 12. Jahrhunderts Bedeutung haben. Es berührt uns eigentümlich, daß die Grenze des frühmittelalterlichen Heiligen Römischen Reiches hier verlief und erst in den folgenden Jahrhunderten die Landschaften der heutigen DDR und der 1945 verlorenen Ostgebiete von hier aus erschlossen wurden.

Der Kreis der urwüchsigen, aber stark veränderten Feldsteinkirchen, von denen keine direkt auf Vizelin zurückgeht, beginnt östlich von Mölln mit Seedorf am Schmalsee, Sterley, Gudow am gleichnamigen See, Breitenfelde und zieht sich über Siebeneichen nach Büchen am Elbe-Lübeck-Kanal. Fast alle diese Kirchen sind in behauenen Feldsteinen und Ziegeln errichtet, zeigen einen rechteckigen Kastenchor und schön bemalte Kreuzgewölbe aus jener Zeit, mit die ältesten im Lande. Die Kolonisten haben diese Kirchen unmittelbar nach dem Seßhaftwerden errichtet, ein starkes gemeinsames Erbe muß mit ihnen gewesen sein. **Seedorf,** frühgotischer Backsteinbau von 1230/50, zeigt byzantinisierende

Gewölbemalerei unter sächsischem Einfluß, **Sterley,** ausgemalt mit frühgotischen Sternen, Lilien und Kappenengeln und hübscher Gutsloge, **Gudow** als flachgedeckte Feldsteinkirche mit der Bülowschen Gutsloge und Familiengruft und einem Schnitzaltar von 1410 aus dem Umkreis des lübischen Meisters Bertram. In Gudow findet sich seit 1470 das Gut derer von Bülow, die als Erblandmarschälle die zivile Verwaltung des Herzogtums leiteten. Das heutige HERRENHAUS ist erst 1826 als spätklassizistischer Putzbau erstanden, seeseitig flächenhaft mit einachsigen Eckrisaliten sparsam gegliedert. Das schöne Vestibül erhält seinen besonderen Akzent durch zwei dorische Säulen vor einer dreitürigen Ausbuchtung mit Falttuchornament; dahinter der Gartensaal.

Südwestlich von Mölln liegt **Breitenfelde** mit seiner Feldsteinkirche von 1250, deren Hallenform deutlich auf westfälischen Einfluß deutet. Die Glasmalereien der mittleren Fenster der Ostwand sind bedeutende Arbeiten dieses westfälisch-niedersächsischen Stils, wir finden ihn noch in Neukloster, in Mecklenburg und auf Gotland. Von der Bundesstraße 207 auf die Landstraße nach Büchen übergehend, führt nach Querung der Autobahn in Richtung Berlin bei Roseburg ein schmaler Weg nach dem **Gut Wotersen.** 1718 an die Familie des hannoverschen Ministers Andreas Gottlieb von Bernstorff gelangt, ist es noch heute im Besitz der gräflichen Familie. (Das Herrenhaus Wotersen ist im Kapitel über die Herrenhäuser des Landes gesondert behandelt, siehe Seite 409f.)

Die alte Feldsteinkirche Santa Maria ad fagum in **Büchen** läßt in ihrem Namen den Buchenreichtum des Landes erkennen. Als dreischiffige Hallenkirche nach westfälischem Muster gegen 1250 erbaut und in roten und grünen Tönen mit reichem figürlichen und ornamentalen Bildschmuck ausgemalt, wurde sie im 15. Jahrhundert durch einen langen Hallenchor verdoppelt. Im Innern Ausstattungsstücke aus dem abgerissenen Schloß Franzhagen. Kanzel, Emporenbrüstung und Altar gehen auf den Herzog Franz II. von Sachsen-Lauenburg zurück, dessen Familie sich auf einem Tafelbild vor einer manieristischen Stadtlandschaft um den Gekreuzigten versammelt hat.

Lauenburg – elbisches Tor

Residenz der Herzöge von Sachsen-Lauenburg

Man kann sich dieser Stadt, lange im toten Winkel der Zonengrenze, heute der Grenze zur DDR gelegen, angemessen nur von der Elbe aus nähern. Das hohe Geestufer bricht hier zum Fluß ab, zerschnitten von einigen kleinen canyonartigen Tälern, in denen sich die Straßen mühsam hochwinden. Vom Schiff aus, einem Raddampfer mit qualmendem Schornstein, der gelegentlich eine nostalgische Fahrt von Hamburg die Elbe aufwärts macht, breitet sich das Panorama der Altstadt aus, deren enge und verwinkelte Fachwerkhäuser sich malerisch am schmalen Uferstreifen drängen; darüber die gegen 1600 begonnene Neustadt, die sich in den letzten Jahren im Zuge einer langsamen Öffnung der DDR belebt hat, ihres natürlichen und in Jahrhunderten verbundenen wirtschaftlichen Hinterlandes, denn Lauenburg war (und wird hoffentlich wieder) ein bedeutender Platz der Elbschiffahrt, das Tor auf dem langen Weg der Elbe zum Meer.

Neben dem kleinen Marktplatz finden wir die MARIA-MAGDALENEN-KIRCHE, angeblich von Albrecht I. von Sachsen nach dem Sieg bei Bornhöved 1227 gestiftet. Der heutige Bau, dessen Kern auf das 13. Jahrhundert zurückgeht, wurde 1598 aufwendig als Grabkirche der Sachsen-Lauenburger umgestaltet; unter dem Chor die Gruft mit den Metallsärgen. Leider ist die radikale Restaurierung durch Timmermann 1827 fast zum Bildersturm geraten. Auch diese Kirche folgt dem bekannten Schema der aus Feldstein und Backstein errichteten Schwesterkirchen des Lauenburgischen. Der Umbau des 16. Jahrhunderts brachte die prächtigen Schmuckelemente der niederländischen Renaissance ins Spiel, schmückte den Chor mit den *Epitaphien der Herzöge* und Figuren der Geschichte des sächsischen Hauses. Fast alles fiel der törichten ›Reinigung‹ zum Opfer, nur noch vier Evangelisten der Tumba und das lebensgroße kniende Herzogspaar (Franz II., †1619) haben sich erhalten, und damit der Sandstein nicht so schön wirkt, hat man ihn mit Ölfarbe überstrichen ... Die prächtigen Sandsteinportale, 1598 von Franz II. gestiftet, versöhnen uns – und damit der warnende Spruch am Altar, sich vor der Lust der Welt zu hüten, auch beachtet werde, steht vor dem Portal noch der alte *Prangerstein*.

Der Schmuck der Unterstadt sind die zahlreichen hübschen *Fachwerkhäuser* des 16. und 17. Jahrhunderts in der Elbstraße und am Hohlen Weg, der einst Burggraben des Schlosses war, oft mit vorkragendem Obergeschoß und in Knorpelwerkformen, manche vorstehenden Knaggen mit Engelsköpfen hübsch beschnitzt. Das Haus Elbstraße 47 zeigt schöne Halbkreispalmetten und zweimal vorkragende Giebel. Die *Apotheke* des späten 18. Jahrhunderts (Elbstraße 64) besitzt noch die alte Inneneinrichtung. Leider sind manche der alten Häuser durch moderne Geschäftseinbauten im Erdgeschoß entstellt, dabei kann man Altes und Modernes sehr geschickt verbinden, wie das nahe Lüneburg zeigt. Einen Eindruck von behäbigem Wohlstand geben die vielen beschnitzten Haustüren, ihre kunstvollen Beschläge und phantasievollen Messingklopfer und Griffe. Ihre Türbalken geben in Namen und Datum die Visitenkarte ihrer Erbauer. Auch die Häuser Elbstraße 35, 61 und 65 haben diesen Charakter gut erhalten, Nr. 119 ist das Fährleutehaus von 1649, Nr. 123 ein klassizistischer Bau von 1820 aus Backstein.

Das ehemalige RATHAUS von 1740 wurde 1840 umgebaut und birgt heute das *Elbschiffahrtsmuseum* mit heimatkundlicher Sammlung. Vor der Mündung des Elbe-Lübeck-Kanals hat sich die 1726 gebaute *Kesselschleuse* des alten Stecknitz-Kanals erhalten, der lange vor dem Elbe-Lübeck-Kanal die relativ kleinen Salzbarken nach der Hansestadt Lübeck führte. War einst der Wasserverkehr über den Stecknitz-Kanal in Nordsüdrichtung orientiert, so hatten der aufblühende Hamburger Hafen, der Überseeverkehr und die beginnende Industrialisierung Schlesiens und Sachsens im 19. Jahrhundert einen enormen Anstieg des Güterverkehrs zur Folge. Der Flußlauf der Elbe war aber durch zahllose Untiefen und Sandbänke im Bereich der norddeutschen Tiefebene behindert, so daß nur Schiffe geringen Tiefgangs den Bereich der Altmark und der Havelseen passieren konnten. Die Rolle Lauenburgs bestand damit in einer wichtigen Umladestation auf diesem Wege, eine Bedeutung, die erst durch die Kanali-

Lauenburg

sierung und Vertiefung der Elbe vermindert wurde. Noch heute erinnern im Hamburger Hafen Namen wie Moldau-, Oder- und Spreehafen an die einstige Rolle im innerdeutschen Güterverkehr. Mit gewisser Wehmut gilt darum der Blick der Lauenburger den wenigen Schleppzügen, die heute durch die Schleuse von und nach dem Osten ziehen.

Das ehemalige SCHLOSS der Lauenburger Herzöge erhebt sich auf einem isolierten Geestrücken oberhalb der alten Bürgerstadt, allseits steil abfallend. Es sind die Reste der 1182 von Bernhard I., dem Askanier, nach dem Sturz Heinrichs des Löwen errichteten Burg, 1474 und 1581 prächtig ausgebaut, die bis zum Brand von 1616 Hauptsitz der Linie Sachsen-Lauenburg blieb, dann im Zuge der Verlegung des Hofes nach Ratzeburg verfiel, endgültig nach dem Aussterben der askanischen Linie. Sie war Ersatz für die von Heinrich dem Löwen 1181 zerstörte Ertheneburg gegenüber von Artlenburg, von der wir als einem frühzeitlichen Dokument noch sprechen wollen.

Geblieben vom stolzen Schloß über der Elbe ist nur ein runder Backsteinturm, der als Geschützturm 1474 erbaut wurde, heute mit Kegeldach und Laterne. Traurig ist sein Inhalt: Oben lagen die Verliese, unten im Lapidarium finden sich die Reste des

Bildersturms des dänischen Architekten Timmermann, unter denen der Torso Heinrichs des Löwen symbolisch anmutet. Der nahe zweigeschossige Schloßtrakt ist nur noch im Kern alt und gibt dem nichtsahnenden Besucher kaum eine Vorstellung der prächtigen Anlage des 16. Jahrhunderts. Moos und Flechten und Steinspolien sind die Erben geworden; doch bietet sich von der Laterne des Turmes ein weiter und schöner Blick auf die jenseitige Elbniederung und den Verlauf der Elbe bis weit hinein nach Mecklenburg. Das ständige Auf und Ab in der Geschichte der Sachsen-Lauenburger, ihre Neigung, häufig den Sitz der Verwaltung des Herzogtums zu verlegen, haben letztlich so gut wie nichts an sie Erinnerndes hinterlassen: das Schloß in Lauenburg nur in kümmerlichen Resten, das Schloß in Ratzeburg niedergelegt, um einer Festung Platz zu machen, die den Untergang der alten Stadt nicht verhindern konnte.

Die Rolle des sächsisch-lauenburgisch-askanischen Hauses ging glanzlos zu Ende, vergleichbar mit der allmählichen Schwächung der Gottorfer Herzöge. Beide, Lauenburger und Gottorfer, wurden von einem erstarkenden Dänemark im Norden, den selbstbewußt bis zum englischen Thron aufsteigenden Kurfürsten von Hannover und Herzögen von Braunschweig im Süden und den Herzögen von Mecklenburg-Schwerin im Osten eingeengt. Das Dreieck zwischen diesen machtvollen Territorialherrschaften war der Tummelplatz hanseatischer Ausdehnungen. Obwohl Hamburg wie Lübeck im Grunde keine territorialen oder gar militärpolitischen Ziele verfolgten, weit lieber gewinnbringenden Handel in friedlicher Nachbarschaft betrieben, so konnten sie doch nicht umhin, sich ein gesichertes Hinterland zu verschaffen, der Terra ferma Venedigs vergleichbar, und so gerieten Bergedorf und Mölln in hanseatische Hand. Einen nicht geringen Nutzen zog der Adel des Landes, gegliedert in noch heute existente Ritterschaften, aus dem Machtvakuum zwischen Kopenhagen, Hannover und Mecklenburg.

Wenn es in Schleswig-Holstein und Lauenburg eine so große Anzahl existierender Güter und Herrenhäuser gibt, so liegt einer der Gründe in den unübersichtlichen Machtstrukturen der großen Territorialherren. 1585 konnte die Ritterschaft dem schwachen lauenburgischen Landesherrn eine Ständeverfassung in der ›Union der Ritterschaft‹ abtrotzen, von der ein süddeutscher

Adel nur träumen konnte. Noch 1985 feierte diese Ritterschaft ihre Union gemeinsam mit der öffentlichen Hand. Was hat sie dem Lande im Vergleich mit den an anderen Orten früh entwikkelten administrativen Herrschaftsformen gebracht? Die einen werden eine gewisse Rückständigkeit feststellen wollen, ein Hinter-der-Zeit-Herhinken, einen Mangel an demokratischen Frühformen. Andere werden sagen, das Land sei in dieser Form ein stilles Reduit gesunden Lebens geblieben, wenig angekränkelt vom unsteten Zeitgeist und unbelastet vom Bauernkrieg.

Ertheneburg und Stecknitzkanal

Von Lauenburg und seinem östlichen Pendant, Boizenburg, führt die Europastraße 15 nach Geesthacht, schon im Weichbild Hamburgs. Bei Sandkrug, das man auf einem kleinen Wanderweg von Lauenburg aus erreichen kann, aber auch über eine Abzweigung der Straße bei Schnakenbek, liegt unmittelbar am Elbufer die ERTHENEBURG, eine besuchenswerte Wallburg karolingischer Frühzeit. Ludwig der Fromme gebot 822 den Sachsen, »eine feste Burg jenseits der Elbe, an einem Ort der Delbende heißt, zu bauen«. Sie wäre damit das südlichste Bollwerk des Limes Saxoniae gewesen. Damals floß die Elbe ohne Deiche in einem breiten ungezügelten Bett, durch das lediglich bei Lauenburg und hier eine Furt führte. Den Hohlwegen dieser Furt auf den Geesthang galt der Schutz der aus Erdwällen und Holzpalisaden gebauten Ringburg. Die Burg ist noch heute deutlich auf dem Hochrücken erkennbar, isoliert durch Hohlwege und am Rande dicht bewaldet. Ihr letzter Herr war Heinrich der Löwe, der sich nach seinem Sturz und dem Verlust der Herzogswürde hierher geflüchtet hatte und sie 1181, vor seiner Flucht nach England, anzünden ließ.

Am Südufer der Elbe, beim ›Alten Fährhaus‹ von Artlenburg, ist der FÄHRANLEGER DER ALTEN SALZSTRASSE, die von den Salinen Lüneburgs zu den Salzspeichern in Lübeck führte, noch erhalten. Die Furt, deren gepflasterte Zuwegung noch deutlich sichtbar ist, mag bei niedrigem Wasserstand die Fähre ersetzt haben. In der Einsamkeit der stillen Elblandschaft ist kaum mehr erkennbar, daß hier eine Schlagader des nordeuropäischen Handels verlief und jährlich fast 20000 Tonnen Siedesalz und ein Mehrfaches dieser Last an eingesalzenem Hering hin und her wanderten: »De Sulze dat is Luneborch«. 1391 begann der Bau des Stecknitzkanals zwischen Lauenburg und Mölln, der der Salzstraße den Rang ablief. Von Lüneburg die Ilmenau zur Elbe nützend und von Lübeck bis Mölln die Stecknitz galt es, nur die vom Flüßchen Delvenau vorgezeichnete Strecke zwischen Mölln und Elbe mit einem Kanal zu überwinden. Heute ersetzt der moderne Elbe-Lübeck-Kanal die Treidelfahrt von zwei, drei Wochen, einst ein eifersüchtig gehütetes Privileg der Stecknitzfahrer-Bruderschaft aus Lübeck.

Stille Schönheit im Sachsenwald

Wer von Hamburg mit der S-Bahn oder dem Auto Aumühle erreicht, der findet am malerisch von hohen Buchen und Eichen gesäumten Mühlenweiher drei Hotels von gediegenem Zuschnitt; sie lassen die Unruhe der nahen Weltstadt vergessen und bieten in heißen Sommern eine waldeskühle Bleibe zur Nacht. In der ›Bismarckmühle‹, im ›Fischerhaus‹ und in der ›Waldesruh‹ geben Bilder der Weggefährten Bismarcks den Rahmen und manche Gelegenheit zur Nachdenklichkeit. In der ›Waldesruh‹ begrüßt uns im Roten Salon der alte Kanzler des vergangenen Zweiten Kaiserreiches. Das Bildnis von Franz von Lenbach zeigt den Märker als betagten Herrn, voller Würde, so wie ihn die Anwohner als den Alten vom Sachsenwalde in Erinnerung hielten. Es ist übrigens eines von achtzig Bildern, die Lenbach, immer von neuem in dieser Gesichtslandschaft suchend, von ihm malte. In der ›Mühle‹ hängt eine Kreidezeichnung Lenbachs, die den Kanzler im Harnisch zeigt, in jener Attitüde, in der er gerne vor dem Reichstag auftrat und die ihm manche Kritik einbrachte.

Der Sachsenwald ist noch immer im Besitz des fürstlichen Hauses und das größte geschlossene Waldgebiet Schleswig-Holsteins, auch wenn einige Straßen und zuletzt die umstrittene Trasse der Autobahn Hamburg–Berlin ihn zerschnitten haben. Die Nähe Hamburgs bedingt an Wochenenden einen lebhaften Zustrom aus der Stadt – doch an allen anderen Tagen hat der Wanderer die einsamen Waldwege ganz für sich, begegnet vielleicht einer Reitergruppe und im Herbst dem Halali einer Jagd.

Der dem Verlauf des Limes Saxoniae nahe und 1228 vom Herzog Albrecht I. von Sachsen-Lauenburg dem Bremer Erzbischof geschenkte Wald war lange Zeit ein menschenleeres Gebiet. Die hügelige Lage, die Scheu vor den vielen Hünengräbern und Riesenbetten, sandige und wenig zum Ackerbau taugende Geesthangböden ließen ihn unberührt. An den gestauten Teichen der Bille und Au wurden nicht nur Kornwassermühlen betrieben – unterschieden von der noch heute sichtbaren Kornwindmühle in Wohltorf –, sondern auch Kupferhämmer und Papiermühlen, an denen die Anbauern und Brinkkätner schmales Zubrot verdienten. Heute in die Natur zurückgefallen, sind die Teiche immer noch oder wieder Heimat des Fischotters, fallen Fischreiher und Schwarzstörche ein, nicht immer zur Freude der Fischereiberechtigten, aber gehört ein Fischreiher nicht auch zu ihnen?

Der Wald ist ein ideales Wandergebiet, zumal er bequem als Tagestour erlebt werden kann. Die von den eiszeitlichen Endmoränen hinterlassene hügelige Landschaft markiert kurz vor der Elbe das weiteste Vordringen der Gletscher während der letzten Eiszeit. Zahlreiche Granite aus den Gebirgen Schwedens sind bei ihrem Rückzug liegengeblieben, und allenthalben sehen wir große Hünengräber, von denen einige untersucht wurden, die meisten aber im Schlaf der Jahrtausende ruhen, bewacht von gewaltigen Buchen, riesigen uralten Eichen und dunkle Akzente setzenden Fichtenschonungen, aus denen an stillen Tagen schon mal eine Wildsau bricht und laut schniefend wieder im Unterholz verschwindet. Am Gasthaus ›Riesenbett‹, unweit der Straße Aumühle–Dassendorf, haben sich einige Kammergräber in beeindruckender Umgebung erhalten, von denen man anhand der Funde annimmt, sie seien in der jüngeren Steinzeit zwischen 3000 und 1800 vor Christus entstanden. Diese *Riesenbetten, Langgräber* und *Steinkammern* waren Begräbnisplätze, in denen die Toten teilweise in Holzsärgen bestattet waren. Die zahlreichen Grabhügel der jüngeren Bronzezeit (800-500 vor Christus) und frühen Eisenzeit (500-300 vor Christus) sind weitverstreut und auffällig im Sachsenwald zu finden.

Die Hamburg und der Elbe zueilende Bille umrundet den Wald im Westen und Nordwesten und bildet ein Tal, nicht sehr tief natürlich, aber sehr romantisch dem schlängelnden Fluß folgend. Zumal im Herbst, wenn die Eichen des Sachsenwaldes in Rottönen flammen, das nachmittägliche Licht von Westen das sich drehende und in Wirbeln stauende Wasser aufgleißen läßt, hellgrüne Farne von schrägen Lichtstrahlen getroffen in der dunklen Tiefe der Waldhallen aufleuchten, die knorzigen Bäume, manche halb abgestorben, aber oft aus dem Stamm wieder ausschlagend, zu einer urwaldartigen Landschaft werden, dann gehört der Sachsenwald wieder jener frühzeitlichen Landschaft an, aus der er vor etwa fünfzehntausend Jahren aus der baumlosen Tundra der Weichseleiszeit erwuchs. Die Bronzezeit dagegen sah den heutigen Wald als Kulturland, das erst durch die Wegzüge der Völkerwanderung wieder wüst fiel und im Mittelalter der Jagd und der Schweineeichelmast diente.

Die Individualität der Formen am mehr ahnbaren als sichtbaren Weg entlang der Bille, deren Name slawisch ist und ›weißes Wasser‹ bedeutet – im Gegensatz zur moorigen Schwarzen Au –, die verwachsenen und von keiner Forstwirtschaft auf Richtung und Geradlinigkeit gebrachten lichtsuchenden Buchen und dem Sturm trotzenden Eichen, einzelne gewaltige abgestorbene Hohlbäume, in denen Spechte und Fledermäuse nisten, umgürtet von Baumpilzen, unter denen der Zunderschwamm (Fomes fomentarius) in den Zeiten der Steinschloßflinten geerntet wurde, die dem Wasserlauf folgenden vielstämmigen Weiden zeichnen diesen Teil des Waldes aus. Nur im Südosten Deutschlands, in den Wäldern am Arber und seinen kleinen Quellseen finden wir Ähnliches. Einzelne Bäume von machtvoller Lebensfülle und markanten Formen stehen mitten im nachgewachsenen Holz und an Lichtungen, etwa die im Frühling lichtdurchflutete riesige Krone der Lollybuche im südlichen Wald oder die Brüderbuche, nicht zu sprechen von den Lieblingseichen des Alten, der ein Waldnarr war.

Rings um diesen Wald haben sich gerodete Flächen in ihn hineingefressen, blüht im Mai/Juni der Raps, schwingen sich horizontweit sattgelbe, sanft auf- und absteigende Felder, bis die Raps- und Getreideschläge aufgefangen werden von Brombeerhecken und wunderschön duftenden Heckenrosen, liegen Bauerndörfer, das Bismarcksche Gut Schönau und immer wieder Mühlen. Die GRANDER MÜHLE aus dem 13. Jahrhundert ging ein Jahrhundert später an das Zisterzienserinnenkloster in Reinbek über. Sie ist ein reizvolles Ausflugsziel für den Tageswanderer,

Im Sachsenwald

der dem Wanderweg (mit der 1, dann mit weißem x. auf rotem Grund gekennzeichnet) entlang der Bille folgt, ausgehend von der kleinen Teichbrücke an der Bismarckmühle.

Die Grander Mühle ist die älteste Kornwassermühle Norddeutschlands, 1345 in Urkunden genannt, als die vereinten Hamburger und Lübecker den Raubritter Scarpenberghe in seiner Burg ausräucherten, deren Hügel, ganz nahe, seinen Schatten auf die Mühle wirft. Die Zeit hat vieles zerstört, doch noch steht die restaurierte Mühle mit ihrem großen Wasserrad an der Bille, führt eine alte Brücke hinüber, weit und breit die einzige, benutzt von Kaisern und Königen, Tilly und Wallenstein, dem Winterkönig, ganzen Heeren des Dreißigjährigen Krieges wie der Franzosenzeit, und schließlich empfing man hier am 12. September 1816 begeistert den greisen Feldmarschall Blücher. Schwerfällige Ochsengespanne brachten das Mehl der Mühle in die Städte, bis gegen 1930 der Betrieb unrentabel wurde; es blieb die Gaststätte.

Theodor Storm hat die schläfrige Stimmung an einem heißen Sommertag hier oder andernorts beschrieben:

Nun ist es still um Hof und Scheuer,
Und in der Mühle ruht der Stein;
Der Birnenbaum mit blanken Blättern,
Steht regungslos im Sonnenschein.

Der Müller schnarcht und das Gesinde,
Und nur die Tochter wacht im Haus;
Die lachet still, und zieht sich heimlich
Fürsichtig die Pantoffeln aus.

Sie geht und weckt den Müllerburschen,
Der kaum den schweren Augen traut:
»Nun küsse mich, verliebter Junge;
Doch sauber, sauber! nicht zu laut.«

Auch am gestauten Mühlenteich in Aumühle steht noch eine Kornwassermühle, die AU MÜHLE, das jetzige Restaurant ›Bismarckmühle‹; sie bewahrt noch das granitene Wehr, mit dem der Mühlenteich aufgestaut wurde.

Die Rodungsflächen mit ihren von Wild und Weidevieh bis in Kopfhöhe kahlgeästen Waldsäumen sind sanft geschwungene

Bauernlandschaften. Wenige Dörfer, die meisten mit gutem Dorfkrug, schmiegen ihre in rotem Brick erbauten Häuser und Scheunen, manche noch tief herabgezogen mit Reet gedeckt, unter Linden. Stille umgibt uns. Wenn im Herbst die letzten Mähdrescher das Korn geerntet haben, sind die Brachen und knickgesäumten Stoppelfelder der Schauplatz großer Schleppjagden der Reitervereine von nah und fern. Einst jagte man in dieser Form den Fuchs, doch heute ist es ein unblutiges Vergnügen, bei dem ›der Fuchs‹ durch das Setzen einer Geruchsspur für die Jagdhunde vorgetäuscht wird, dennoch ein erregendes Schauspiel, nach dessen Ort und Zeit man sich in den Gasthäusern am Mühlenteich oder in Niemanns Gasthof an der Straße Glinde–Aumühle erkundigen sollte.

Friedrichsruh: Erinnerungen an Otto von Bismarck

Die waldschöne Nordsüdstraße durch den Sachsenwald von Kröppelshagen im Süden über Friedrichsruh nach Grande im Norden führt uns hin. Hinter dem Holzhof senkt sich die Straße, kopfsteingepflastert, tief hinab zum Schloß. Vorbei am Mausoleum, dessen neoromanische Blendarkaturen wir durch die Baumwipfel sehen, hat sie zu gewissen Zeiten und bei bestimmten Beleuchtungen etwas Symbolträchtiges. Theodor Fontane, der das alte Preußen der nachnapoleonischen Zeit sehr geliebt hat und zum reichsgründenden Otto von Bismarck stets eine kritische Distanz hielt, hier an diesem schattigen Hohlweg, wenn die Junisonne einen lichtgrünen Hain über der düsteren Waldschlucht bildet, an manchen Abenden, wenn das reichliche Moos der Baumstämme und Felsen in den Strahlenbündeln des Lichts grüngold und geheimnisvoll aufleuchtet, hat es den Dichter dort überkommen:

Und kommen nach dreitausend Jahren
Fremde hier des Wegs gefahren
Und sehen, geborgen vom Licht der Sonnen,
Den Waldgrund in Epheu dicht umsponnen
Und staunen der Schönheit und jauchzen froh,
So gebietet einer: Lärmt nicht so! –
Hier unten liegt Bismarck irgendwo.

Es ist nicht das beste Gedicht Fontanes, wahrlich nicht. Aber es spiegelt die Empfindungen eines alternden Dichters, der kurz nach Bismarcks Tod, kurz vor seinem eigenen – die beiden großen alten Männer Preußens starben in sich rasch wandelnder Zeit mit nur drei Monaten Abstand – gesagt hat: *»Er hat die größte Ähnlichkeit mit dem Schillerschen Wallenstein: Genie, Staatsretter und sentimentaler Hochverräter. Immer ich, ich, und wenn die Geschichte nicht mehr weiter geht, Klage über Undank und norddeutsche Sentimentalitätsträne. Wo ich Bismarck als Werkzeug der göttlichen Vorsehung empfinde, beuge ich mich vor ihm; wo er einfach er selbst ist, Junker und Deichhauptmann und Vorteilsjäger, ist er mir gänzlich unsympathisch.«*

Dieser Meinung Fontanes, hin- und hergerissen, entsprach wohl – wenn auch aus den unterschiedlichsten Gründen – die Stimmung innerhalb des preußischen und schleswig-holsteinischen Adels, der das Polternde und allzu Ichbezogene des Alten vom Sachsenwalde, der wie kein anderer den Zeitgeist geprägt hat, aber auch von ihm emporgehoben wurde, nicht mochte. Sein Wahlspruch PATRIAE INSERVIENDO CONSUMOR – Im Dienst für das Vaterland verzehre ich mich – ist nicht ohne Pathos; er mag der Wahrheit entsprechen, aber manche Wahrheit bleibt eben besser unausgesprochen.

Auch das alte Preußen, zumal der König und spätere Kaiser Wilhelm I., dessen Ritterlichkeit und schlichte Würde so ganz und gar dem drängenden, impulsiven Wesen Ottos von Bismarck-Schönhausen entgegengesetzt waren, mit dem ihn endlose Zerwürfnisse und Versöhnungen bald verbanden, bald trennten, das alte Preußen liebte ihn nur sehr bedingt. Die Zeit war im Umbruch, alte Strukturen zerbrachen. Der Schmied des Neuen aber hieß unbestreitbar und von niemand ernsthaft angefochten Otto von Bismarck, nun in den erblichen Grafenstand erhoben. Der alte König wußte es, und nur mit Beklommenheit und innerem Widerstreben nahm er die deutsche Kaiserkrone an.

Wir haben inzwischen die Bahnschranke in Friedrichsruh gequert. Rechts liegt das quittengelbe alte Bahnhofsgebäude, eine Bedarfshaltestelle könnte man dies nennen, aber es war der Bedarf eines großen Reiches, der hier die Sonderzüge halten ließ, etwa zur Zeit des Berliner Kongresses 1878, als eine Welt angereist kam, um ihre Probleme von Bismarck als ›ehrlichem Makler‹ schlichten zu lassen. Die Rolle des Deutschen Reiches sollte nie wieder so glanzvoll und unbestritten sein. Im Dreikaiserjahr 1888 folgte Wilhelm II. auf Friedrich III. und Wilhelm I., und 1890 – zwei Jahre hatten genügt – trennte sich der junge, impulsive Kaiser von einem Mann, der ihm hinderlich schien. Die ahnungsvolle Karikatur ›Der Lotse geht von Bord‹ im Londoner ›Punch‹ vom März 1890 zeigt den Kanzler auf der Gangway des von ihm verlassenen Regierungsschiffes. In Wahrheit fand dieser symbolische Akt hier statt. Ein verbitterter Otto von Bismarck entstieg als Entmachteter dem Salonwagen auf dem Bahnhof Friedrichsruh, eine Geschichtsepoche war zu Ende gegangen. Der Fürst erhielt den Titel eines Herzogs von Lauenburg, eines Herzogtums, das damit letztmals in der Geschichte genannt wird ...

Otto von Bismarck ruht im nahen MAUSOLEUM, 1889 in neoromanischem Stil und in Anknüpfung an staufische Formen als achteckiger Zentralbau errichtet. Neben dem Reichskanzler (†1898), dessen Marmorsarkophag die selbstgewählte Inschrift »Ein treuer deutscher Diener Kaiser Wilhelms des Ersten« trägt (vom zweiten ist keine Rede), ruht seine Frau, Johanna von

Friedrichsruh, Mausoleum Otto von Bismarck

Puttkamer (†1894), die in Bismarcks Briefen an seine Braut in lebhaften Farben gezeichnet ist und später völlig im Wirken ihres Mannes aufging.

Das im Frühjahr 1946 durch Bomben teilzerstörte SCHLOSS der fürstlichen Familie hat seinen Namen von dem 1767 erbauten Jagdhaus des Grafen Friedrich zur Lippe. 1845 hatte man dann eine Sommerwirtschaft mit dem weinfrohen Namen ›Frascati‹ erbaut, die Bismarck 1871 erwarb und zum Schloß umbaute. Es ist nach dem Krieg und dann nochmals in den achtziger Jahren wiederauf- und umgebaut worden. Nach Bismarcks Sohn Herbert wohnte hier Fürst Otto von Bismarck, der zweite seines Namens, bis 1945 deutscher Botschafter in Rom, und heute dessen Sohn Ferdinand Graf von Bismarck, von den Bediensteten immer noch respektvoll Durchlaucht angeredet. Im nahen BISMARCK-MUSEUM Anton von Werners aus hundert Geschichtsbüchern bekanntes Originalgemälde der deutschen Kaiserproklamation im Spiegelsaal von Versailles und das gerettete Arbeitszimmer des Kanzlers. Gegenüber dem Museum steht der nicht zugängliche und unveränderte MARSTALL, den der alte Kanzler gegen 1880 erbauen ließ. Im Stall mit seinen sorgsam geputzten Messingknäufen wiehern die Pferde, klopfen Aufmerksamkeit erheischend mit ihren Hufen an die Boxentüren, versuchen bei der Weihnachtsfeier im Stall den auf Strohballen Tafelnden das Haar vom Kopf zu knabbern. In der Halle wachsen Jagdtrophäen aus den Wänden, und in der Sattelkammer, sorgsam gepflegt, blinken die schwarzen Ledergeschirre mit der messingfarbenen preußischen Krone, als ob der Fürst in seinem schwarzen Schlapphut, begleitet von seinen Doggen Tiras und Rebekka, erst gestern hätte ausschirren lassen.

Im Jahr 1865, im Zuge der Deutsch-Dänisch-Österreichischen Kriege, ging der Sachsenwald mit dem gesamten freigewordenen Herzogtum Lauenburg aus dänischer Hand an Preußen über. König Wilhelm als vorletzter Titularherzog von Lauenburg hat ihn 1871 per Rezeß dem Fürsten Otto von Bismarck in Anerkennung seiner Verdienste mit dem Titel eines Herzogs von Lauenburg übereignet. Im wiederhergestellten Schloß schrieb dieser seine ›Gedanken und Erinnerungen‹, auf, bei den Historikern – wie könnte es anders sein – umstritten, aber als stilistisches Meisterwerk Cicero oder Leopold von Ranke an die Seite zu stellen. Noch immer geistert die Geschichte umher, der preußische Finanzminister habe ihm aufgrund der Schenkung wiederholt Mahnungen zur Begleichung seiner Steuerschulden nach Friedrichsruh gesandt. Sie wurden souverän übersehen, der Kanzler mochte meinen, er habe dem Deutschen Reich die Einheit geschenkt, von Steuern möge man ihn verschonen – und der Finanzminister traute sich nicht, bei seinem Kabinettschef zu pfänden …

Das dänisch-holsteinische Schloß zu Reinbek

Ganz im Südwesten des alten Herzogtums Lauenburg, bereits auf stormarnschem Gebiet, liegt Reinbek mit einem der großen Schlösser des Landes. Nach hiesigem Verständnis gehörte ein Schloß der Landesherrschaft, die Sitze des Adels galten und gelten als Herrenhäuser. Zwischen 1572 und 1576 ließ Herzog Adolf I. von Schleswig-Holstein-Gottorf (1533-1586) auf den abgetragenen Resten eines mittelalterlichen Zisterzienserinnen-Klosters ein prächtiges Renaissance-Schloß im niederländischen Stil erbauen. Nach umfassender Restaurierung gilt es heute als das eindrucksvollste Zeugnis der reichen Bautätigkeit des Schleswig-Holsteinischen Landesherrn im 16. Jahrhundert. Schloß Reinbek diente insbesondere repräsentativen Zwecken; fernab seiner Hauptresidenz Gottorf demonstrierte Herzog Adolf auf diese Weise seine ständige Präsenz. Nach seinem Tode wurde das Schloß 1586 zunächst seiner Witwe Christine von Hessen und später der Herzogenwitwe Augusta von Dänemark übereignet. Lange Zeit diente es vorwiegend als Verwaltungssitz der herzoglichen, ab 1773 der dänisch-königlichen Amtmänner von Reinbek. Als die Herzogtümer 1867 schließlich mit Preußen vereinigt wurden, residierte der preußische Landrat auf dem Reinbeker Schloß.

1874 versteigert und zum Hotel umgebaut, danach von Hamburg als Institutsgebäude genutzt, im letzten Krieg einer der letzten Sitze des Oberkommandos der Wehrmacht, begann das durch ständige Umbauten verschandelte Schloß zu verfallen. Stadt und Landkreis haben ungewöhnliche Sorgfalt aufgewandt, um es in neuer alter Schönheit wiederentstehen zu lassen, und so bietet sich uns heute das Bild einer asymmetrischen Dreiflügelanlage in rotem Backstein, horizontal in niederländischer Manier durch helle Sandsteinbänder gegliedert, der Nord- und Ostflügel mit wieder freigelegten schönen Korbbogenarkaden über schlanken Säulen toskanischen Stils im Erdgeschoß. Ihre elegante Form verdanken sie einer niederländischen Interpretation des Architekturtheoretikers Sebastiano Serlio, dessen ›Regole generali di architettura‹, in Venedig 1537 publiziert, auch dem Norden Europas Vitruv und die italienische Renaissance vermittelt haben. In die südöstliche Ecke des Hofes drängt sich in reizvoller Asymmetrie ein polygonaler Treppenturm, an die Weserrenaissance erinnernd. Die steilen Dächer tragen wieder ihre schmucken Gauben, deren Wiederherstellung mit schuppenförmig sich anschmiegendem Schiefer und vielfältig gebrochenem Walm Beispiel einer fortwährenden Handwerkstradition sind. Besonders in der Ansicht vom nahen Mühlenweiher bietet sich das Schloß, unverbaut in seinem Park ruhend, mit grünweißen Klappläden malerisch dar. Es ist die erste Dreiflügelanlage im Lande, denn zuvor galt der Typus der Parallelhausanlage mit meist drei im First parallel stehenden Häusern, scheinbar zu einem quadratischen Block verschmolzen, dabei statisch deutlich getrennt, wie wir dies in den Schlössern Glücksburg und Ahrensburg bereits sahen.

Im wohnlichen Inneren hängt im Treppenhaus das Bild des Erbauers Herzog Adolf (Kopie des Stockholmer Originals), dessen Kartusche uns verrät: »Adolf van Gades Gnaden Erve Tho Norvegen, Hertoch Tho Schleswick ...« Wir verstehen dies nur, wenn wir uns vor Augen führen, daß Norwegen in jener Zeit in Personalunion mit Dänemark verbunden war. Dem Künstler mag das ferne Norwegen interessanter erschienen sein als das nahe Dänemark, von dessen allgegenwärtiger Existenz ohnehin jeder wußte.

In den verschiedenen Sälen des erneuerten Schloßinneren, bescheiden *Reinbek-*, *Herzogin-Augusta-*, *Hof-* und *Kaminzimmer* genannt, erfreuen uns die wieder freigelegten schönen und kunstvoll in Grisaille, Braun oder Altrot bemalten Balkendecken. An den Auflagern, vom Holzwurm bereits zu Mehl verarbeitet, mußten die schweren Eichenbalken chemisch behandelt und durch unsichtbar von oben eingesetzte Stahlträger in ihrer statischen Funktion entlastet werden. Der gewonnene Raumeindruck und die zurückhaltende Möblierung mit Lübecker Schapps, norddeutschen Kastenschränken des 17. Jahrhunderts, flämischen Gobelins und bemalten Wandpaneelen (aus

Schloß Reinbek

dem Steinburger Hof in der Kremper Marsch) haben dem Schloß den historischen Charakter zurückgewonnen. Wer an alten handwerklichen Dachstühlen Freude hat, der findet im originalen eichenen *Krummspanner*, der sich über drei Etagen aufbauenden, kunstvoll verzargten Konstruktion des Dachgestühls, Beachtenswertes. Die dies bauen konnten, beherrschten nicht nur das Handwerk, sondern trigonometrische Gesetze und schufen subtile statische Ausgewogenheit.

Am Limes Saxoniae

Noch heute ist in der offenen Landschaft der Limes Saxoniae zu erkennen, den Kaiser Karl der Große 810 mit dem Slawenfürsten Slavomir aushandelte. Erzbischof Adalbert von Bremen hat die Geschichte überliefert, um 1050 niedergeschrieben, aber offensichtlich in Anlehnung an ältere Berichte: »Vom Ostufer der Elbe ... bis ins Skythenmeer« nennt er mit vielen Namen den Verlauf der Reichsgrenze; doch von einem Limes, wie wir dies vom römischen Limes in Süddeutschland kennen, also einer mit Mauer und Graben befestigten Grenzlinie, ist keine Rede. Es handelt sich vielmehr weitgehend um eine Grenze im unbesiedelten Niemandsland, sumpfig, mit unwegbaren überschwemmenden Wasserläufen und Seen. An manchen Stellen mögen Erdwälle vorhanden gewesen sein, verwachsen mit Dickicht. Nur im Hinterland, darin nun doch wieder dem römischen Limes ähnelnd, lagen einzelne Burgen mit bescheidener Garnison. Die *Ertheneburg* westlich von Lauenburg ist ein solcher mit Wall und Graben befestigter Stützpunkt hinter dem Limes Saxoniae, der bei Boizenburg die Elbe erreichte und an der Mündung der Schwentine in die Kieler Förde begann. Auch die *Hammaburg* im heutigen Hamburg und die *Nütschauer Schanze* gehören hierzu. Auf slawischer Seite standen ihnen die *Polabenburg* im heutigen Ratzeburg, die *Oldenburg* bei Lehmrade und andere gegenüber.

Der Verlauf der Grenze ist noch immer an den Dorfnamen deutlich ablesbar. Die westlich gelegenen germanischen Orte haben Namen, die zum Beispiel auf -ing, -stedt, -stede oder -büttel enden. Die slawischen sind schwieriger zu erkennen, da sie im Laufe der Zeit eingedeutscht wurden. Auch manches große Waldgebiet hat sich überraschenderweise in diesem Niemandsland erhalten: Sachsenwald, Hahnheide und Segeberger Forst.

Ein anderes Merkmal sind die merkwürdigen Pferdekopfpaare, die auf manchem alten Hof entweder auswärts, also nach verschiedenen Richtungen schauen, wie wir dies auch in Niedersachsen finden, manchmal sich auch gegenseitig betrachten. Im Umkreis des Sachsenwaldes, der ja mitten im Niemandsland des Limes Saxoniae lag, finden wir diesen Firstschmuck noch häufig. Die nach innen schauenden Kopfpaare sind wendische oder slawische Firstsymbole.

In die Zeit der Festlegung des Limes Saxoniae fällt auch das Wirken von *Bischof Ansgar* oder Anschar, der in der Slawenmissionierung ein Vorgänger jenes Abtes Ansverus war, von dem wir in Ratzeburg bereits hörten. Gegen 800 in der Picardie geboren und im Benediktinerkloster Corbie an der Somme erzogen, gelangte er in das westfälische Kloster Höxter, wo ihn 831 der Ruf Kaiser Ludwigs des Frommen traf, sich nach dem Norden zu begeben. Neben der Hammaburg Hamburgs fand man bei Ausschachtungsarbeiten nach dem Kriege das Fundament des sogenannten Bischofsturms, heute im Keller des Gemeindezentrums an der Petrikirche konserviert und zu besichtigen. Dieses Turmfundament aus Feldsteinen stammt vermutlich erst von Erzbischof Bezelin-Alebrand und wird gegen 1040 datiert – doch ist die Vermutung erlaubt, daß auch schon Ansgar hier einen hölzernen Turm neben der Hammaburg besaß.

Alte Herrenhäuser in Holstein und Lauenburg

Im folgenden Kapitel wird eine Reihe von Herrenhäusern vorgestellt. Die Auswahl folgt kunstgeschichtlichem Rang, aber auch der kulturhistorischen Bedeutung für die Landschaft. Die meisten Herrenhäuser des Landes sind privat bewohnt und darum nur selten zu besichtigen, doch ist es im allgemeinen möglich, mit einigem Takt das Äußere und den Park in Augenschein zu nehmen. Die beste Gelegenheit zu einer Innenbesichtigung ergibt sich bei Konzerten oder Gruppenführungen durch lokale Reisebüros oder Verkehrsvereine am Urlaubsort. Eine individuelle Rundreise ist unter den gegebenen Umständen weniger ergiebig.

Von den Ursprüngen großer Güter

In der Hügellandschaft des östlichen Holstein, der nahen Ostsee zugewandt, findet sich in einer ungewöhnlichen Kulturlandschaft eine erstaunlich große Zahl erhaltener und teilweise noch immer bewirtschafteter großer Güter mit Herrenhäusern und Torhäusern aus manchen Jahrhunderten. Ihnen stehen in Süddeutschland keine vergleichbaren Bauten gegenüber, eher in Dänemark, Südengland und Schweden und dann wieder ganz im Süden, im oberitalienischen Veneto. Wir erkennen daraus erneut die starken nordischen Einflüsse, denen dieser Raum ausgesetzt war, aber auch welche Impulse dem Norden in der Zeit der Renaissance und dann nochmals im palladianischen Nachklang des Klassizismus aus dem Süden vermittelt wurden. Schleswig-Holstein kam dabei eine besondere Brückenfunktion zu.

Dabei mag die Art des Wohnens mitten im Gutsbezirk und das Praktisch-Pragmatische des Wirtschaftens eher dem germanisch-nördlichen Empfinden und einer bäuerlichen Tradition entsprochen haben, lange bevor die Stände sich schieden. Die Kunst zu bauen hingegen, die antiken Schmuckformen und letztlich der Lebensstil sind dem Süden entlehnt, nehmen die Gedanken Vitruvs und später Palladios vom kultivierten Leben auf dem Lande auf.

Curia und *Castrum* waren die ersten Bautypen, die in Holstein im Rahmen der erneuten Landnahme nach der Vertreibung der Slawen Fuß faßten. Viele der Geschlechter, der *originarii*, mögen aus Westfalen und aus Flandern eingewandert sein, andere entstammten dem einheimischen freien Bauernstand, eine Entwicklung, die gegen 1350 abgeschlossen war. Ihre alten Sitze sind untergegangen; hier und da hat sich ein Wallrest erhalten, oft genug nur eine Motte, ein Erdhügel mit hölzerner Befestigung, wie es sie auch in Nordfrankreich und Flandern gab und wie wir sie in der Ertheneburg Heinrichs des Löwen kennenlernen. Nur die Namen, *Curia* und *Castrum*, halten die oft genug unbestimmte Erinnerung an die bereits der Vergangenheit angehörenden römisch-fränkischen Hofgüter aus der Zeit des großen Karl wach.

Erst vom 15. Jahrhundert an ist Bauliches faßbar, kurz nachdem die aus dem Weserbergland zuwandernden Schauenburger großen Einfluß gewannen und eine deutliche Scheidung des adligen Standesrechts vom bäuerlichen Recht bewirkten, wie es sich in Dithmarschen noch bis in den Dunstkreis unserer Tage erhalten hat. Der Mangel an leicht zu befestigenden Bergen, auf denen sich im Südwesten Deutschlands der frühe Adel in seinen Burgen festsetzte, begünstigte den Typus der Wasserburg, wie er in schönen Beispielen auf uns gekommen ist. Betrachtet man die Karte am Schluß dieses Buches, die die hier besprochenen Herrenhäuser verzeichnet, so erkennt man ihre Häufung östlich der Linie Lübeck, Bad Segeberg, Neumünster und Schleswig. Das mag klimatische und topographische Gründe haben wie zum Ackerbau günstigere Böden oder den reichen königlichen Waldbesitz, der als einstiges Jagdgebiet verlehnt wurde. Entscheidender ist aber die Tatsache, daß das westliche Schleswig-Holstein von einer freien Bauernschaft aus Friesland besiedelt wurde, deren über die Jahrhunderte erhaltener Freiheitssinn nur schwer mit großräumiger und feudaler Gutswirtschaft auszusöhnen war. In den östlichen, in den Slawenkriegen kolonisierten Teilen erhielt der Adel besonderes Gewicht und Einfluß, machte sich die aus Westfalen hereingetragene, langsam auch nach Mecklenburg und Brandenburg vordringende feudale Ordnung bemerkbar. Ostholstein nahm dabei lange Zeit eine Mittlerrolle ein zwischen dem freien Bauernland Dithmarschens und den schon bald zu ausgesprochen kolonisatorischen Frühformen der bäuerlichen Abhängigkeit gekommenen Ostgebiete.

Mit dem 12. Jahrhundert hatte eine erste Welle von Innovation und größerem Wohlstand begonnen. Sie war ausgelöst worden durch zahlreiche Erkenntnisse, die im Zuge der Kreuzzüge den Norden Europas erreichten. Daneben brachte die Einführung der Dreifelderwirtschaft und einer zunehmenden gewerblichen Arbeitsteilung den aufblühenden Städten Wohlstand. Die Triebfeder war ein aufkommender Unternehmungsgeist, wenn man will, eine frühe Industrialität in des Wortes eigentlichem Sinn (lat. *industria* = Fleiß). Was die Erde herzugeben hatte: Erze, Holz, die Fruchtbarkeit des Ackerbodens, Steine, Kalk zum Brennen, Luft und Wasser –, das alles war ja längst bekannt. Gewachsen war indessen die Zahl der Hände, die jene Naturschätze zu sinnvollen und manchmal kostbaren Dingen verwandeln konnten.

Es ist das Erstaunliche, daß bei elementaren Gegebenheiten in manchen Epochen der Geschichte ungewöhnliche Ergebnisse aus diesem Fleiß erwuchsen, in anderen Elend und Not und Gleichgültigkeit herrschten. Es ist, als käme plötzlich ein Wind auf, der die Unternehmungslust Weniger und oft genug die Bereitschaft auch breiterer Schichten, daran teilzunehmen, schürt. Gewiß sind die schönsten Früchte, ist der Reichtum den Oberen zugefallen, aber langsam hat sich ein gewisser Wohlstand auch einer nach unten breiter werdenden Bevölkerungspyramide mitgeteilt. Die unerfreuliche Kehrseite der Entwicklung war die allmähliche Ausbreitung der Leibeigenschaft, die den Bauern durch das Schollenband an den Gutsherrn kettete. Dieser Prozeß war aber bereits seit etwa 1400 in Gang gekommen. Am besten kam zuwege, wer die anderen mitverdienen und alle an die Futterkrippe ließ, ihren Fleiß, ihre Phantasie, aber auch durchaus den menschlichen Egoismus und Erwerbstrieb herausforderte.

Die Renaissance eines Heinrich Rantzau

Irgend etwas davon hatten wohl auch die aufblühenden Städte und die Gutsherren des 15. und 16. Jahrhunderts erkannt. Ihr Motiv war menschlich sehr schlicht: Wir wollen schönere Häuser haben, bessere Kleidung, wertvollere und bequemere Ausstattung. Es war wie in den Gründungsjahren der Bundesrepublik: Erst kam die Eßwelle, dann die Kleiderwelle, dann die Wohnungswelle, die Reisewelle und die Kunstwelle. Diese Wellen in Gang zu setzen hieß zunächst einmal, Hände mobilisieren, verpflegen, entlöhnen mit Naturalien, die der fast autarke Gutsbetrieb hergab. Geld spielte dabei eine geringere Rolle als heute. Es war knapp und diente zur Bezahlung weniger kunstsinniger Handwerker und Baumeister, Maler und Stukkateure, die oft genug aus dem übervölkerten Oberitalien zuwanderten und neben Kost und Logis in bar aus den Überschüssen des Gutsbetriebes entlohnt wurden, bescheiden versteht sich ... Was sie hinterlassen haben, sind nicht nur Kunstschätze; ihr Verdienst besteht nicht zuletzt in der Heranbildung und Förderung einheimischer Künstler, die aus dem alten Fundus Italiens lernten.

Daß dabei manches Stadtpatriziat, mancher hanseatische Kaufherr und Schiffseigner, auch mancher Gutsbesitzer in Holstein den Bogen überspannte, unsinnigen Druck ausübte und allzu kraß und mit wenig feinen Methoden in die eigene Tasche wirtschaftete, wen wunderts? Im ganzen war die Epoche, gemessen am Standard der Zeit, segensreich; die Greuel der Bauernkriege wurden dieser Region bezeichnenderweise erspart, und es schwingt eine gewisse Hochachtung mit, wenn der Volksmund sagt:

stolt as en Rantzau,
from as en Reventlow,
wilt as en Blome,
listig as en Rumohr,
riik as en Brockdörp.

Ein solches Gut war nicht nur relativ autark und unabhängig, es war auch ein Ort unaufwendigen Lebens der Gutsherrschaft, die den Alltag und die Mahlzeiten mit den Gutsangestellten, dem Inspektor, der Erzieherin der Kinder, den jungen Leuten benachbarter Güter teilte.

Das Vordringen der Renaissance nach dem Norden, der aufblühende Enthusiasmus einer wiederentdeckten antiken Welt fiel zusammen mit einer Blütezeit des schleswig-holsteinischen Adels im 16. Jahrhundert, als Herzog Friedrich I. von Gottorf 1523 zum König von Dänemark gewählt wurde, königliche wie herzogliche Interessen gleichermaßen in einer segensreichen Friedensperiode gipfelten, die erst im Dreißigjährigen Krieg ein jähes Ende fand. Der Adel des Landes hatte Friedrich I. gegen Christian II. von Dänemark unterstützt, gewiß nicht ohne eigennützige Gedanken, und präsentierte 1524 die Rechnung in Form eines Rezesses, der seine Privilegien vergrößerte. Diese Privilegien sind aber weniger die Ursache der Hochblüte des 16. Jahrhunderts als die Festschreibung des errungenen Wohlstandes. In der Person Heinrich Rantzaus, der bis 1598 als königlicher Vikar fast unbeschränkte Vollmacht in den Herzogtümern ausübte, hat sich diese glückliche Zeit in einer einzelnen Person verdichtet. Noch heute sind die Rantzauschen Herrenhäuser und Güter zwischen Kiel und Lübeck ihr beredtes Zeugnis.

Heinrich Rantzau, kraftstrotzender und umfänglich beleibter Renaissance-Mensch und Humanist, ähnelt in manchen Zügen dem etwas älteren Pfalzgrafen und späteren Kurfürsten Ottheinrich in Heidelberg, mit dem ihn viel Persönliches auf Reisen verband. Aufgeschlossen für eine neue Zeit, erregt von den Wundern einer durch Entdeckungsreisen größer gewordenen Erde, geschickt in wirtschaftlichen Dingen, in manchem durch die Reformation freier geworden, interessiert an antikem und wiederentdecktem Wissen, durch viele Reisen kunstverständig und fremder Sprachen mächtig, zeigte er eine große Bauleidenschaft, freilich auch unstillbare Eitelkeit. Nun galt, modern bauen heiße ›italienisch‹ bauen, also im Stil der Renaissance. Das große Kompendium der Stadtansichten jener Zeit, von Braun-Hogenberg ab 1585 als ›Theatrum Urbium‹ herausgegeben, entstand unter steter Förderung durch Heinrich Rantzau, natürlich nicht ohne seine eigenen Bauten darin stolz vorzuführen. Wie auch immer man die großen Herren der Renaissance beurteilen mag, es gibt wenig Anhaltspunkte für Rantzauschen Amtsmißbrauch, und sein diplomatisches Geschick wurde von allen Ständen gerühmt.

Mag die Renaissance in Nordeuropa auch nur zugewandert sein, so hat sie doch reizvolle und eigenständige Ausprägungen erfahren, ist mit ihren Backsteinbauten ungewöhnliche rot- und brauntonige Verbindungen mit der umgebenden Landschaft eingegangen, hat in die sommerliche Seenlandschaft Holsteins wie die Fluren Jütlands und Seelands, die alten schwedischen Landschaften Södermanland, Götland und Småland, den englischen Süden nicht zu vergessen, die architektonische Essenz eines römischen Jahrtausends hineingetragen, schwere, aber maßvolle Proportionen, hat sie verbunden mit den satten Grüntönen, dem Moosgrün, Buchengrün und Umbra, wie sie der Landschaft eigen sind. Weder Barock noch gar Rokoko hätten dies leisten können, zu fern waren sie der Natur.

Herrenhaus Knoop von Axel Bundsen, Mittelrisalit

Palladio und der Charme des nordischen Klassizismus

Versucht man herauszufinden, welche landestypischen Formen in den Herrenhäusern Schleswig-Holsteins während der Renaissance Ausdruck gefunden haben, so dominiert eindeutig Italien. Natürlich führte der Mangel an behaubaren Natursteinen zu einer Lösung, die in den Backsteinbauten Hollands und der Weserlande schon vorgeprägt war. Von der Weser kam auch häufig der teure importierte Sandstein für Portale und Fensterrahmungen. Dem italienischen Einfluß folgte die holländische Baugesinnung auf dem Fuß: die Neigung zu waagrechten Fassadengliederungen, zu auftreppenden Giebeln, zur besonderen Anordnung enggestellter hochrechteckiger Fenster. Frankreich steuerte die Ecktürme bei, die dem ursprünglichen Doppel- und Dreifachparallelhaus, aber auch der Dreiflügelanlage fremd waren. Von eigenster Art sind dagegen die genannten parallelen Dreihausanlagen, die aus einer statischen Not entstanden. Wer große gewölbte Säle und Repräsentationsräume wollte, der scheiterte zuallererst an der Länge der Balken und deren Durchbiegung. Die kunstvoll gemauerten Wölbungen der Antike waren nur in hohen Kirchenräumen, aber nicht als flache Decken auszuführen. Da erfand man das Dreifachparallelhaus: nichts als drei gleiche Häuser, parallel so aneinandergestellt, daß jeweils zwei eine gemeinsame Längsmauer haben. Folgerichtig sitzt auf dem ganzen Bauwerk von meist quadratischem Grundriß ein dreifach gesatteltes Dach, und an den Ecken finden sich – besonders schön in Ahrensburg und Glücksburg zu sehen – statisch unabhängig fundamentierte Ecktürme, die in geschickter Weise dem Ganzen seine geschlossene, quadratisch-wehrhafte Wesenhaftigkeit geben. Das Innere löst freilich die gemeinsamen Wände auf, ersetzt sie durch stehengebliebene Granitpfeiler, die nun jene gesuchten weiten Festräume gliedern. Indem wir Ahrensburg und Glücksburg in einem Atemzug nennen, wird auch deutlich, daß Herrenhaus und Schloß sich in der Renaissance weniger architektonisch als funktional unterschieden; oft genug sind sie vom selben Baumeister erbaut.

Mit dem Tode Heinrich Rantzaus in der Silvesternacht 1599 endet gleichsam symbolisch diese erste bedeutende Zeit der Herrenhäuser im Lande. Der folgende Dreißigjährige Krieg hat Armut und Zerstörung, den Zerfall von Macht und Einfluß der feudalen Ordnung zur Folge. Die Sieger sind die großen Herren und Fürsten, deren meist barock geprägte Schloßbauten uns im einzelnen vor Ort beschäftigen sollen.

Mit dem 18. Jahrhundert treten wir in eine neue Glanzphase der schleswig-holsteinischen Herrenhausarchitektur ein. Es ist die letzte Phase einer einheitlich europäischen und aristokratisch geprägten Gesellschaftsform, deren höchste Repräsentanten dem verspielten Rokoko huldigten, noch mehr ihre Damen. Der Landadel im Norden war in jener Zeit weit weniger als in Süddeutschland in den Dienst der Fürsten getreten, hatte Unabhängigkeit bewahrt. Mochte der Hofadel im Süden auch dem Zug der Zeit und Rousseaus Ruf »Retour à la nature« gerne folgen, so waren es doch sehr künstliche Gebilde, die als rokokozarte

Gartenschlößchen und Lusthäuser daraus folgerten. In Schleswig-Holstein geboten Klima und der Gutsbetrieb als Lebensgrundlage vor Ort zu bleiben und mit sparsamen Mitteln nicht selten Bedeutendes zu leisten. Dazu war der in der Mitte des 18. Jahrhunderts sich durchsetzende klassizistische Stil wie geschaffen.

Vor allem Andrea della Gondola, genannt Palladio, 1508 in Vicenza geboren, hat mit seinen ländlichen Villen des Veneto, entstanden aus einem ungezwungenen und dennoch übereinstimmenden Verhältnis von Idee und Handwerk, antike Größe mit kühler aristokratischer Eleganz verbunden. Die Maisons de Plaisance der Normandie und der Île de France, die Country Mansions Südenglands, die Herrensitze in den amerikanischen Südstaaten und letztlich die Herrenhäuser Schleswig-Holsteins, Dänemarks und Schwedens sind unter dem Begriff ›Palladianismus‹ in die Kunstgeschichte eingegangen.

Erneut ist es die schier unerschöpfliche Antike, die in der Wiederentdeckung Palladios und Vitruvs das Motiv der Einbettung klassisch-kühler Häuser in die eigentliche Schönheit der umgebenden Natur belebt. Während der Süden noch relativ lange dem Barock und Rokoko verhaftet bleibt, der Klassizismus nur zögernd sich ausbreitet, ist nun der Norden, so scheint es, zur Avantgarde in der Baugesinnung geworden, findet die gelassene Noblesse der ruhig atmenden Landschaft zur kühl-vornehmen Zurückhaltung der Herrenhäuser.

Es war denn auch im fernen Vicenza, wo wir in einer Ausstellung zum 400. Todestag Palladios, 1980, inmitten der Basilica Palladiana erstaunt vor einer wandumspannenden Fotografie der Villa Baudissin im holsteinischen Knoop standen, untrüglich in der Handschrift der ›Quattro Libri dell' Architettura‹ Palladios durch Axel Bundsen ausgeführt: der dreiteilige Säulenportikus mit dem überdachenden Dreiecksgiebel, das Ausbalancieren von tragenden und lastenden Kräften, die ruhige Symmetrie, in Knoop so schön zu sehen wie in Vicenza.

In den Schülern präsentiert sich die Erbschaft des Meisters: Christian Fredrik Hansen mit der Villa Godeffroy an der Elbchaussee, Rudolf Mathias Dallin mit dem Herrenhaus Pronstorf, Balthasar Neumann mit dem Schloß in Würzburg, Friedrich Wilhelm von Erdmannsdorff im dessauischen Wörlitz, der Hugenotte Simon Louis dy Ry in Kassel, Karl Friedrich Schinkel in Berlin, Friedrich Weinbrenner in Karlsruhe, Karl von Fischer in München – und im Hintergrund standen sie alle dichtgedrängt: Inigo Jones mit Somerset House, Jacob van Campen mit dem Mauritshuis, Erik Palmstedt mit dem Schloßtheater in Gripsholm, Giacomo Quarenghi mit der Eremitage in Petersburg, und mit Thomas Jeffersons virginischem Monticello hat sich der kühle Charme von Palladios Werk mit seinen klaren Formen und Proportionen noch der Neuen Welt zum Geschenk gemacht. Es sind große Momente, in denen man solcher Gemeinsamkeit in einer sonst zerstrittenen Welt gewahr wird.

Mit gewissem Recht dürfen wir darum sagen, daß in der letzten Sublimierung antiker Formen im Klassizismus der damals bekannten Welt auch eine letzte Gemeinsamkeit zuwuchs, bevor mit dem Ende des 19. Jahrhunderts der Begriff ›Stil‹ als ein das ganze Leben umfassender und durchdringender Inbegriff einer Lebensform unterging. Doch was, mag man nun einwenden, rechtfertigt die Heraushebung dieses offenbar so verbreiteten Stils gerade bei den Herrenhäusern Schleswig-Holsteins? Um diese Frage zu beantworten, muß man sie ganz einfach besuchen und erleben, wie unter einem weiten Himmel, am Ende langer Lindenalleen, umspielt vom Wasser entengrütziger Gräben, umgürtet vom winddurchrauschten schilfgesäumten See, Baumeister und Bauherren abstrakte klassische Proportionen mit den weichen fließenden Formen der Landschaft vermählt haben.

Die holsteinischen Herrenhäuser sind darum keine Schlösser, keine landesfürstlichen oder bischöflichen Sitze, isoliert von Untertanen und städtischen Einflüssen. Im Gegenteil: Sie ruhen in der Landschaft, sind mitsamt ihren Gartenanlagen ein Teil von ihr. Auch die Dörfer haben Anteil an der gutsherrlichen Anlage, diente doch das Ganze zum Wirtschaften, war ständig sommers wie winters bewohnt und nicht etwa wie die Güter des Veneto oder der Toskana von einem Fattore geleitet, allenfalls im Sommer dem Stadtpatriziat als Landsitz dienend. Manche dieser Anlagen sind noch heute in alter Nutzung, freilich unter den Zwängen mechanisierter Landwirtschaft und bei zunehmend schwieriger werdender Erhaltung aufwendiger Bausubstanz.

Auf halber Strecke zwischen Plön und Lütjenburg liegt an der Bundesstraße 430 **Rantzau,** der Ursprungsort jenes Geschlechts, das Holstein so nachdrücklich mitgeprägt hat, schon 1226 als Rantzow erwähnt. 1592 erbaute Heinrich Rantzau als Statthalter des dänischen Königs anstelle der mittelalterlichen Anlage den Prachtbau des einstigen HERRENHAUSES mit Wandelhallen und kostbar ausgestatteten Gemächern im Stil der italienischen Renaissance inmitten der seeartig aufgestauten Kossau. Braun-Hogenbergs Ansicht von Plön (Seite 316/17) führt ihn uns vor Augen als »herrlich und auff die Welsche Weiß geziert ...« – eindrucksvollstes und reifstes Zeugnis Rantzauschen Kunstsinns. Geht der Kernbau der betürmten Seitenflügel noch auf diesen alten Bau zurück, so hat der eutinische Baumeister Lewon oder Löwen 1750 im Auftrag des damaligen Besitzers, Herzog Adolf Friedrich, einen Mitteltrakt im barocken Stil mit großer Laterne über einem Haubendach zwischen die Flügel gesetzt. Ein ansehnliches TORHAUS mit geschweiftem Giebel und dekorativ rustizierten Kanten führt in den Bezirk, noch immer ein lebhaft bewirtschaftetes Gut und Trakehnergestüt. Nahebei die alte Mühle mit einem Restaurant.

Seit 1760 war das Gut im Besitz der Grafen Baudissin-Zinzendorf. Wolf Heinrich Graf Baudissin, 1789 in Kopenhagen geboren, hat hier zusammen mit Dorothea Tieck die von August Wilhelm Schlegel begonnene Shakespeare-Übersetzung zu Ende geführt, die noch heute ein Standardwerk ist.

Nachdem wir auf der Bundesstraße 430 Lütjenburg durchfahren haben, wenden wir uns auf der 502 nordwärts und erreichen bald **Panker,** das gegen 1400 als Lehnsgut der Rantzau erwähnt wird. 1741 hat es Landgraf Friedrich I. von Hessen-Kassel als Sitz für seine zur linken Hand angetraute Gattin Ulrike von Taube angekauft und mit anderen Gütern zur Herrschaft Hessenstein vereinigt; der Sohn aus dieser Verbindung wurde zum Reichsfürsten von Hessenstein erhoben. Zur rechten Hand war der Landgraf der Gatte der schwedischen Königin Ulrike Leonore, wozu hat der Mensch schließlich zwei Hände.

Panker ist eines der schönsten Herrenhäuser des Landes, eigentlich ein Schloß, und, obwohl im Kern auf Rantzausche Bau-

Herrenhaus Panker

ten um 1700 zurückgehend, weitgehend vom Geschmack der Jahre um 1800 geprägt. Wir sehen zunächst das TORHAUS, das entgegen sonstiger Art fast größer als das Herrenhaus ist und den Wirtschaftshof der kleinen Residenz dominiert. Aus der ursprünglichen Hauptachse der reizvoll in einem kleinen Tal am See gelegenen Anlage hat man das HERRENHAUS herausgedreht und zum See gewendet. Weiß aus dem umgebenden Grün des Parks herausleuchtend, ist die schlicht-elegante Dreiflügelanlage mit dem gaubengeschmückten Walmdach vom Klassizismus bestimmt. Das nicht zu besichtigende Innere – das Schloß wird noch immer vom hessischen Landgrafen bewohnt – zeigt im Vestibül Deckenmalereien aus der Kasseler Orangerie und im rechten Flügel akanthusrankengeschmückte Balkendecken mit den Wappen der Erbauer Detlev Rantzau und seiner Frau Lucia von Buchwaldt.

An der Rückfront hat die kurhessische Hausstiftung 1962 im Kontrast zum großen englischen Landschaftsgarten vor dem Haus einen kleinen französischen Garten angelegt. Am Park vorbei gelangt man zu einem gelobten Restaurant, der ›Olen Liese‹, einst eine Remise des Reichsfürsten, die er samt Schankkonzession seinem Reitknecht mit der Auflage übergab, jener

›Olen Lise‹, seinem alten Lieblingspferd, das Gnadenbrot zu geben. Ob zur linken oder zur rechten Hand – menschliche Dimensionen müssen hier auch geherrscht haben.

Herrenhaus Schierensee: vom Staatsminister der Zarin zum Pressezaren

1711 wurde einem Gottorfer Pastor ein Sohn namens Caspar geboren. Von Adel war keine Rede, aber Caspar von Saldern war temperamentvoll und schließlich bedeutend genug, um die behauptete Verwandtschaft mit der aus dem Braunschweigischen stammenden Familie von Saldern glaubhaft zu machen. Sein Aufstieg ist für jene Zeit märchenhaft und straft die Regel Lügen, wonach in einer festgefügten Klassengesellschaft keine Aufstiegschancen bestehen. 1735 Gottorfischer Inspektor geworden, verlor er durch Intrigen seine Stellung, hatte aber genug verdient, um 1752 das Gut Schierensee zu kaufen, das, gegen 1469 erstmals erwähnt, lange im Besitz der Ahlefeldt und Rantzau gewesen war. Die Rantzauische Tafel von 1586 zeigt noch ein schlichtes Fachwerkhaus, umgeben von einem Burggraben.

Salderns große Stunde kam 1761, als er in Sankt Petersburg in die Dienste des Gottorfer Erben und späteren Zaren Peter III. trat. Nach dessen Ermordung betraute ihn dessen Witwe, die Zarin Katharina die Große, mit der Regierung im holsteinischen Landesteil Rußland. Caspar wurde 1762 zum Staatsminister ernannt; er hatte mit großer Geduld und bemerkenswertem diplomatischen Geschick den sogenannten Kieler Rezeß zustande gebracht, mit dem der gottorfsche Anteil Holsteins an die dänische Krone kam, während Rußland mit dem Herzogtum Oldenburg entschädigt wurde – in Kiel war schon die Rede davon. Das Fernhalten russischen Machtanspruchs am westlichen Ausgang der Ostsee ist seine bleibende Leistung, mögen auch seine Motive opportunistisch gewesen sein. Graf Bernstorff, sein dänischer Gegenspieler – fast möchte man von seinem zwinkernden Mitspieler sprechen –, und Friedrich der Große bemängelten seine bäurische Derbheit. Dennoch besaß er weltmännischen Geschmack und Raffinement. Die Bauern sagten von ihm: »Herr Caspar von Sallern kun bullern und ballern und wer doch en goden Mann.«

Daß ein Bernstorff und ein Saldern, der eine auf Wotersen, der andere auf Schierensee, in einer Zeit, die noch feudal-kosmopolitisch, andererseits bereits vom erwachenden Nationalgefühl geprägt war, durchaus deutsch empfanden, sieht man an ihrem gemeinsamen Eintreten für eine deutschsprachige Verwaltung der Kieler Kanzlei der dänischen Krone, die Bernstorffs Sohn übernahm.

»Non mihi sed posteris«, seinen Nachkommen also widmete Saldern den 1775 begonnenen Neubau von Schierensee, den er durch den Eutiner Baumeister Johann Adam Richter, einen Schüler des berühmten Ernst Georg Sonnin aus Hamburg, ausführen ließ. Reizvoll in einer Bodensenke gelegen, erhebt sich das dreiflügelige großzügige HERRENHAUS am Ende einer doppelten Lindenallee, bewußt abgesetzt vom Wirtschaftshof. Belebt durch weiße Lisenen vor dem Hintergrund roten Backsteinmauerwerks, trägt das Herrenhaus in der Supraporte des palladianisch überhöhten Portals das große S als Initial des Bauherrn. Es paßt auch für den späteren Besitzer von Schierensee, Axel Springer, der das etwas verwirtschaftete Gut in den sechziger Jahren kaufte und aufwendig, aber stilvoll restaurieren ließ.

Herrenhaus Schierensee

Gerühmt werden an Schierensee die originelle Raumverteilung mit dem prächtigen, zwei Geschosse übergreifenden *Festsaal* und einer großen Zahl wohnlicher Zimmer. In ihnen finden sich ein Porträt von Salderns Gönnerin, der Zarin Katharina II. Ein anderes Gemälde zeigt uns den Hausherrn in altväterlicher

Tracht und langer Biedermeierpfeife an der Seite einer Dame, die er nach dem Tod seiner Frau als dritte Lebensgefährtin ins Haus nahm, nachdem er lange Zeit mit ihrer Schwester zusammengelebt und eine gemeinsame Tochter hatte. Was focht den Pastorensohn das Geschwätz der Zeitgenossen an. Aus seines Vaters Studierstube hatte er neben Selbstbewußtsein auch genügend Latein mitgenommen, um sein Lusthaus auf dem Heeschenberg ›Tranquillitati‹ zu nennen, ›Zur Ruhe‹. Die Enkelin Salderns, die Baronin Brockdorff-Saldern, wie das mit den Nachgeborenen oft so ist, nahm gewaltigen Anstoß an diesem Bild und ließ es so zerschneiden, daß nur noch Saldern mit Pfeife und Tochter zu sehen ist, das Fräulein Schnepel aber auf den Dachboden verbannt wurde. Erst in unseren Tagen hat man die Liebenden wieder vereint.

Herrenhaus Emkendorf: Julia Reventlows karibische Träume und Matthias Claudius

Durch eine alte Allee führt der Fahrweg auf ein Rondell zu, hinter dem in klassischer Anordnung eines holsteinischen Gutes Scheune, Stallungen und Reithalle einen Wirtschaftshof bilden. Dahinter, axialsymmetrisch, der Ehrenhof, dessen Abschluß das Herrenhaus bildet, seinerseits flankiert von zwei flügelartigen Gästehäusern. Es ist im Grunde die verkleinerte Form einer Schloßanlage mit hinter dem Herrenhaus liegendem englischen Landschaftspark, der sich anmutig zum See absenkt.

Obwohl das Gut eines der ältesten im Lande ist, bereits 1190 als Besitz der Herren von Westensee genannt, liegt seine eigentliche Bedeutung in der Geistesgeschichte an der Wende vom 18. zum 19. Jahrhundert. 1786, die Vereinigten Staaten waren gerade selbständig geworden, und in Frankreich zerstob unter dem revolutionären Ansturm das Ancien Régime, erwarb Fritz Graf von Reventlow das Gut. Er war verheiratet mit Julia Gräfin Schimmelmann, Tochter des dänischen Finanzmagnaten, dessen Haus – um nicht zu sagen Schloß – in Ahrensburg wir bereits besucht haben. Die Mittel der Schimmelmann aus ihren reichen Besitzungen in Dänemark, Hamburg und der Karibik ermöglichten 1791 den Bau des gegenwärtigen Herrenhauses durch C. G. Horn (heute im Besitz des Freiherrn von Lüttwitz-Heinrich und nicht allgemein zugänglich).

Wie bei vielen Herrenhäusern des Landes überwältigt das Äußere keineswegs. Als relativ schlichter dreizehnachsiger Breitbau mit einem schweren Mansarddach, überhöhtem Mittelrisalit mit jonischer Kolossalordnung und Dreiecksgiebel steht es in der palladianischen Tradition des Frühklassizismus. Das Innere enthält ältere barocke Raumelemente und bezaubert durch die landestypische Anordnung von Vestibül und anschließendem ausgerichteten Gartensaal. Nach beiden Seiten öffnen sich vom Vestibül Raumfluchten in warmen Holztönen, mit stuckierten Decken und besonders schönen Supraporten. Der Adel des Hauses, wenn dieser Ausdruck einmal erlaubt ist, liegt in der reichen Dekorationsmalerei, die G. A. Pellicia auf Wunsch des Bauherrenpaares in antikisierendem Stil mit etruskischen und pompejanischen Motiven ausgeführt hat. Dieser Eindruck wird unterstützt durch zahlreiche Gemälde, die bei einem Aufenthalt von Fritz und Julia Reventlow 1795 in Rom bestellt wurden und den Charme italienischer Landschaften in den Norden trugen. Neben italienischen Künstlern, die sich an Raffael, Giulio Romano und Correggio anlehnten, ist der Malerkreis um Philipp Hackert und Angelika Kauffmann vertreten.

Es ist kaum möglich, den Reichtum dieses Hauses in wenigen Stunden zu erfassen, zu umfangreich ist der Fundus, den die Bauherren von *ihrer* Italienischen Reise mitgebracht haben, eine einzigartige Parallele zu Goethes mehr literarischem Gepäck. Der Gartensaal hat Literaturgeschichte gemacht: Von hier aus hat Matthias Claudius den hereinbrechenden Abend, die Stimmung des aufgehenden Mondes über dem Waldsaum des Parks erlebt und festgehalten:

Der Mond ist aufgegangen
die goldnen Sternlein prangen
am Himmel hell und klar.
Der Wald steht still und schweiget
und aus den Wiesen steiget
der weiße Nebel wunderbar.

Nichts hat sich an diesem Bild geändert. Matthias Claudius, durch den ›Wandsbeker Boten‹ den Schimmelmann in Wandsbek und Ahrensburg nahestehend, war häufiger Gast auf Emken-

Emkendorf, Etruskisches Zimmer von G. A. Pellicia

dorf, wohnte im 1796 erbauten und erhaltenen Gartenhaus. Um die Wende des 18. Jahrhunderts war dieses Gut eines der einflußreichsten geistigen Zentren im Lande, besucht von Klopstock, dem Schweizer Lavater, den mit Goethe befreundeten Brüdern Grafen Stolberg, Johann Heinrich Voß, dem Homer-Übersetzer, und vielen Kieler Professoren, aber auch französischen Emigranten.

Angelika Kauffmann,
Bildnis Julia Reventlow, 1784

Steht man in Schloß Ahrensburg oder in Gottorf vor dem Bild der Hausherrin von Emkendorf, 1784 von Angelika Kauffmann in Rom gemalt, dann ahnen wir, warum diese hochgebildete Frau nur sehr bedingt Teil der sie umgebenden Adelswelt wurde, weit eher diese Welt in den Bannkreis ihrer und ihrer Freunde Gedanken zog, Gedanken, die dem Freigeist Goethe freilich etwas zu religiös waren, eben zu herrnhuterisch, so daß er einem Besuch in Emkendorf auswich.

Es war vor allem die Sklavenfrage, die Fritz und Julia, die lange als dänische Gesandte in London gelebt hatten, betroffen machte. Natürlich kann man sagen: Der Vater Schimmelmann verdient sein Geld mit Zucker, Rum und Plantagennegern, und die Tochter pflegt den Weltschmerz darüber. Kritik ist immer einfach; viel schwieriger ist es, dem Zeitgeist in den Arm zu fallen, und das haben Fritz und Julia Reventlow und die Brüder Stolberg wie Matthias Claudius im Rahmen ihrer Möglichkeiten getan. Schiller, den die Schimmelmann in einer schweren Lebensphase finanziell aufgefangen hatten, hat es in die Worte gefaßt:

Unser Schuldbuch sei vernichtet
ausgesöhnt die ganze Welt,
Brüder, überm Sternenzelt
richtet Gott, wie wir gerichtet.

Dieses Sklavenschuldbuch der Zuckerplantagen in Westindien, mit Bacchus, Goliath und Hendrick, mit Flora, Quasiba und Susanna oder wie die tausend Schwarzen sonst heißen mochten, das war es, was auch Julia Reventlow umtrieb. Ehemann Fritz sah das nüchterner. In einem Brief an den Schwager schreibt er: *»Julia, ses amis, les Nègres, les paysans d'Emkendorf, la beauté de la Campagne, les discussions philosophiques, voilà ce qui l'occupe.«* – Ihre Freunde, die Neger, die Bauern Emkendorfs, die Schönheit des Landes, die philosophischen Diskussionen, das war es, was sie beschäftigte.

Herrenhaus Knoop: der Grafen Baudissin Hofneger

Julia Schimmelmann hatte es nicht weit zu ihrer Schwester Caroline Gräfin Baudissin auf Gut Knoop. Es liegt am Hang des Nord-Ostsee-Kanals auf einem Erdhügel, einem Knoop, fast verfremdet, wenn die großen Seeschiffe vorüberziehen, und teilt in der Architektur wie seinen Erinnerungen den schwesterlichen Kreis, der ein ganzes Land für Jahrzehnte geistig mitformte. Fand Julia in Carl Gottlob Horn den Baumeister, so Caroline in dem jungen Dänen Axel Bundsen, dessen klassizistische Neigungen streng in der Nachfolge des großen Palladio standen. Palladios Anweisung in seinen ›Quattro libri dell'architettura‹, die Forderung nach freier ungezwungen-harmonischer Lage eines Hauses in der Landschaft ist in Knoop vollendet gestaltet worden. Die Zeitgenossen haben es kritisiert: *»Aber mit seinem Baumeister muß der Graf übel beraten sein, da ein ganz neu aufgeführtes Haus im italienischen Geschmack ... so verunglückt war ...«*

Dem klassizistisch kühl aus dem umgebenden Grün auftauchenden Herrenhaus steht ein ungemein wärmendes Inneres gegenüber. Wieder sind es Pellicia und Francesco Antonio Tadei, die das Haus mit reichen Stukkaturen, geistvoll ausgemalten Supraporten und italienischem Dekor geschmückt haben. Der Reichtum der südlichen Farben, dennoch in zurückhaltender Art dem Norden angepaßt, sein Erfindungsreichtum zeichnen Pellicia aus. Schön sind die blauen Tapeten aus der Pariser Manufaktur Réveillon. Den *Gartensaal* hat Ludwig Philipp Strack mit stimmungsvollen Ideallandschaften ausgemalt, Reminiszenzen an die Grand Tour nach Italien, Tivoli und Neapel. Einer der schönsten Räume ist das *Schlafzimmer* mit seiner die Betten aufnehmenden Apsis, darüber ein wunderschönes Rundbild mit der Göttin der Nacht nach Motiven der italienischen Renaissance. Verständnislos und prüde übermalt, wurden diese Bilder erst 1954 wieder freigelegt, nachdem das Haus 1945 ausgeplündert worden war. Das sorgsam restaurierte Anwesen ist heute im Besitz G. R. Hirschfeld.

Von den Schimmelmannschen Plantagen sandte man junge Neger auch auf die Güter Schleswig-Holsteins. Auf einem Bild in einem der von Pellicia ausgemalten Säle sehen wir Joseph Graf Baudissin mit dem Kammermohren. Dieser, sinnigerweise Christoph Tafeldecker genannt, heiratete eine blonde Kielerin, und irgendwo leben ihre Nachkommen wohl noch heute. Caroline Baudissin und Julia Reventlow nahmen sich dieser Gutsmohren an, erzogen sie im Geist der Zeit. Gute Gefühle zu haben, ist eine schöne Sache, doch handelnd den Zeitgeist zu formen weit schwieriger. Aber zählt nicht zum Haben auch die Ehrenhaftigkeit des Herzens?

Herrenhaus Knoop

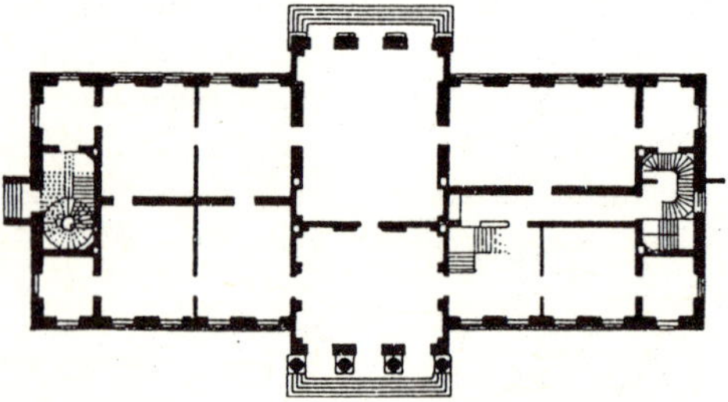

Herrenhaus Wotersen: Bernstorff, der Minister des dänischen Gesamtstaates

Im Kirchspiel Siebeneichen liegt das bedeutende Herrenhaus Wotersen. Wir finden es von der Bundesstraße 207 zwischen Schwarzenbek und Mölln bei Elmenhorst abbiegend. Inmitten leicht hügeliger Landschaft erhebt sich das 1736 errichtete schloßartige HERRENHAUS als ausgedehnte Dreiflügelanlage in kräftigem, fast österreichisch anmutendem Kaisergelb. Dem dreistöckigen spätbarocken Mittelbau ist ein dreiachsiger Risalit mit bereits klassizistischem Dreiecksgiebel vorgeblendet. Die Cour d'honneur wird flankiert von zwei flach gewalmten Kavaliershäusern, die jenseits des Hofes ihre Fortsetzung finden in weitläufigen Wirtschaftsgebäuden.

Das noch ganz dem Barock angehörende Innere führt aus dem niedrigen Vestibül über ein Treppenhaus ins Hauptgeschoß mit dem Gartensaal. Der besondere Schmuck des Hauses ist eine reiche *Gemäldesammlung* bedeutender Persönlichkeiten des dänisch-schleswig-holsteinischen Gesamtstaates, wie er bis 1864 bestand. Im Sommer finden im Reitstall anspruchsvolle Konzerte statt, aber die großen Stunden des Jahres sind auf Wotersen die Herbstjagden. Niemand ist es verwehrt, das farbenprächtige Bild der großen Reitgesellschaft vor der Kulisse des Herrenhauses mitzuerleben, den Hörnerschall und das Kläffen der Meute. In solchen Momenten gewinnt das Haus seine einstige Bedeutung als gesellschaftlicher Mittelpunkt der Herzogtümer zurück.

1408 erstmals erwähnt, ist das Gut durch viele Hände gegangen. 1717 erwirbt Andreas Gottlieb von Bernstorff Wotersen. Er steht im Dienste der hannoverschen Georgs, seit 1714 Könige von Großbritannien, wird ihr kurfürstlicher Kanzler und damit auch Herr in Lauenburg. 1737 wird der Fideikommis von Johann Hartwig Ernst von Bernstorff übernommen, seit 1751 dänischer Außenminister und 1767 in den (dänischen) Grafenstand erhoben. Eine eigentümliche Situation im damals noch existenten Heiligen Römischen Reich: Da lebte ein Kurfürst, also ein zur Kaiserwahl verpflichteter deutscher Fürst, der als König von England, Schottland und der halben Welt und Erzschatzmeister des Reiches (mit stets leerer Schatulle) als Herzog von Braunschweig und Lauenburg – gewissermaßen im Nebenberuf – eine leutselige deutsche Majestät darstellt. In Durchlauchtens Garten, sozusagen, wohnte sein getreuer Graf Bernstorff, der die Außenpolitik für den König von Dänemark machte, reiche Besitzungen in Kopenhagen hatte, sich um die Bauernbefreiung kümmerte und im kolonialen Bereich mit London auf Kriegsfuß stand. Es gehört zu den Besonderheiten dieser alten Geschlechter, auch in kontroversen Lagen Unabhängigkeit der Meinung bewahrt zu haben; dafür waren sie um so mehr fachlich kompetent, dachten nicht national und waren im politischen Metier gesucht. Christian Günther Graf Bernstorff war 1800 dänischer, zwei Jahrzehnte später preußischer Außenminister, kein Mensch hat dies als Charakterschwäche verstanden. Johann Heinrich Graf Bernstorff hat als deutscher Botschafter in Washington vergeblich versucht, den uneingeschränkten U-Bootkrieg und damit den Kriegseintritt der USA 1917 zu verhindern. Er hat 1933 Deutschland verlassen, nachdem Unabhängigkeit der Meinung nicht mehr gefragt war. Das Schloß ist noch heute im Besitz der Familie und nicht zugänglich.

Man mag es bedauern oder nicht, den meisten Mitmenschen wurde Wotersen als Schauplatz der Fernsehserie ›Die Guldenburgs‹ bekannt, deren Verdienst es aber unzweifelhaft ist, die Schönheit der schleswig-holsteinischen Landschaft publik gemacht zu haben.

Herrenhaus Kletkamp: die Grafen Brockdorff öffnen ihr Haus

Inmitten einer von Wasserläufen und kleinen Seen erfüllten Niederung liegt in hügeliger Landschaft das Herrenhaus Kletkamp. Es könnte kaum anders sein: Im 14. Jahrhundert gehörte das Gut den Rantzau, doch im 17. Jahrhundert ging es an die Brockdorff über, die es noch heute besitzen und im übrigen mit den Rantzau vielfältig verwandt sind.

An der Stelle der alten Wasserburg erhebt sich das HERRENHAUS, unmittelbar aus dem Wasser des Grabens emporsteigend: ein Breitbau des 17. Jahrhunderts auf einem hohen Granitquadersockel mit steilem Walmdach, die Gartenseite noch ganz holsteinisch in rotem Backstein. 1676 hat wohl ein Utrechter Baumeister der Hofseite einen holländisch gestimmten frühklassizi-

Herrenhaus Kletkamp
Teil der bemalten Balkendecke von 1620

stischen Vorbau angegliedert, der sich zu einem volutengeschmückten Giebel verjüngt. Im Innern ein schönes säulengeschmücktes *Vestibül* im Erdgeschoß und die spätklassizistische, schon dem Biedermeier verpflichtete Flucht der *Gartenzimmer*. Rechts vom Vestibül der *Speisesaal* mit prächtigen Stuckarbeiten der Zeit um 1790.

Ein solches Herrenhaus birgt seine Geheimnisse. Bei Restaurierungen der Stuckdecke im Speisesaal fand man in unserer Zeit eine ältere bemalte Holzbalkendecke der Renaissance, wohl noch aus der Zeit Cai Brockdorffs. Die Holzdielen der Decke sind mit Schweifwerkkartuschen und Grotesken ausgemalt, herrlich anzüglichen Szenen mit gar nicht zimperlichen Liebespaaren und Episoden des Trojanischen Krieges. Man hat diese Decke restauriert und in der Diele des Obergeschosses eingebaut. Das Haus enthält Räume mit schönen gepreßten Ledertapeten, Holzvertäfelungen, Majolikaöfen der Neorenaissance und alten Familienporträts vom 17. bis 19. Jahrhundert. Farblich sehr fein sind die weißen pompejanischen Motive auf gelbem Grund im Salon, umrankt von grünen Kränzen und Mäanderbändern; der Parkettboden mit schöner intarsierter Windrose.

Ein prächtiges TORHAUS mit Mansarddach, Dachlaterne, Schweifgiebeln und phantasievoller Gliederung führt in den wassergrabenumzogenen Wirtschaftshof.

Hat man sonst Probleme, das Innere solcher Häuser zu besichtigen, was oft nur bei Konzerten oder besonderen Führungen möglich ist: Hier in Kletkamp ist der Besitzer, Christian Friedrich Graf von Brockdorff, in das bequemere Inspektorhaus vor dem Tor umgezogen und vermietet heute im Obergeschoß des Herrenhauses zwölf Appartements, auch die Festräume des Erdgeschosses an Gesellschaften. Das mag dem einen oder anderen die Möglichkeit geben, das besondere Lebensgefühl auf einem solchen Gut kennenzulernen (F 04381/7028), seinen Tagesrhythmus, seine leise, aber eindringliche Atmosphäre. Manchmal wird man dabei erkennen, daß Formen auch formen können, scheinbar Beengendes befreiend wirkt.

Wieder an der Elbchaussee: Jenischhaus und Herrenhaus des Baron Voght

Hier sind wir am Anfang unserer Reise aufgebrochen, hier schließt sich auch der weite Bogen, gibt uns nochmals Gelegenheit etwas zu sehen, was zu Beginn eher als ein Teil großbürgerlicher Hamburger Kultur verstanden worden wäre, in Wahrheit weit mehr der holsteinischen Baukultur am Ausgang der dänischen Zeit angehört.

Die Landhäuser an der Elbe, das Weiße Haus, das Baursche Elbschlößchen, das Landhaus Godeffroy im Nienstedtener Hirschpark und das Jenischhaus im gleichnamigen Park, liegen alle nahe beieinander in schöner Lage oberhalb des belebten Flusses. Einst Villegiaturen des reichen Stadtpatriziats, sind es immer noch bezaubernde Villen, deren Vorbild die klassizistische Herrenhausarchitektur eines noch bis 1864 in die Altonaer Palmaille hineinreichenden dänisch-schleswig-holsteinischen Gesamtstaates war. Im Gottorfer Vergleich 1768 hatten Dänemark und Hamburg einige Erleichterungen für die Bebauung auf dänischem Gebiet zwischen Altona und Blankenese geschaffen und damit jene Landschaft schönen Wohnens, die sich heute an der Elbchaussee entlangzieht. Zunächst waren es nur wenige Herrenhäuser, in die man sich im Sommer aus der wallumzogenen, heißen Stadt zurückzog. Unter ihnen das landwirtschaftliche Gut des Hamburger Kaufmanns Baron Caspar von Voght, das sich im Tal der Flottbek erstreckte, langsam und malerisch zur Elbe abfallend. Es war im englischen Geist der Landschaftsgärtnerei entstanden, als ›ornamented farm‹, diente aber dem Erwerbsanbau und war die Keimzelle späterer holsteinischer Baumschulen, Rosen- und Rhododendronzüchtereien.

Von der bei Teufelsbrück tief am Ufer verlaufenden Elbchaussee die Baron-Voght-Straße aufwärts fahrend, kommen wir mitten in diesen Gutsbezirk, heute von modernen Villen durchwachsen. In seinem Kern steht noch das weiße, von J. H. Arens um 1800 erbaute HERRENHAUS DES BARON VOGHT. Sein Säulenumgang erinnert an die Herrenhäuser in den amerikanischen Südstaaten, die engen Beziehungen der Gedanken und Bauformen, die im Gefolge des Handels hin- und hergingen. War die palladianische Klassik mit Inigo Jones nach Amerika ausgewandert, so kehrte sie als Kielballast der Baumwollsegler aus Charleston nach Hamburg zurück. Das Bild Voghts im nahen Jenischhaus zeigt ihn im dunklen Anzug. Gesicht und Hände ziehen alle Aufmerksamkeit auf einen Menschen, der nicht nur reich war, sondern sein Geld und Talent großzügig nutzte, um Unbemittelte – und deren gab es in der Notzeit der Napoleonischen Kriege genug – sinnvoll auszubilden, sie ihre Chance selbst wahrnehmen zu lassen.

Neben dem immer noch schönen, leider etwas vernachlässigten Voghtschen Herrenhaus stehen die alten Instenhäuser der Gutsarbeiter, auch zwei alte stattliche Bauerngehöfte, die zum Voghtschen Gut gehörten, einem parkartigen Gelände, zu dem immerhin der heutige Reitturnierplatz in Flottbek, der nahe Golfplatz und schließlich der weite Jenischpark gehörten. Auch der Baron Voght spürte indessen die wirtschaftlichen Nöte der Kontinentalsperre und mußte wenig später, 1828, das Gut an den Sohn seines Freundes Martin Jenisch verkaufen, Bausenator und nach dem Brand von 1842 für den Wiederaufbau Hamburgs verantwortlich – gleich ihm ein Liebhaber der Gartenkunst.

Das JENISCHHAUS in seinem großen Park – mit dem BARLACHHAUS an dessen Nordrand – führt uns den klassizistischen und doch alles andere als kalten Stil einer Zeit vor Augen, die noch glauben konnte, mit menschlicher Vernunft und Einsicht, aus dem Umfeld der Antike erwachsen, eine noblere Zeit entstehen zu lassen. Heller Marmor, die beiden Tondi Thorvaldsens und Uhdes schöne Marmorgruppe ›Der Fischer‹ empfangen uns im Treppenhaus des nach Plänen von Schinkel von Forsmann 1830 erbauten Herrenhauses. Aus dem unteren und oberen Elbsalon fällt noch heute fast ungestört unser Blick auf die zur Elbe hin abschwingende Auenlandschaft des Parks, fern die Türme Finkenwerders und die Harburger Berge – eine Idylle, die alles Moderne wie absichtlich ausschließt.

In den schönen Empiremöbeln, in Paris 1805 entstanden, dürfen wir uns den Hausherrn und seine Frau – eine gerühmte Schönheit, deren Bild wir im Nachbarzimmer sehen – vorstellen, wie sie 1845 den dänischen König Christian VIII. empfingen, tout en famille, sozusagen. Bemerkenswert das *Strackzimmer* mit Panneaus von Philipp Strack, dem Weggefährten Goethes, mit italienischen Landschaften. Da sind auch J. H. W. Tischbein und Angelika Kauffmann nicht weit. In vielen Häusern des Landes sind wir diesen Zeugen einer kleinen Zeitspanne begegnet, die zwischen Kiel und Altona die Fußspur der Antike hinterließ.

Das Haus wirkt nicht als Museum, eher repräsentativ und dennoch wohnlich: die warmen prachtvollen Intarsienböden, das Mobiliar zwischen spätem Rokoko und den klassizistischen Stilvarianten Norddeutschlands und Dänemarks. Die gemalte Wandtapete im oberen Salon ist spätere Zutat, sie stammt aus einem Bauernhof in Süderau und wurde vom damaligen Besitzer, der im Pferdehandel zu Geld gekommen war, veritablement bei einem Pariser Künstler bestellt. Das gab es also auch in Holstein. Die Stände waren, wie wir schon wiederholt Anlaß hatten festzustellen, weit weniger in Geschmack und Möglichkeiten voneinander geschieden als in anderen Teilen Deutschlands. Noch mancher heutige Bauernhof in den Vierlanden, in Dithmarschen oder den Marschen zeigt stolz seinen weißen Säulenportikus vor dem Haus, geborgen unter tief herabgezogenem Reetdach, sucht die Verbindung zu jenen Traditionen, die nicht nur die Reichen schön fanden. Den Bruch im Geschmack können wir zwischen dem biedermeierlich-charmanten *Schlafzimmer* im Obergeschoß und dem folgenden *Salon* von 1875 fast schmerzhaft nachvollziehen. Der Stil wird unsicher, die Harmonie ist verfallen, das Ganze von etwas schwerfällig-steifer bürgerlicher Geziertheit. Tempi passati ...

Auch für uns gilt es nun Abschied zu nehmen von Schleswig-Holstein. Manches Reisen in diesem in der Stille so reichen Land mag noch folgen, und der Entdeckerfreude von Leser und Autor harrt noch vieles, weil ja auch dieses Buch nicht alles bringen kann noch will …

Stammtafeln

Die drei Stammtafeln der folgenden Seiten bieten dem Leser eine übersichtliche Darstellung der komplizierten dynastischen Zusammenhänge und politischen Konstellationen und dienen der Illustration des Textes.

Die erste Tafel ist den getrennten Anfängen der Schleswig-Holsteinischen Geschichte gewidmet: den Schauenburger Grafen von Holstein, einem Teil des Deutschen Reiches, und den Herzögen von Schleswig als Teil Dänemarks – bis zur Vereinigung beider Länder unter Christian I. von Dänemark aus dem Hause Oldenburg.

Die zweite Tafel verzeichnet die Herrscher des Hauses Oldenburg seit Christian I. und dessen Nachfolge in Dänemark und Schleswig-Holstein mit den weitverzweigten Nebenlinien Gottorf und Sonderburg.

Die dritte Tafel betrifft Sachsen-Lauenburg, das seit 1864 mit Schleswig-Holstein vereinigt ist. Hier übernehmen nach dem Sturz Heinrichs des Löwen die Askanier die Herzogsgewalt, um sie nach Aussterben der Linie 1689 an die Welfen zurückzugeben.

Die Schauenburger in Holstein

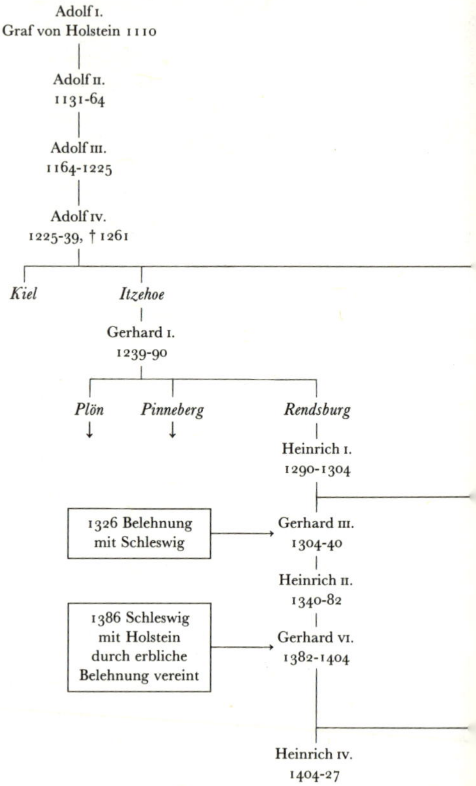

Herzöge von Schleswig

Knud Laward
Sohn Erichs I. v. Dänemark
1. Herzog von Schleswig 1115-31

Waldemar I. d. Gr.
König von Dänemark
1157-82

Christoph
Herzog von Schleswig
† 1173

Waldemar II.
König von Dänemark
1202-41

Mechtild
v. Schauenburg
⚭
Abel, Herzog seit 1232
König von Dänemark 1250-52

Waldemar
1254-57

Erich I.
1257-72

Waldemar IV.
1283-1312

Schleswig 1252-1375
erbliches Lehen einer
Nebenlinie des dänischen
Königshauses

Adelheid
⚭
Erich II.
1312-35

Waldemar V.
1325-64
dän. Gegenkönig
1326-30

Heinrich
1364-75

Adolf VIII.
1427-59

Hedwig
⚭
Dietrich
Graf von Oldenburg

Christian I.
(s. folgende Seite)

Die Könige von Dänemark und Herzöge von Schleswig-Holstein aus dem Hause Oldenburg

mit den Linien Gottorf, Sonderburg, Glücksburg u. a.

1460 Ripener Privileg

HAUS GOTTORF

3fache Landesteilung 1544

Johann zu Hadersleben 1544-81

geht auf in herzoglich Gottorfer und königlich dänischem Anteil

Adolf 1533-86

Friedrich II. 1586-87

Philipp folgt 1587

Johann Adolf folgt 1590

Friedrich III. folgt 1616

1658 Souveränität vom dän. Königshaus

Christian Albrecht folgt 1659

Friedrich IV. folgt 1659

Karl Friedrich folgt 1702/18 ⚭ Anna v. Rußland

1720 schleswig. Gebiete an Dänemark; erster Schritt zur ›gesamtstaatlichen Periode‹

Karl Peter Ulrich folgt 1739 = Zar Peter III. 1762 ⚭ Katharina d. Gr. 1762-96

Paul I.

1773 Verzicht auf holstein. Gebiete zugunsten Dänemarks; die Herzogtümer somit unter dänischer Herrschaft vereint.

LINIE LÜBECK/ EUTIN/OLDENBURG

Christian August Fürstbischof v. Lübeck (Eutin)

Friedrich August 1750 Fürstbischof Graf/Herzog v. Oldenburg 1773-85

Im Zuge des russischen Tauschhandels 1773 zum Herzogtum erhoben

Großherzöge von Oldenburg

SCHWEDISCHE LINIE

Adolf Friedrich König von Schweden 1751

Gustav III. 1771

Gustav IV. Adolf 1792-1808

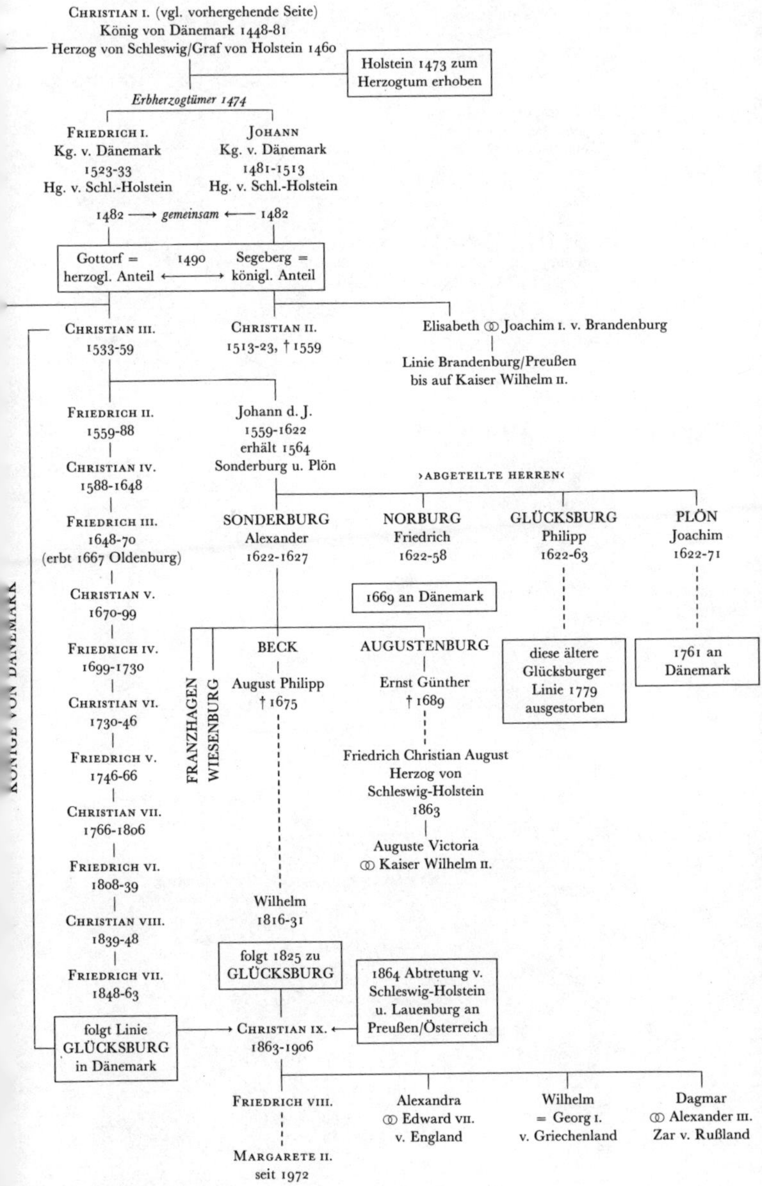
Christian I. (vgl. vorhergehende Seite)
König von Dänemark 1448-81
Herzog von Schleswig/Graf von Holstein 1460
Holstein 1473 zum Herzogtum erhoben
Erbherzogtümer 1474
Friedrich I. Kg. v. Dänemark 1523-33 Hg. v. Schl.-Holstein
Johann Kg. v. Dänemark 1481-1513 Hg. v. Schl.-Holstein
1482 → gemeinsam ← 1482
Gottorf = herzogl. Anteil ← 1490 → Segeberg = königl. Anteil
Christian III. 1533-59
Christian II. 1513-23, † 1559
Elisabeth ⚭ Joachim I. v. Brandenburg
Linie Brandenburg/Preußen bis auf Kaiser Wilhelm II.
Friedrich II. 1559-88
Johann d. J. 1559-1622 erhält 1564 Sonderburg u. Plön
›Abgeteilte Herren‹
Christian IV. 1588-1648
Friedrich III. 1648-70 (erbt 1667 Oldenburg)
SONDERBURG Alexander 1622-1627
NORBURG Friedrich 1622-58
GLÜCKSBURG Philipp 1622-63
PLÖN Joachim 1622-71
1669 an Dänemark
Christian V. 1670-99
Friedrich IV. 1699-1730
FRANZHAGEN
WIESENBURG
BECK August Philipp † 1675
AUGUSTENBURG Ernst Günther † 1689
diese ältere Glücksburger Linie 1779 ausgestorben
1761 an Dänemark
Christian VI. 1730-46
Friedrich V. 1746-66
Friedrich Christian August Herzog von Schleswig-Holstein 1863
Christian VII. 1766-1806
Auguste Victoria ⚭ Kaiser Wilhelm II.
Friedrich VI. 1808-39
Wilhelm 1816-31
Christian VIII. 1839-48
folgt 1825 zu GLÜCKSBURG
Friedrich VII. 1848-63
1864 Abtretung v. Schleswig-Holstein u. Lauenburg an Preußen/Österreich
folgt Linie GLÜCKSBURG in Dänemark
Christian IX. 1863-1906
Friedrich VIII.
Alexandra ⚭ Edward VII. v. England
Wilhelm = Georg I. v. Griechenland
Dagmar ⚭ Alexander III. Zar v. Rußland
Margarete II. seit 1972
Könige von Dänemark

Welfen und Askanier in Sachsen und Sachsen-Lauenburg

Otto der Große setzt
Hermann Billung
als Herzog von Sachsen
ein, † 973

Nach Erlöschen der Billunger
kommt Sachsen 1106 an
Lothar von Supplinburg
= Kaiser Lothar III. (1125-37)

WELFEN

Gertrud v. Supplinburg ⚭ Heinrich der Stolze
Herzog von Bayern 1126-39
Herzog von Sachsen 1137-39

Heinrich der Löwe
Herzog von Sachsen 1142-80
Herzog von Bayern 1156-80
⚭ Mathilde, Tochter
Heinrichs II. v. England

nach Absetzung
Heinrichs des Löwen
geht Sachsen östlich
der Elbe an die
Askanier

Otto IV.
dt. König/Kaiser
1198/1209, † 1218

Wilhelm † 1213

Otto das Kind
Herzog von
Braunschweig-Lüneburg
1235-52

Braunschweig *Lüneburg*

Jüngere Linie Lüneburg

Georg Wilhelm

erbt 1689
Lauenburg

Ernst August
Kurfürst von
Hannover 1692-98

Sophie Dorothea ⚭ Georg Ludwig
Kurfürst 1698/1708
= Georg I. v. England
1714-27

Haus Hannover
in Großbritannien

Georg August
= Georg II. 1727-60

Georg III. 1760
Kurfürst/König v.
Hannover (1814)

Lauenburg 1815
an Dänemark

ASKANIER
Albrecht d. Bär

Brandenburg

Bernhard III. v. Anhalt
Herzog von Sachsen 1180-1212

Teilung

Sachsen

Albrecht I.
1212-60

Anhalt

Teilung

Lauenburg

Johann I.
1260-85

Wittenberg

Ratzeburg

Erich I.
1305-61

Julius Franz
1666-89

Bergedorf

Johann II.
1305-21

erloschen,
1401 an Hamburg
u. Lübeck

Nach Aussterben
der Askanier tritt
das welfische Haus
Lüneburg-Hannover
die Nachfolge in
Lauenburg an

Archiv des Verlages 264, 267, 346, 352. Bayerische Staatsbibliothek, München 31, 38f., 50f., 53, 71, 77, 92f., 94, 148f., 176f., 212f., 250f., 316f., 344, 348. Bavaria Bildagentur GmbH, Gauting Umschlag-Vorderseite (Foto Buchholz), Taf. 2 (Foto: Nägele). Peter Behrendt (Stadt Reinbek) 387. Detlef Benecke, Kamen 208, 209. Bilderdienst Süddeutscher Verlag, München 164. Willi Birker, Braunschweig Frontispiz 82, 85, 282, 366, 383. Jutta Brüdern, Braunschweig 333, Taf. 13, 14, 16, 17, 18, 19. Hans Christians Verlag, Hamburg 223, 285, 289, 415. Deutscher Kunstverlag: Große Baudenkmäler Heft 348 272; Hirschfeld, Herrenhäuser 402, 408. Dieter Dreyer, Ostholstein-Museum in Eutin 330. Hirmer Fotoarchiv München 115, 127, 171, 172, 179, 185, 353. Michael Jeiter, Morschenich 81, 96, 291, 355, 357. J.H. Koch, Neustadt i.H. 229. Landesamt für Denkmalpflege, Kiel 73, 169, 217, 298, 320, 405, 411. Landesbildstelle Berlin 165. Mainbild, Frankfurt 183, 193, 263, 280, 365 (alle Dr. H. Busch), Taf. 15 (Foto: Karl-Heinz Hänel). R. Meyer, Hamburg 61. Museum für Kunst und Kulturgeschichte Lübeck 257, 268, 270, 278, 279. Georg Quedens, Norddorf 106. Klaus Rohmeyer, Ottersberg 15, 90, 111, Taf. 1, 3, 4, 5, 6, 7, 8, 9, 10, 11, 12, 21, 22, 23, 24, 25, Umschlag-Rückseite. Schleswig-Holsteinisches Landesmuseum Schloß Gottorf 188, 368 (Bruno Topel), 406. Matthias Schmidt, Hamburg 59, 109, 113, 128, 135, 400, Taf. 20. Erhard Seredszus, Eckernförde 204. Stefan v. Stengel, Hamburg 232f. Otto Vollert, Kiel 45, 49, 146, 187, 201, 235, 297, 319, 327, 334, 339, 395. Karl Wachholtz-Verlag, Neumünster 88, 162, 168, 173, 210, 231, 255, 336.

Kartographie: Astrid Fischer, München

Register

Kursive Seitenzahlen verweisen auf Schwarzweiß-Abbildungen